Kriminalität und Gesellschaft

Reihe herausgegeben von

Stefanie Eifler, Katholische Universität Eichstätt-Ingolstadt, Eichstätt, Deutschland

Lena M. Verneuer, Institut für Soziologie, RWTH Aachen University, Aachen, Nordrhein-Westfalen, Deutschland

In der Reihe „Kriminalität und Gesellschaft“ werden Beiträge veröffentlicht, die ebenso an klassische wie an aktuelle Forschungsthemen einer Soziologie der Kriminalität anknüpfen und sich der theoretischen und/oder empirischen Analyse des sozialen Phänomens „Kriminalität“ widmen. Einen Schwerpunkt der Reihe bilden Studien, in denen theoriegeleitete empirische Analysen der Kriminalität vorgestellt werden. Von besonderem Interesse sind dabei Beiträge, in denen neue Kriminalitätsphänomene in den Blick genommen, neue theoretische Entwicklungen aufgegriffen, oder neue methodische Perspektiven einbezogen werden.

The book series "Crime and Society" publishes contributions on both classical and current topics of a sociology of crime which are devoted to the theoretical and/or empirical analysis of crime as a 'social phenomenon'. The series is centred around studies that include a theory-driven empirical analysis of crime. Of particular interest are contributions which cover newly formed crimes or which take up most recent theoretical and/or methodological developments.

Weitere Bände in der Reihe https://link.springer.com/bookseries/12742

Dominik Gerstner

Freundschaftsnetzwerke und Delinquenz von Jugendlichen

Eine empirische Untersuchung mit Methoden der Sozialen Netzwerkanalyse

Springer VS

Dominik Gerstner
Freiburg, Deutschland

Dissertation an der Albert-Ludwigs-Universität Freiburg, 2021

ISSN 2566-9559 ISSN 2567-0034 (electronic)
Kriminalität und Gesellschaft
ISBN 978-3-658-36777-0 ISBN 978-3-658-36778-7 (eBook)
https://doi.org/10.1007/978-3-658-36778-7

Die Deutsche Nationalbibliothek verzeichnet diese Publikation in der Deutschen Nationalbibliografie; detaillierte bibliografische Daten sind im Internet über http://dnb.d-nb.de abrufbar.

Planung/Lektorat: Stefanie Eggert
Springer VS ist ein Imprint der eingetragenen Gesellschaft Springer Fachmedien Wiesbaden GmbH und ist ein Teil von Springer Nature.
Die Anschrift der Gesellschaft ist: Abraham-Lincoln-Str. 46, 65189 Wiesbaden, Germany

Vorwort

Die vorliegende Arbeit entstand im Laufe meiner Tätigkeit in der kriminologischen Forschungsabteilung am Max-Planck-Institut für ausländisches und internationales Strafrecht in Freiburg (seit März 2020 Max-Planck-Institut zur Erforschung von Kriminalität, Sicherheit und Recht; im Folgenden MPI). Sie wurde im März 2021 als Dissertation von der Philosophischen Fakultät der Albert-Ludwigs-Universität Freiburg angenommen. Die Analysen in dieser Arbeit basieren auf Daten, die im Rahmen der „MPI-Schulbefragung 2011" erhoben wurden, welche in das DFG-geförderte Forschungsprojekt „Polizei und Jugendliche in multiethnischen Gesellschaften" (POLIS) eingebunden war. Die in den Städten Köln und Mannheim gesammelten Daten von Jugendlichen bieten, über die zentralen Fragestellung des Projekts hinaus, Material für vielfältige Analysen und theoretische Überlegungen rund um den Themenkomplex abweichendes Verhalten bzw. Kriminalität von Jugendlichen. So lassen sich u. a. Freundschaftsnetzwerke und deren Zusammenhänge mit der Delinquenz von jungen Menschen untersuchen. Die in den einzelnen Schulklassen erhobenen Netzwerkdaten boten für diese Untersuchung – wie gezeigt werden wird – die Gelegenheit für komplexe und innovative Analysen und sind die Grundlage reichhaltiger empirischer Ergebnisse und theoretischer Erkenntnisse.

Die vorliegende Forschungsarbeit wäre verständlicherweise nicht ohne die Unterstützung einer Vielzahl von Personen zu Stande gekommen. Mein Dank gilt hierbei zunächst Prof. Dr. Dietrich Oberwittler, Forschungsgruppenleiter der unabhängigen Forschungsgruppe „Space, Contexts, and Crime" am MPI, der mich schon vor Abschluss meines Studiums der Soziologie gefördert und zur kriminalsoziologischen Forschung gebracht hat. Er gab mir mit der Betreuung der Promotion die Gelegenheit, meine eigenen Forschungsinteressen zu entwickeln und diesen vertieft nachzugehen. Nicht nur bei Fragen zu der vorliegenden

Arbeit konnte ich mich stets auf seine Expertise und Unterstützung verlassen. Des Weiteren gilt mein Dank Prof. Dr. Dr. h.c. mult. Hans-Jörg Albrecht, ehemaliger Direktor des MPI und Leiter der Abteilung Kriminologie (bis 2019), der mich ebenfalls stets unterstützt hat und mir mit den idealen Forschungsbedingungen am MPI den Rahmen und die Möglichkeit bot, mein wissenschaftliches Profil in unterschiedlichen Forschungsprojekten zu schärfen. In dieser Hinsicht danke ich auch Prof. Dr. Dr. Jean-Louis van Gelder, seit 2020 Direktor der kriminologischen Abteilung am MPI, für die Möglichkeit, weiterhin als Postdoc am Institut zu forschen.

Außerdem danke ich den Mitarbeitenden der IT-Abteilung des MPI für die vielfältige technische Unterstützung bei der Schulbefragung und den anschließenden Datenanalysen. Dabei hat mir vor allem Christian Greiner mit der Erfüllung von so manchen Sonderwünschen das Arbeiten leichter gemacht.

Dank gebührt ferner allen studentischen Hilfskräften, die an der erfolgreichen Durchführung der MPI-Schulbefragung 2011 beteiligt waren. Dies betrifft vor allem die Durchführung der Interviews in den Schulklassen in Köln und Mannheim sowie die elektronische Erfassung der Papierfragebögen. Besonderer Dank gilt hierbei Rebekka Endler, die im Kölner Projektbüro am Lehrstuhl von Prof. Dr. Michael Wagner maßgeblich für die erfolgreiche Durchführung der Befragung verantwortlich war.

Großer Dank gilt auch Gabriele M. Löffler für das Lektorieren des Manuskripts. Harald Arnold danke ich nicht nur für das Lesen und Kommentieren des Textes vor Einreichung der Dissertation, sondern außerdem für die zahlreichen anregenden – und gelegentlich fachfremden – Unterhaltungen am Institut zu später Stunde.

Nicht zuletzt danke ich ganz besonders meiner Frau Jessica und unserem Sohn Linus für ihre vielfältige Unterstützung und Geduld, wenn diese einmal nötig war.

Freiburg
im Dezember 2021

Dominik Gerstner

Inhaltsverzeichnis

Abkürzungsverzeichnis

AME	durchschnittlicher marginaler Effekt (average marginal effect)
AV	abhängige Variable
BBSR	Realschulabschluss an Berufsschule (Schultyp nur in Mannheim)
CI	Konfidenzintervall
DP	Delinquente Peers
ERGM	exponential random graph modeling
fs	factor score
FZ	Freizeit
GM	Gruppenmittelwert
GMC	am Gruppenmittelwert zentriert, Klasse (group mean centered)
GMCS	am Schulmittelwert zentriert (group mean centered)
GToC	General Theory of Crime
indegree	Pfade, die zu einem Netzwerkknoten gehen
KN	kriminelle Neigungen
MER	marginaler Effekt an repräsentativen Werten (marginal effect at representative values)
n	Anzahl Stichprobe
N	Anzahl Grundgesamtheit
NW	Netzwerk
NWF	Netzwerkfreunde
outdegree	Pfade, die von einem Netzwerkknoten gesendet werden
p	Irrtumswahrscheinlichkeit
PCP	Perception Choice Process
r	Produkt-Moment-Korrelation
rs	Rangkorrelation nach Spearman
s.e.	Standardfehler (standard error)

SAT	Situational Action Theory
SIENA	Simulation Investigation for Empirical Network Analysis
SOAM	stochastic actor oriented modeling
Std. Abw.	Standardabweichung
UFA	unstrukturierte Freizeitaktivitäten
UV	unabhängige Variable
z	z-standardisierte Werte

Abbildungsverzeichnis

Tabellenverzeichnis

1 Einleitung und Überblick

Einführung in das Themenfeld

Die Frage danach, warum Jugendliche sich an festgelegte Normen, Regeln und Gesetze halten oder aber sich abweichend verhalten und sogar Straftaten begehen, beschäftigt die Menschen seit Langem. So führt *Heinz* (2003) anhand einer Reihe von Zitaten aus historischen Schriften an, dass seit Kaiser Augustinus, über Sokrates bis hin zu den ältesten Schriften aus Mesopotamien über derartige Probleme berichtet und geklagt wird. Dabei divergieren die einzelnen Problemwahrnehmungen sowohl zeitlich als auch räumlich. Zum Beispiel wurde gegen Ende des 19. Jahrhunderts in Deutschland die Jugendkriminalität pathologisiert und damit verbundene soziale Gefahren stark dramatisiert. Im Gegensatz dazu war die Wahrnehmung in England zu dieser Zeit wesentlich entspannter und das Problem wurde vielmehr als ein solches sozialer Benachteiligung wahrgenommen (vgl. *Oberwittler* 2000, *54 f.*). In ähnlicher Weise besteht heute ein Spannungsverhältnis zwischen der Tatsache, dass die Jugendkriminalität sowohl national als auch international im Wesentlichen abnimmt (*Albrecht* 2016; *Berghuis & De Waard* 2017), Einzelfälle aber oft durch „Mediatisierung der Gewalt" (*Hestermann* 2018) zur übermäßigen Problematisierung in der Öffentlichkeit führen. Die Begründungen hierfür können in unterschiedlichen Erklärungsansätzen gefunden werden, wobei diese seit jeher ihrerseits einem steten Wandel unterliegen. Dabei haben zahlreiche Generationen von Forscherinnen und Forschern[1] mit immer neuen Theorien und neuen empirischen Ansätzen zu tieferen Einsichten

[1] Aus sprachlichen Gründen wird im Folgenden nur die männliche Form verwendet und geschlechtsspezifische Verdopplungen wie z. B. „Schülerinnen und Schüler" werden nur dort beibehalten, wo eine Differenzierung dies inhaltlich erfordert. In allen anderen Fällen sind immer alle Geschlechter gemeint.

D. Gerstner, *Freundschaftsnetzwerke und Delinquenz von Jugendlichen*, Kriminalität und Gesellschaft, https://doi.org/10.1007/978-3-658-36778-7_1

in die Problematik der Jugendkriminalität beigetragen. Erste wissenschaftliche empirische Untersuchungen mit einem speziellen Fokus auf die Jugend lassen sich auf die erste Hälfte des 20. Jahrhunderts datieren. Vor allem die Chicago School mit den Studien von *Shaw und McKay* (z. *B.* 1938; 1932; 1942), die Resultat deren Tätigkeit am *Institute for Juvenile Research* in Chicago waren, trugen früh dazu bei Antworten darauf zu finden, warum junge Menschen kriminell werden. Eine der bekanntesten Studien aus dieser Schule ist *Cohens* „Delinquent Boys" (1955) und die darauf aufbauende Subkulturtheorie. Neben der Analyse offizieller Statistiken beinhalteten diese frühen empirischen Studien auch ethnografische Ansätze, legten aber stets den Fokus auf delinquente Jugendliche aus vorwiegend unteren Schichten. *Cohen* wandte sich dabei später aber auch der Mittelschicht (*Cohen* 1967) zu, und spätestens mit den ersten Dunkelfeldstudien von *Short und Nye* (siehe hierzu vor allem *Short & Nye* 1957) wurde erkannt, dass abweichendes Verhalten von Jugendlichen kein alleiniges Problem der unteren sozialen Schichten ist, sondern in allen Bevölkerungsgruppen vorkommt. Weiter konnten empirische Studien zeigen, dass sich die Delinquenz in der Jugend nur bei den wenigsten im Erwachsenenalter fortsetzt, und dass die bereits im frühen 19. Jahrhundert (*Quételet & Sylvester* 1984[1833]) beschriebene *age-crime curve* als einer der „brute facts of criminology" (*Hirschi & Gottfredson* 1983, 552) betrachtet werden kann (auch wenn darüber im Detail vielfältig diskutiert wurde und wird). In der Literatur wird dabei oft angeführt, das Jugenddelinquenz „ubiquitär" und „transitorisch" sei (z. *B. Dollinger & Schmidt-Semisch* 2011). Ersteres postuliert, dass sie (fast) alle Jugendlichen betrifft, das Zweite besagt, dass es sich um ein vorübergehendes Phänomen im Lebenslauf handelt. Neben diesen sehr grundlegenden Feststellungen bleibt aber festzuhalten, dass – obwohl ubiquitär und transitorisch – Unterschiede bei Prävalenz und Inzidenz in Bezug auf delinquentes Handeln Jugendlicher nicht ausschließlich zufällig verteilt sind und Delinquenz sich in Einzelfällen durchaus auch verfestigt. Hierfür werden zahlreiche Faktoren als relevant angesehen, die z. B. von der (frühkindlichen) Erziehung im Elternhaus, über die Prägung innerhalb von Institutionen wie der Schule, die Einbettung in Freundeskreise und Peergruppen bis hin zum Einfluss unstrukturierter Freizeitaktivitäten führen.

Erklärungen bieten vor allem die klassischen Theorieansätze wie soziale Desorganisation *(Shaw & McKay 1942)*, Subkulturtheorien (*Cohen* 1955; *Cohen* 1967), *Mertons* Anomietheorie (1938) bzw. weitergehend z. *B. Agnews* General Strain Theory *(1992)*, lerntheoretische Ansätze (*Akers* 1973; *Akers* 1998; *Burgess & Akers* 1966; *Sutherland* 1947), kontrolltheoretische Ansätze (*Hirschi* 1969) oder die *General Theory of Crime* (*Gottfredson & Hirschi* 1990). Daneben spielen aber auch neuere Theorien eine Rolle, die den Fokus auf Gelegenheitsstrukturen legen (*Cohen & Felson* 1979; *Osgood et al.* 1996) oder auf die Bedeutung der sozialen Bindungen im Lebenslauf abzielen (*Sampson & Laub* 1993). Allen diesen Ansätzen ist die Einbettung in soziale Beziehungen und Kontexte gemein. Dies macht die Forschung über das abweichende Verhalten von Jugendlichen zu einem für die Soziologie bedeutenden Thema. Zuletzt auch deshalb, da abweichendes Verhalten immer an gesellschaftliche Regeln und Normen gebunden ist – unabhängig davon, ob man sich dem Phänomen wie hier von einer ätiologischen Seite nähert oder dies aus der Perspektive der sekundären Devianz bzw. des *Etikettierungsansatzes* (*Lemert* 1951) tut.

Die aktuelle Forschung über die Devianz von Jugendlichen stellt ein sehr vitales Feld dar, in dem sowohl Theorien als auch empirische Methoden ständig weiterentwickelt werden. Insbesondere werden Erklärungsansätze wichtiger, in denen die oben genannten klassischen und neueren Theorien in Wechselwirkung treten können. Dabei gilt, dass der Einfluss von Peer-Beziehungen eine zentrale Rolle spielt, was *Haynie & Osgood* (2005, 1111) mit folgender Aussage verdeutlichen: „It is difficult to overstate the importance attributed to normative peer influence in the study of crime and delinquency.“

Thematik der Arbeit

Die vorliegende Arbeit bereichert dieses Themenfeld durch die Kombination von zwei Ansätzen: Zum ersten wird mit der nicht neuen aber in letzter Zeit immer populärer werdenden Methode der Netzwerkanalyse (z. B. *Borgatti et al.* 2009) untersucht, inwieweit abweichendes Verhalten von Jugendlichen und geteilte deviante Überzeugungen auf unterschiedliche Art und Weise in relationale Strukturen von Gleichaltrigenbeziehungen eingebettet sind. Dabei wird davon ausgegangen, dass sowohl delinquentes Verhalten wie auch deviante Überzeugungen zu einem bestimmten Teil von interpersonalen Beziehungen abhängig sind und diese Beziehungen auch beeinflusst. Die Analysen und die Argumentation beziehen sich hierbei vor allem auf den Schulkontext und Freundschaftsnetzwerke in Schulklassen. Es wird dabei hauptsächlich auf klassische lerntheoretische Aspekte (*Akers* 1973; *Burgess & Akers* 1966; *Sutherland* 1947) sowie neuere Erkenntnisse zu Freundschaften und Peer-Kontakten im Jugendalter zurückgegriffen (*Osgood et al.* 1996). Die zentrale Fragestellung ist dabei, ob es Zusammenhänge zwischen deviantem Verhalten beziehungsweise devianten Überzeugungen und Freundschaftsbeziehungen in Schulklassen gibt. Dabei wird die Devianz nicht – wie in vielen anderen Studien – ausschließlich als abhängige Variable betrachtet, sondern es wird geprüft, ob diese ein Prädiktor für dyadische Freundschaftsbeziehung sein kann und unter welchen Umständen diese den sozialen Status von Jugendlichen in einem Beziehungsnetzwerk positiv oder negativ zu beeinflussen vermag. Hierzu werden empirische Daten analysiert, die aus einer umfangreichen Schulbefragung stammen, bei der auch Freundschaftsnetzwerke in Schulklassen erhoben wurden. Die Daten wurden im Kontext des Forschungsprojekts POLIS[2] in den Städten Köln und Mannheim erhoben. Bei der MPI-Schulbefragung 2011 wurden ca. 7.000 Schüler der achten bis zehnten Jahrgangsstufe, die im Wesentlichen zwischen 13 und 17 Jahren alt waren und unterschiedlichster sozialer und ethnischer Herkunft waren, befragt (für Details zur Befragung siehe *Oberwittler & Gerstner* 2019).

Zum zweiten werden situative Einflüsse auf delinquentes Verhalten und das relativ neue Theoriekonzept der *Situational Action Theory* (*Wikström* 2004; 2010b; *Wikström et al.* 2012) mit den Daten aus der Schulbefragung überprüft. Dieses Theoriekonzept ist insofern innovativ, da verschiedene Mechanismen bestehender Theorien in Wechselwirkung gebracht werden und hieraus ein Modell formuliert wurde, das sich hervorragend empirisch untersuchen lässt. Die Zentrale Annahme ist, dass delinquente Handlungen das Ergebnis eines „Wahrnehmungs-Entscheidungs-Prozesses" (*perception choice process*) sind. Dabei interagieren Individuen, die mit bestimmten Neigungen zur Delinquenz (*crime propensity*) ausgestattet sind, mit ihrer physischen und sozialen Umwelt (*exposure to criminogenic settings*). Die *Situational Action Theory* (SAT) wurde bereits mehrfach in unterschiedlichen Ländern empirisch überprüft (z. *B. Barton-Crosby & Hirtenlehner* 2020; *Hirtenlehner, Pauwels & Mesko* 2015; *Svensson & Pauwels* 2010; *Wikström et al.* 2012). Wenig beachtet wurde in der SAT jedoch bislang die Rolle von Freundschaftsbeziehungen. Zwar wurde bereits gezeigt, dass delinquente Freunde der sozialen Umwelt zugerechnet werden können, es ist jedoch lohnenswert zu untersuchen wie die Interaktion zwischen sozialer Umwelt und kriminogenen Gelegenheitsstrukturen beeinflusst wird, wenn die Delinquenz der Freunde und auch andere Charakteristiken dieser als eigene Komponenten betrachtet werden. Ein erster Ansatz findet sich bei *Gerstner & Oberwittler* (2018). Der Ansatz wird in dieser Arbeit weiter vertieft, wobei auch auf die oben genannten Netzwerkdaten zurückgegriffen wird.

Auch wenn in der vorliegenden Arbeit teilweise strafrechtlich relevantes Verhalten von Jugendlichen thematisiert wird, werden Fragen der strafrechtlichen Behandlung bzw. Implikationen auf diese ausgeklammert. Gleiches gilt für die Thematik der Prävention, die allenfalls am Rande gestreift wird.

---

[2] https://mpicc.csl.mpg.de/de/polizei-und-jugendliche-in-multiethnischen-gesellschaften-polis/ [12.02.2022].

Aufbau der Arbeit
Die theoretische Einordnung der Delinquenz von Jugendlichen in den Kontext der Peergroup erfolgt in Kapitel 2. Hierbei wird einleitend zusammengefasst, warum die Peergroup ein relevanter Kontext bei der Erklärung von abweichendem Verhalten Jugendlicher ist und eine zentrale Rolle spielt. Im Anschluss wird genauer auf theoretische Konzepte eingegangen, woraus Forschungsfragen und Hypothesen formuliert werden, die mit den Daten der MPI-Schulbefragung 2011 empirisch untersucht bzw. überprüft werden. Zum einen wird dabei dargelegt, inwieweit Peers eine Sozialisationsinstanz darstellen. Hierfür sind im Wesentlichen Lerntheorien relevant, deren Mechanismen beschrieben werden. Lerntheorien streifen auch den Bereich des sozialen Status. Inwieweit Status, soziales Lernen und abweichendes Verhalten zusammenhängen wurde mehrfach untersucht und aus Theorie und empirischen Erkenntnissen werden Hypothesen abgeleitet, die prüfen sollen, unter welchen Bedingungen abweichendes Verhalten statusfördernd oder statussenkend wirkt. Des Weiteren wird dargestellt, dass der Einfluss von Freunden auf Devianz nicht einfach von der Auswahl bereits devianter Freunde zu trennen ist und es hierbei durchaus Theoriekonkurrenz gibt, wobei der Einfluss lerntheoretischer Aspekte nicht von der Hand zu weisen ist. Es werden Hypothesen formuliert, die prüfen, inwieweit dadurch Ähnlichkeit bei devianten Überzeugungen erwartbar ist. Der zweite Teil von Kapitel 2 geht theoretisch auf situative Kontexte bei der Erklärung jugendlicher Delinquenz ein, die letztlich auch an den Peerkontext gebunden sind. Dabei wird das theorieintegrative Konzept der Situational Action Theory vorgestellt und es werden Hypothesen formuliert, die dieses mit besonderem Augenmerk auf den Einfluss delinquenter Peers testen.

In Kapitel 3 wird zuerst beschrieben, was die Soziale Netzwerkanalyse ist, wie sich Netzwerkdaten von herkömmlichen Befragungsdaten unterscheiden und welche Möglichkeiten diese spezielle Art von Daten mit sich bringen. Im Weiteren wird beschrieben wie die Netzwerkdaten der MPI-Schulbefragung 2011 erhoben bzw. generiert wurden. Daran schließt eine deskriptive Analyse der Netzwerkdaten bzw. der Freundschaften der Schüler an, um zu zeigen, welche grundlegenden Muster es gibt, welche Schwierigkeiten vorhanden sind und wie die Daten eingesetzt werden können.

In Kapitel 2 werden Hypothesen generiert, die sich darauf beziehen, inwieweit Zusammenhänge zwischen Popularität bzw. Zentralität von Schülern in Klassennetzwerken und Formen von abweichendem Verhalten, unter Kontrolle weiterer Prädiktoren, bestehen. Diese werden in Kapitel 4 empirisch überprüft. Es wird zum einen untersucht, ob das individuelle Verhalten einen Einfluss hat. Zum zweiten wird untersucht, ob dieser Einfluss über Klassen variiert, wenn bestimmte

Formen von abweichendem Verhalten in Klassenverbünden mehr oder weniger akzeptiert werden bzw. präsent sind.

Kapitel 5 geht darauf ein, wie die Toleranz gegenüber Normbrüchen und Gewalt in Freundschaften geteilt wird. Dafür wird mit den Netzwerkdaten geprüft, ob diese delinquenten Überzeugungen überzufällig oft in Freundschaften geteilt werden. Nach der Lerntheorie kann dies stark angenommen werden. Mit den Netzwerkdaten kann man hierbei die individuellen Angaben verknüpfen. Mittels sogenannter „exponential random graph"-Modelle wird untersucht, ob die Ähnlichkeit bei delinquenten Überzeugungen auch unter Kontrolle weiterer Attribute und netzwerkstruktureller Parameter vorhanden ist.

In Kapitel 6 werden Hypothesen geprüft, die sich auf den situativen Kontext jugendlicher Delinquenz beziehen und im Besonderen die in Kapitel 2 vorgestellte Situational Action Theory testen. Ein spezieller Fokus liegt auf dem Vergleich zweier unterschiedlicher Messungen von Peer-Delinquenz, der durch die Verwendung der Netzwerkdaten möglich wird.

In Kapitel 7 werden die Ergebnisse nochmals unter inhaltlichen und methodischen Gesichtspunkten zusammengefasst. Es erfolgt eine Darstellung, inwieweit die Ergebnisse der Arbeit in den Themenkomplex Jugenddelinquenz einzuordnen sind und welche weiteren Forschungsansätze hieraus abgeleitet werden können.

Die Delinquenz von Jugendlichen im Kontext der Peergroup 2

Mit jugendlichem Alter lösen sich Kinder immer mehr von ihren Eltern und treffen dabei mehr eigene Entscheidungen. Sie suchen sich eigene Interessen und entscheiden immer mehr selbst über ihr Handeln. Diese Phase wird im Deutschen gemeinhin als Adoleszenz bezeichnet, „wenn man besonders an die gesellschaftlich und kulturell geformten Erwartungen und Gestaltungsmöglichkeiten für junge Leute in diesem Alter denkt und damit Jugend als soziale Konstruktion begreift" (*Silbereisen & Weichold* 2012, 236). In einer anthropologischen Dimension ist die Jugendphase durch zwei Entwicklungsdomänen, nämlich endokrinologische Prozesse während der Pubertät und die Entwicklung des Gehirns, geprägt, wobei diese mit der sozialen Entwicklung interagieren (vgl. z. *B. Steinberg et al.* 2006). Die Phase der Adoleszenz wird seit Beginn der Jugendforschung als ein wichtiger Entwicklungsabschnitt emotionaler, moralischer und geistiger Entwicklung eines Menschen betrachtet, der potenziell risikobehaftet ist. Dies zieht sich von mittlerweile überholten Konzepten mit Bezug zur Evolutionstheorie (*Hall* 1904) bis hin zu moderner Gehirnforschung (*Steinberg* 2007).[1] Die Gründe für die Risiken sind unterschiedlicher Natur, die Peergroup stellt dabei aber – und das nicht nur aus soziologischer Perspektive – eine maßgebliche Einflussgröße für Jugendliche, und damit auch für deren Delinquenz dar. So wurde in Experimenten gezeigt, dass das jugendliche Gehirn in Gegenwart von Peers stärker zu riskanten Verhaltensentscheidungen neigt (*Gardner & Steinberg* 2005). Gleichaltrigengruppen bilden ein eigenes soziales Setting, in dem psychische und soziale Dimensionen des Verhaltens eine eigene, emergente Verbindung eingehen. Die Gleichaltrigengruppe stellt einen sehr wirkmächtigen Verhaltens- und Entwicklungskontext von

---

[1] Es soll an dieser Stelle darauf hingewiesen werden, dass die moderne Jugendforschung sich auch sehr stark weiteren Aspekten widmet und Jugendliche von ihrer produktiven Seite oder optimistischer Lebenshaltung betrachtet (vgl. *Silbereisen & Weichold* 2012, 237).

D. Gerstner, *Freundschaftsnetzwerke und Delinquenz von Jugendlichen*, Kriminalität und Gesellschaft, https://doi.org/10.1007/978-3-658-36778-7_2

Jugendlichen, die sich von ihren Eltern ablösen, dar. Dementsprechend wurde das Verhältnis zwischen den einzelnen Jugendlichen und der Peergroup in ihrer Bedeutung für delinquentes Verhalten schon immer kontrovers diskutiert, wie es in einem Klassiker der kriminologischen Forschung prägnant formuliert wurde:

> *Countless mothers have protested that their "Johnny" was a good boy until he fell in with a certain bunch. But the mothers of each of Johnny's companions hold the same view with respect to their own offspring. It is conceivable and even probable that some of these mothers are naive, that one or more of these youngsters are "rotten apples" who infected the others. We suggest, however, that all of the mothers may be right, that group interaction is a sort of chemistry in the group situation itself which engenders that which was not there before, that group interaction is a sort of catalyst which releases potentialities not otherwise visible. (Cohen 1955, 135 f.)*

Cohens Ansatz fußt dabei auf der Idee der *Status-Frustration* von Angehörigen unterer sozialer Schichten, und seine Theorie der *Subkultur* nimmt an, dass das Handeln darauf abzielt, Probleme der Anpassung zu lösen. Auch in den frühen Studien von *Shaw & McKay* (1931) lag der Fokus des Einflusses von Gleichaltrigen-Beziehungen vor allem auf benachteiligten Bevölkerungsgruppen. Während diese subkulturelle, in der Klassengesellschaft verankerte Perspektive im Laufe von vielen Jahrzehnten in den Hintergrund getreten ist, kann grundsätzlich gesagt werden, dass delinquentes Handeln von Jugendlichen stark durch das Handeln in Gruppen geprägt wird (vgl. *Warr* 1996) und dass Jugendliche mit delinquenten Freunden eher selbst delinquent sind oder werden (z. *B. Bernasco et al.* 2013; *Elliott, Huizinga & Ageton* 1985; *Haynie & Osgood* 2005; *Warr* 2002; *Wikström et al.* 2012). Die kriminologische Forschung weist in der Frage der Einflussmechanismen der Peergruppe auf delinquentes Verhalten und deviante Überzeugungen eine lange Tradition auf. Zahlreiche theoretische Ansätze wurden entwickelt und auch empirisch überprüft, die hier nicht alle im Einzelnen dargestellt werden können. Darüber hinaus ergibt sich durch individuelle Einflussfaktoren und Einflüsse weiterer Kontexte ein überaus komplexes Theoriegewebe für die Erklärung von Jugenddelinquenz. Für die vorliegende empirische Arbeit sind zwei Bereiche von besonderer Bedeutung, die in der neueren kriminologischen Forschung als theoretische Hauptrichtungen in Bezug auf Peereffekte unterschieden werden können (vgl. *Haynie & Osgood* 2005; *Thomas & McGloin* 2013). Zum einen ist dies der Peer-Kontext als normative Einflussgröße. Dabei geht es um Lern-, Interaktions- und Identifikationsprozesse im sozialen Umfeld von Jugendlichen – hier bezüglich der Einbettung in Gemeinschaften außerhalb der Familie. Einfach gesagt, deckt dies den Bereich der Peers als Sozialisationsinstanz ab. Zum anderen stellt der Peer-Kontext eine situative oder auch gelegenheitsstrukturelle Größe dar. Dabei geht es darum, wie der Alltag von Jugendlichen strukturiert ist und wie unterschiedliche Gelegenheiten bzw. Aktivitäten delinquentes Handeln von Jugendlichen begünstigen. Beide Ansätze schließen sich nicht gegenseitig aus, und die kausalen Mechanismen können parallel wirken oder sich auch gegenseitig verstärken. Gleiches gilt auch für Einflussgrößen außerhalb des Peer-Kontextes, wie z. *B.* das Konzept der Selbstkontrolle (*Gottfredson & Hirschi* 1990) oder andere individuelle Grundvoraussetzungen, die delinquentes Verhalten verhindern oder wahrscheinlicher machen. Dieses Zusammenspiel ist auch der Ausgangspunkt neuerer integrativer Theoriekonzepte, wie beispielsweise der auf Kriminalität bezogenen Situational Action Theory (*Wikström* 2004; 2010b; *Wikström et al.* 2012) oder der eher allgemeinsoziologischen Theorie der Frame Selection (*Esser* 2010; *Kroneberg* 2010; 2011). Die Peers als Sozialisationsinstanz sind vor allem für die Analysen in Kapitel 4 und 5 relevant, die darauf abzielen, inwieweit Popularität von Schülern mit abweichendem Verhalten einhergeht bzw. inwieweit delinquente Überzeugungen in Freundschaftsbeziehungen geteilt werden. Kapitel 6 legt einen Fokus auf delinquentes Handeln im Kontext der Situational Action Theory, wobei Peers stärker den situativen bzw. gelegenheitsstrukturellen Einflussgrößen zugeschrieben werden.

2.1 Peers als Sozialisationsinstanz

In allen Lebensphasen stellen soziale Beziehungen eine zentrale Bezugsgröße menschlicher Entwicklung dar. Ein zentraler Begriff ist die Sozialisation, die durch „Anleitung und Anforderungen, Informationen und Belehrung, durch Beobachtung und Nachahmung von Vorbildern, durch Strafen und Belohnungen usw." erfolgt (*Montada* 1998, 57) Sozialisation als „Lernen" ist ein lebenslanger Prozess, der sich in unterschiedliche Phasen einteilen lässt. Während an der primären Sozialisation in der (frühen) Kindheit in der Regel hauptsächlich die engste Familie beteiligt ist, sind in späteren Phasen weitere Kontexte wie z. B. der Kindergarten, die Schule, das berufliche Umfeld, spezielle soziale Milieus oder auch unterschiedliche Medien[2] an Sozialisationsprozessen beteiligt. Dazu kommen unterschiedliche Dimensionen der Sozialisation, wie z. B. Selbstbild

[2] Vor allem im Kontext der massiven Präsenz des Internets und der neuen sogenannten „sozialen Medien" stellt dieser Bereich ein Forschungsfeld dar, dass viel Potential in sich birgt. Für die kriminologische Forschung ist besonders das Phänomen des Cyber-Bullying bzw. des Cyber-Mobbings relevant (*Hinduja & Patchin* 2008; *Hörmann & Stoiber* 2015).

und Identität, Emotionen, sozialmoralische Kompetenzen, politische Sozialisation uvm. (vgl. z. B. *Hurrelmann et al.* 2015). Die Phase der Adoleszenz hat eine besondere Bedeutung, da die Eltern-Kind-Beziehung durch die immer stärker werdende Eigenständigkeit der Jugendlichen einem Wandel ausgesetzt ist. Soziale Netzwerke außerhalb des familiären Radius werden hierbei relevanter und auch Beziehungen zu Gleichaltrigen unterliegen einer immer stärkeren Ausdifferenzierung. Während in der Kindheit die Funktion von Freundschaften eher eine „pure Spielkameradschaft" darstellt (*Harring et al.* 2010, 10), wenden sich Jugendliche ihren Gleichaltrigen in Folge eines Individuationsprozesses zu, der eine „Balance aus Ablösung und Verbundenheit mit den Eltern" (*Reinders* 2015, 402) ist. Die Gleichaltrigengruppe bietet dabei einen Raum, der unterschiedliche Möglichkeiten von Lern-, Erfahrungs- und Experimentierchancen bietet und in dem die Akteure untereinander mit den gleichen Entwicklungsaufgaben und Problemen konfrontiert sind (vgl. *Engel & Hurrelmann* 1993, 82). Vor allem in sich schnell entwickelnden modernen Gesellschaften gilt hier nach wie vor *Colemans* (1961) Erkenntnis, dass Jugendliche schon allein deshalb in bestimmten Situationen auf ihresgleichen gestellt sind, da viele Erwachsene mit neuen technologischen und sozialen Entwicklungen nicht mehr vertraut sind als sie selbst. Der Raum der Peergruppe ist aber auch mit Risiken behaftet: Ein zentraler Aspekt der Sozialisation ist das Internalisieren von sozialen Normen und Werten – speziell im Jugendalter, aber auch das Austesten von Grenzen bzw. das Überschreiten dieser Normen. Neue soziale Verbindungen bieten Möglichkeiten, von verschiedenen Peers auf verschiedene Art und Weise zu „lernen". Dies geschieht unter Jugendlichen, aber auch in den unterschiedlichsten Situationen, die in ihrem Grad an sozialer Kontrolle stark variieren. Die Relevanz dieser beiden Aspekte wird im Folgenden dar- und die grundlegenden Theorien vorgestellt.

Zuerst soll jedoch kurz auf den Begriff „Peergruppe" eingegangen werden, der nicht immer einfach zu handhaben ist. Formal beschreibt dieser eine Gruppe von Gleichaltrigen, „die durch eine über einen längeren Zeitraum stattfindende (alltägliche) direkte Interaktion und das Bilden eines sozialen Beziehungsgefüges gekennzeichnet ist. Der Begriff umfasst unterschiedliche soziale Konstellationen wie Beziehungen, Freundschaften und Cliquen, die sich in ihrer Nähe und Verbindlichkeit deutlich unterscheiden können" (*Urhahne, Dresel & Fischer* 2019, 692). Diese Multiplexität bringt einen gewissen Grad an Unsicherheit in Theorien oder auch empirische Untersuchungen, die den Einfluss von Peers auf Delinquenz zum Thema haben, da jede Beziehungsform unterschiedliche Wirkung haben kann. Während in allgemeinen Delinquenz-Theorien die Peergruppe oftmals nicht genau spezifiziert wird (wie z. *B.* bei *Burgess & Akers* 1966; *Gottfredson & Hirschi*

1990), werden in empirischen Untersuchungen oftmals die Peerbeziehungen verwendet, die in den Daten vorliegen und situationsgebunden sind. Hier sollte stets auf Transparenz geachtet und sollten Erklärungen gegeben werden. Die Differenzierung der Qualität von Peerbeziehungen wird auch in den folgenden Kapiteln thematisiert werden.

2.1.1 Lerntheorien - Delinquenz und abweichendes Verhalten

Der (gegenseitige) Einfluss von Peers auf Normverhalten wurde vielfach untersucht. Unterschiedliche theoretische Ansätze beziehen sich auf biologistische, psychologische oder soziologische Erklärungen. Aus soziologischer Perspektive sind für die Delinquenzforschung vor allem Lerntheorien relevant – und hierbei vor allem die Theorie der *differenziellen Assoziation* (*Sutherland & Cressey* 1966[1947]) und deren Erweiterung durch *Burgess & Akers* (1966; *Akers* 1994). Im Kern geht es in diesen Theorien darum, dass delinquentes Verhalten, wie jedes soziale Verhalten, erlernt wird. Dieses Lernen findet dadurch statt, dass Menschen durch die Einbettung in ein soziales Umfeld und zugehörige Interaktionen geprägt werden. Der Begriff „differentiell" bezieht sich dabei auf die Unterscheidung zwischen „konformen und abweichend definierten Verhaltensweisen, Normen und Werten" (vgl. *Lamnek* 2001, 186). Im Konzept der *differenziellen Assoziation* sind neun Thesen (*Sutherland & Cressey* 1966[1947], 81) formuliert, die darstellen, dass das Erlernen krimineller Verhaltensweisen sozial bestimmt ist. So sagt z. B. die dritte These aus, dass dies vorwiegend in intimen persönlichen Gruppen geschieht, und die vierte These beschreibt, dass weniger die Techniken erlernt werden, sondern vielmehr Einstellungen und Rationalisierungen etc. Die sechste These ist besonders bedeutsam, da sie voraussagt, dass Personen dann kriminell werden, wenn Einflüsse, die Gesetzesverstöße positiv bewerten, gegenüber nicht-devianten Einflüssen überwiegen. Damit wird auch unterschiedlichen Peer-Kontexten eine maßgebliche Rolle für die Entwicklung von Delinquenz übertragen. Die Theorie der differenziellen Assoziation hat vielfältige Kritik erfahren. Kritisiert wurde, dass die differenzielle Assoziation relativ ungenau ist, wenn es um die Mechanismen des Lernens geht (z. B. *Tittle, Burke & Jackson* 1986), und sie durch den allgemeinen Anspruch alle Arten von Kriminalität erklären zu wollen empirisch nur schwer zu testen ist. Durch die Weiterentwicklungen von *Robert Burgess* und im Besonderen von *Ronald Akers* wurde die kriminologische Lerntheorie durch die Theorie der *differenziellen Verstärkung* genauer spezifiziert (*Burgess & Akers* 1966). Hier werden delinquente Handlungen im behavioristischen Sinne als durch Konsequenzen konditioniert betrachtet. Wird das Resultat delinquenten Verhaltens als positiv wahrgenommen, so wird dieses auch weiterhin häufiger gezeigt, was dem sozialpsychologischen Konzept der *positiven Verstärkung* (*Skinner* 1965) entspricht. Zudem greifen die Autoren auf lerntheoretische Ansätze zurück, wie sie z. *B.* von *Bandura* entwickelt wurden. Diese beziehen sich explizit auf die Bedeutung sozialer Interaktionen und die Tatsache, dass Menschen die Verhaltensweisen von anderen Menschen und folgende Konsequenzen beobachten können und somit selbst erlernen. Dieses Beobachtungs- oder Imitationslernen wurde von Bandura zusätzlich durch das Konzept der Erwartung ergänzt. Dabei geht es darum, dass Personen aus einer Menge an Verhaltensweisen auswählen können, welche situationsbezogen günstige Konsequenzen haben (*Bandura, Ross & Ross* 1961; *Bandura* 1977). Diese – und auch andere – Konzepte aus der Sozialpsychologie werden in der Lerntheorie von *Akers* auf kriminelles Verhalten übertragen. Das Konzept der *differenziellen Assoziation* – und damit das Lernen durch soziale Interaktion – bleibt dabei bestehen, wird jedoch um drei weitere Schlüsselelemente erweitert. Dabei stehen die Akteure als Modelle zur Verfügung, die imitiert werden (*imitation*) und die gleichzeitig an dem Prozess der Belohnung oder der Bestrafung beteiligt sind (*differentiell reinforcement*). Die Belohnungen können dabei unterschiedlicher Art und sowohl konkret als auch immateriell sein. Innerhalb dieser Beziehungen werden dann Bewertungsmaßstäbe (*definitions*) erlernt, die sowohl das Überschreiten allgemeingültiger Normen (Moral, deviante Überzeugungen) legitimieren als auch bestimmte spezifische Überzeugungen, die nur auf bestimmte Arten abweichenden Verhaltens zielen (vgl. *Akers* 1994, 94 ff.).

Für diese Prozesse spielt bei Jugendlichen die Peergruppe eine zentrale Rolle, und so ist es auch wenig verwunderlich, dass in den meisten empirischen Studien zur Lerntheorie Jugendliche als Untersuchungsgegenstand dienen. Generell gilt, dass empirische Untersuchungen die Lerntheorie recht gut stützen, was in Reviews (*Akers* 1998; *Akers & Jensen* 2006) oder auch Metaanalysen (*Pratt et al.* 2010) ausführlich dargestellt wird. Auch neuere Studien mit Daten aus dem europäischen Kontext (*Beier* 2014; *Tittle, Antonaccio & Botchkovar* 2012) und aus Deutschland (*Seddig* 2013) bekräftigen wichtige Annahmen der Lerntheorie. Ein Schwachpunkt der Lerntheorie ist, dass zwar die Übertragung von delinquenten Einstellungen und Handlungen in sozialen Interaktionen erklärt werden, jedoch bleibt unklar, wie diese ursächlich entstehen (*Oberwittler* 2021). Zudem ist der Aspekt des Verstärkungslernens (*differentiell reinforcement*) in empirischen Studien selten getestet worden, und die Effekte sind eher schwach (*Brauer & Tittle* 2012; *Rebellon* 2006). Eine Schnittstelle zu Akers‘ Konzept des Verstärkungslernens, das als „balance of anticipated or actual rewards and punishments that follow or are consequences of behavior" (*Akers* 1994, 98) begriffen werden kann, ist das Konzept des sozialen Status, der *z. B.* auch bei *Warr* (2002) eine Rolle im Zusammenhang mit Peer-Delinquenz spielt. Gemeinsam mit den Konzepten *ridicule* und *loyality* wird *status* hier als ein Mechanismus verstanden, der Konformität oder Behauptung herstellt, auch wenn hierzu Normen überschritten werden müssen.

2.1.2 Status, soziales Lernen und abweichendes Verhalten

Gleichaltrigengruppen bilden einen zentralen Aspekt der Sozialisation von Jugendlichen. Hier ist vor allem der soziale Status „als eine der grundlegenden Triebfedern menschlichen Handelns" nicht unwichtig, und dieser ist „nur zu gewinnen, wenn sich der oder die Jugendliche in der einen oder anderen Weise auch an Aktivitäten der Gruppe beteiligt, sich also in geeigneter Weise in Szene setzt" (*Engel & Hurrelmann* 1993, 84). Der Status bzw. die Popularität unter Gleichaltrigen nimmt eine sehr wichtige Rolle in der (v. *a.* frühen) Adoleszenz ein (*Adler & Adler* 1998; *LaFontana & Cillessen* 2010), und zur Erhöhung des eigenen Status werden unterschiedliche Mittel eingesetzt.[3] Dass dies in ein komplexes Feld unterschiedlicher Thematiken eingebettet ist, steht hier außer Frage und wurde bereits in zahlreichen Studien untersucht, wobei die Spannweite der Kontexte vom Musikgeschmack (z. B. *Steglich, Snijders & West* 2006) bis hin zum Essverhalten (z. *B. Giese et al.* 2013) reicht. Dabei können sowohl eher körperliche Aspekte wie sportliche Erfolge oder physische Attraktivität (*Dijkstra et al.* 2010) als auch unterschiedliche Arten von sozialem Verhalten (*Cillessen* 2012) eine Rolle spielen. Ebenso sind die konkreten sozialen Umwelten, in denen sich die Jugendlichen bewegen, relevant. Ein hoher Status kann in der Schule mit ganz anderen Attributen verbunden sein als in der Gruppe, mit der man sich in seiner Freizeit trifft. Während in der Schule beispielsweise durch die Notengebung ein hierarchisches Gefüge angelegt ist, wobei Schulerfolg nicht in allen Klassen einen hohen Status bedeutet, wirken in außerschulischen Cliquen andere Mechanismen. Es ist aber davon auszugehen, dass es hierbei Überschneidungen gibt und ein hoher Status stets von mehreren Aspekten abhängt. *Engel & Hurrelmann* (1993) berichten z. B., dass von denjenigen, die das „Outfit" wichtig für den Status halten, 31 % auch „Anpassung", 20 % „Soziabilität" und 18 % „moralische Qualitäten" als wichtig für den Status erachten. *Closson* (2009) berichtet, dass für Jungen („cool, athletic, funny, and defiant/risky") andere Kriterien für den

[3] Teile dieses Abschnitts sind in anderer Form in *Gerstner* (2017) publiziert.

Status relevant sind als für Mädchen („clothing, being attractive, mean, snobby, rude, and sociable"). Bezüglich des zwischenmenschlichen Verhaltens kommt *Cillessen* (2012) in einem Übersichtsartikel zu dem Schluss, dass prosoziales Verhalten generell positiv mit Popularität korreliert. Das ist nachvollziehbar, da aus einer gesamtgesellschaftlichen Perspektive das Erlernen von normkonformem Verhalten als Ideal gilt, und abweichendes Verhalten in der Regel sanktioniert wird. Für Letzteres ist als Folge ein Statusverlust anzunehmen, und *Gifford-Smith & Brownell* (2003) kommen in einer bereits älteren Forschungsübersicht zu dem Ergebnis, dass Kinder die zurückgewiesen werden, auch häufiger aggressive Tendenzen zeigen. Dies muss in Peergruppen von Jugendlichen jedoch nicht immer der Fall sein (*Kreager* 2007; *Warr* 2002) und auch abweichendes Verhalten kann dem Zweck dienen, den individuellen Status zu erhöhen – sich also in geeigneter Weise in Szene zu setzen. Dies kann je nach Zusammensetzung der Gruppe unterschiedlich erfolgreich sein. Stand der empirischen Forschung ist, dass sowohl pro- als auch antisoziales Verhalten zur Erhöhung des Status bzw. der Popularität eingesetzt werden kann (vgl. *Cillessen & Rose* 2005). Diese Ergebnisse stützen das „person-group dissimilarity model" von *Wright, Giammarino & Parad* (1986), das besagt, dass prosoziales Verhalten immer positiv auf den Status wirkt, dass aber z. B. aggressives Verhalten eher zu negativen Bewertungen durch Peers (also geringerem Status) führt, wenn dieses Verhalten selten vorkommt – also wenn sich Individuen abweichend von der Norm verhalten. Ist das Verhalten nicht abweichend zum Verhalten der Gruppe, z. B. in Gruppen mit allgemein hohem Aggressionspotenzial, gibt es diese Zurückweisung bei aggressivem Verhalten nicht. Ausgehend von dieser Erkenntnis könnten Prozesse des Statusgewinns bzw. -erhalts eher dem situativen Kontext zugeordnet werden. Hierbei sind z. B. auch Prozesse der Gruppenidentität relevant, die je nach Setting variieren können und z. B. Ausgrenzung im Kampf um Ressourcen relevant wird (*Sherif et al.* 1961; *Sherif & Sherif* 1964). Auf der anderen Seite fußt der soziale Status in einer Gruppe auf sozialer Interaktion, und Mechanismen zur Statuserhöhung müssen erlernt und adaptiert werden. Dabei gilt zu beachten, dass sich Jugendliche vor allem in der frühen Adoleszenz nicht selten besonders rigiden Normen und Werten von Peers unterordnen (vgl. *Reinders* 2015), die sie im Elternhaus nicht vorfinden oder akzeptieren würden. Dies kann sowohl pro- als auch antisoziales Verhalten gegenüber anderen zur Folge haben, wenn es darum geht, sich im entsprechenden Normsystem zu behaupten. Auch hier kann die Lerntheorie als Erklärung herangezogen werden, wenn Jugendliche beobachten, dass andere Jugendliche für bestimmte Verhaltensweisen oder Einstellungen soziale Anerkennung erhalten und somit motiviert werden, diese zu übernehmen bzw. mitzumachen. Verstetigt sich dieses Verhalten zum Statuserhalt oder -zugewinn, so entspricht dies ebenso den Konzepten die bei *Skinner* (1965) und *Bandura* (1977) thematisiert werden und auf denen *Akers'* (1994; *Akers & Jensen* 2003) Konzept der differenziellen Verstärkung beruht.

Diese Prozesse sind eng verbunden mit Subkultur-Theorien, für die Status eine zentrale Zielorientierung darstellt. Abweichendes Verhalten als Selbstbehauptung wurde bereits von *Cohen* (1955) beschrieben, der zu dem Ergebnis kam, dass benachteiligte Jungen mit niedrigem Status der Mittelklassen-Konformität mit oppositioneller Subkultur der Devianz entgegentreten. Der neuere Ansatz des „*Code of the Street*" von *Anderson* (1994; 1999) fällt dabei ebenfalls in den Bereich der Subkulturtheorien. In *Andersons* Ansatz geht es bezüglich des sozialen Status vor allem darum, dass dieser verteidigt werden muss und dies durch Gewaltbereitschaft und Stärke funktioniert. Grundlage für dieses Handeln ist eine Subkultur, die gewaltlegitimierende Normen auch über die rein individuelle Ebene toleriert und in welcher der individuelle Status ständig bedroht ist. Dabei ist davon auszugehen, dass die Überzeugungen, die dem „Code" zugrunde liegen, zumindest teilweise durch soziales Lernen bedingt sind, das durch Kontakt mit aggressiven Rollenvorbildern (Peers aber auch z. *B.* Eltern) bedingt ist (vgl. *Brezina et al.* 2004). *Andersons* Untersuchungen und Konzepte sozialer Ordnung fußen auf den Bedingungen, die in amerikanischen Armenvierteln herrschen, und stellen eine Extremsituation dar, die für die Jugendlichen in der vorliegenden Untersuchung nicht gegeben ist. Dennoch gibt es Belege, dass die gleichen Wirkmechanismen auch in weniger speziellen Milieus und anderen Ländern relevant sind (z. *B. Beier* 2016; *Brezina et al.* 2004; *Ernst & Lenkewitz* 2020), jedoch stellt *Andersons* Ansatz in seiner reinen Form keine generalisierbare Theorie dar (*Heitmeyer, Kurtenbach & Zdun* 2019).

Ein ähnlicher Mechanismus wird von *Warr* (2002; 2009) beschrieben. Bei dem Terminus „*fear of ridicule*" geht es darum, dass Jugendliche ihr Verhalten anpassen, um von Peers nicht lächerlich gemacht bzw. akzeptiert zu werden. Dabei geht *Warr* (2009, 396) davon aus, dass das Vermeiden von Spott eine Motivation für abweichendes Verhalten sein kann. Hinzu kommt, dass auch Loyalität („*loyality*") zu Freunden eine Art moralischer Deckmantel für abweichendes Verhalten sein kann. Dies ist z. *B.* der Fall, wenn vor der Polizei gelogen wird, um Freunde zu schützen (*Warr* 1993). Beide Aspekte gehen mit dem Konzept von Status einher, wobei abweichendes Verhalten bei Letzterem weniger als Anpassung, sondern vielmehr als Mittel der Behauptung zu verstehen ist. *Warr* (2002) verweist dabei u. a. auf die Studie von Anderson, macht aber deutlich, dass der Dreiklang aus „fear of ridicule", „loyality" und „status" über Gewalthandeln auch auf andere Arten riskanten Verhaltens von Jugendlichen in Gruppen anwendbar ist.

Bezüglich der Rolle von Status und Popularität als Motivation für abweichendes Verhalten gibt es relativ viele empirische Studien, speziell auch vor dem Problem des sogenannten Bullying oder Mobbings (im Folgenden Bullying genannt), wobei – in Anknüpfung an die oben genannten Konzepte von *Anderson* und *Warr* – die Opfer oft Gruppenmitglieder mit geringem Status sind und die Täter nicht selten als mächtig und populär wahrgenommen werden (vgl. *Salmivalli* 2010). Bullying kann vor allem in formalen Gruppen wie beispielsweise Schulklassen nachgewiesen werden, wobei einzelne nur unter erschwerten Bedingungen die Gruppen verlassen können (vgl. *Salmivalli et al.* 1996; *Schäfer* 2015). Derartige Formen abweichenden Verhaltens wurden bereits Ende des 19. Jahrhunderts beschrieben (*Burk* 1897), jedoch wurden diese erst seit Ende der 1970er Jahre systematisch untersucht. *Olweus* (1978) gilt hier als Pionier, wobei seine ersten Studien noch einen dezidierten Blick auf die Täter-Opfer Beziehung hatten, aber durch sein recht erfolgreiches „Bullying Prevention Programme" Inspiration und Motivation für weitere Forschung lieferte (*Smith* 2014). Neuere Forschungen kommen einstimmig zu der Erkenntnis, dass Mobbing vor allem ein Gruppenphänomen ist, in dem Täter und Opfer Teil eines gemeinsamen sozialen Systems sind. Eine Definition kann wie folgt lauten:

> „Mobbing muss also als sozialer Prozess verstanden werden, der erst im Kollektiv einer Gruppe und auf der Basis von asymmetrischen Beziehungen (Status- und Dominanzunterschieden) zwischen Gruppenmitgliedern möglich wird." *(Hörmann & Stoiber 2015, 179)*

Ausgehend von dieser Definition ist die Hinwendung dieser Forschungslinie zu empirischen Methoden, die auf der Soziometrie bzw. Netzwerkmethoden aufbauen, nur logisch. Eine grundlegende Frage bei der Forschung über Bullying ist, neben der sehr wichtigen Frage nach den Folgen für die Opfer, warum Jugendliche (oder auch Erwachsene) ein derartiges Verhalten zeigen. In eher theoretischen Betrachtungen wird Statusstreben seit langer Zeit als ein universelles Ziel betrachtet (vgl. *Barkow* 1989; klassisches Beispiel *Malthus* 1872), und es hat den Anschein, dass dieses Streben bei den Tätern besonders ausgeprägt ist (*Sijtsema et al.* 2009). Die neuere Forschung legt dabei folglich einen Fokus auf die Erreichung dieses Ziels mit Mitteln des Bullyings, wobei davon ausgegangen wird, dass Aggression nicht nur reaktiv ist, sondern auch proaktiv zur Erhöhung des Status eingesetzt wird – wobei aber nicht vergessen wird, dass Bullying auch andere Gründe wie z. B. das Temperament von Jugendlichen oder Erfahrungen im Elternhaus haben kann (*Veenstra et al.* 2005) – oder in der Peergroup erlernt wird. Bis vor gut einem Jahrzehnt war die Frage nach der Wirkung noch relativ offen bzw. empirisch nur sehr wenig überprüft (*Sijtsema et al.* 2009).

Dies hat sich mittlerweile geändert und zahlreiche Studien können – auch mit Netzwerkanalysen – Effekte auf Status und Popularität nachweisen (siehe unten).

Während in älteren Studien der Fokus beim Bullying, vergleichbar mit den Annahmen der Subkulturtheorie *Cohens*, vor allem auf Tätern mit eher unterdurchschnittlichem sozialen Status lag, gilt heute, dass Täter auch Personen mit hoher sozialer Intelligenz oder hohem sozialen Status sein können, die sehr strategisch handeln, um sich in der Gruppe zu positionieren (vgl. *Juvonen & Graham* 2014, 164). In diesem Zusammenhang sind auf theoretisch-methodischer Ebene zwei weitere Aspekte von Bedeutung: Zum einen kann die Art des abweichenden Verhaltens unterschiedlich sein, zum anderen gibt es unterschiedliche Konzepte von Status und Popularität. Je nach Art der Betrachtung sind unterschiedliche Ergebnisse zu erwarten (siehe auch Abschnitt 2.2.1). Abweichendes Verhalten bzw. Gewalthandeln kann im Kontext der Statuserhöhung unterschiedlich in Erscheinung treten. Während offen aggressive Handlungen bzw. physische Gewalthandlungen bereits seit langem Thema der Forschung sind, rückte mit der neueren Forschung im Bereich des Bullying der Begriff der relationalen Gewalt zunehmend in den Vordergrund. Der Begriff wurde durch die Untersuchungen von *Crick* (1996; 1995) geprägt und bezieht sich auf Verhalten, das darauf abzielt, den sozialen Status anderer zu manipulieren. In weiterem Sinne kann auch das relativ neue Problem des Cyberbullyings (*Young et al.* 2010) hierzu gezählt werden. Inwieweit die relationale Aggression und die offene physische Aggression komplett unterschiedliche Konstrukte (*Crick et al.* 1999) sind oder im Wesentlichen ein Konstrukt ist, dessen Form von der Präferenz der Aggressoren abhängt (*Cillessen & Mayeux* 2004), ist nicht abschließend diskutiert.

Bei der Messung des Status lassen sich ebenfalls zwei zentrale Typen unterscheiden. Zum einen gibt es die soziometrische Popularität, diese bezieht sich auf die Stellung in einem Beziehungsnetzwerk und kann als Maß der sozialen Akzeptanz betrachtet werden. Im einfachsten Fall kann diese durch die Anzahl von Freundesnennungen gemessen werden. Zum anderen gibt es die wahrgenommene oder zugeschriebene Popularität, die als Maß der sozialen Dominanz (visibility) aufgefasst werden kann (*Meijs et al.* 2010). Über die Zusammenhänge beider Maße gibt es geteilte Meinungen. Während *Cillessen & Mayeux* (2004) einen positiven Zusammenhang berichten (mit dem Hinweis, dass dieser mit dem Alter abnimmt), wird dieser bei *Parkhurst & Hopmeyer* (1998) nicht gefunden. Auch bei den Zusammenhängen beider Maße mit unterschiedlichen Formen abweichenden Verhaltens gibt es unterschiedliche Ergebnisse, was insgesamt ein recht heterogenes Feld ergibt (siehe Abschnitt 2.2.1).

Zusammenfassend kann Folgendes festgehalten werden:

- Die Adoleszenz ist eine Lebensphase, die durch Individuationsprozesse geprägt ist, zu denen auch das Austesten und Überschreiten bisher bekannter normativer Regeln gehört.
- In der Adoleszenz stellt die Peergruppe eine wichtige Sozialisationsinstanz dar, wobei Jugendliche dort in mehr oder weniger engen Beziehungen stehen und mit gleichen Entwicklungsaufgaben und Problemen konfrontiert sind.
- Innerhalb der Peergruppe gibt es eigene Regeln und Jugendliche lernen gegenseitig voneinander und erhalten für ihr Verhalten Belohnungen oder Sanktionen. So kann auch delinquentes Verhalten erlernt und verstärkt werden, wenn dieses in der Gruppe nicht sanktioniert wird.
- Für die meisten Jugendlichen ist es wichtig, in ihrer Peergruppe einen hohen sozialen Status zu haben. Schwäche ist unter anderem ein gegenteiliges Zeichen.
- Der Statusgewinn kann sowohl durch offen aggressives Verhalten als auch durch relationale Gewalt erfolgen, erfordert aber stets die Peergruppe als soziales Netzwerk.
- Ob sich Jugendliche für oder gegen abweichendes Verhalten entscheiden hängt, letztlich auch von den Freunden bzw. der umgebenden Gruppe ab.

2.1.3 Einfluss und Selektion von Peers

In der anhaltenden Debatte um den Einfluss von Peers steht seit langem außer Frage, dass es einen engen Zusammenhang zwischen der jeweils eigenen Delinquenz eines Jugendlichen und der Delinquenz seiner Peers gibt (*Glueck & Glueck* 1951; *Elliott et al.* 1985). Dieser Zusammenhang wird auch in der neueren Forschung immer wieder bestätigt (z. *B. Svensson & Oberwittler* 2010; *Warr* 2002; *Weerman et al.* 2013) und gilt im Wesentlichen auch für den Zusammenhang der Delinquenz der Peers mit den eigenen delinquenten Überzeugungen (z. *B. Pardini, Loeber & Stouthamer-Loeber* 2005; *Thornberry et al.* 1994). Jedoch sind die Richtung und kausale Bedeutung dieses Zusammenhangs umstritten. Auf der einen Seite steht die Perspektive der differentiellen Assoziation (*Sutherland & Cressey* 1966[1947]) bzw. der sozialen Lerntheorie (*Akers & Jensen* 2003; *Burgess & Akers* 1966). Demnach kommt der Zusammenhang durch Beeinflussungsprozesse zustande, wobei delinquentes Handeln von delinquenten Freunden erlernt wird. Auf der anderen Seite stehen Kontrolltheorien (*Glueck & Glueck* 1951; *Hirschi* 1969) bzw. die *General Theory of Crime* (GToC) oder auch Selbstkontrolltheorie (*Gottfredson & Hirschi* 1990), die den Zusammenhang maßgeblich als ein Ergebnis von Selektionsprozessen sehen. Dabei gehen diese Theorien – und speziell die GToC – davon aus, dass delinquente Jugendliche zwangsweise Freundschaften mit anderen delinquenten Jugendlichen eingehen. Die Gründe hierfür liegen in der Unfähigkeit, längerfristige Bindungen und Freundschaften mit nicht-delinquenten Jugendlichen aufrechtzuerhalten. Dies ist zum einen dadurch begründet, dass nicht-delinquente Jugendliche ihresgleichen als Freunde bevorzugen, und delinquente Jugendliche aufgrund mangelnder Selbstkontrolle hier keinen Anschluss finden. Dabei wird davon ausgegangen, dass Selbstkontrolle ein stabiles Persönlichkeitsmerkmal ist – was nach heutigen empirischen Erkenntnissen jedoch stark umstritten ist (*Benson* 2014) – und nicht in der Peergroup modifiziert wird. Da in dieser Sichtweise die niedrige Selbstkontrolle ausschlaggebend für Delinquenz ist, kann es folglich auch keine nennenswerten Einflusseffekte durch Peers geben. Aus der Perspektive der „großen" Theorieansätzen mit hohem Allgemeingültigkeitsanspruch ergeben sich hier – mit der sozialen Lerntheorie gegenüber der der GToC – zwei konkurrierende Ansätze, wobei die Kontrolltheorien große Aufmerksamkeit auf sich zogen und die Rolle delinquenter Peers lange weitgehend unbeachtet blieb (*Oberwittler* 2021). Dass sich die beiden Ansätze jedoch nicht ausschließen, wurde bereits mit *Thornberrys* Interactional Theory (*Thornberry* 1987; *Thornberry et al.* 1994) bekräftigt, jedoch blieb die Frage nach etwaiger Dominanz eines Ansatzes trotz einiger Bemühungen (z. *B. Matsueda & Anderson* 1998) lange unterbelichtet, nicht zuletzt da unterschiedliche methodische Hürden diese Art der Untersuchung erschweren. Zum einen werden für die Bestimmung der Kausalrichtung Paneldaten benötigt. Hierbei können Studien, die auf Stichproben (mehr oder weniger) stochastisch unabhängiger[4] Einheiten beruhen, mithilfe von kreuzverzögerten Effekten in Paneldaten (cross-lagged panel model) Selektions- und Einflusseffekte voneinander trennen (*Matsueda & Anderson* 1998; *Seddig* 2014; *Bentrup* 2019). Allerdings wird die Messung der Delinquenz von Peers hier meistens nur indirekt abgefragt. Dies wurde bereits von *Gottfredson & Hirschi* (1990) kritisiert, die davon ausgehen, dass bei einer solchen Messung die eigene Delinquenz auf die der Freunde projiziert und letztlich das Gleiche gemessen wird. Diese Kritik wurde in neueren Studien hinreichend bestätigt; es liegt ein so genannter „projection bias" vor. Eine weitere methodische Kritik an diesen Ansätzen ist, dass zeitlich verzögerte („lagged") Maße der Delinquenz Selektionseffekte über- und Peer-Einflüsse unterschätzen könnten (vgl. *Haynie &*

---

[4] In Panelbefragungen wie z. B. bei der CrimoC-Studie (*Boers & Reinecke* 2019) wurden die Befragungen für die ersten Wellen im Klassenkontext durchgeführt, weshalb die Einheiten hier strenggenommen nicht stochastisch unabhängig sind.

Osgood 2005). Im Folgenden wird detaillierter auf die Problematik der indirekten Messung der Delinquenz von Peers eingegangen und anschließend ein neuer Ansatz zur Bewertung von Einfluss und Selektion vorgestellt.

2.1.4 Zur Messung delinquenter Peers

Im Zuge der Debatte um Selektion und Einfluss hat sich in der neueren Forschung gezeigt, dass die starke Korrelation zwischen der eigenen Delinquenz der Befragten und der ihrer Freunde in Selbstberichtstudien basierend auf einer indirekten Messung ein methodisches Artefakt ist, und der wahre Zusammenhang deutlich schwächer ist. Mit indirekter Messung ist gemeint, dass Befragte sowohl ihre eigene Delinquenz als auch die ihrer Freunde berichten. Die Gründe hierfür liegen darin, dass Menschen bezüglich vieler Fragestellungen nur begrenzte Fähigkeiten haben, über Einstellungen und Verhalten anderer Personen Auskunft zu geben (z. B. *Jussim & Osgood* 1989; *Aseltine* 1995). Dies trifft auch auf die Auskünfte über die Delinquenz von Freunden zu, welche in zahlreichen kriminologischen Studien über oder in Anlehnung an die von *Elliott et al.* (1983) eingeführte Messung erfolgt. Dabei geben die Befragten an, wie viele ihrer Freunde welche festgelegten Delikte begangen haben – diese Messung erfolgt also indirekt. Für diese Messung wird durchweg eine starke positive Korrelation mit der eigenen Delinquenz berichtet (für eine Übersicht siehe *Hoeben et al.* 2016, 109). Hierbei wird jedoch die Delinquenz der Freunde häufig verzerrt eingeschätzt, und zwar dahingehend, dass die eigene Delinquenz auf die Delinquenz der Freunde projiziert wird (z. *B. Haynie* 2001; *Kandel* 1996; *Rebellon & Modecki* 2014). Diese Problematik tritt dann gehäuft auf, wenn Verhalten gemessen wird, das auf eher seltenen Ereignissen basiert (*Boman et al.* 2012) und die Befragten nur wenig Informationen über das Verhalten ihrer Peers haben (*McGloin & Thomas* 2016). Dies trifft auch auf Delinquenz zu, und *Gottfredson und Hirschi* vermuten in diesem Zusammenhang nicht ganz zu Unrecht, dass damit lediglich die eigene Delinquenz gemessen wird: „[…] the variable – self-reported peer delinquency – may merely be another measure of self-reported delinquency“ (*Gottfredson & Hirschi* 1990, 157). Inwieweit dies zutrifft und welche Folgen sich hieraus ergeben, wurde in neueren Studien mit dem Einsatz von Netzwerkdaten – und damit einer direkten Messung – empirisch überprüft. In einer Studie von *Haynie & Osgood* (2005) konnte beispielsweise gezeigt werden, dass der Zusammenhang zwischen eigener Delinquenz und Peer-Delinquenz unter Verwendung einer direkten Messung durch Netzwerkdaten deutlich geringer ausfällt als in der indirekten Messung. Dabei führt die Überschätzung des

Einflusses von Peer-Delinquenz durch die konventionelle und indirekte Messung auch zur Unterschätzung anderer Einflussfaktoren. Ähnliche Ergebnisse finden sich bei *Meldrum, Young & Weerman* (2009), die den Einfluss von Selbstkontrolle auf Delinquenz unter Kontrolle von indirekter und direkter Messung der Peer-Delinquenz vergleichen und zum dem Ergebnis kommen, dass der Effekt von Selbstkontrolle in Modellen mit direkter Messung stärker ist (siehe auch *Boman & Gibson* 2011). *Young et al.* (2011) kommen zu dem Schluss, dass die – aus der Differenz von direkter und indirekter Messung errechnete – Fehlwahrnehmung hauptsächlich durch die eigene Delinquenz und das Konzept der Selbstkontrolle erklärt werden kann. Dabei überschätzen delinquente Jugendliche mit niedriger Selbstkontrolle eher die Delinquenz der Freunde, während diese von nicht delinquenten Jugendlichen mit hoher Selbstkontrolle eher unterschätzt wird. Aufgrund der genannten Aspekte muss letztlich der folgenden Aussage von *Haynie & Osgood* (2005, 1124) zugestimmt werden: „[…] it is inappropriate to investigate normative influence by using respondents' reports as indicators of the attitudes". Dies wirft die Frage auf, inwieweit die Rolle des normativen Einflusses von Peers bisher falsch eingeschätzt wurde. Dabei sollte aber berücksichtigt werden, dass auch mit der direkten Messung über Netzwerkdaten nachgewiesen werden kann, dass ein positiver Zusammenhang zwischen eigener Delinquenz und der Delinquenz der Freunde besteht (z. *B. Boman & Ward* 2014; *Gerstner & Oberwittler* 2018; *Hoeben et al.* 2016). Aufgrund der obigen Erkenntnisse sollte jedoch davon ausgegangen werden, dass Lerneffekte – aber auch Selektionseffekte – in Studien mit indirekter Messung mit großer Wahrscheinlichkeit überschätzt wurden, aber nicht grundlegend falsch sind.

2.1.5 Die Modellierung von Selektion und Einfluss

Neben dem Wissen um das Ausmaß des „projection bias" durch Netzwerkanalysen kam mit neuen statistischen Verfahren zur Längsschnittanalyse bzw. Panelanalyse von Gesamtnetzwerken, sogenannte *stochastic actor-oriented models* (SOAMs oder auch SIENA-Modelle)[5], erneut Bewegung in die Debatte um Einfluss und Selektion. Diese Verfahren wurden um die Jahrtausendwende vor allem von *Snijders* (1996) und Kollegen (z. *B. Flache & Snijders* 2008; *Snijders, Steglich & Schweinberger* 2007; *Steglich, Snijders & Pearson* 2010; *Steglich et al.*

[5] Das von Snijders et al. entwickelte SIENA-Paket ist in die freie Statistiksoftware R implementierbar und unterliegt ständiger Weiterentwicklung: https://www.stats.ox.ac.uk/~snijders/siena/ [19.03.2020].

2006) entwickelt und schnell in der kriminologischen Forschung eingesetzt (*z. B. Baerveldt et al.* 2003; *Baerveldt, Völker & Van Rossem* 2008; *Burk, Kerr & Stattin* 2008; *Weerman* 2011). Mit Netzwerkdaten kann die Delinquenz der Freunde direkt gemessen und damit der „projection bias“ umgangen werden, und es können Einfluss und Selektion unter Kontrolle von Drittvariablen gemessen werden. Zudem können Struktureffekte von Netzwerken, die vor allem für den Selektionsprozess relevant sind, detailliert modelliert werden. Dies betrifft z. B. die Einbettung in Triaden, wobei z. B. Person A und Person B Freunde sind und Person A mit Person C eine Freundschaft eingeht, weil Person B bereits mit Person C befreundet ist. Im Standardmodell prüft der Einfluss-Parameter, ob Akteure eine statistisch signifikante Tendenz aufweisen, ihren Peers bezüglich der Delinquenz ähnlicher zu werden. Der Selektions-Parameter prüft, ob Akteure überzufällig mit anderen Akteuren Beziehungen eingehen (hier i. d. R. Freundschaften), die ihnen bezüglich der Delinquenz bereits ähnlich sind.

In den letzten Jahren wurden in zahlreichen Studien aus unterschiedlichen Ländern untersucht, inwieweit mit diesen Modellen zu mehr Klarheit über Selektion und Einfluss gelangt werden kann. *Beier* (2016) kommt in einer systematischen Übersicht aus 25 Studien zu sechs Themenfeldern delinquenten Verhaltens (Alkoholkonsum, Tabakkonsum, Marihuanakonsum, Waffenbesitz, Gewalt/aggressives Verhalten, allgemeine Delinquenzindizes) zu dem Ergebnis, dass „sich ein uneinheitliches Bild [ergibt DG], aus dem sich aber dennoch Implikationen für ein besseres Verständnis des Zusammenspiels von Peergruppe und Jugenddelinquenz ableiten lassen“ (*Beier* 2016, 7). Dabei berichten die meisten Studien sowohl Selektions- als auch Einflusseffekte, weniger Studien finden nur jeweils einen der beiden oder keine Effekte. *Gallupe, McLevey & Brown* (2019) kommen in einer Metaanalyse aus 24 Studien, die sich teilweise mit denen von *Beier* (2016) überschneiden, zu ähnlichen Ergebnissen. Sowohl Selektion als auch Einfluss sind relevante Größen, wobei die Einfluss-Effekte teilweise durch den Charakter der Studien bedingt sind (Art des delinquenten Verhaltens, Zeitpunkt der Erhebung). Hieraus lassen sich folgende Schlüsse ziehen: Das relativ konstante Vorhandensein von Einflusseffekten spricht für die Annahmen der sozialen Lerntheorie und unterstützt die Aussagen der Metaanalyse von *Pratt et al.* (2010), die jedoch nur indirekte Messungen von Peerdelinquenz beinhaltet. Zwar geht *Akers* (1998) ohnehin davon aus, dass vor allem die Wahrnehmung der Peer-Delinquenz relevant für das eigene delinquente Handeln im Kontext der Lerntheorie ist, jedoch unterstützen die Ergebnisse der Studien mit direkter Messung der Peerdelinquenz die Annahmen der Lerntheorie zusätzlich. Die vorhandenen Selektionseffekte sprechen für die Annahmen der Kontroll- bzw.

Selbstkontrolltheorie und zeigen, dass zumindest teilweise Freundschaften aufgrund der Ähnlichkeit bezüglich der Delinquenz getroffen werden. Eine wichtige Erkenntnis ist jedoch, dass dies nicht – wie von *Gottfredson & Hirschi* (1990) behauptet – ausschließlich der Fall ist.

Eine weitere wichtige Erkenntnis ist aber auch die, dass netzwerkstrukturelle Prozesse eine wichtige Rolle spielen, wenn es darum geht, wie sich Beziehungen bilden und Netzwerke formen (z. B. *Knecht et al.* 2010; *Weerman* 2011). Diese Effekte können Selektionseffekte, und in Querschnittsmodellen auch theoretisch unterstellte Einflusseffekte, überlagern. Ob ein Akteur einen anderen Akteur als Freund wählt, kann z. B. von deren gemeinsamer Einstellung zu abweichendem Verhalten abhängen, der Grund kann aber auch sein, dass beide einen gemeinsamen Freund haben, und deshalb befreundet sind. Netzwerkstrukturelle Parameter sollten deshalb immer kontrolliert werden.

Abschließend muss jedoch auch auf die Problematik hingewiesen werden, dass Gesamtnetzwerkdaten immer an eine definierte Grenze wie z. B. die Schulklasse oder die Jahrgangsstufe gebunden sind (zu dieser Problematik siehe auch Abschnitt 3.3) und Freunde außerhalb dieser Grenze, also z. B. der Schule, außer Acht gelassen werden. Für den Vergleich der indirekten mit der direkten Messung delinquenter Freunde hat dies zur Folge, dass oft eine recht unspezifische Gruppe mit spezifischen Freunden verglichen wird (siehe hierzu z. B. *Boman et al.* 2014). Zudem besteht das Problem, dass Studien mit Stufennetzwerken eher Einfluss-Effekte finden als Studien mit Klassennetzwerken (*Baerveldt et al.* 2008; *Weerman* 2011). Nur wenige Studien konnten bisher überhaupt Netzwerkdaten außerhalb der Schule erheben (Ausnahmen sind z. B. *Kiesner, Poulin & Nicotra* 2003; *Kiesner, Kerr & Stattin* 2004; *Kirke* 2004). Auch aus diesem Grund kann keine abschließende Bewertung zur Hierarchie zwischen Einfluss und Selektion gegeben werden, vielmehr ist weitere Forschung erwünscht. Abgesehen davon deuteten neuere Forschungsergebnisse darauf hin, dass die klassischen Theorien ohnehin nicht alleinerklärend sind und stets situative Kontexte in die Erklärung von Delinquenz und Peereffekten einbezogen werden müssen. Hierauf wird an späterer Stelle eingegangen.

2.2 Peers als Sozialisationsinstanz – Empirische Erkenntnisse und Hypothesen zu Status und Peer-Einfluss

Aus den theoretischen Betrachtungen zum abweichenden Verhalten im Kontext von Freundschaften, Freundschaftsnetzwerken und Peerkontexten lassen sich

Forschungshypothesen ableiten, die in der Kapiteln 4 und 5 mit unterschiedlichen methodischen Ansätzen überprüft werden. In Kapitel 4 werden Hypothesen geprüft, die sich auf den Status von Schülern in ihrem Klassennetzwerk beziehen. Hier wird untersucht, ob der soziale Status von Schülern durch ihr abweichendes Verhalten beeinflusst wird. In Bezug auf die Lerntheorie kann dabei davon ausgegangen werden, dass Belohnung und Bestrafung (differential reinforcement) eine zentrale Rolle spielen. Das Kapitel 5 beinhaltet ebenfalls Analysen auf Klassenebene. Dabei wird untersucht, inwieweit Ähnlichkeiten zwischen Schülern Freundschaftsdyaden bestimmen und welche Rolle die Netzwerkstruktur in diesen Fällen spielt. Der Fokus liegt vor allem darauf, inwieweit Bewertungsmaßstäbe bezüglich abweichenden Verhaltens in Freundschaften geteilt werden – wobei davon ausgegangen wird, dass diese auch in Freundschaften erlernt werden, was mit den Querschnittsdaten jedoch nicht vollumfänglich geprüft werden kann.

Die folgenden Abschnitte befassen sich speziell mit der Rolle der Peers als Sozialisationsinstanz von Jugendlichen. Aus den Forschungsergebnissen sollen Hypothesen für die nachfolgenden empirischen Analysen abgeleitet werden.

2.2.1 Popularität und Status

Bezüglich der Popularität und des abweichenden Verhaltens im Schulkontext liegen eine Reihe relevanter Forschungsergebnisse vor. Wie oben dargestellt sind Status und Popularität in der Adoleszenz von großer Bedeutung und lassen sich über unterschiedliche Mittel erreichen. Speziell im Fall von abweichendem oder aggressivem Verhalten sind diese Wirkungen jedoch komplex. Grundsätzlich kann davon ausgegangen werden, dass solches Verhalten in Schulklassen eher abgelehnt wird und somit einen negativen Effekt auf die Popularität und den Status hat. So wird z. B. bei *Dijkstra et al.* (2010) berichtet, dass unterschiedliche Formen von Aggression zur Folge haben, dass Mitschüler als weniger sympathisch eingestuft werden. *Cillessen & Mayeux* (2004) berichten von einem negativen Zusammenhang zwischen Freundschaftsnominierungen und physischer Aggressivität für die Phase der frühen Adoleszenz. *Postigo et al.* (2012) finden einen negativen Zusammenhang zwischen Popularität und Bullying für 12- bis 17-Jährige in spanischen Schulklassen (wobei auch Viktimisierung mit niedriger Popularität einhergeht). Zu einem ähnlichen Ergebnis gelangen *Faris & Felmlee* (2011), wobei Aggression positiv mit Status korreliert, der Zusammenhang jedoch kurvilinear ist und mit sehr hohem Status abschwächt. In entgegengesetzter Richtung wurde untersucht, wie prosoziales Verhalten mit dem Status oder der Popularität von Kindern und Jugendlichen zusammenhängt. Hier konnte anhand einer frühen Studie von *Coie & Kupersmidt* (1983) durch Beobachtungen in Kindergruppen gezeigt werden, dass Hilfsbereitschaft beim Spielen die Popularität fördert, und *Cillessen* (2012) beschreibt, dass prosoziales Verhalten generell positiv mit soziometrischer Popularität korreliert. Solche positiven Zusammenhänge mit Popularität weisen auch sportliche Erfolge oder physische Attraktivität auf (*Dijkstra et al.* 2010). Auch der Schulerfolg korreliert mit Popularität, wobei jedoch einige Studien einen positiven (*Baier & Bergmann* 2014; *Rodkin et al.* 2000) und andere Studien einen negativen Zusammenhang (*Hopmeyer Gorman, Kim & Schimmelbusch* 2002) berichten. Andere Forscher gehen davon aus, dass der schulische Erfolg nur im Zusammenspiel mit sozialer Kompetenz einen Einfluss auf die Popularität von Schülern hat (*Meijs et al.* 2010). In einer Studie aus Russland zeigte sich, dass der Schulerfolg für Mädchen immer positiv mit soziometrischer Popularität verbunden ist. Für Jungen ist der Zusammenhang negativ, wenn die Schulklasse allgemein durch geringe Lernmotivation gekennzeichnet ist. In Schulklassen mit hoher Lernmotivation ist der Zusammenhang auch für Jungen positiv (*Titkova, Ivaniushina & Alexandrov* 2013).

Aus diesen empirischen Forschungen sollte jedoch nicht geschlossen werden, dass populäre Jugendliche oder solche mit hohem Status stets zu prosozialem Verhalten neigen – wobei sich hier auch die Frage nach der Definition und Messung von Popularität stellt. Die gerade dargestellten Ergebnisse beziehen sich im Wesentlichen auf die soziometrische Popularität basierend auf Freundschaftsnominierungen, die als Maß der sozialen Akzeptanz gesehen werden kann. Wird aber nach der wahrgenommenen Popularität gefragt, die als Maß der sozialen Dominanz aufgefasst werden kann (*Meijs et al.* 2010), so werden mitunter abweichende Ergebnisse berichtet. Es zeigen sich beispielsweise keine Zusammenhänge mit dem Schulerfolg, und positive Zusammenhänge ergeben sich neben prosozialem Verhalten auch für abweichendes Verhalten. Über die Zusammenhänge beider Maße gibt es geteilte Meinungen. Während *Cillessen & Mayeux* (2004) einen positiven Zusammenhang berichten (mit dem Hinweis, dass dieser mit dem Alter abnimmt), wird dieser bei *Parkhurst & Hopmeyer* (1998) nicht gefunden.

Für die weiter oben beschriebenen Arten von aggressivem Verhalten (relationale Aggression und offene physische Aggression) ist Ähnliches zu berichten. Hier zeigen sich positive Zusammenhänge zwischen relationaler Gewalt vor allem mit der wahrgenommenen Popularität. Diese nehmen mit dem Alter zu und sind vor allem auch bei Mädchen besonders ausgeprägt (*Cillessen & Mayeux* 2004). *Allen et al.* (2005) kommen mit einer Längsschnittstudie zu dem Ergebnis, dass auch leichte Formen von Delinquenz und der Konsum leichter Drogen mit mehr soziometrischer Popularität einhergehen, jedoch feindseliges Verhalten gegenüber Peers mit abnehmender Popularität einhergeht.

Aus zahlreichen Studien wird auch deutlich, dass unterschiedliche Kontexte die Zusammenhänge zwischen Popularität und aggressivem Verhalten verstärken oder auch moderieren können. Die Einbettung Jugendlicher in unterschiedliche soziale Kontexte ist bereits in klassischen Argumentationslinien der kriminologischen Forschung relevant. *Cohen* (1955) kam beispielsweise zu dem Ergebnis, dass benachteiligte Jungen mit niedrigem Status der Mittelklassen-Konformität mit oppositioneller Subkultur der Devianz entgegentreten. Abweichendes Verhalten dient hier sozusagen als Mittel der Selbstbehauptung. Der *Code of the Street* (1999) ist vor allem in amerikanischen Armenvierteln wichtig für die Statusbehauptung – und weniger wichtig in der achten Klasse eines Kölner Mädchengymnasiums. In neueren Studien wird häufig untersucht, inwieweit abweichendes Verhalten und Popularität zusammenhängen und ob dieser Zusammenhang durch den übergeordneten sozialen Kontext beeinflusst wird; so fragt z. *B. Kreager* (2007) in seinem Aufsatz „When it‘s Good to be Bad: Violence and Adolescent Peer Acceptance" explizit nach Kontexten, in denen abweichendes Verhalten statusfördernd wirkt. Dabei zeigt sich, dass bei Jungen physische Aggressivität die Popularität senkt, jedoch nicht, wenn die Schüler individuell schlechte Schulleistungen haben; dann wirkt die Aggressivität eher statusfördernd. Zudem hängt der Effekt von individuellem Gewaltverhalten auf die Popularität vom allgemeinen Gewaltlevel der Schule ab. Ist dieser hoch, wirkt individuelle Gewalt nicht statussenkend, bei Mädchen zeigt sich hier ein positiver Effekt. Ähnliches berichten auch *Baier & Bergmann* (2014) für Daten aus deutschen Schulklassen. Hier kann nachgewiesen werden, dass neben anderen Faktoren physische Aggressivität dann statusfördernd ist, wenn der Zusammenhalt der Klasse schlecht ist. *Ernst & Lenkewitz* (2020) beziehen sich in ihrer Untersuchung von Schülern in Deutschland auf den „Code of the Street". Zwar modellieren sie den Status nicht als abhängige Variable, kommen jedoch zu dem Ergebnis, dass Schüler, die diesen Code verinnerlicht haben, häufiger gewalttätig werden, wenn im Schulkontext Gewalt mit Status honoriert wird. *Sentse et al.* (2007) testen das oben genannte *person-group dissimilarity model* für Mittelstufenklassen in den Niederlanden und kommen zu dem Ergebnis, dass Jugendliche mit ausgeprägtem Bullying-Verhalten dann eher zurückgewiesen werden, wenn Bullying nicht der Norm entspricht. In Klassen, in denen Bullying der Norm entspricht, führt individuelles Bullying-Verhalten eher nicht zu Zurückweisung und sogar zu höher Beliebtheit. *Jonkmann, Trautwein & Lüdtke* (2009) finden ebenfalls Zusammenhänge zwischen sozialer Dominanz und der negativen oder positiven Anpassung an Gruppennormen. Dabei werden sowohl die Effekte von störendem Verhalten als auch von Schulerfolg durch den Gruppenkontext moderiert. *Dijkstra, Lindenberg & Veenstra* (2008) untersuchen komplexe Zusammenhänge zwischen zugeschriebener Beliebtheit durch Mitschüler und Ablehnung sowie individuellem Bullying. Ergebnis ist, dass der negative Zusammenhang zwischen Beliebtheit und Bullying und der positive Zusammenhang zwischen Ablehnung und Bullying durch die relative Anzahl an Schülern mit hohem Status, die sich abweichend verhalten, moderiert wird. So ist z. *B.* der negative Zusammenhang zwischen Bullying und zugeschriebener Beliebtheit weniger stark, wenn viele populäre Schüler dieses Verhalten zeigen. Dieser Befund geht über den reinen Effekt der Klassennorm hinaus. In einer Studie von *Haynie* (2001) liegt der Fokus zwar nicht auf der Popularität von Jugendlichen, dennoch wird hier für den Kontext ganzer Schulen festgestellt, dass es einen Zusammenhang zwischen soziometrischer Popularität und Delinquenz gibt, der mit der Delinquenz der direkten Freunde interagiert. Vor allem mit hoher Delinquenzbelastung der Freunde geht mit hoher Popularität eine höhere individuelle Delinquenzbelastung einher.

Ausgehend von den referierten Ergebnissen zum Zusammenhang von Status und abweichendem – und auch anderem – Verhalten sollen im empirischen Teil der Arbeit vier Hypothesen mit Daten aus Schulklassen der MPI-Schulbefragung 2011 geprüft werden.

Relationale Gewalt ist ein Phänomen, das oft gezielt zur eigenen Statuserhöhung eingesetzt wird. Entsprechend konnten positive Zusammenhänge gefunden werden. Da hierbei abweichendes Verhalten in Zusammenhang mit Reaktionen der Peergroup steht, kann eine Nähe zum Konzept der differenziellen Verstärkung hergestellt werden. Hypothese 1.1 lautet wie folgt:

- H1.1: Leichte Formen von abweichendem Verhalten in der Klasse – die der relationalen Aggressivität ähnlich sind – wirken sich positiv auf die soziometrische Popularität/Zentralität aus.

Aggressives Verhalten wird in der Regel sanktioniert. Viele Studien (jedoch nicht alle) finden negative Zusammenhänge und Hypothese 1.2. lautet:

- H1.2: Der Effekt von offen aggressivem Verhalten auf die Popularität/Zentralität im Klassenverband wirkt sich global betrachtet negativ auf den Status aus.

Status und Popularität sind nicht nur an pro- oder antisoziales Verhalten gebunden. Auch der individuelle Erfolg in der Schule spielt eine Rolle. Dies ist ein Ergebnis, das in einigen Studien gefunden wurde, und Hypothese 1.3a/b lautet:

- H1.3a: Der Schulerfolg, gemessen an guten Noten, ist statusfördernd.
- H1.3b: Sportliche Schüler sind populärer.

Viele Studien können zeigen, dass abweichendes Verhalten nicht immer den gleichen Effekt auf den Status oder die Popularität von Jugendlichen haben muss. Je nach den in Schulklassen akzeptierten Normen und Werten kann dieser Effekt variieren und in Hypothese 1.4 wird das „person-group dissimilarity model" (*Wright et al.* 1986) geprüft:

- H1.4: Cross-Level-Interaktion: Der Effekt von leichtem abweichendem Verhalten und offener Aggressivität ist kontextgebunden. Vom Klassenmittelwert abweichendes deviantes Verhalten kann im Kontext hoher Toleranz gegenüber Normabweichungen statusfördernd wirken bzw. im Kontext niedriger Toleranz gegenüber Normabweichungen statussenkend wirken.

2.2.2 Soziales Lernen und delinquente Überzeugungen

Zur Bedeutung sozialen Lernens für das delinquente Verhalten Jugendlicher existiert ein umfangreicher Bestand an empirischer Forschung. Der Großteil der Studien beschäftigt sich dabei mit dem Einfluss von sozialem Lernen auf das tatsächliche delinquente Verhalten von Jugendlichen. Geht man der Frage nach, ob delinquente Überzeugungen oder Einstellung erlernt werden, kann man *Sutherlands* (1947) grundlegende Aussage heranziehen, dass über symbolische Interaktion in Beziehungen zu relevanten Personen (delinquente) Einstellungen und Überzeugungen erlernt werden. In die bereits erwähnte Metaanalyse von *Pratt et al.* (2010), die die vier Kernelemente (*differential assoziation, imitation, differential reinforcement, definitions*) von *Akers*' erweiterter Lerntheorie (1973; 1998; *Akers & Jensen* 2003) zum Gegenstand hat, gingen 133 Studien ein. Zentrales Ergebnis dieser Untersuchung ist, dass die theoriebezogenen Variablen starke, aber über die Studien hinweg nicht invariante Effekte aufweisen. Zudem wurden in den empirischen Studien der Metaanalyse vor allem die Elemente „differential association" und „definitions" geprüft, wohingegen die Aspekte „imitation" und „differential reinforcement" weniger Aufmerksamkeit erhielten. Diese Lücke in spezifischen Fragestellungen kann die vorliegende Arbeit nicht schließen, und ein Fokus wird vor allem auf Ähnlichkeiten bezüglich delinquenter Überzeugungen bzw. die Toleranz gegenüber Normbrüchen und Gewalt in Peerbeziehungen gelegt. Dabei wird angenommen, dass diese in Peerinteraktionen erlernt werden bzw. sich verfestigen. Frühe empirische Studien, wie z. *B.* von *Thornberry et al.* (1994) zur Überprüfung seiner „Interactional Theory of Delinquency", untersuchen die individuellen delinquenten Überzeugungen im Zusammenhang mit der individuellen Delinquenz und der Delinquenz der Peers der jeweiligen Individuen. Sie kommen zu dem Schluss, dass delinquente Überzeugungen zwar die Wahrscheinlichkeit erhöhen, mit delinquenten Peers in Kontakt zu kommen, dies aber auch zu einer Konsolidierung von delinquenten Überzeugungen führt, und zwar stärker als eigenes delinquentes Verhalten. *Menard & Huizinga* (1994) untersuchen unter anderem den Zusammenhang von gesetzeskonformen Überzeugungen und Delinquenz. Sie kommen zu dem Schluss, dass eine Schwächung dieser Überzeugungen der individuellen Delinquenz vorausgeht, letztlich aber ein gegenseitig wirkender Prozess vorliegt. Dabei wird die Schwächung der gesetzeskonformen Überzeugungen verstärkt, wenn Jugendliche delinquente Freunde haben. *Carson* (2013) berichtet aus der entgegengesetzten Perspektive, dass die Wahrnehmung von prosozialem Peer-Verhalten die Ausbildung delinquenter Einstellungen verhindert, auf der anderen Seite führt jedoch die Wahrnehmung der Delinquenz von Peers zu stärkeren Veränderungen der Einstellungen in den negativen Bereich. Für neuere Längsschnittdaten aus Deutschland kommt *Bentrup* (2019) zu dem Ergebnis, dass die Akzeptanz von Normen sinkt, wenn man delinquente Freunde hat. Gleichzeitig sinkt die Wahrscheinlichkeit, Mitglied einer delinquenten Freundesgruppe zu werden, wenn die Akzeptanz von Normen steigt. Zu einem ähnlichen Ergebnis kommt *Seddig* (2014) mit Daten der gleichen Studie, wobei berichtet wird, dass die Assoziation mit delinquenten Peers zu höherer Akzeptanz gewaltbefürwortender Normen führt – die ihrerseits wieder unabhängig von der Delinquenz der Peers die individuelle Gewaltdelinquenz begünstigt. Gleichzeitig ist das bloße Zusammensein mit Gleichaltrigen kein Grund dafür, gegen konventionelle Normen zu sein, deren Befürwortung die Gesamtdelinquenz wiederum direkt und negativ beeinflusst. Auf Basis von Querschnittsdaten berichtet *Baier* (2014), dass Jugendliche, die Nonkonformität stärker akzeptieren und dies über ein deviantes Freundesgruppenklima erlernen, häufiger Gewaltverhalten zeigen. Dies ist vor allem für Jungen und deutlich weniger für Mädchen der Fall, die generell eine geringere Nonkonformität zeigen. Es kann an dieser Stelle auch noch erwähnt werden, dass Mädchen prinzipiell weniger delinquente Freunde haben und im Vergleich zu Jungen weniger von delinquenten Freunden beeinflusst werden, was durch deren moralische Bewertung von Delinquenz bedingt ist (*Mears, Ploeger & Warr* 1998). Der Einfluss des Geschlechts sollte hier also stets kontrolliert werden. Eine der wenigen Untersuchungen, die die Einstellungen der Peers zusätzlich zu deren delinquentem Verhalten miteinbeziehen, stammt von *Warr & Stafford* (1991). Sie gelangen zu dem Ergebnis, dass Einstellungen und Verhalten von Peers separate Effekte aufweisen, der Effekt der Einstellungen aber eher gering ist und das Verhalten den Effekt der Einstellungen auf individuelle Delinquenz überlagert, wenn beide nicht übereinstimmen. Dies bedeutet, dass der Lernprozess nicht immer über Einstellungen geht, sondern auch über Imitation oder Verstärkung durch Gruppendruck.

Den oben genannten Studien ist gemein, dass die empirischen Erkenntnisse auf Daten stochastisch unabhängiger Einheiten beruhen. Hierbei muss angenommen werden, dass Angaben zur Delinquenz der Freunde durch den oben genannten „projection bias" bzw. durch die indirekte Messung der Delinquenz von Peers verzerrt sind. Angaben zu den delinquenten Überzeugungen oder auch der Normakzeptanz sind mit indirekten Messungen im Prinzip noch schwerer zugänglich als Verhaltensweisen, und bisher gibt es kaum Untersuchungen mit Netzwerkdaten, die statt delinquentem Handeln delinquente Einstellungen untersuchen. *Megens & Weerman* (2012) kommen mit der Verwendung von Netzwerkdaten zu dem Schluss, dass die delinquenten Einstellungen von Peers eine größere Rolle spielen, als bisher angenommen wurde, und weisen auf den wichtigen Aspekt der Übertragung von Einstellungen bei der Untersuchung jugendlicher Delinquenz hin. In einer ähnlichen Analyse der gleichen Daten (*Megens & Weerman* 2010) kommen sie außerdem zu dem Ergebnis, dass Übereinstimmung von delinquenten Überzeugungen und delinquentem Handeln nicht immer gegeben ist. Am meisten Übereinstimmung gibt es bei Jugendlichen mit wenigen delinquenten Überzeugungen und wenig Delinquenz, zudem wird die Übereinstimmung bezüglich delinquenter Überzeugungen mit stärkerer Bindung an die Freunde gefördert.

Ausgehend von diesen Erkenntnissen wird für die Analyse der Freundschaften in den Klassennetzwerken der MPI-Schulbefragung 2011 erwartet, dass auch hier aufgrund von Lernprozessen und der Transmission von Einstellungen in Freundschaften Ähnlichkeit bei delinquenten Einstellungen bzw. der Akzeptanz von Normbrüchen und Gewalt besteht. Hierzu wird die folgende Hypothese formuliert.

- H2.1: Sind Jugendliche befreundet, so steigt die Wahrscheinlichkeit, dass diese Übereinstimmung bezüglich delinquenter Überzeugungen aufweisen (Homophilie).

Da bekannt ist, dass das Geschlecht ein maßgeblicher Faktor für delinquente Überzeugungen ist und gleichgeschlechtliche Beziehungen häufiger sind, wird davon ausgegangen, dass die Übereinstimmung bei den delinquenten Überzeugungen in Teilen durch das Geschlecht vermittelt wird. Hypothese H2.1 lautet:

- H2.2: Gleichgeschlechtliche Freundschaften sind häufiger (Homophilie) und Homophilie bezüglich der delinquenten Überzeugungen wird dadurch überlagert (Mediation).

Ausgehend von den Erkenntnissen aus (Längsschnitt-)Studien mit Netzwerkdaten wird zudem angenommen, dass auch grundlegende Strukturen der Netzwerkbildung (z. B. Reziprozität, Transitivität, siehe 0) an der Entstehung von Freundschaftsbeziehungen beteiligt sind und hierfür kontrolliert werden muss. Dies ist vor allem eine methodische Herausforderung, welche die möglicherweise banal klingenden Hypothesen H2.1 und H2.2 weitaus komplexer zu untersuchen macht. Hypothese H2.3 lautet:

- H2.3: Netzwerkstrukturen überlagern Homophilie-Effekte und verhindern eine Überschätzung von Einfluss- und auch Selektionseffekten.

Des Weiteren wird auf Basis der Erkenntnis von *Megens & Weerman* (2010) geprüft, ob Übereinstimmung bezüglich delinquenter Einstellungen in Freundschaften mit stärkeren Bindungen ausgeprägter ist. Hypothese H2.4 lautet:

- H2.4: Die Übereinstimmung von delinquenten Überzeugungen ist dann ausgeprägter, wenn die Beziehung als eng beschrieben wird, Jugendliche auch gemeinsame Freizeit verbringen oder die Nominierungen mutuell sind.

2.3 Peers und Gelegenheiten

Unabhängig von der Diskussion über Einfluss und Selektion war der gemeinschaftliche Charakter der Delinquenz von Jugendlichen stets unbestritten (*Shaw & McKay* 1931). Es gilt als gefestigte Annahme, dass Jugendliche oft dann Straftaten begehen, wenn sie sich in Begleitung anderer Jugendlicher außerhalb des Bereichs elterlicher Kontrolle befinden und unstrukturierten Freizeitaktivitäten nachgehen. In jüngerer Zeit hat sich eine Forschungsrichtung etabliert, für die die Effekte von Gelegenheitsstrukturen auf die Wahrscheinlichkeit von Delinquenz die zentrale Rolle spielt. Dieser Aspekt ist jedoch im Kern nicht neu. Bereits *Quetelet* führte vor 185 Jahren an, dass Verhältnisse „hinsichtlich des Vorhandenseins von Objekten, die geeignet sind, zum Verbrechen anzureizen, wie auch hinsichtlich der Leichtigkeit, ein Verbrechen zu begehen, gleich günstig sein“ müssen (*Quetelet* 1921[1835], 252). Auch *Sutherland* (vgl. *Sutherland &*

Cressey 1966[1947], 80) betonte bereits die Wichtigkeit von situativen Aspekten, stellte diesen Aspekt aber in den Hintergrund der Täter. Größere Reichweite erlangte dieser Ansatz erst mit dem *„routine activity approach"* von *Cohen & Felson* (1979), die mit der Aussage, „[…] we take criminal inclination as given and examine the manner in which the spatio-temporal organization of social activities helps people to translate their criminal inclinations into action" (*Cohen & Felson* 1979, 589), die Tatgelegenheiten in den Vordergrund stellten und sich von der reinen Täterperspektive abwandten. Der Ansatz basiert auf der Beobachtung, dass im Zeitraum 1960 bis 1975 ein Anstieg der Kriminalitätsraten zu beobachten war, obwohl bezüglich der Faktoren (Arbeitslosigkeit, Armut, Bildung etc.), von denen angenommen wurde, diese hätten einen kausalen und damit steigernden Einfluss auf die Kriminalitätsbelastung, ein positiver Wandel zu beobachten war. Die Gründe für dieses Paradox sind für die Autoren „[…] changes in the ‚routine acivities' of everyday life" (*Cohen & Felson* 1979, 589). „Routine activities" sind dabei alltägliche Muster der Lebensführung, welche sich im erweiterten Sinn auf Aktivitäten beziehen, die von Menschen in ihrem Alltag ausgeführt werden. Basierend auf den Erkenntnissen von *Hawley* (1950) zur Verkettung von Zeit und Ereignissen in sozialräumlichen Strukturen, identifizierten *Cohen & Felson* (1979) drei Variablen, durch deren Zusammentreffen in Raum und Zeit eine kriminelle Handlung zustande kommen kann. Diese sind: „presence of motivated offenders", „availability of suitable targets" und „absence of capable guardians". Dieses Modell trifft besonders gut auf Jugendliche und deren alltägliches Leben mit Peers in unterschiedlichen Kontexten zu. So sind z. B. delinquente Handlungen eines Jugendlichen, der seinen freien Nachmittag mit seinen Eltern bei Gartenarbeit im eigenen Kleingarten verbringt, äußerst unwahrscheinlich, da Tatgelegenheiten (availability of suitable targets) fehlen, Autoritätsfiguren nicht abwesend sind (absence of capable guardians) und der Jugendliche bei der Gartenarbeit letztlich nicht auf dumme Gedanken kommen wird. Anders verhält es sich, wenn der Jugendliche den freien Nachmittag mit einer Gruppe von Freunden ohne bestimmte Pläne im Stadtzentrum verbringt. Durch die Gruppensituation (presence of motivated offenders) erhöht sich generell die Wahrscheinlichkeit von Delinquenz, in zahlreichen Geschäften kann leicht ein Ladendiebstahl begangen werden (availability of suitable targets) und Autoritätsfiguren sind nur äußerst bedingt vorhanden (absence of capable guardians).

Während *Cohen & Felson* (1979) hauptsächlich mit Kriminalitätsraten argumentierten und Veränderung im alltäglichen Leben im Focus hatten, erweiterten die Studien von *Wayne Osgood* (*Osgood et al.* 1996; *Osgood & Anderson* 2004), die Gelegenheitsperspektive auf individuelles Handeln und lieferten die empirischen Belege für eigenständige Effekte von Gelegenheiten. Die Autoren gehen davon aus, dass alle Menschen – wenn auch in unterschiedlichem Maß – sich potenziell zu delinquentem Verhalten hinreißen lassen und die Motivation oft vielmehr in der der Situation liegt. Delinquenzfördernde Situationen liegen vor allem dann vor, wenn Jugendliche mit ihren Peers unstrukturierten Freizeitaktivitäten nachgehen und dabei Autoritätsfiguren abwesend sind. Dabei führt der Mangel an Struktur – oder das Fehlen eines geregelten Ablaufs – zu mehr „Zeit“ bzw. mehr Gelegenheiten für delinquente Handlungen. Die Anwesenheit von Peers macht diese leichter und delinquentes Handeln wird mit Statusgewinn in der Gruppe honoriert. Zudem reduziert die Abwesenheit erwachsener Autoritätsfiguren das Potenzial sozialer Kontrolle, was die Wahrnehmung des Ausbleibens möglicher Konsequenzen verstärkt. Der Effekt der Gelegenheitsstrukturen zeigt sich auch darin, dass diese nach *Osgood et al.* (1996) einen substanziellen Teil der Zusammenhänge zwischen Delinquenz und jeweils Geschlecht, Alter sowie sozioökonomischem Status erklären können. Der Ansatz geht dabei ebenfalls davon aus, dass der Zusammenhang kein indirekter Effekt der Delinquenz der Freunde ist bzw. nicht von dieser Variablen moderiert wird, wofür ebenfalls empirische Ergebnisse vorliegen (vgl. *Haynie & Osgood* 2005; *Osgood & Anderson* 2004). Kurz gesagt folgt hieraus, dass Jugendliche, die mehr Zeit in unstrukturierten Freizeitaktivitäten mit Peers verbringen, in stärkerem Maße delinquent sind als Jugendliche, die seltener in solchen Situationen sind. Dies wurde in mehreren Studien empirisch belegt (siehe Abschnitt 2.4).

Zusätzlich zu dem beschriebenen Ansatz kommen neuere experimentelle Studien aus dem entwicklungs- und kognitionspsychologischen Bereich zu dem Ergebnis, dass schon allein die Anwesenheit von Peers die Risikobereitschaft von Jugendlichen erhöht. *Gardner & Steinberg* (2005) stellen z. B. anhand eines Experiments mit Videospielen fest, dass Jugendliche in Anwesenheit von Peers doppelt so viel Risiko (hier im Straßenverkehr) wagen, als wenn sie alleine sind. Für Erwachsene konnte dies nicht festgestellt werden. Gründe hierfür liegen in der Entwicklung des jugendlichen Gehirns, wobei die zeitverzögerte Entwicklung von limbischem System und präfrontalem Kortex im Zusammenhang mit impulsivem und risikoreichem Verhalten (*Monahan, Steinberg & Piquero* 2015) oder z. B. auch ungeduldigem Verhalten steht (*van den Bos et al.* 2015). Zudem konnte nachgewiesen werden, dass das jugendliche Gehirn weniger sensibel auf Unsicherheit reagiert und deshalb risikoreiche Entscheidungen häufiger in Erwägung gezogen werden (*van den Bos & Hertwig* 2017). Bezüglich der erhöhten Risikobereitschaft unter Anwesenheit von Peers wurde festgestellt, dass belohnungsbezogene Hirnregionen bei Jugendlichen stärker aktiviert werden als unter Abwesenheit von Peers. Dies spricht dafür, dass die Sensibilität für mögliche Belohnungen in Anwesenheit von Peers zu riskanten Entscheidungen führt (*Chein et al.* 2011;

Steinberg 2007). In Anbetracht dieser Ergebnisse liegt der Schluss nahe, dass Veränderungen der Kontexte, in denen riskantes Verhalten auftritt, erfolgreicher sein kann als das Ändern der Art und Weise, wie Jugendliche über Risiken denken (vgl. *Steinberg* 2007, 55) – was letztlich wiederum den eigenständigen Effekt der Situation in dem theoretischen Ansatz von *Osgood et al.* (1996) stützt, der auf die Anwesenheit von Peers und die Abwesenheit von Autoritätspersonen zielt.

Obwohl die neuere Forschung zeigen konnte, dass situative Aspekte von deutlicher Relevanz sind, sind diese dennoch nicht vollständig allein erklärend. Auch wenn situative Effekte einen Teil der Effekte individueller Prädiktoren wie z. B. Alter, soziale Herkunft etc. mediieren, spielen individuelle Norminternalisierung, soziales Lernen etc. trotzdem eine eigenständige Rolle. Dieser Gedanke ist nicht neu und bereits *Cohen & Short Jr* (1961, 89 f.) verwiesen darauf, dass delinquente Handlungen stets von geeigneten Kombinationen aus Tätern und Situationen abhängig sind. Aktuelle Ansätze in der Kriminologie bemühen sich deshalb, Theorien mit unterschiedlichen Perspektiven und auch aus unterschiedlichen Disziplinen integrativ zu verknüpfen.

2.3.1 Situational Action Theory - Die Rolle der Peers

Ein aktuell prominenter integrativer Ansatz ist die „*Situational Action Theory*" (SAT). Mit der SAT fasst *Wikström* (2004; 2010b) das interaktive Zusammenspiel unterschiedlicher Theorietraditionen in der Analyse von Jugenddelinquenz in einen gefestigten Rahmen. Das Konzept basiert dabei auf der Frage, *wer* sich in *welcher Situation* befindet, denn delinquentes Verhalten resultiert aus dem Zusammenspiel beider Komponenten, also persönlicher und situativer Merkmale. Delinquentes Handeln wird in der SAT als Ergebnis eines „Wahrnehmungs-Entscheidungs-Prozesses" (‚*perception-choice process*', *im Folgenden PCP)* gesehen (siehe *Abbildung 2.1*). Dieser wird in der Literatur mit der Formel $\boldsymbol{P} \times \boldsymbol{E} \rightarrow \boldsymbol{C}$ symbolisiert. Dabei interagieren Individuen, die mit bestimmten Neigungen zur Delinquenz (*crime propensity* ***P***) ausgestattet sind, mit ihrer physischen und sozialen Umwelt (‚*exposure to criminogenic settings*' ***E***). Je nach Handlungsentscheidungen ergibt sich in den jeweiligen Situationen delinquentes oder auch nicht-delinquentes Verhalten (*act of crime* ***C***). Eine ausführliche Zusammenfassung und detaillierte empirische Überprüfung der Theorie mit Daten der PADS+ Studie wurde mit der Monographie ‚*Breaking Rules*' (*Wikström et al.* 2012) vorgelegt. Obwohl die Theorie darauf ausgelegt ist, jegliche Art von Kriminalität zu erklären, basiert die Studie ausschließlich auf der Analyse des delinquenten Verhaltens Jugendlicher.

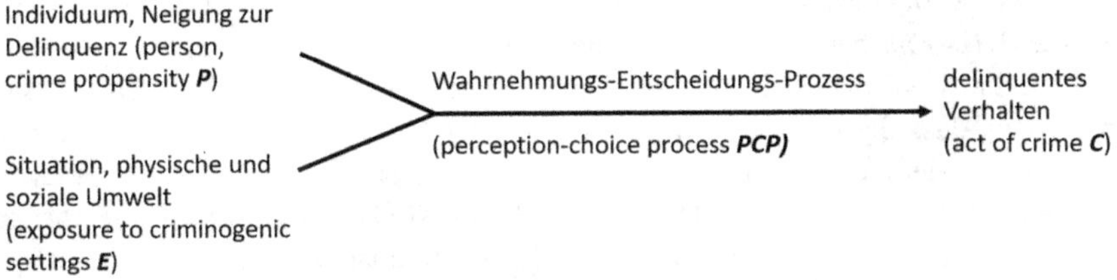

Abbildung 2.1 Basismodell des „Wahrnehmungs-Entscheidungs-Prozesses" (PCP) in der SAT. (Eigene Darstellung nach Wikström et al. (2012, 17))

Die individuelle Neigung zu delinquentem Verhalten (*crime propensity* ***P***) wird bei *Wikström* darüber definiert, dass Individuen Verhaltensregeln und Normen verschieden internalisieren und sich in unterschiedlichem Maß an diese halten, bzw.: „the tendency to see, and if so, to choose to break a rule of conduct (stated in law)." Schlüsselelemente sind dabei das individuelle moralische Bewusstsein und die Fähigkeit zur Selbstkontrolle. Die SAT bedient sich dabei an bereits vorhandenen Theoriekonstrukten. Die Fähigkeit zur Selbstkontrolle wird definiert als: „(inner-to-outer) process by which a person succeeds in adhering to a personal moral rule when it conflicts with the moral norms of the setting". Dies entspricht im Kern dem Gegenteil von dem, was *Gottfredson & Hirschi* (1990, 90) als „low self-control" bezeichnen: „[…] people who lack self-control will tend to be impulsive, insensitive, physical (as opposed to mental), risk-taking, short-sighted and non-verbal, and they will tend therefore to engage in criminal and analogous acts." In der empirischen Überprüfung der SAT wurde die Selbstkontrolle über eine reduzierte Version der von *Grasmick et al.* (1993) entwickelten Skala zur Überprüfung der GToC verwendet (siehe *Wikström et al.* 2012, 136). Im Gegensatz zur GToC geht die SAT aber nicht davon aus, dass Selbstkontrolle die allem voranstehende Erklärung für delinquentes Verhalten ist, sondern dass das individuelle moralische Bewusstsein der grundlegende Faktor für kriminelle Neigungen ist, und die Selbstkontrolle dazu dient, externen Reizen zum Überschreiten der moralischen Regeln zu widerstehen (*Wikström & Treiber* 2007). Die Selbstkontrolle steht dabei in einem interaktiven Verhältnis zum moralischen Bewusstsein und spielt vor allem bei Personen mit niedriger und mittlerer Moralität eine Rolle (*Wikström & Svensson* 2010). Das Konzept des moralischen Bewusstseins wird in der SAT nicht über eine bestimmte Theorietradition abgeleitet. Über angeführte Zitate lässt sich aber schlussfolgern, dass bestimmte Ansätze und Gedanken von Klassikern in dem Konzept eine Rolle spielen. So wird z. B. *Durkheim* angeführt, wenn es darum geht, die regulierende Wirkung von Moral und eines Wertekonsens bildhaft darzustellen (*Wikström* 2010a, 221)[6]. Im Prinzip geht es *Wikström* bei der Moral um die Einhaltung von Regeln, und Kritiker der SAT sehen diese daher nur als eine genauer spezifizierte Version der GToC. Sie führen an, dass die Moral bei *Wikström* vor allem als ein Festhalten an Gesetzen und Regeln definiert ist und danach gefragt wird, ob und zu welchem Grad es falsch ist, Regeln zu brechen. Insofern sei dieses Konzept nicht mit dem Konzept des *belief* in Hirschis Kontrolltheorie auseinanderzuhalten (vgl. *Britt & Costello* 2015, 182). Dass Moral aber ohnehin ein randständiges Konzept in der kriminologischen Forschung ist, wird auch von *Wikström* selbst angeführt, und *Morality* wird von ihm letztlich folgendermaßen definiert:

> *„Morality may be defined as an evaluative function of events in the world based on values about what is right and wrong to do (moral values). This evaluative function does not only include the person's beliefs about what is right and wrong to do, but also how much he or she cares about doing the right thing (moral commitment) and the strength of the feelings of guilt and shame (moral emotions) that may be associated with not doing the right thing." (Wikström 2004, 15)*

In der PADS+Studie wurde zur Messung der *Morality* letztlich eine modifizierte Version der *Attitude Toward Delinquent Behavior Scale* aus *Rolf Loebers* Pittsburgh Youth Study (*Loeber et al.* 1998; *Loeber et al.* 2017) verwendet. Für 14 Arten von delinquentem Verhalten wurde abgefragt (siehe *Wikström et al.* 2012, 134), wie falsch es ist, wenn jemand im Alter des Befragten diese Dinge tut. Diese Skala wurde ähnlich auch in anderen Studien eingesetzt, die die SAT ländervergleichend testen, wobei je nach Verfügbarkeit auch alternativ eine adaptierte Version der *legal cynism scale* von *Sampson & Bartusch* (1998) eingesetzt wird (*Svensson, Pauwels & Weerman* 2010). In wieder anderen Studien wurde untersucht, wie das komplexe Konstrukt Moralität im Kontext der SAT in Einzelkomponenten (siehe auch obiges Zitat) wie Scham-, Schuldempfinden und moralische Werte zerlegt werden kann (*Svensson et al.* 2017).

Der „moralische Filter" der SAT wirkt aber nicht nur im Zusammenspiel (zur Interaktion von Moral und Selbstkontrolle siehe oben) mit der individuellen Selbstkontrolle, sondern interagiert auch mit dem situativen Kontext, wie z. B. dem Freizeitverhalten von Jugendlichen. In der SAT werden diese situativen Kontexte als ‚*exposure to criminogenic settings*' (***E***) bezeichnet, in denen z. B. Verlockungen zur Begehung von Diebstählen oder Anlässe zu Gewalthandlungen unterschiedlich stark ausgeprägt sein können. Hierbei wird angenommen,

[6] Originalzitat aus *Durkheims* Moral Education: „When a normally constituted man tries to behave in a way repugnant to morality, he feels something that stops him just as clearly as when he tries to lift a weight too heavy for him" (*Durkheim* 1962 [1925]).

dass diese kriminogenen Situationen einen eigenen kriminalitätsfördernden Effekt haben, der aber je nach individueller krimineller Neigung stärker oder schwächer ausfällt oder auch gar nicht vorhanden ist, wenn kriminelle Handlungen für bestimmte Individuen auf gar keinen Fall eine Alternative darstellen. Die kriminogenen Situationen können dabei unterschiedlich ausfallen, wenn das Zusammenspiel von möglichen Tätern, Gelegenheiten und die Anwesenheit von Autoritätsfiguren variieren. Dieser Mechanismus entspricht den Theorieansätzen von *Cohen & Felson* (1979) und vor allem *Osgood et al.* (1996).

In Wikströms PADS+ Studie wurde die Zeit, die Jugendliche in unstrukturierten Freizeitaktivitäten verbringen, mit einem aufwendigen Forschungsdesign gemessen. In einer Art Tagebuch wurde von den Befragten dokumentiert, was sie innerhalb von vier Tagen in der Woche vor dem Befragungsinterview gemacht hatten, in welchem sie dann nochmals detaillierte Informationen zu den Eintragungen machten. Das Ziel war dabei zu messen, welchen strukturierten und unstrukturierten Situationen die Teilnehmer wo ausgesetzt waren, wieviel Zeit sie in diesen Situationen verbracht haben und was sie genau gemacht haben. Auch die abhängige Variable der selbstberichteten Delinquenz bezieht sich auf diesen Zeitraum. An einem empirischen Beispiel lässt sich die zentrale Annahme der SAT wie folgt beschreiben: In *Abbildung 2.2* sind Ergebnisse einer deskriptiven Analyse aus *Wikström et al.* (2012, 352) dargestellt. Die x-Achse beschreibt, ob sich Jugendliche in kriminogenen Situationen aufgehalten haben (gemessen über das Space-Time-Budget). Auf der z-Achse ist die individuelle kriminelle Neigung abgetragen (gemessen als Konstrukt aus moralischem Bewusstsein und Selbstkontrolle). Auf der y-Achse wird gemessen, wie viel Delinquenz pro 1.000 Stunden Space-Time-Budget durchschnittlich berichtet wurde. Ist die kriminelle Neigung niedrig, so spielt es keine Rolle, ob sich Jugendliche in kriminogenen Situationen aufhalten oder nicht – diese Gruppe berichtet über keine Delinquenz. Halten sich die Jugendlichen nicht in kriminogenen Situationen auf, so steigt zwar die individuelle Delinquenz mit der individuellen kriminellen Neigung an, dieser Anstieg ist jedoch sehr moderat. Im Gegensatz dazu steigt die individuelle Delinquenz mit den individuellen kriminellen Neigungen extrem an, wenn Jugendliche ihre Zeit in kriminogenen Situationen verbringen. Die individuelle Delinquenz ist in diesem Fall für die Jugendlichen mit mittlerer individueller krimineller Neigung sogar höher als für die Jugendlichen mit sehr hohen kriminellen Neigungen, die aber ihre Freizeit nicht in kriminogenen Situationen verbringen. Formal ausgedrückt, besteht zwischen krimineller Neigung und kriminogenen Situation also ein Interaktionseffekt. Der Effekt des situativen Kontexts wird also durch die individuellen kriminellen Neigungen moderiert, oder einfach gesagt: „[…] settings are not inherently criminogenic for all young people, but only for those who are crime prone.“ (*Wikström et al.* 2012, 354). Diese zentrale Annahme der Interaktion zwischen kriminellen Neigungen und kriminogenen Situationen wurde in mittlerweile zahlreichen unterschiedlichen Publikationen statistisch geprüft und empirisch belegt (Beispiele siehe Abschnitt 2.4).

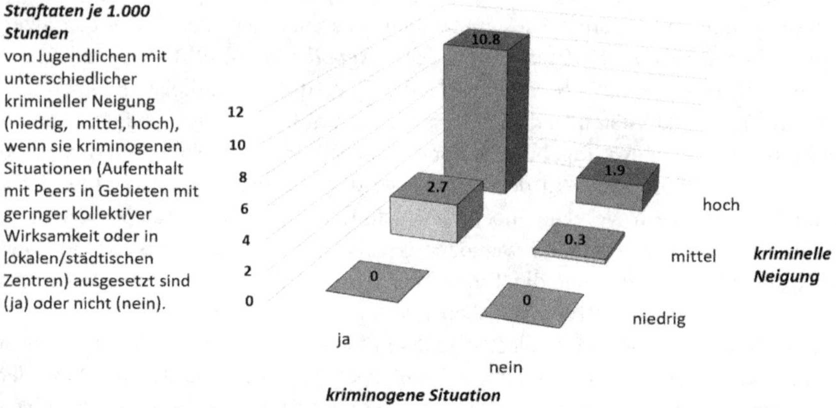

Abbildung 2.2 Beispiel zum interaktiven Verhältnis von krimineller Neigung und kriminogenen Situationen. (Eigene Darstellung nach Wikström et al. (2012, 352))

Mit dem situativen Kontext (wer ist in welcher Situation?) wird auch die Rolle der delinquenten Peers relevant. Wie oben bereits dargelegt, stellen unstrukturierte Freizeitaktivitäten mit Peers schon für sich einen Risikofaktor für Delinquenz dar. Zudem ist bekannt, dass die Delinquenz der Peers in Zusammenhang mit der individuellen Delinquenz steht und dass mit zunehmender Delinquenz der Freunde ein höheres delinquentes Verhalten einhergeht. Dies kann teilweise durch Einflussprozesse und damit durch die Lerntheorie, aber auch mit Selektionsprozessen erklärt werden (siehe hierzu Abschnitt 2.1.3). Davon unabhängig stellt sich jedoch die Frage, ob durch delinquente Peers die Tatgelegenheiten zusätzlich erhöht werden und wie die Delinquenz der Peers im PCP zu verorten ist – also ob das individuelle delinquente Verhalten Jugendlicher nicht nur von den eigenen kriminellen Neigungen abhängt, sondern auch von den kriminellen Neigungen ihrer Peers, und inwieweit die kriminogenen Elemente unstrukturierter Freizeitaktivitäten durch die kriminellen Neigungen der Freunde moderiert werden. *Wikström et al.* (2012, 355) gehen davon aus, dass die Anwesenheit von Peers den moralischen Kontext schwächen kann, und, dass dies im Besonderen zutrifft, wenn die Peers willens sind moralische Grenzen bei der Reaktion auf Verlockungen und

Provokationen zu überschreiten. Im Gesamten wird dieser Aspekt in der SAT aber nur randständig betrachtet. Bei *Wikström et al.* (2012) wird zwar gezeigt, dass die Delinquenz der Freunde den Effekt der „criminogenic exposure" moderiert, dies wird jedoch nur als Beleg dafür herangezogen, dass das delinquente Verhalten der Freunde ein Indikator für deren kriminelle Neigungen sei:

> *„As we have demonstrated […], there is a very strong relationship between crime propensity […] and crime involvement. Therefore, it is reasonable to assume that peers´crime involvment is a good marker of their crime proneness, which may contribute to a moral context that may encourage rule breaking" (Wikström et al. 2012, 152)*

In den empirischen Analysen wird dies nicht weiter umgesetzt, und die Delinquenz der Freunde wird im Wesentlichen der „criminogenic exposure" zugerechnet. Beide werden zu einem Konstrukt verbunden und im Zusammenhang mit den persönlichen kriminellen Neigungen nicht getrennt betrachtet. Zudem wird die Delinquenz der Peers nur allgemein und nicht für die konkreten Peers aus der Space-Time-Budget-Messung abgefragt. Andere Publikationen zur SAT verwenden die Delinquenz der Peers und verschiedene Messungen zu unstrukturierten Freizeitaktivitäten ebenfalls als ein Konstrukt (*Wikström & Svensson* 2008; *Wikström* 2009; *Svensson & Pauwels* 2010). Die Frage, *wer was* man mit *wem* macht, wird dabei im Wesentlichen ignoriert. In einer Studie von *Svensson & Oberwittler* (2010) konnte gezeigt werden, dass die Delinquenz der Freunde den Effekt der unstrukturierten Freizeitaktivitäten auf die Delinquenz moderiert. Die individuellen Neigungen spielen aber in dieser Studie nur bedingt eine Rolle und zudem wurde die Delinquenz der Peers nur indirekt gemessen. *Sentse et al.* (2010) finden diesen Zusammenhang ebenfalls mit einer direkten Messung über Netzwerkdaten, jedoch kommen individuelle kriminelle Neigungen auch in dieser Studie nicht vor, sondern der Focus liegt auf der Kontrolle der Eltern. Bezogen auf die SAT besteht also nach wie vor die Frage, wie sich das Zusammenspiel zwischen individuellen Neigungen und kriminogenen Gelegenheiten ändert, wenn die Delinquenz der Freunde als eigenständige Komponente analysiert wird. Es ist davon auszugehen, dass dieses für Jugendliche mit vielen delinquenten Freunden ausgeprägter ist, da zu den vermehrten Gelegenheiten hinzukommt, dass der Einzelne in Begleitung delinquenter Peers ist. Dies hat wiederum einen steigernden Effekt auf die eigene Delinquenz bzw. die kriminogene Situation. In Bezug auf das oben angeführte Zitat besteht zudem die Frage, inwieweit die tatsächliche Delinquenz der Freunde ein Marker für die kriminellen Neigungen der Freunde ist und welcher dieser beiden Aspekte für die Erklärung der individuellen Delinquenz stärkere Relevanz hat. Dies wurde bisher wenig untersucht, wobei *Megens & Weerman* (2012) zu dem Schluss kommen, dass den delinquenten Einstellungen von Freunden zwar eine stärkere Rolle als bisher angenommen zukommt, der direkte Effekt der delinquenten Freunde jedoch weiterhin relevant bleibt. Auch hier kann angenommen werden, dass die kriminellen Überzeugungen der Freunde das soziale Setting zusätzlich beeinflussen. Für die Frage *wer* mit *wem* in *welchem* Setting ist kann folglich eine Drei-Wege-Interaktion angenommen werden. Demgegenüber steht allerdings der Befund von *Haynie & Osgood*, dass es keine Interaktion zwischen den Gelegenheitsstrukturen und der Delinquenz der Peers gibt, und sie schlussfolgern, dass „spending lots of time 'hanging out' with friends is conducive to delinquency, even if those friends are not especially delinquent themselves“ (*Haynie & Osgood* 2005, 1122). Die Debatte um den interaktiven Effekt der Delinquenz der Peers wird zusätzlich durch die oben genannte Problematik der indirekten Messung beeinflusst. In Kapitel 6 wird diese Fragestellung mit Daten der MPI-Schulbefragung 2011 weiter erhellt.

2.3.2 „Causes of the Causes"

In der Debatte um die Erklärung abweichenden Verhaltens Jugendlicher stellt sich auch immer die Frage nach den „Gründen für die Gründe“ für dieses Verhalten. Zu Beginn wurde bereits darauf hingewiesen, dass die Jugendphase durch endokrinologische Prozesse während der Pubertät gekennzeichnet ist, die mit der sozialen Entwicklung interagiert. Die soziale Entwicklung findet in der (frühen) Kindheit vor allem im familiären Kontext statt, mit der Adoleszenz wird die Eltern-Kind-Beziehung jedoch durch die immer stärker werdende Eigenständigkeit der Jugendlichen verändert. Bei dieser Ablösung nimmt die Gleichaltrigengruppe eine zentrale Rolle ein, und die sozialen Netzwerke außerhalb des familiären oder auch schulischen Radius werden zunehmend größer und von den Jugendlichen selbst gewählt. Dabei spielt es auch eine Rolle, was die Jugendlichen dürfen und was nicht. Dies hat wiederum einen Einfluss darauf, was sie machen – also in welchen kriminogenen Situationen sich Jugendliche potenziell aufhalten. So wird auch in der Studie von *Wikström et al.* (2012, 306 ff.) die elterliche Kontrolle neben dem Schulschwänzen als starker Prädiktor für die Zeit, die in kriminogenen Situationen verbracht wird, identifiziert. Dass die Eltern-Kind-Beziehung einen maßgeblichen Einfluss auf die Delinquenz von Jugendlichen hat, ist dabei keine neue Erkenntnis und seit langem Gegenstand der kriminologischen Forschung. So beinhalten z. B. sowohl die Lerntheorie (*Sutherland & Cressey* 1966[1947]) als auch die konkurrierende Kontrolltheorie (*Hirschi* 1969) Aussagen dazu, dass dieser Beziehung eine starke Bedeutung bei der Erklärung von Delinquenz zukommt. *Jensen* (1972) findet in einer frühen Studie Zusammenhänge zwischen jeweils elterlicher Kontrolle, elterlicher Unterstützung und dem Vorhandensein von delinquenten Freunden, delinquenten Überzeugungen und delinquentem Verhalten. In der neueren Forschung haben sich diese zwei Ansätze, Kontrolle und Unterstützung, als besonders bedeutsam herausgestellt (*Dishion & Patterson* 2006). Bezüglich der elterlichen Kontrolle hat sich dabei gezeigt, dass die aktive Kontrolle über die täglichen Aktivitäten der Kinder keine valide Messung darstellt. Die Bereitschaft der Jugendlichen mit ihren Eltern offen über das, was sie in ihrer Freizeit tun, zu kommunizieren, ist eine weitaus validere Messung für elterliche Kontrolle (*Stattin & Kerr* 2000; *Kerr & Stattin* 2000). Mit Längsschnittdaten kommt dieselbe Autorengruppen (*Kerr, Stattin & Burk* 2010) zu dem Ergebnis, dass aktive Kontrolle die Veränderungen der Delinquenz über die Zeit nicht vorhersagen kann, aber dies für die Offenheit der Jugendlichen gegenüber ihren Eltern der Fall ist.[7] Eine Erklärung ist hierbei, dass wenn die Jugendlichen mit delinquenten Aktivitäten (ihrer selbst oder der Freunde) in Kontakt kommen, sie gegenüber den Eltern weniger offen sind – dieser Bereich stellt jedoch einen eigenen Forschungszweig dar.

Zurück zu den Annahmen der SAT, stellt sich die Frage, wie elterliche Kontrolle und auch andere wichtige bekannte Zusammenhänge mit abweichendem Verhalten, wie z. B. der bekannte Geschlechterunterschied bei der Delinquenz (z. B. *Junger-Tas, Ribeaud & Cruyff* 2004), zu verorten sind. Nach der SAT ist die Situation die adäquate Ebene, um kriminelle Akte zu analysieren. Dies geschieht durch die Interaktion von krimineller Neigung und krimineller Situation, wobei darauf hingewiesen wird, dass diese durch individuelle Faktoren und Ereignisse im Lebenslauf sowie durch sozialstrukturelle Merkmale bedingt sind. Im Rahmen der SAT sind letztere jedoch als „causes of the causes" und nicht als „causes of the acts of crime" zu verstehen. Dabei wird darauf hingewiesen, dass diese Trennung nötig ist, um sowohl die Gründe für Delinquenz als auch die Gründe für die Gründe zu verstehen (vgl. *Wikström et al.* 2012, 29). Für empirische Analysen ergibt sich hieraus, dass bestimmte Prozesse den eigentlichen Gründen für Delinquenz vorgelagert sind und mit Mediationsanalysen geprüft werden muss, inwieweit diese Effekte von den angenommenen Wirkmechanismen der SAT vermittelt werden. Auf der anderen Seite ist es so, dass in Analysen, die die SAT prüfen, nicht zwingend notwendig ist, jegliche Arten von Kontrollvariablen in die Modelle aufzunehmen.

---

[7] Dieses Ergebnis ist z. T. auch dadurch erklärbar, dass elterliche Kontrolle, Aufsicht und Einschränkungen mit zunehmendem Alter in der Adoleszenz abnehmen. Wobei wiederum die Effekte der veränderten Erziehungsstile durch Veränderungen bei delinquenten Einstellung vermittelt sein können (z. B. *Janssen et al.* 2015).

2.4 Peers und Gelegenheiten – Empirische Erkenntnisse und Hypothesen

In Kapitel 6 wird untersucht, inwieweit individuelle kriminelle Neigungen (Moral und Selbstkontrolle), situative Kontexte und delinquente Peers das individuelle delinquente Handeln begünstigen. Ein Fokus liegt dabei auf der Überprüfung zentraler Annahmen der Situational Action Theory. Zudem wird untersucht, ob das Geschlecht und Eltern-Kind-Beziehungen den von der SAT postulierten Wirkmechanismen vorgelagert sind.

Eltern-Kind-Beziehungen bzw. elterliche Kontrolle spielen seit langem eine Rolle in der kriminologischen Forschung, und es ist hinreichend bekannt, dass ein Zusammenhang mit Delinquenz besteht, der mit dem Alter abnimmt (siehe hierzu z. B. die Ergebnisse der Metaanalyse von *Hoeve et al.* 2012). Wie oben dargelegt gibt es unterschiedliche Ansätze, die Eltern-Kind-Beziehung zu untersuchen. Für die hier vorliegende Fragestellung ist vor allem relevant, inwieweit der Zusammenhang für die Erklärung von delinquentem Handeln Jugendlicher im Kontext von „crime propensity“ und „criminogenic exposure“ eine Rolle spielt. *Den Exter Blokland, Engels & Finkenauer* (2001) kommen zu dem Ergebnis, dass der Effekt von Eltern-Kind-Beziehungen zu einem großen Teil durch Selbstkontrolle vermittelt wird. *Vazsonyi & Belliston* (2007) kommen in einer länderübergreifenden Studie mit Daten aus Ungarn, Japan, den Niederlanden, der Schweiz und den USA ebenfalls zu dem Ergebnis, dass Nähe zu den Eltern und Kontrolle durch die Eltern einen Effekt auf die Delinquenz haben, dieser jedoch immer durch die Fähigkeit der Selbstkontrolle teilweise mediiert wird. Bei *Svensson* (2004) wird berichtet, dass Mädchen eine stärkere Bindung zu ihren Eltern haben und diesen gegenüber offener sind, mehr kontrolliert werden und mehr Scham bei Delinquenz empfinden als Jungen. Der Effekt der Eltern-Kind-Beziehung auf Delinquenz wird dabei zu einem größeren Teil bei Mädchen und nur zu einem geringen Teil bei Jungen durch Schamempfinden (vor allem gegenüber Freunden) vermittelt. Situative Kontexte und die Fähigkeit zur Selbstkontrolle wurden hier nicht miteinbezogen. *Ingram et al.* (2007) berichten, dass der Effekt der Eltern-Kind-Beziehung auf schwere Delinquenz teilweise durch das Vorhandensein von delinquenten Peers vermittelt ist. Jugendliche mit einem positiven Verhältnis haben ein geringeres Risiko bzgl. des Umgangs mit delinquenten Peers. Auf die tragende Rolle der Eltern-Kind-Beziehung bezüglich des Umgangs mit delinquenten Peers weist auch *Warr* (2005) hin. In einer neueren Studie mit Längsschnittdaten und umfangreichen Mediationsanalysen kommen *Janssen et al.* (2015) zu dem Ergebnis, dass Elternkontrolle und Delinquenz indirekt in Beziehung stehen. Dabei wird der Effekt jeweils teilweise durch

Selbstkontrolle, delinquente Überzeugungen und unstrukturierte Freizeitaktivitäten vermittelt. Werden alle diese Mediatoren gleichzeitig herangezogen, wird der Effekt der Elternkontrolle nahezu vollständig vermittelt.

Auch der Effekt des Geschlechts sollte hier noch angeführt werden. Aus zahlreichen Studien ist bekannt, dass Mädchen weniger delinquent sind als Jungen (z. B. *Junger-Tas et al.* 2004; *Moffitt et al.* 2001). Nach *Mears et al.* (1998) ist dies teilweise dadurch zu erklären, dass Mädchen andere moralische Bewertungen von Delinquenz aufweisen. *Hirtenlehner & Treiber* (2017) können – mit einer Argumentation nach der SAT – die höhere Prävalenz und Inzidenz von Jungen beim Ladendiebstahl dadurch erklären, dass diese höhere individuelle kriminelle Neigungen haben und mehr Zeit in kriminogenen Situationen verbringen. Unter Kontrolle dieser Faktoren wird der Effekt des Geschlechts komplett vermittelt, und die Annahmen der SAT gelten gleichermaßen für Jungen und Mädchen. Zu dem mehr oder weniger identischen Ergebnis kommen *Weerman et al.* (2016) mit einer Analyse von Längsschnittdaten. Der Effekt des Geschlechts auf die Gesamtdelinquenz wird zu einem substanziellen Teil durch Moralität, Selbstkontrolle und unstrukturierte Peeraktivitäten vermittelt, wobei ein direkter Effekt des Geschlechts bestehen bleibt.

Im Rahmen der empirischen Überprüfung der SAT wird in Bezug auf diese Erkenntnisse die folgende Hypothese geprüft:

- H3.1: Eltern-Kind-Beziehungen und das Geschlecht spielen bei der Erklärung von delinquentem Handeln eine Rolle, sind aber anderen Gründen vorgelagert und können als „causes of the causes" betrachtet werden (Mediationseffekte). Wenn nötig, kann auf die Kontrolle dieser Effekte verzichtet werden.

Während die Eltern-Kind-Beziehung und das Geschlecht oft nur einen indirekten Effekt auf die Delinquenz hat, haben die Komponenten der oben beschriebenen kriminellen Neigungen in der Regel einen direkten Effekt auf die Delinquenz von Jugendlichen. Die Komponente der Selbstkontrolle im Komplex krimineller Neigungen wurde vor allem seit der Formulierung der GToC (*Gottfredson & Hirschi* 1990) vielfach untersucht. Wie die Metaanalyse von *Vazsonyi, Mikuška & Kelley* (2017) zeigt, belegen zahlreiche empirische Querschnitt- als auch Längsschnittstudien den Einfluss der Selbstkontrolle auf Delinquenz.[8] Dieses Ergebnis

[8] Wobei zu beachten ist, dass die Messung und Konzeptualisierung von Selbstkontrolle eine wissenschaftliche Debatte für sich darstellen. Siehe hierzu z. B. *Schulz & Beier* (2012). Gleiches gilt für den Effekt von Selbstkontrolle über den Lebenslauf, siehe hierzu z. *B.* (*Benson* 2014; *Hay & Meldrum* 2016).

stimmt mit älteren Übersichtsartikeln (z. B. *DeLisi & Piquero* 2011) und Metaanalysen (z. *B. Pratt & Cullen* 2000) überein, wobei *Engel* (2012) darauf hinweist, dass der über verschiedene Studien eher kleine Effekt der Selbstkontrolle sehr sensitiv auf Moderationseffekte reagiert. In neueren Studien wird diesbezüglich immer öfter davon ausgegangen, dass Selbstkontrolle kein alleinerklärender Faktor für Delinquenz ist, sondern im Zusammenspiel mit anderen Theorieelementen unterschiedlich wirkt. *Seipel & Eifler* (2010) untersuchen z. *B.* Selbstkontrolle im Zusammenhang mit rationalem Wahlhandeln für Erwachsene mit Daten aus Deutschland. Sie stellen fest, dass Selbstkontrolle deviantes Verhalten vor allem in Situationen mit geringen Kosten voraussagt. *Zimmerman et al.* (2015) kommen mit Mehrebenanalysen zu dem Ergebnis, dass der Effekt von Selbstkontrolle auf Delinquenz durch den Grad der Benachteiligung der Nachbarschaft moderiert wird. *Schoepfer & Piquero* (2006) untersuchen schließlich, inwieweit der positive Effekt von niedriger Selbstkontrolle auf Delinquenz von moralischen Werten abhängig ist. Sie kommen zu dem Ergebnis, dass die Bereitschaft zu stehlen oder Gewalt anzuwenden durch Selbstkontrolle und moralische Werte vorhergesagt wird. Der Effekt von Selbstkontrolle wird dabei durch die moralischen Überzeugungen in Teilen moderiert. Selbstkontrolle hat z. *B.* keinen Effekt auf die Bereitschaft zu stehlen, wenn die moralischen Werte hoch sind. Im Gegensatz dazu hat Selbstkontrolle auch dann einen Effekt auf die Bereitschaft, Gewalt anzuwenden, wenn die moralischen Überzeugungen stark ausgeprägt sind. Auch bei *Svensson et al.* (2010) wird das interaktive Verhältnis von Selbstkontrolle und Moral für Daten aus Schweden, Belgien und den Niederlanden untersucht. Die Autoren beziehen sich dabei bereits auf das Konzept der „crime propensity" in der SAT und kommen zu dem Schluss, dass der Effekt von Selbstkontrolle auf Delinquenz von den individuellen moralischen Werten abhängt. Die Ergebnisse aus den drei Ländern sind sehr ähnlich und bestätigen die Robustheit dieses Ergebnisses. Ebenfalls ländervergleichend (Belgien, Österreich, Slowenien) untersuchen *Hirtenlehner, Pauwels & Mesko* (2013), ob Abschreckungseffekte – die einen Teilbereich von Moralität abdecken – durch Selbstkontrolle moderiert werden. Für alle drei Länder wird berichtet, dass niedrige Selbstkontrolle vermehrt zu höherer Delinquenz führt, wenn die Abschreckung gering ist bzw. Abschreckung bei niedriger Selbstkontrolle stärker wirkt, wobei Jugendliche mit geringerer Selbstkontrolle unter allen Ausprägungen der Abschreckung höhere Werte bei der Delinquenz aufweisen. *Barton-Crosby & Hirtenlehner* (2020) untersuchen das Zusammenspiel von gesetzeskonformer Moral, Selbstkontrolle und Provokation bei der Auswirkung auf Delinquenz. Sie kommen zu dem Schluss, dass Selbstkontrolle vor allem für Personen mit geringer gesetzeskonformer Moral relevant ist und einen Wiederstand gegen Verlockungen bilden kann. Für Personen mit hoher Moral spielt die Selbstkontrolle dagegen keine Rolle.

Diese Ergebnisse stimmen mit dem überein, was in der SAT postuliert wird, und für den Effekt der kriminellen Neigungen wird folgende Hypothese geprüft:

- H3.2: Mit höherer individueller Neigung zur Kriminalität gehen mehr begangene Straftaten einher (Haupteffekt).

Bezüglich der situativen Kontexte kommen neben den grundlegenden Untersuchungen von *Osgood et al.* (1996; *Osgood & Anderson* 2004) zahlreiche empirische Studien zu dem Schluss, dass Jugendliche, die ihre Freizeit mit Gleichaltrigen in unstrukturierten Freizeitaktivitäten fernab elterlicher Kontrolle verbringen und damit mehr potenziell kriminogenen Situationen ausgesetzt sind, häufiger delinquent werden. *Maimon & Browning* (2010) untersuchten dies mit Daten aus Chicago und stellten fest, dass Freizeitaktivitäten wie mit „Freunden abhängen", auf Partys gehen, abendliches Ausgehen, etc. ein starker Prädiktor für jugendliches Gewalthandeln sind. Dieser Effekt wird durch hohe kollektive Wirksamkeit in den Wohngegenden der Jugendlichen abgeschwächt – was letztlich aber auch zur kriminogenen Exposition gezählt werden kann. Der Befund von *Hoeben & Weerman* (2014) mit Daten niederländischer Jugendlicher geht in die gleiche Richtung: Unstrukturierte Freizeitaktivitäten haben einen positiven Effekt auf Delinquenz, dieser hängt jedoch von den Örtlichkeiten ab. In öffentlichen und halböffentlichen Räumen ist der Effekt stärker als in privaten Räumen. *Bernasco et al.* (2013) zeigen für die gleichen Daten mit der innovativen Methode des Space-Time-Budget-Interviews, dass verschiedene Arten von Delinquenz bei Jugendlichen besonders häufig vorkommen, wenn diese ihre Zeit in unstrukturierten Aktivitäten mit mehreren Freunden (nicht nur zu zweit) in den Abendstunden an öffentlichen Orten ohne Kontrolle durch Erwachsene verbringen. *Hoeben & Weerman* (2016) gehen dabei wiederum mit den gleichen Daten den Prozessen nach, die diese Situationen kriminogen machen, und belegen ebenfalls die Wichtigkeit der Anwesenheit von Peers. Obwohl die Studien zeigen können, dass kriminogene Situationen eine zentrale Rolle bei der Erklärung der Delinquenz von Jugendlichen einnehmen, bleibt dabei oftmals (empirisch) ungeklärt, warum die Situationen bei manchen Jugendlichen zu mehr und bei manchen zu weniger oder gar keiner Delinquenz führen.

Bezüglich der kriminogenen Situation wird in Kapitel 6 deshalb die folgende Hypothese geprüft:

- H3.3: Die Wahrscheinlichkeit von Straftaten steigt, wenn Jugendliche ihre Freizeit mit Gleichaltrigen in unstrukturierten Freizeitaktivitäten fernab elterlicher Kontrolle verbringen und damit mehr potenziell kriminogenen Situationen ausgesetzt sind (Haupteffekt).

Unter Einbezug der SAT kommen die individuellen kriminellen Neigungen ins Spiel, wobei *Wikström et al.* (2012) zu der zentralen empirischen Erkenntnis gelangen, dass fast alle Straftaten von Jugendlichen während der Zeit in unstrukturierten Freizeitaktivitäten von den Jugendlichen mit hohen kriminellen Neigungen begangen werden und kaum von den Jugendlichen mit niedrigen kriminellen Neigungen (siehe auch *Abbildung 2.2*). Dieser Befund wurde in ähnlicher Weise mehrfach empirisch belegt. *Svensson & Pauwels* (2010) zeigen *z. B.* für Daten aus Belgien und Schweden, dass „riskante Lebensstile" (wie delinquente Freunde, Häufigkeit von Alkoholkonsum, abendlicher Aufenthalt mit Freunden im Stadtzentrum) vor allem dann einen stärkeren Effekt auf die selbstberichtete Delinquenz haben, wenn die individuellen kriminellen Neigungen (niedrige Selbstkontrolle, niedrige Moral) stark ausgeprägt sind. Mit den belgischen Daten weist *Pauwels* (2015) zudem nach, dass die Interaktion zwischen Exposition und krimineller Neigung für Jungen und Mädchen sowie Jugendliche mit und ohne Migrationshintergrund gleichermaßen gilt.

Bezüglich dieses Zusammenhangs lautet die vierte Hypothese:

- H3.4: Zwischen individueller Neigung und kriminogenen Situationen besteht eine Interaktion. Kriminogene Situationen münden seltener bzw. gar nicht in Straftaten, wenn Jugendliche eine geringe bzw. keine Neigung zu kriminellem Verhalten aufweisen. Im Gegensatz dazu führen kriminogene Situationen bei Jugendlichen mit ausgeprägten kriminellen Neigungen zu deutlich mehr Delinquenz (Zwei-Wege-Interaktion).

Bezüglich der Anwesenheit von delinquenten Peers wurde in den vorangegangenen Teilen dieser Arbeit bereits ausführlich dargelegt, dass diese eine zentrale Rolle bei der Erklärung jugendlicher Delinquenz spielen. Neben Lernprozessen im Hinblick auf Übertragung von delinquenten Überzeugungen (z. B. *Megens & Weerman* 2012; *Thornberry et al.* 1994) hat die Delinquenz der Peers auch einen eigenständigen Effekt auf Delinquenz, der auf Imitation oder Verstärkung durch *z. B.* Gruppendruck basiert (*Warr & Stafford* 1991). Diesbezüglich wird folgende Hypothese formuliert:

- H3.5a: Der Umgang mit delinquenten Peers geht mit höherer eigener Delinquenz einher (Haupteffekt).

Allerdings spielt hierbei auch nochmals die Messung der Delinquenz der Peers eine Rolle. Bezüglich des besagten „projection bias“ (siehe Abschnitt 2.1.4) muss davon ausgegangen werden, dass eine indirekte Messung den wahren Effekt der delinquenten Peers überschätzt und möglicherweise andere Effekte durch die Verzerrung verdeckt werden. Hier wird die folgende Hypothese untersucht:

- H3.5b: Die indirekte Messung der Delinquenz von Peers ist verzerrt und führt zu falschen Schlüssen.

Darauf, dass bisher kaum empirisch untersucht wurde, wie delinquentes Verhalten der Peers bzw. deren kriminelle Neigungen in der SAT zu verorten sind, wurde oben eingegangen, und es wurde bereits beschrieben, warum diese die kriminogene Situation nochmals zusätzlich alterieren können. Dieser Aspekt wird mittels der Hypothese H3.6 überprüft.

- H3.6: Abhängig von der Delinquenz der Peers fällt die Interaktion zwischen individueller Neigung und kriminogener Situation unterschiedlich aus (Drei-Wege Interaktion). Je delinquenter die Peers, desto ausgeprägter die Interaktion zwischen individueller Neigung und kriminogenen Gelegenheiten.

In einer eher explorativen Hypothese wird untersucht, inwieweit das individuelle delinquente Handeln durch die delinquenten Neigungen der Peers beeinflusst wird. Nach den Annahmen der SAT ist die Delinquenz der Peers ein Marker für deren kriminelle Neigungen, die zum moralischen Kontext beitragen (siehe oben). Allerdings ist auch bekannt, dass delinquente Einstellungen von Freunden – die als Internalisierung devianter Normen gemessen werden – eine eigenständige Rolle neben der Delinquenz der Peers spielen, und beide einen direkten Effekt auf individuelle Delinquenz aufweisen (*Megens & Weerman* 2012). H3.7 lautet deshalb wie folgt:

- H3.7: Auch mit höheren kriminellen Neigungen der Peers geht höhere individuelle Delinquenz einher. In Kombination mit der tatsächlichen Delinquenz der Peers wird von beiden ein direkter Effekt erwartet

3 Sozialwissenschaftliche Netzwerkanalyse und die Erhebung von Freundesnetzwerken in Schulklassen

Bevor im Folgenden auf die Erhebung und Verwertung der Netzwerkdaten aus der MPI-Schulbefragung 2011 eingegangen wird, soll erklärt werden, was unter dieser speziellen Art sozialwissenschaftlicher Daten zu verstehen ist und wie Netzwerkanalysen innerhalb der Sozialwissenschaften zu verorten sind.

3.1 Sozialwissenschaftliche Netzwerkanalyse

Der Begriff des Netzwerks ist in den letzten Jahren im gesellschaftlichen Leben immer prominenter geworden. Im Arbeitsleben haben wir es häufig mit Computernetzwerken zu tun, ein Leben ohne WLAN-Netzwerke ist für viele nicht mehr denkbar, und über das Internet ist mittlerweile die ganze Welt auf unterschiedlichste Art vernetzt. In den Nachrichten wird über Terror-Netzwerke berichtet, Kompetenznetzwerke widmen sich den dringenden Problemen unserer Zeit und Kommunen erkennen immer mehr die Wichtigkeit von Nachbarschaftsnetzwerken. All diesen Netzwerken ist gemein, dass sie aus Dingen bzw. Akteuren (wie z. B. Servern, Computern, Institutionen, einzelnen Menschen) bestehen, die zueinander Beziehungen bzw. Relationen aufweisen. Ist von sozialen Netzwerken die Rede, so denken viele heutzutage vor allem an Online-Netzwerke wie z. B. Facebook, LinkedIn, Snapchat, Instagram oder Twitter (wobei vor allem für die beiden Letzteren eher der Begriff Social Media treffend ist). Soziale Netzwerke

---

Ergänzende Information Die elektronische Version dieses Kapitels enthält Zusatzmaterial, auf das über folgenden Link zugegriffen werden kann https://doi.org/10.1007/978-3-658-36778-7_3.

D. Gerstner, *Freundschaftsnetzwerke und Delinquenz von Jugendlichen*, Kriminalität und Gesellschaft, https://doi.org/10.1007/978-3-658-36778-7_3

finden sich jedoch hauptsächlich im realen Leben, wie z. B. in Betrieben, Schulklassen, Sportvereinen oder im privaten Bekanntenkreis. Zudem muss es sich in sozialen Netzwerken nicht zwangsläufig um rein zwischenmenschliche Beziehungen handeln, sondern die Netzwerke können sich über verschiedenste Arten von Relationen konstituieren. So können z. B. die Akteure eines sozialen Netzwerks auch aus Gegnern und Befürwortern eines Bauprojekts, Kommunen, Politikern bzw. Parteien, externen Gutachtern, Behörden, Unternehmen etc. bestehen, wobei die Netzwerkverbindungen z. B. über Diskurse generiert sind (wie beispielsweise im Kontext von Stuttgart 21, siehe *Nagel & Satoh* 2019). Als soziales Netzwerk kann man also eine „definierte Menge von Akteuren und eine (oder mehrere) zwischen ihnen bestehende Beziehung“ (*Trappmann, Hummell & Sodeur* 2011, 16) bezeichnen. Angesichts dieser recht weiten Definition erscheint es sinnvoll, von der *Perspektive sozialer Netzwerke* innerhalb der sozialwissenschaftlichen Forschung zu sprechen:

> *[…] the social networks perspective explicitly focuses on the truly social part of behavior – on the patterns of social relations that link individual actors together into structures. Social network analysis is the study of how such structures emerge, evolve and exhibit consequences for behavior” (Freeman 1984, 343).*

Der grundlegende Unterschied zwischen nicht-netzwerkbasierten und netzwerkbasierten Ansätzen der sozialwissenschaftlichen Datenanalyse liegt dabei darin, dass:

- Akteure und ihre Handlungen immer als voneinander abhängig betrachtet werden und keine isolierten und unabhängigen Einheiten darstellen.
- stets Verknüpfungen oder Ressourcenflüsse zwischen Akteuren definiert sind, die materieller oder nicht nicht-materieller Art sein können und ohne die keine Netzwerke analysiert werden können.
- die Netzwerkstruktur als strukturelle Umgebung gesehen wird, die Gelegenheiten oder Einschränkung individuellen Handelns beeinflusst und nicht ignoriert werden sollte.
- die Netzwerkstruktur als nachhaltiges Muster der Beziehungen zwischen Akteuren in Modellen konzeptualisiert ist. (vgl. hierzu *Wasserman & Faust* 1994, 4 f.).

Die sozialwissenschaftliche bzw. soziologische Netzwerkanalyse ist dabei „gleichzeitig ein statistisches Instrumentarium zur Analyse eben dieser Netzwerke und eine Theorieperspektive“ (*Jansen* 2006, 11).

Obwohl die Netzwerkanalyse erst in den 1990er Jahren mit dem Aufkommen von PCs und entsprechender Software populär wurde und die Methoden vielfältig weiterentwickelt wurden, gehen die Grundlagen dieses Forschungsansatzes weit zurück. So sind die Erhebung und Analyse von (Freundschafts-)Netzwerken in Schulen, Schulklassen oder anderen Bildungseinrichtungen nichts vollkommen Neues. Bereits 1880 nahm sich *Johannes Delitsch* „Gedenk des Sprichwortes: Sage mir, mit wem du umgehst, will ich dir sagen, wer du bist“ vor, „den Schülerfreundschaften [s]einer Knaben besonders nachzugehen“ (*Delitsch* 1900, 151) und die gegenseitigen Beziehungen seiner Schüler und deren Einfluss auf sie zu untersuchen. Die gerichteten Netzwerkbeziehungen erhob er – wie dies auch heute noch getan wird – durch eine Adjazenzmatrix, und auch seine Analysen waren innovativ. So konnte er z. B. durch Aufsummieren der einzelnen Beziehungen die Popularität einzelner Schüler oder die Beliebtheit von Cliquen untersuchen (siehe hierzu auch *Gamper* 2019). Seine Ergebnisse der verwendeten Netzwerkmatrix lassen sich auch mit fortgeschrittenen statistischen Verfahren replizieren und erweitern (*Heidler et al.* 2014). Der wohl prominenteste Forscher aus der Frühzeit der Soziologie, der Netzwerkanalysen bekannt machte und auch als deren Begründer bezeichnet wird (z. B. *Schnegg* 2010), war *Jacob Moreno* (z. B. *Moreno* 1934)[1] – auch wenn Netzwerkanalysen bei ihm noch unter dem Begriff der Soziometrie geführt wurden. *Morenos* Soziogramme (siehe z. B. *Abbildung 3.1*) waren Vorläufer moderner Netzwerkgraphen, die jedoch keine ausdifferenzierten Layout-Algorithmen der modernen Graphentheorie beinhalten.

Über die historische Entwicklung der sozialen Netzwerkanalyse ließen sich Bände füllen, und kürzere und ausführlichere Übersichten hierüber sind zahlreich vorhanden (z. B. *Holzer* 2015; *Jansen* 2006; *Wasserman & Faust* 1994; *Stegbauer & Häußling* 2010). Grundlegend lässt sich die Netzwerkanalyse in den Sozialwissenschaften in zwei Forschungslinien trennen. Zum einen geht es dabei um die Weiterentwicklung einer auf Beziehungen von Akteuren basierenden Sozialtheorie. Zum anderen gibt es einen Zweig, der sich mit formalen Methoden der Graphentheorie bzw. der mathematischen Repräsentation und der (statistischen) Analyse der sozialen Relationen befasst (vgl. *Holzer* 2015, 29). Beide Bereiche sind eng miteinander verzahnt. Mit den Harvard-Strukturalisten um *Harrison C. White* hatte die Netzwerkanalyse als ausdifferenzierte theoretische und methodische Perspektive zu Beginn der 1970er Jahre ihren Durchbruch hin zu einer algebraischen Analyse von Rollen- und Positionsstrukturen (vgl. *Jansen* 2006, 37).

---

[1] Moreno war auch einer der ersten Forscher, der Netzwerkanalysen im kriminologischen Kontext anwendete. Eine seiner ersten Studien beschäftigte sich mit den Beziehungen von Häftlingen im New Yorker Gefängnis Sing Sing, die 1931 durchgeführt wurde (*Moreno & Stagg Whitin* 1945).

EVOLUTION OF GROUPS

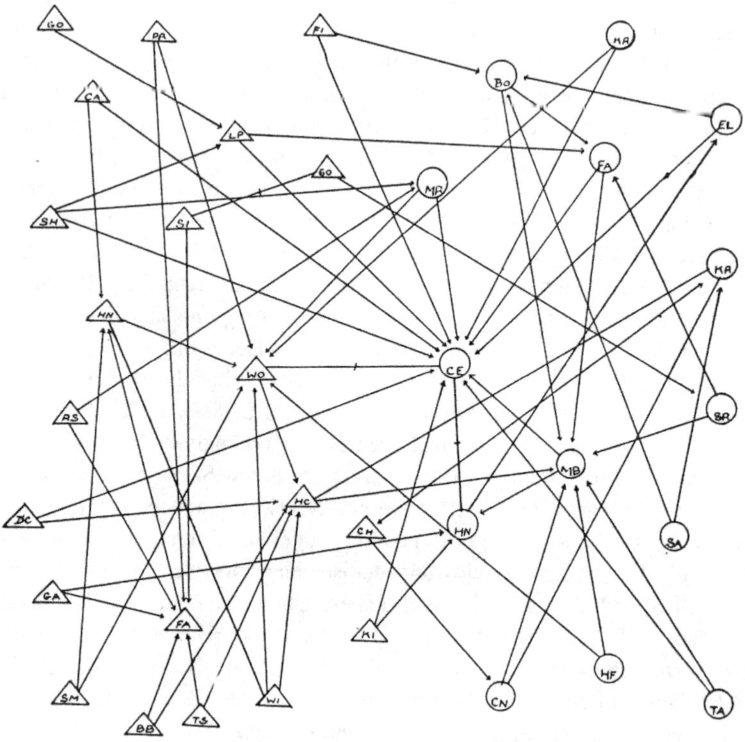

CLASS STRUCTURE, 1ST GRADE

21 boys and 14 girls. *Unchosen,* 18, GO, PR, CA, SH, FI, RS, DC, GA, SM, BB, TS, WI, KI, TA, HF, SA, SR, KR; *Pairs,* 3, EI-GO, WO-CE, CE-HN; *Stars,* 5, CE, WO, HC, FA, MB; *Chains,* 0; *Triangles,* 0; *Inter-sexual Attractions,* 22.

Abbildung 3.1 Beispiel eines Klassennetzwerks aus Moreno (1934, 35)

Seither haben sich auf Netzwerkdenken basierende Theorien und Methoden umfassend weiterentwickelt. Die Forschungsfelder sind stark ausdifferenziert und wichtiger Bestandteil wissenschaftlicher (Teil-)Disziplinen. So fand die Netzwerkanalyse auch Eingang in die Kriminologie bzw. die Soziologie abweichenden

Verhaltens. In Abschnitt 2.1.5 wurde bereits erwähnt, inwieweit Netzwerkanalysen dazu beitragen, Selektion und Einfluss delinquenter Peers zu untersuchen (z. B. *Knecht et al.* 2010; *Weerman* 2011) oder inwieweit zentrale Positionen in Netzwerken mit abweichendem Verhalten und Viktimisierung zusammenhängen (z. B. *Faris & Felmlee* 2014; 2011; *Kreager* 2007). Neben der Analyse der Delinquenz von Jugendlichen im Kontext ihrer Peergroup (für einen Überblick siehe *Young & Rees* 2013) befasst sich die kriminologische Netzwerkforschung aber auch z. B. mit Gang-Netzwerken (*Papachristos* 2009), Netzwerkstrukturen im Drogenhandel (*Morselli* 2010; 2009), Beziehungen unter Gefangenen (*Schaefer & Kreager* 2020) oder der Einbettung von Wirtschaftskriminalität in Netzwerkstrukturen (z. B. *Diesner, Frantz & Carley* 2005).

3.2 Gesamtnetzwerk vs. Ego-Netzwerk

Wie bereits erwähnt ist der Begriff der *Netzwerkanalyse* nicht fest definiert, und innerhalb des Begriffes können in der empirischen Sozialforschung verschiedene Typen von Netzwerken subsumiert werden. Eine grundlegende Unterscheidung ist die zwischen *Gesamtnetzwerk* und *egozentriertem Netzwerk.*

Ein Gesamtnetzwerk stellt die Beziehung zwischen allen Akteuren einer untersuchten Gruppe dar (und basiert i. d. R. auf Informationen von allen Akteuren),wobei potenziell alle Akteure in Verbindung miteinander stehen können, d. h. jedes Element nimmt sowohl die Rolle „Ego" als auch „Alter" ein. Dies ist in *Abbildung 3.2*a,b schematisch dargestellt, wobei in diesem Netzwerk jeder Akteur (Punkte) über eine bestimmte Anzahl von Schritten (Striche) zu allen

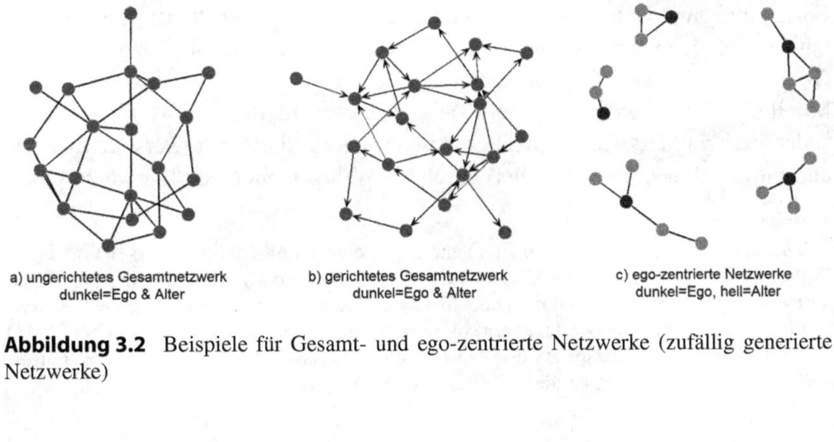

Abbildung 3.2 Beispiele für Gesamt- und ego-zentrierte Netzwerke (zufällig generierte Netzwerke)

anderen Akteuren gelangen kann. Prinzipiell ist es natürlich auch möglich, dass einzelne Akteure in einem Gesamtnetzwerk isoliert stehen oder die beobachtete Gesamtheit in mehrere unverbundene Teilnetzwerke zerfällt. Zudem können die Verbindungen ungerichtet (*Abbildung 3.2*a) oder gerichtet (*Abbildung 3.2b*) oder auch sogenannte „two-mode"-Netzwerke sein, bei denen die Akteure z. B. Personen und Institutionen sind. Daneben gibt es noch zahlreiche weitere Spezialfälle, die hier nicht aufgelistet werden (für eine grundlegende Übersicht siehe *Wasserman & Faust* 1994, 28 ff.). Wichtig ist jedoch, dass Gesamtnetzwerke bestimmte Arten von Analysen erlauben, die mit empirischen Daten stochastisch unabhängiger Einheiten aus Zufallsstichproben nicht möglich sind. So können z. B. unterschiedliche Zentralitätsmaße für Analysen von Popularität oder zu den Vermittlerchancen von Akteuren errechnet werden (siehe Kapitel 4). Oder es kann mittels komplexer Verfahren geprüft werden, inwieweit Freundschaftswahlen durch überindividuelle Netzwerkeigenschaften und individuelle Eigenschaften der Akteure bedingt sind (siehe Kapitel 5).

Ego-zentrierte Netzwerke unterscheiden sich grundlegend von dem Ansatz des Gesamtnetzwerks, da hier jedes fokale Element (Ego) mit anderen Personen (Alteri) verbunden ist und eine Verbindung zwischen den einzelnen Ego-Netzwerken ausgeschlossen ist, wobei angenommen wird, dass diese unabhängig voneinander sind.[2] In Befragungen stellt dabei z. B. jeder Befragte eine fokale Person ‚Ego' dar, die mit einer oder mehreren ‚Alteri' verbunden ist, wobei ‚Ego' auch Angaben über Verbindungen der ‚Alteri' untereinander machen kann. Schematisch ist dies in *Abbildung 3.2c* dargestellt. Ein großer Vorteil der egozentrierten Netzwerkanalyse ist, dass diese nicht wie die „Analyse sozialer (Gesamt-) Netzwerke auf verhältnismäßig kleine Gruppen beschränkt ist, [sondern *DG*] Aussagen über die soziale Einbettung einer großen Anzahl von Personen [gemacht werden können, wobei *DG*] die Vorzüge von Zufallsstichproben mit denen der Beziehungs- und Netzwerkanalyse verknüpft werden" (*Wolf* 2010). Eine der prominentesten Forschungen, die diesen Ansatz verfolgt, sind die Untersuchungen *Granovetters* zu starken und schwachen Beziehungen im Kontext beruflicher Mobilität (*Granovetter* 1973). Ein Nachteil Ego-zentrierter Netzwerke liegt unter anderem darin, dass die Informationsgewinnung nur durch eine Person stattfindet und Informationen über die Alteri durch die Wahrnehmung von Ego verzerrt sein

[2] Geht man davon aus, dass die n Elemente ‚Ego' eine Zufallsstichprobe einer Population N darstellen, so wäre es theoretisch möglich, dass die unterschiedlichen Ego-Netzwerke durchaus verbunden und damit nicht unabhängig sein könnten, da ein von n_i benannter Netzwerkpartner auch ein Netzwerkpartner von n_j sein könnte, was jedoch verborgen bleibt. Auf diesen Gedanken wird beispielsweise bei *Papachristos* (2011) weiter eingegangen. Für die vorliegende Untersuchung ist dieser Aspekt irrelevant.

können. In Gesamtnetzwerken kann dies kontrolliert werden, worauf in Kapitel 6 genauer eingegangen wird.

3.3 Erhebung von Netzwerkdaten

Die hier verwendeten Freundschaftsnetzwerkwerke innerhalb einer Schulklasse sind ausschließlich Gesamtnetzwerke, weshalb im Folgenden der Begriff ‚Netzwerk' stets mit dem Konzept des Gesamtnetzwerks gleichzusetzen ist.

Wie alle Daten in der empirischen Sozialforschung müssen auch Netzwerkbeziehungen operationalisiert und gemessen werden. Die Beziehungen können prozessgeneriert sein (wie z. B. bei Netzwerken im Bereich Big Data oder Medienanalysen) oder für den Zweck der Analyse erhoben werden. In Abgrenzung zu traditionellen Methoden der Sozialforschung muss jedoch bei der Netzwerkanalyse beachtet werden, dass bezüglich der Analyseeinheiten fundamentale Unterschiede bestehen. Während beispielsweise bei klassischen Befragungsdaten die Befragten *i* und *j* unabhängige Einheiten sind, die getrennt voneinander betrachtet werden können, so interessiert bei der Netzwerkanalyse auch die Beziehung zwischen den Akteuren *i* und *j*. Auf diesen Unterschied wird in zahlreichen Standardwerken zur Netzwerkanalyse mit Bezug auf verschiedenste Beispiele hingewiesen (vgl. hierzu bspw. *Wasserman & Faust* 1994, 4 ff.). Aufgrund der genannten Tatsache schließen *Knoke & Yang* (2008: S. 15) nun folgerichtig, dass diejenigen, die Netzwerke empirisch untersuchen, zu Beginn auf drei wichtige Aspekte achten müssen: die Spezifikation der Grenzen von Netzwerken, das Erheben der Netzwerkdaten und die Messung der Beziehungen.

Die Begrenzung von Netzwerken ist der wohl augenscheinlichste Punkt, der vor Beginn der Erhebung in Angriff genommen werden sollte. Betrachtet man Netzwerke als ein Geflecht von Beziehungen zwischen einer Anzahl von n Akteuren und hält man sich zudem Stanley Milgrams ‚Small World' Experimente[3] vor

[3] In den „Small World" Experimenten *Stanley Milgrams* ging es darum, den Grad der Konnektivität der US-amerikanischen Bevölkerung zu messen. Konkret ging es darum, dass eine große Zahl von Ausgangspersonen in Nebraska oder Boston eine Zielperson in Massachusetts per Brief erreichen musste. Die Aufgabe bestand darin, die Person nicht direkt zu kontaktieren – es sei denn, man kennt diese persönlich –, sondern den Brief an Personen weiterzugeben, die man selbst persönlich kennt und die die Zielperson unter Umständen kennen könnten. Gemessen wurde eine durchschnittliche Anzahl von 5,2 vermittelnden Personen, wobei für die ca. 2.400 km von Massachusetts entfernten Ausgangspersonen in Nebraska (5,7) im Durchschnitt nur 1,3 Mittelspersonen mehr nötig waren als für die Testpersonen aus Boston (4,4). Obwohl die Experimente *Milgrams* methodisch angreifbar sind, zeigt sich hier dennoch, wie schwierig es sein kann, Netzwerke einzugrenzen. Außerdem gelang es

Augen (*Milgram* 1967; *Travers & Milgram* 1969), so stellt sich schnell die Frage danach, wie und ob Netzwerke eingegrenzt werden können bzw. müssen. Dieses Thema wird auch hierzulande diskutiert (*Häußling* 2009; *Leszczensky et al.* 2016). In Lehrbüchern zur Netzwerkanalyse werden unterschiedliche Strategien vorgeschlagen, über welche Grenzen von Netzwerken spezifiziert werden können (vgl. z. B. *Jansen* 2006, 71 ff.; *Knoke & Yang* 2008, 15 ff.). Diese sollen hier nicht im Einzelnen diskutiert werden, erwähnt werden muss jedoch das Gegensatzpaar der *realistischen* und *nominalistischen* Methode. Während erstere darauf abzielt, das Netzwerk so zu begrenzen, dass nach den Wahrnehmungen aller oder der meisten Akteure das Netzwerk vollständig ist, wird das Netzwerk beim nominalistischen Ansatz durch den Forscher und dessen Forschungsinteresse begrenzt. Bezüglich des Einflusses von Freundschaftsnetzwerken auf die Delinquenz von Jugendlichen wäre die Abgrenzung anhand der realistischen Methode erstrebenswert, in Bezug auf die Datenerhebung ist dies allerdings kaum bzw. nur mit sehr großem Aufwand realisierbar. Auf diese Problematik wurde bereits in Abschnitt 2.1.5 hingewiesen.

Versuche, ein möglichst umfassendes Gesamtnetzwerk einer Population von Jugendlichen zu erheben, wurden aber durchaus bereits unternommen. So z. B. in einer Studie von *Kirke* (1996; 2004; 2006). Dabei wurden alle Jugendlichen zwischen 14 und 18 Jahren innerhalb eines Wahlbezirks in einem Vorort Dublins (Irland) interviewt und nach ihren Freunden gefragt. Mit Hilfe zweier Namensgeneratoren wurde dabei nach guten Freunden („best friend“, „boyfriend or girlfriend“, „other good friends“) oder eher losen Freundschaften („pal around with“) gefragt. Die Nominierung der Freunde erfolgte dabei über eine freie Abfrage, wobei im Nachhinein aus allen Verbindungen innerhalb der Grenzen des Wahlbezirks ein Gesamtnetzwerk generiert werden konnte. Die Interviews fanden *face to face* bei den Befragten zuhause statt. Ausgehend davon, dass das Netzwerk der ca. 270 Jugendlichen einer Gesamtpopulation von nur ca. 2.500 Menschen entstammt, lässt sich leicht sagen, dass die Erhebung eines derartigen Netzwerks für die Jugendlichen einer Großstadt ein nicht realisierbares Unternehmen wäre. In ähnlicher Weise wurde eine Erhebung von Netzwerkdaten unter Jugendlichen in einem geographisch recht eigenständigen Stadtteil Mailands durchgeführt. Die 577 teilnehmenden Schüler wurden hier allerdings in der Schule befragt, konnten jedoch auch Schüler der anderen im Stadtteil gelegenen Schulen als Freunde nominieren (*Kiesner et al.* 2003). Eine der bisher ehrgeizigsten und aufwendigsten

Milgram auch, mit seinen Experimenten grundlegende Einblicke in Netzwerkstrukturen zu erlangen (vgl. hierzu *Waldstrøm* 2003,: S. 8).

Erhebungen eines Gesamtnetzwerks zu Freundschaftsbeziehungen unter Jugendlichen stellt sicherlich die „10 to 18 Studie“ von *Margaret Kerr* und *Håkan Stattin* dar (*Kiesner et al.* 2004; *Kerr, Stattin & Kiesner* 2007). Dabei wurden im Rahmen einer Panelstudie zu mehreren Messzeitpunkten Freundschaftsnetzwerke für alle Kinder und Jugendlichen zwischen 10 und 18 Jahren einer schwedischen Kleinstadt mit ca. 25.000 Einwohnern erhoben. Die Befragung fand dabei in allen Schulen dieser Stadt statt. Für die in der Schulbefragung „Lebenslagen und Risiken von Jugendlichen“ untersuchten Städte mit ca. 300.000 bzw. ca. 1.000.000 Einwohnern ist ein solches Unternehmen jedoch nicht realisierbar.

Aus forschungspraktischen Gründen werden deshalb zur Untersuchung von Freundschaftsnetzwerken unter Kindern und Jugendlichen häufig Schulklassen (z. B. *Baier & Bergmann* 2014; *Windzio & Bicer* 2013; *Knecht et al.* 2010), Jahrgangsstufen (z. B. *Kroneberg, Ernst & Gerth* 2016; *Leszczensky, Pink & Kalter* 2015; *Weerman* 2011) und seltener auch, wie z. B. in der *National Longitudinal Study of Adolescent to Adult Health* (*Harris et al.* 2009), ganze Schulen herangezogen. Der Vorteil derartiger Methoden ist, dass das Netzwerk eine klare Grenze hat und die Erhebung der Beziehung einfach zu realisieren ist. Der Nachteil dieser Methode ist jedoch die enge nominalistische Grenzziehung, die hier dazu führt, dass im strengen Sinne nur Beziehungen innerhalb von Schulklassen, Jahrgangsstufen oder Schulen, und somit nur ein Teil des Freundschaftsnetzwerks abgebildet werden. Inwieweit diese pragmatische Lösung als valides Instrument zur Messung von Freundschaftsbeziehungen herangezogen werden kann, wird beispielsweise bei *Friemel & Knecht* (2009) diskutiert. In der Literatur finden sich einige Hinweise, dass vor allem gute Freundschaften im Schulkontext (dies gilt auch für andere institutionelle Kontexte wie z. B. das Militär) geschlossen werden. Andererseits spielt bei Freundschaften unter Jugendlichen, die nah beisammen wohnen, die Schule eine untergeordnete Rolle (*Small & Adler* 2019). Zudem ist es für bestimmte Fragestellungen durchaus relevant, ob ein Klassennetzwerk oder eine gesamte Jahrgangsstufe die Grenzen des Netzwerks bestimmt. In Bezug z. B. auf das Vorhandensein von interethnischen Freundschaften bzw. ethnischer Segregation kommt man je nach Netzwerkgrenze zu unterschiedlichem Ergebnissen (*Leszczensky & Pink* 2015).

Für die Erhebung der Freundesnetzwerke in der Schulbefragung „Lebenslagen und Risiken von Jugendlichen“ wurde die nominalistische Methode der Grenzziehung auf den Bereich der Schulklasse angewendet, da keine gesamten Klassenstufen, sondern lediglich eine Zufallsauswahl von Klassen einer Jahrgangsstufe pro Schule befragt wurden. Während dieser Aspekt für Fragestellungen, die z. B. die Beliebtheit eines Schülers innerhalb der Klasse betreffen, unproblematisch ist, ist bei Verwendung der Netzwerkdaten für z. B. die Erklärung delinquenten Handelns außerhalb der Schule Vorsicht geboten. Dieser Aspekt wird bei der Beschreibung der Analysen wieder aufgegriffen und an relevanten Stellen weiter diskutiert.

Ist die Grenze des Netzwerks definiert, so steht die Frage nach der *Erhebungsmethode* im Raum. Bei *Jansen* (2006, 75) werden unterschiedliche Methoden genannt, über die Netzwerkdaten generiert werden können. Beispielsweise werden hier Informationsaustausch (wer informiert wen?), Ressourcenaustauch (wer bezahlt wen?), Gewalthandeln (wer schlägt wen?) oder auch Verwandtschafts- und Abstammungsbeziehungen (wer heiratet wen?) genannt. Letzteres stellt auch eine der Relationsebenen von einem der prominentesten – und in zahlreichen Softwarepakten implementierten – Datensätze im Bereich der Gesamtnetzwerke dar. Dabei geht es um die von *John F. Padgett* untersuchten Heiratsbeziehungen im Florenz des frühen 15. Jahrhunderts (1993; 1989). Basis für diese Erhebung waren hier archivalische Daten, Netzwerkdaten können jedoch ebenso im Rahmen von Befragungen erhoben werden. Ebenso prominent wie „Padgett's Florentine Families" (vgl. hierzu auch *Wasserman & Faust* 1994) sind die Daten von *David Krackhardt* zu einem Ratsuche- und Freundesnetzwerk der Manager einer an der Westküste der USA beheimateten Firma (*Krackhardt* 1987). Hierbei handelte es sich um Befragungsdaten, wobei die Relationen zwischen den Akteuren durch Nominierung erhoben wurden. Folgt man den Definitionen von *Jansen* (2006, 75), so werden hier affektive Beziehungen (Wahl als Freund) und konkrete Interaktionen (z. B. bei wem wird Rat gesucht) als Basis für das Vorhandensein von Beziehungen herangezogen. In der Summe geht es immer um Netzwerke, die aus unterschiedlichen sozialen Beziehungen bestehen – was auch bereits seit den 1930er Jahren unter *Morenos* Begriff der *Soziometrie* oft praktiziert wurde (z. B. *Moreno* 1934). In den meisten Schulbefragungen sind es diese oder ähnliche Komponenten, die zur Generierung von Klassennetzwerken herangezogen werden. So wurde auch in den hier verwendeten Netzwerkdaten danach gefragt, mit wem die Schüler aus der Klasse befreundet sind und wie eng diese Freundschaft ist (affektive Komponente), mit welchen von diesen Freunden man sich außerhalb der Schule trifft (konkrete Interaktion) und wie lange diese Freundschaft schon besteht. Dabei wurde so vorgegangen, dass jeder Schüler *i* eine bestimmte Anzahl an Freunden *nj* nominieren konnte. An diesem Punkt ist man bereits bei der *Messung* der Beziehung angelangt, was in den folgenden Abschnitten genauer beschrieben werden wird.

3.4 Netzwerkdaten der MPI-Schulbefragung 2011 „Lebenslagen und Risiken von Jugendlichen"

In der MPI-Schulbefragung 2011 wurden Netzwerke in Schulklassen erhoben. Hierbei machten die Schüler Angaben darüber, mit wem sie innerhalb der Klasse befreundet sind und somit ausschließlich Angaben über positive affektive Beziehungen. Werden Mitschüler zur Generierung eines Freundschaftsnetzwerks nominiert, so besteht die Möglichkeit, die Anzahl der Nominierungen offen zu lassen oder zu limitieren. Das Für und Wider dieser Methoden wird auch in der Literatur diskutiert. *Wasserman & Faust* (1994, 59) führen beispielsweise an, dass eine limitierte Anzahl an Nominierung zu Verzerrungen bei der Einbettung der Akteure in Triaden [z. B. die Freunde von meinen Freunden sind meine Freunde] führen kann. In ähnlicher Weise verweist *Kossinets* (2006) darauf, dass die Fixierung einer Rechts-Zensierung der Daten gleichkommt und somit fehlende Werte produziert werden, die je nach Schiefe der Verteilung nicht unproblematisch sind. Auf der anderen Seite erhöht eine fixe Anzahl möglicher Nominierungen die Wahrscheinlichkeit, dass die Schüler auch wirklich selektiv bei der Auswahl ihrer Freunde vorgehen (vgl. *Cillessen* 2009). Bezüglich der Entscheidung darüber, welche der Methoden unter welchen Umständen nun am besten geeignet ist, besteht der Konsens, dass mehr empirische Daten nötig sind (vgl. *Cillessen* 2009, 87). Das betrifft auch technische Aspekte bei der Umsetzung der Befragung. So konnte für das Ausfüllen des Netzwerkteils bei der MPI-Schulbefragung 2011 „Lebenslagen und Risiken von Jugendlichen" nur wenig Zeit eingeplant werden. In der Literatur finden sich keine Hinweise, ob unter diesen Aspekten eine fixe oder freie Anzahl an möglichen Nominierungen praktikabler erscheint. Es ist jedoch nachvollziehbar, dass es einige Zeit benötigen würde, die Folgefragen zu den Nominierungen auszufüllen, würde ein Schüler alle Klassenkameraden als Freunde nominieren.[4] Generell ist zu beklagen, dass empirische Erkenntnisse zu befragungstechnischen Aspekten für die in Deutschland durchgeführten Netzwerkstudien nur sehr spärlich veröffentlicht wurden.

In der MPI-Schulbefragung 2011 wurde so vorgegangen, dass die Schüler die Möglichkeit hatten, bis zu acht Freunde aus ihrer Klasse zu nominieren. Der Wortlaut der Frage war: „Hast du in deiner Klasse (siehe Liste) einen oder mehrere gute Freunde bzw. Freundinnen? Bitte trage die Nummern in die Felder ein. Du kannst höchstens 8 Nummern eintragen." Zu diesen Nominierungen wurden,

---

[4] Eine kurze Anmerkung, dass Bewertungen (z. B. nach Schulnoten) von allen Netzwerkakteuren in Schulklassen oder Jahrgangsstufen sehr viel Zeit in Anspruch nehmen würde, findet sich bei *Cillessen* (2012).

wie oben bereits erwähnt, zusätzliche Angaben zu gemeinsamer Freizeit, Enge und Dauer der Freundschaft abgefragt. Im Detail lief dieser Prozess wie folgt ab:

Der Netzwerkteil wurde von den Schülern zu Beginn der Befragung, nach der allgemeinen Einführung, ausgefüllt. Die Interviewer haben dabei zuerst eine Folie mit dem Netzwerkraster aus dem Fragebogen via Overhead projiziert (*Abbildung 3.4*) und erklärt, wie dieses auszufüllen ist. Nach diesem Schritt wurden die Folien mit den Vornamen der Schüler und den zugehörigen Codes auf den Projektor aufgelegt (*Abbildung 3.3*), wobei die Folie mit den Codes über eine separate Folie mit den Namen gelegt wurde. Die Netzwerkcodes bestanden aus einer Zahlen-Buchstaben-Kombination für jeden Vornamen der Schüler. Die Klassenliste wurde im Vorfeld bei den Schulen mit den nötigen Hinweisen auf den Datenschutz erfragt und von den Mitarbeitern im Projektbüro in Köln und Mannheim erstellt. In Einzelfällen hatten Schulen Bedenken bzgl. des Datenschutzes und stimmten einer Erstellung im Vorfeld nicht zu, so dass die Liste entweder von

Nr.	NAME*	Nr.	NAME
M4	Klaus	A2	Jeremias
V3	Peter	O4	Paula G.
M1	Elsa	X3	Maryam
O2	Frank	W1	Lisa
V1	Danny	L2	Noemi
V2	Markus	R3	Gabriel
A3	Ermin	W3	Theo
S2	Lina	B1	Marco
X4	Carla	R1	Philipp
T1	Angela	H2	Anna-Maria
T3	Nico	L1	Mirco
V6	Rainer	X1	Guido
L3	Leyla	M5	Paula L.
H1	Jens	H4	Peer
O1	Lina	R2	
T2		H3	
B2		A1	
S1		O3	
M3		B3	

* *fiktive Namensliste*

Abbildung 3.3 Codeliste wie projiziert. Bestehend aus einer Folie mit Namen und einer Folie mit Codes (fiktive Namen)

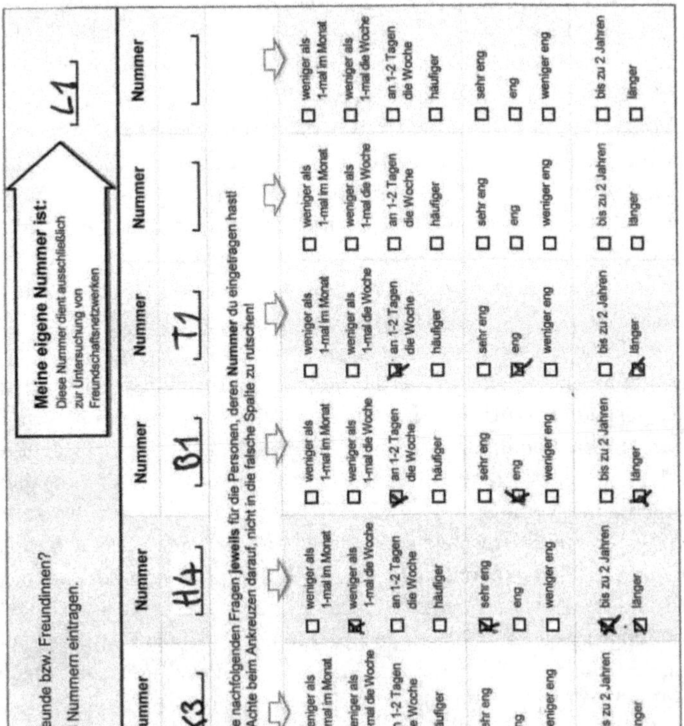

Abbildung 3.4 Ausgefülltes Raster zur Erhebung der Klassennetzwerke aus dem Fragebogen

den Sekretariaten in der Schule oder von den Interviewern vor Ort erstellt wurde. Die Klassenlisten wurden nach der Befragung und mit dem Ende der Datenbereinigung vernichtet, so dass keine rückwirkende Zuordnung der Schüler zu den Codes möglich ist. Für jede Schulklasse wurden identische Codes verwendet.

Die erste Anweisung an die Schüler war, sich selbst auf der Codeliste zu suchen und den eigenen Code in das auf dem Raster dafür vorgesehene Feld einzutragen. In dem Beispiel (*Abbildung 3.3* und *Abbildung 3.4*) trägt der Schüler „Mirco" seinen Code „L1" rechts oben in das Feld mit dem Hinweis „Meine eigene Nummer ist:" ein. Danach können bis zu acht Schüler-/innen, mit denen er befreundet, ist nominiert werden. Im Beispiel werden von L1 sechs Nominierungen vergeben (O2, R3, X4, H4, B1, T1). Deren Codes werden in die Zeile mit dem Hinweis „Mit diesen Schülern bin ich gut befreundet" eingetragen. Für jede Nominierung gibt es eine Spalte, in der die Freundschaft nach den oben genannten Attributen genauer spezifiziert wird. Das daraus resultierende Netzwerk für alle uneingeschränkten Nominierungen sieht wie in *Abbildung 3.5* dargestellt aus. Der Schüler L1 hat sechs Freunde nominiert und erhielt ebenfalls von diesen sechs Mitschülern eine Nominierung. Andere Schüler werden aber auch von Mitschülern als Freunde nominiert, die sie selbst nicht als Freunde benennen. Schon hier fällt auf, dass der Darstellungsalgorithmus Teilgruppen abbilden kann, die über einzelne Akteure verknüpft sein können. Hierbei kann angenommen werden, dass die Teilgruppen in Abhängigkeit bestimmter (sozialer) Attribute nicht zufällig zustande kommen. Dies kann über die Verknüpfungen mit den Angaben anderer Akteure überprüft werden.

Bezüglich der Zuordnung des eigenen Namens zu einem Code kam es in einzelnen Fällen zu Fragen und Bedenken bezüglich des Datenschutzes. Obwohl die Bedenken in den meisten Fällen ausgeräumt werden konnten, wollten einige Klassen die Liste nach dem Ende der Befragung eigenhändig vernichten, was ihnen auch gestattet wurde. Einige der befragten Schüler gaben ihren eigenen Code nicht an. Nur in sehr seltenen Fällen wurden Verweigerung mit Einträgen wie „Das geht euch nix an", „interessiert keinen" etc. explizit gemacht. Ob ein leeres Feld bei der eigenen ID eine Verweigerung darstellt oder das Ausfüllen einfach nur vergessen wurde kann nicht abschließend geklärt werden. Eine Übersicht über die Häufigkeit fehlender IDs findet sich in der folgenden deskriptiven Beschreibung der erhobenen Netzwerke.

Es soll an dieser Stelle nochmals angemerkt werden, dass in Ergänzung zur Erhebung von Freundschaftsnominierungen auch erhoben werden kann, wen man nicht mag (z. B. *Oldenburg, Van Duijn & Veenstra* 2018; *Kroneberg et al.* 2016). In anderen Studien werden Schüler auch dazu aufgefordert, ihre Mitschüler mit

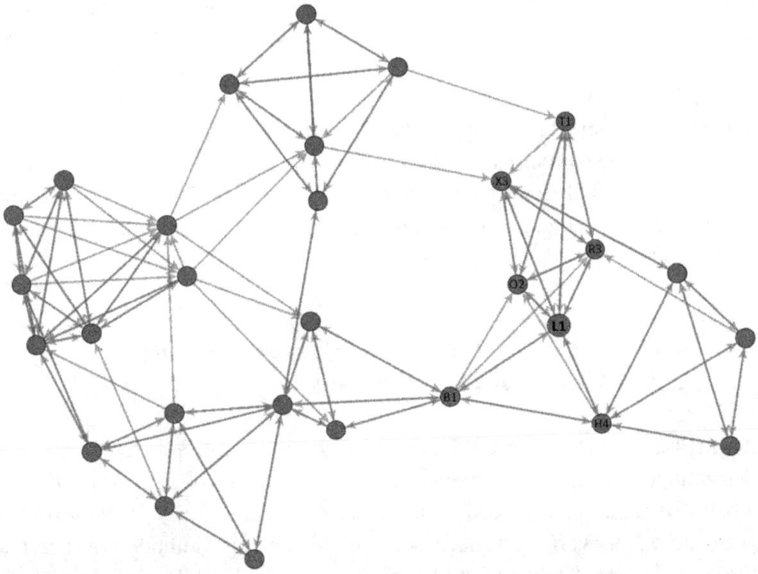

Abbildung 3.5 Beispielnetzwerk zur obigen Codeliste, Darstellungs-Algorithmus: stress minimization (Graph erstellt mit VISONE[5])

bipolaren Rangskalen zu bewerten (z. B. *Stegbauer & Rausch* 2013, 78). Prinzipiell soll diesem Vorgehen der Mehrwert nicht abgesprochen werden, da davon ausgegangen werden muss, dass Akzeptanz und Zurückweisung nicht zwei Enden eines Kontinuums sind (*Coie, Dodge & Coppotelli* 1982). Negative Bewertungen sollten jedoch auch unter forschungsethischen Gesichtspunkten und bezüglich etwaiger Bedenken von Eltern und Lehrern betrachtet werden, auch wenn empirische Befunde darauf hinweisen, dass die Messung negativer Relationen meist unproblematisch sei (siehe hierzu auch *Cillessen* 2009; *Mayeux, Underwood & Risser* 2007). Neben affektiven Komponenten können zusätzlich zur gemeinsamen Freizeit auch weitere konkrete Interaktionen als soziometrische Kriterien herangezogen werden. In einigen kriminologischen Studien wurde z. B. danach gefragt, durch wen man Gewalt erfahren hat bzw. welche Schüler einen ärgern oder schlagen etc. (vgl. hierzu *Zijlstra, Veenstra & van Duijn* 2008; *Wittek, Kroneberg & Lämmermann* 2020; *Kroneberg et al.* 2016). Letztlich stellt sich aber auch die Frage nach Aufwand und Ertrag im Zusammenhang mit der Komplexität einer

---

[5] http://visone.info/html/about.html [02.07.2020].

Netzwerkerhebung. Bei den verwendeten Daten der Schulbefragung wurde vor allem aus befragungstechnischen Gründen auf eine ausführlichere Soziometrie verzichtet. Aufgrund der detaillierten Fragen zu Polizeikontakten und Einstellungen gegenüber dieser in einem speziellen Polizeimodul sowie den zahlreichen Fragen zum Schulerfolg im speziellen Schulmodul konnte dem Netzwerkteil nur wenig Zeit zugesprochen werden. Die erhobenen Freundschaftsbeziehungen bieten für sich jedoch zahlreiche Möglichkeiten für unterschiedlichste Analysen (z. B. zur Berechnung von Zentralitätsmaßen, Untersuchung von sozialer Homophilie etc.).

3.5 Übersicht über erhobene Netzwerke und auswertbare Netzwerkdaten

Bei der MPI-Schulbefragung 2011 wurden insgesamt 7.296 Schüler aus 373 Klassen der achten bis zehnten Jahrgansstufe in 63 Schulen in den Städten Köln und Mannheim befragt. Davon wurden in 335 Klassen (ca. 90 %) an allen 63 beteiligten Schulen Netzwerkdaten nach der oben genannten Methode erhoben (siehe *Tabelle 3.2*). In den Kölner Gymnasien konnten für 33 ‚Klassen' der 10. Jahrgangsstufe keine Netzwerkdaten erhoben werden, da die Schüler dort ab dieser Phase ein Kurssystem besuchten und es keine festen Klassen mehr gab. Die Erhebung eines Stufen- oder Jahrgangsnetzwerks war nicht möglich, da jeweils nur die Hälfte der Schüler befragt wurde. In fünf weiteren Klassen konnten aus organisatorischen Gründen keine Netzwerke erhoben werden, da z. B. am Tag der Befragung keine Namenslisten vorlagen oder diese falsch waren.

Bezüglich der Qualität der Daten ist anzumerken, dass Netzwerkdaten in mehrfacher Hinsicht anfällig für fehlende Werte v. a. durch Unit-Nonresponse sind. Der Grund liegt darin, dass ein Gesamtnetzwerk im Idealfall vollständig sein sollte, da es durch fehlende Knotenpunkte im schlimmsten Fall in mehrere Teile zerfällt, obwohl dies nicht der Wahrheit entspricht. Dies kann Folgen für die Berechnung von Zentralitätsmaßen wie beispielsweise *Betweenness* oder *Closeness* haben. Im Wesentlichen war das Ausfüllen des Netzwerkteils für die Schüler aller Schulen eine zu bewerkstelligende Aufgabe, dennoch gibt es Ausfälle zu berichten, die teilweise im Zuge der Datenbereinigung korrigiert werden konnten, teilweise aber auch zum Ausschluss von Netzwerkknoten führten.

Dass der Netzwerkteil überhaupt nicht ausgefüllt wurde, kam bei 68 (1,0 %) der befragten Schüler vor. Dass das Feld für die eigene ID leer blieb oder die Information absichtlich zurückgehalten wurde, kam bei 282 (4,3 %) Fällen in den rohen Daten vor. In Einzelfällen konnten die fehlenden Codes rekonstruiert werden. Dies war beispielsweise dann möglich, wenn alle Schüler der Klasse an der Befragung teilgenommen hatten und nur ein Code fehlte oder wenn bei vollständiger Klasse zwei Codes fehlten und diese über die Klassenliste je einem Mädchen oder Jungen zugeordnet werden konnten.

Weitere Probleme bei den Netzwerkdaten ergaben sich dadurch, dass Schüler zwar Angaben zu den Freundschaftsattributen (Enge der Freundschaft, gemeinsame Freizeit, Dauer der Freundschaft) gemacht haben, jedoch kein Code für die entsprechenden Freunde eingetragen wurde. Diese Freundschaften können in den Analysen nicht berücksichtigt werden. Neben leeren Feldern wurde bei der Bereinigung der Netzwerkdaten geprüft, inwieweit Codes doppelt vorkamen oder Codes verwendet wurden, die laut Liste unmöglich sind. Bei einigen Fällen handelte es sich um Eingabefehler, in anderen Fällen lagen die Fehler tatsächlich bei den Schülern. Auch hier konnten einige der Codes über die Listen rekonstruiert werden, jedoch mussten die Einträge in vielen Fällen auf „fehlend" gesetzt werden. Dies betrifft vor allem Angaben zu den Freunden. Nach bestmöglicher Aufbereitung ist für die Netzwerkdaten zu berichten, dass bei 208 Fällen die eigene Netzwerk-ID fehlt. In 66 (1 %) Fällen wurde der Netzwerkteil nicht oder komplett falsch ausgefüllt (vgl. Tabelle 3.1).[6]

Tabelle 3.1
Vollständigkeit der Netzwerk-IDs vor Bereinigung der Daten

	n	%
Netzwerk OK	6297	95,8
eigene ID fehlt	208	3,2
Netzwerk-Teil nicht/falsch ausgefüllt	66	1,0
Total	6571	100
kein Netzwerk-Teil in Klasse	725	
Total	7296	

Wie bereits erwähnt sind fehlende Netzwerkknoten ein spezielles Problem von Netzwerkdaten. Dies wird neben den oben genannten Fehlern beim Ausfüllen vor allem durch die geringe Ausschöpfung in einigen Schulklassen verursacht. Für die hier durchgeführten Analysen darf dieses nicht vernachlässigt werden, da Netzwerkdaten aufgrund ihrer relationalen und komplexen Struktur besonders empfindlich gegenüber fehlenden Werten sind (*Burt* 1987). Während der *Unit-Nonresponse* bei Befragungsdaten unabhängiger Einheiten – sofern

[6] Bei zwei von den anfänglich 68 Fällen konnte die Netzwerk-ID rekonstruiert werden, und bei beiden Fällen lag die Information vor, dass sie keine Freunde in der Klasse haben (Frage 31/P-Modul bzw. 32/S-Modul im Fragebogen).

MCAR[7] – meist nur die Fallzahl reduziert, wirkt sich dieser bei Netzwerkdaten auch auf die übrigen Einheiten aus. Im vorliegenden Fall kann z. B. ein Schüler acht Freunde in der Klasse haben. Nehmen diese jedoch nicht vollständig an der Befragung teil, so wird der Schüler selbst eher weniger Freundschaftsnominierungen bekommen. Die Frage zum Umgang mit fehlenden Werten bei Netzwerkdaten hängt von den Analysemethoden (*Kossinets* 2006) ab und wie die fehlenden Werte die Knoten- und/oder Kantenvollständigkeit betreffen (*Erlhofer* 2008). In manchen Fällen ist es möglich, fehlende Werte auf verschiedenen Ebenen zu imputieren (*Handcock & Gile* 2007). Bezogen auf die Knotenunvollständigkeit – hier fehlende Schüler – ist es zulässig, eine gewisse Anzahl an fehlenden Werten zu tolerieren. Simulationsstudien zeigen, dass gängige Netzwerkmaße bei bis zu 10 % fehlender Knoten relativ robust bleiben (*Borgatti, Carley & Krackhardt* 2006). In einer anderen Studie wurde mit Netzwerkdaten aus Schulklassen untersucht, inwieweit sich das zufällige Entfernen von Netzwerkknoten auf die Klassifizierung (beliebt, unbeliebt etc.) von Schülern auswirkt. Eine signifikante Abnahme der Korrektheit der Klassifizierung war ab 20 % fehlender Knoten zu beobachten (*Crick & Ladd* 1989). Konsequenz ist, dass im Folgenden nicht alle Klassen, sondern nur vollständige Klassen mit maximal 10 % (bzw. 15 % in sehr großen Klassen) fehlenden Netzwerkknoten analysiert werden. Die Stichprobengröße reduziert sich in diesem Fall auf maximal 3.083 Schüler in 127 Klassen beziehungsweise 127 Freundschaftsnetzwerken (Tabelle 3.2). Auch hier gilt zu beachten, dass, wie auch beim Rücklauf auf Schülerebene, die Ausfälle mit den Schultypen variieren. Die höchsten Ausschöpfungsquoten bezüglich des gesamten Unit-Nonresponse ergaben sich für die Gymnasien (84,6 % in Köln, 81,2 % in Mannheim) und die niedrigsten für die Haupt- bzw. Werkrealschulen

Tabelle 3.2 Ausschöpfung Netzwerkdaten

	Gesamtstichprobe	Netzwerkdaten	Vollständige Netzwerke[a]	
	n	n	n	%
Klassen	373	335	127	38
Schulen	63	63	50	79
Schüler	7296	6571	3083	47

[a] Ausschluss von Netzwerken aufgrund geringer Ausschöpfung innerhalb der Schulklasse, bedingt durch Nicht-Teilnahmen und ungültige ID-Nummern

[7] MCAR = Missing Completely at Random: Das Auftreten fehlender Werte ist unabhängig von anderen Variablen.

(70,2 % in Köln, 67,5 % in Mannheim). Insgesamt kann diese Ausschöpfung als zufriedenstellend betrachtet werden, problematisch waren vor allem fehlende Einverständniserklärungen an Hauptschulen (Details siehe *Oberwittler & Gerstner* 2019). Analog hierzu sind v. a. die Hauptschulklassen (20,9 %) bei den vollständigen Netzwerken unterrepräsentiert und die Gymnasialklassen weisen den besten Wert auf (57,3 %, Abbildung 3.6). Dieser Aspekt wird in den folgenden Kapiteln bei der Interpretation der Ergebnisse aufgegriffen.

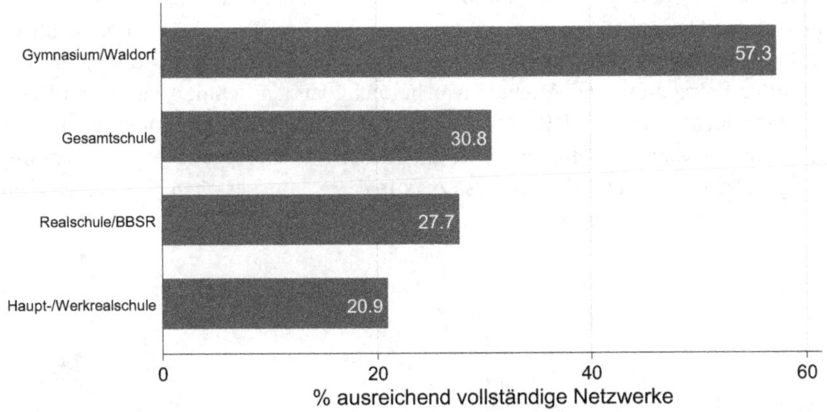

Abbildung 3.6 Prozentualer Anteil an vollständigen Netzwerken an Klassen mit erhobenen Netzwerken nach Schulform (n = 335 Klassen in 63 Schulen)

3.6 Freundschaftsnominierungen – Deskriptive Analyse

Das zentrale Element der hier erhobenen Netzwerkdaten sind die Freundschaftsnominierungen, bei denen die Schüler bis zu acht Klassenkameraden als Freunde (s. o.) benennen konnten. In der Netzwerkterminologie sind dies die sogenannten *outdegrees*. Dabei handelt es sich um gerichtete Beziehungen, was bedeutet, dass „Alter" *j* von „Ego" *i* als Freund genannt wurde, *i* aber nicht zwingend von *j* als Freund nominiert werden muss. In den Graphen zu den Netzwerken ist diese gerichtete Beziehung durch einen Pfeil symbolisiert (siehe *Abbildung 3.5*). Im Durchschnitt wurden ca. 5,2 Freunde nominiert (Median = 5). Die Verteilung der Anzahl an Nominierungen ist dabei zweigipflig (Abbildung 3.7). Dies hängt damit zusammen, dass die Anzahl der Nominierungen auf maximal acht Klassenkameraden beschränkt war. Am häufigsten wurden auch acht Freunde nominiert

(28 %), jedoch hat jeder zweite Schüler nur maximal fünf Freunde nominiert, und es ist davon auszugehen, dass bei einer freien Zahl an Nominierungen die Verteilung eingipflig wäre. Bezogen auf die unterschiedlichen Freundschaftskonzepte von Jungen und Mädchen im Jugendalter (siehe Abschnitt 3.7.1) ist zu erwarten, dass Jungen etwas mehr Freunde nominieren als Mädchen. Dies trifft im Wesentlichen nicht zu, die Verteilungen sind im Prinzip identisch (Abbildung 3.8). Unter Kontrolle des Schultyps, der Jahrgangsstufe und der Klassengröße nominieren Mädchen im Durchschnitt lediglich 0,15 Freunde weniger (b-Koeffizient, lineares Mehrebenenmodell, $p < 0.01$), wenn es um die Gesamtzahl der Nominierungen im Netzwerkteil geht[8]. Bezüglich der Schulform, nach angestrebtem Schulabschluss (*Abbildung 3.9*), zeigen sich ebenfalls keine relevanten Unterschiede. Bei isolierter Betrachtung der Mannheimer berufsbildenden Schulen, die einen Realschulabschluss anbieten (BBSR[9]), gibt es deutlich weniger Nominierungen. Dies kann damit erklärt werden, dass dort die Klassen im Befragungsjahr neu zusammengesetzt wurden beziehungsweise maximal ein Jahr bestehen. Freundschaften müssen hier erst entstehen.

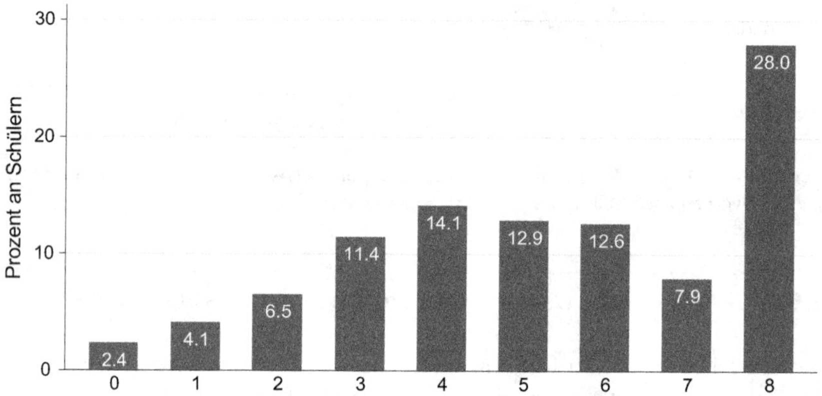

Abbildung 3.7 Anzahl an Nominierungen in Prozent an allen Schülern, die den Netzwerkteil ausgefüllt haben (n = 6.490 Schüler)

[8] Wird nach der Anzahl wirklich guter Freunde innerhalb und außerhalb der Schule gefragt, so liegt der Wert der Jungen im Mittel um ca. fünf Freunde höher. Dieser Aspekt wird an späterer Stelle aufgegriffen.

[9] Diese Schulform wird bei der deskriptiven Beschreibung der Netzwerke in einigen Zusammenhängen mitanalysiert. In späteren Analysen wird diese Schulform ausgeschlossen.

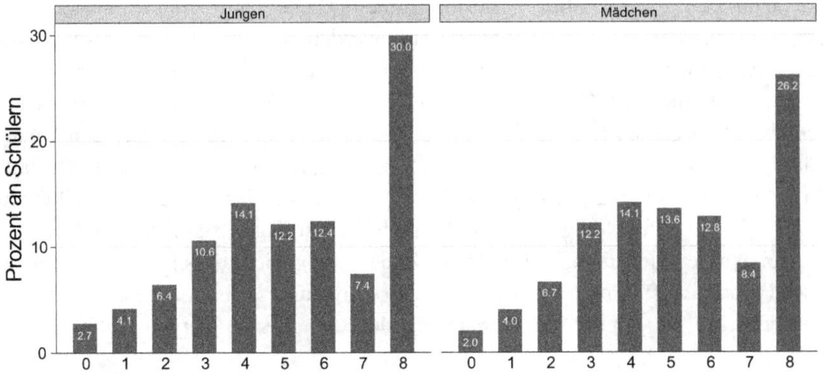

Abbildung 3.8 Anzahl Nominierungen in Prozent an allen Schülern, die den Netzwerkteil ausgefüllt haben, nach Geschlecht (n = 6.490 Schüler)

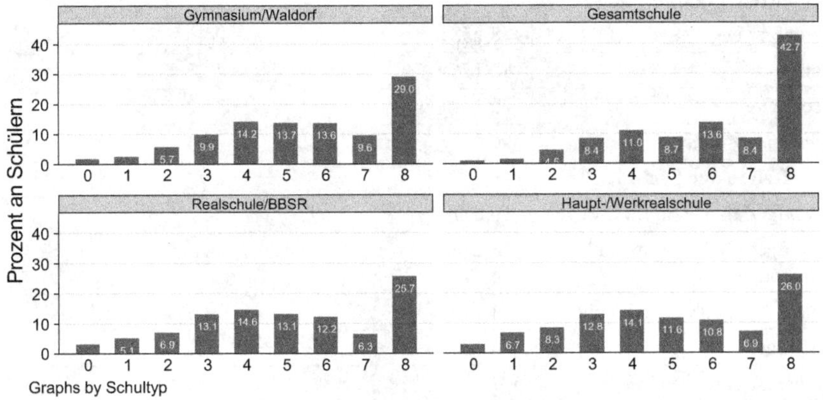

Abbildung 3.9 Anzahl Nominierungen in Prozent an allen Schülern, die den Netzwerkteil ausgefüllt haben, nach Schulform (n = 6.490 Schüler)

3.6.1 Nominierungen nach Eigenschaften der Freundschaft

Die erweiterte Abfrage zu Freundschaftsattributen beschränkte sich in der MPI-Schulbefragung 2011 auf drei Aspekte: die Enge der Freundschaft, die Frequenz gemeinsamer Freizeit und die Dauer der Freundschaft. Die folgenden Zahlen beziehen sich auf insgesamt 34.182 Nominierungen, bei denen detaillierte

Angaben zu Freundschaften gemacht wurden. Da hier nur die Nominierungen, also die *outdegrees,* von Interesse sind, werden alle Klassen mit Netzwerkdaten einbezogen – unabhängig von der Ausschöpfungsquote innerhalb der Klasse (Tabelle 3.3). Gut ein Viertel (27,2 %) der Freundschaften werden als „sehr eng", 48,2 % als „eng", und 24,6 % als „weniger eng" beschrieben, unabhängig von Schulform und Klassenstufe.[10] Lediglich beim Geschlecht fällt auf, dass Mädchen mehr „sehr enge" (30,0 %) Freundschaften berichten als Jungen (24,2 %). Bei den „weniger engen" Freundschaften liegen sie aber gleich auf.

Bei den gemeinsamen Treffen in der Freizeit zeigt sich, dass in etwa die Hälfte aller Freundschaften nur den Schulkontext betrifft und sich die Befragten nur selten (weniger als einmal im Monat) mit der nominierten Person treffen. Etwa

Tabelle 3.3 Freundschaftsnominierungen nach Freundschaftsattributen

	n gültige Nominierungen	% an den gültigen Nominierungen
Enge der Freundschaft		
weniger eng	8.258	24,6
eng	16.176	48,8
sehr eng	9.149	27,2
fehlende Angaben	*599*	*1,8*
Treffen in der Freizeit		
weniger als 1–mal im Monat	16.877	50,9
weniger als 1–mal in der Woche	8.256	24,7
an 1–2 Tagen in der Woche	4.199	12,5
häufiger	4.166	12,4
fehlende Angaben	*684*	*2,0*
Wie lange befreundet		
bis 2 Jahre	14.029	42,5
länger	19.011	57,5
fehlende Angaben	*1.142*	*3,3*

n = 34.182 Freundschaftsnominierungen (Klassen mit und ohne ausreichende Ausschöpfungsquote für Netzwerkanalysen)

[10] Zwar bestehen aufgrund der Stichprobengröße signifikante Unterschiede, diese sind jedoch in ihrer Effektstärke zu vernachlässigen und werden hier nicht berichtet.

ein Viertel der Freundschaften beinhalten Treffen in der Freizeit, die weniger als einmal pro Woche stattfinden. Nur bei jeweils circa einem Achtel der Angaben treffen sich die Schüler an ein bis zwei Tagen in der Woche oder noch häufiger. Hier gibt es keine wesentlichen Unterschiede zwischen Jungen und Mädchen sowie der Jahrgangsstufe (ohne BBSR). Gymnasiasten treffen sich am seltensten und Haupt-/Werkrealschüler am häufigsten in der Freizeit (*Abbildung 3.10*, ohne BBSR). Mehr als die Hälfte der Freundschaften aus dem Netzwerkteil besteht schon länger als zwei Jahre (57,5 %). Dabei gibt es keine Unterschiede zwischen den Jahrgangsstufen und Jungen und Mädchen. Bei der Schulform gibt es ebenfalls keine wesentlichen Unterschiede. Nur in den Mannheimer Berufsschulen betreffen lediglich circa ein Fünftel der Nominierungen Freundschaften, die länger als zwei Jahre bestehen. Da hier die Klassen jedoch neu zusammengesetzt werden, stellt diese Schulform ohnehin einen Spezialfall für die Netzwerkdaten dar.

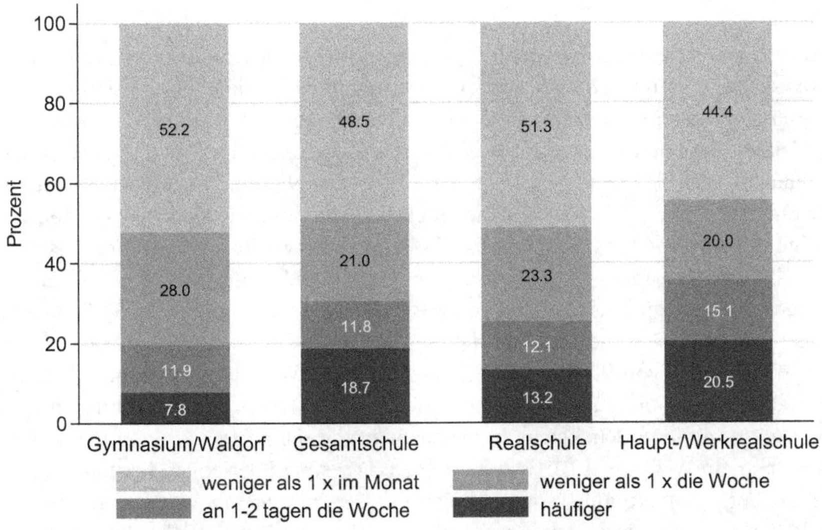

Abbildung 3.10 Treffen mit Netzwerkfreunden in der Freizeit nach Schultyp (n = 33.498 Freundschaftsnominierungen)

Aus netzwerkmethodologischer Sicht ist weiterhin interessant, welche Muster sich bei den Freundschaftsattributen in Abhängigkeit von der Reihenfolge der Nominierungen ergeben. Hierbei ist davon auszugehen, dass besonders wichtige Freundschaften zuerst genannt werden. Dies zu prüfen ist relevant, da die

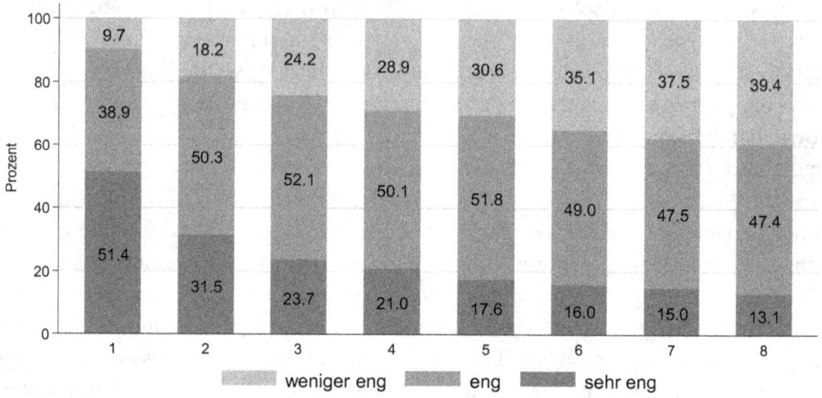

Abbildung 3.11 Enge der Freundschaft nach Reihenfolge der Nominierungen (in Prozent an allen Nominierungen der X-Achsen-Kategorie)

Anzahl der möglichen Nominierungen auf acht Freundschaften beschränkt war. Als wichtige Freundschaften werden solche angesehen, die eher eng sind und die durch gemeinsame Freizeitaktivitäten gekennzeichnet sind – dies soll jedoch nicht bedeuten, dass den schwachen Beziehungen eine soziale bzw. netzwerkrelevante Funktion abgesprochen wird. Auf der Ebene der Nominierungen wird deutlich sichtbar (*Abbildung 3.11*), dass die Enge der Freundschaft stark an die Reihenfolge der Nominierung geknüpft ist. Während in etwa jede zweite Freundschaft (51,4 %) bei der ersten Nominierung sehr eng ist und weiterhin fast 40 % als eng eingestuft werden, sind es bei der zweiten Nominierung nur noch 31,5 % sehr enge und 50,3 % enge Freundschaften. Der Anteil der weniger engen Freundschaften nimmt von 9,7 % auf 18,2 % zu. Dieser Wert steigt kontinuierlich bis zur achten Nominierung (39,4 %) an. Bei den sehr engen Freundschaften ist ein nahezu gespiegelter Rückgang zu beobachten. Für die achte Nominierung ist hier nur noch ein Wert von 13,1 % zu berichten. Der Anteil der engen Freundschaften ist bei der ersten Nominierung noch gering, da es hier häufiger sehr enge Freundschaften gibt. Bei den Nominierungen zwei bis fünf liegt der Wert bei ca. 50 % und nimmt gegen Ende leicht ab.

Ein ähnliches Bild ergibt sich für die gemeinsame Freizeit, die die Schüler mit ihren Freunden aus der Schulklasse verbringen (*Abbildung 3.12*). Wie bereits oben erwähnt, wird nur für etwa ein Viertel der Freundschaften angegeben, dass regelmäßige Treffen in der Freizeit stattfinden („an 1–2 Tagen die Woche“ und „häufiger“). Für die erste Nominierung liegen diese Werte weitaus höher. Hier

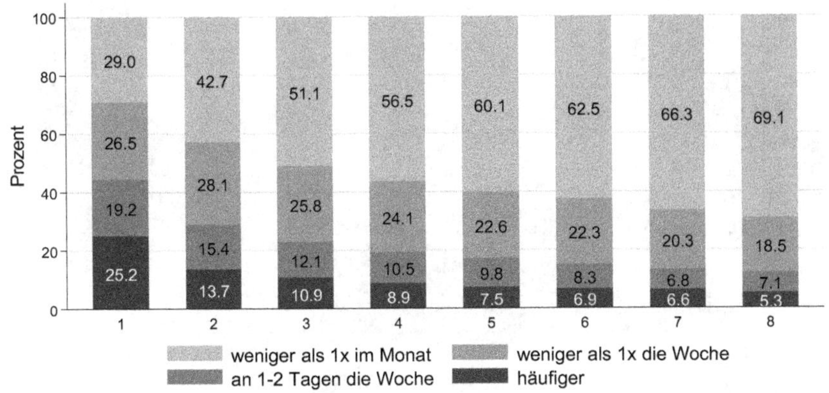

Abbildung 3.12 Gemeinsame Freizeit nach Reihenfolge der Nominierungen (in Prozent an allen Nominierungen der X-Achsen-Kategorie)

ist jede vierte Freundschaft dadurch gekennzeichnet, dass man sich häufiger als an ein bis zwei Tagen in der Woche trifft, und bei weiteren circa 20 % der Freundschaften ist dies an ein bis zwei Tagen in der Woche der Fall (zusammen 44,4 %). Ebenfalls circa ein Viertel der Freundschaften der ersten Nominierung ist durch gemeinsame Freizeit, die weniger als einmal pro Woche zusammen verbracht wird, gekennzeichnet, und für die übrigen Nominierungen (29,0 %) wird berichtet, dass man sich maximal „weniger als einmal im Monat" in der außerschulischen Freizeit trifft. Die Häufigkeit regelmäßiger Treffen in der Freizeit nimmt mit der Reihenfolge der Nominierungen schnell ab. Schon für die zweite Nominierung sind folgende Werte zu berichten: „häufiger" = 13,7 %, „an 1–2 Tagen die Woche" = 15,4 % (zusammen 29,1 %), „weniger als 1 × die Woche" = 28,1 %, „weniger als 1 × im Monat" = 42,7 %. Bei der achten Nominierung sind lediglich noch 12,4 % („an 1–2 Tagen die Woche" + „häufiger") der Freundschaften an regelmäßige Freizeitaktivitäten gekoppelt, und der größte Teil dieser Freundschaften bezieht sich nur auf den Kontext des Schulalltags. Die ersten Nominierungen sind auch tendenziell die, bei denen die Freundschaft schon länger als zwei Jahre besteht (*Abbildung 3.13*). Allerdings ist es so, dass der Wert nur gering variiert und auch bei der achten Nominierung mehr als die Hälfte der Freundschaften (55,1 %) bereits länger als zwei Jahre besteht – was durch den Schulkontext bedingt ist, wobei sich die Schüler in den meisten Fällen mindestens ab der fünften Klasse kennen.

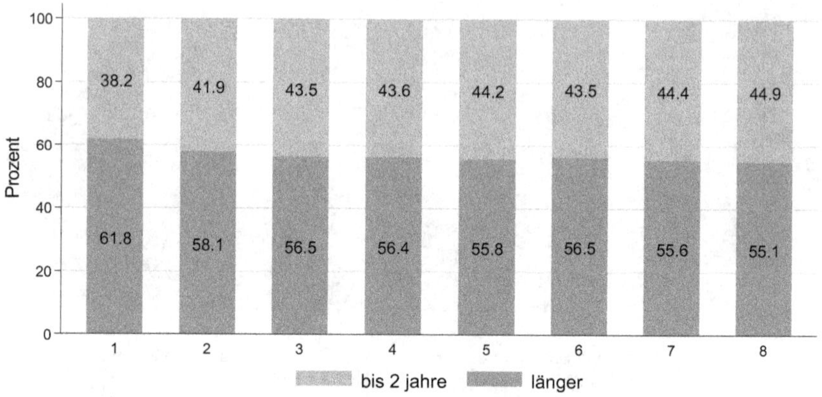

Abbildung 3.13 Dauer der Freundschaft nach Reihenfolge der Nominierungen (in Prozent an allen Nominierungen der X-Achsen-Kategorie)

Bei dieser Betrachtung der Freundschaftsattribute gilt selbstverständlich zu beachten, dass es Schüler gibt, die nur wenige Freundschaften berichten und nicht alle Felder ausgefüllt haben. Außerdem können die individuellen Antwortmuster variieren und ein Schüler z. B. bei der ersten Freundschaftsnominierung über eine „sehr enge" Freundschaft berichten, wobei keine Kontakte in der Freizeit bestehen. Die zweite Nominierung kann dann nur „eng" sein, dafür können regelmäßige Freizeitkontakte bestehen. Eine detaillierte Analyse ist schwierig, da schon allein bei der Enge der Freundschaft theoretisch 6.561 Antwortkombinationen möglich sind (wenn der Schüler acht Freunde nominieren würde).

Um das Antwortverhalten nochmals zu veranschaulichen, wird hier auf sogenannte *Parallelkoordinatenplots* zurückgegriffen, wobei die Linien einzelne Schüler sind. Damit Muster unterscheidbar werden, wurde um die Werte ein vertikales Rauschen (*jittered data*) gelegt (z. B. „eng" $= 2 \pm$ vertikales Rauschen). Im Prinzip zeigt sich hier ein ähnliches Bild wie in *Abbildung 3.11* und *Abbildung 3.12*, jedoch wird deutlich, dass nicht wenige Schüler von den erwarteten Mustern abweichen und über die Nominierungen hinweg springen, also z. B. bei der ersten Freundschaft „eng" angeben, bei der zweiten Freundschaft „weniger eng" und bei der dritten Freundschaft „sehr eng". Zudem nehmen die engen Freundschaften mit späteren Nominierungen ab. *Abbildung 3.14* bildet das Antwortverhalten für die Enge der Freundschaft ab. Deutlich wird, dass Schüler bei späteren Nominierungen zu geringeren Werten bei den Attributen wandern, dies

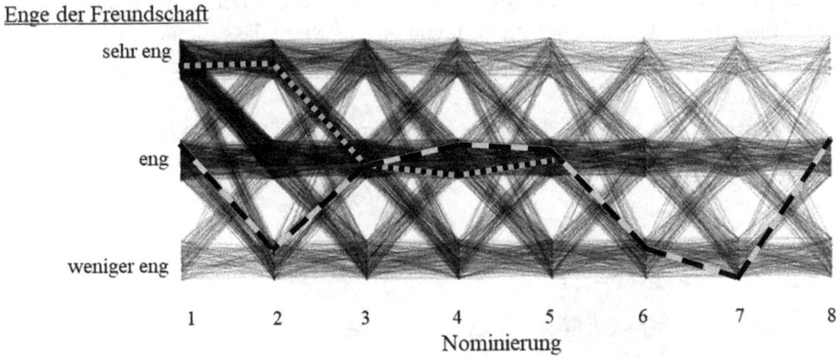

Abbildung 3.14 Enge der Freundschaft nach Nominierung, Verlauf für einzelne Befragte (gejitterte Parallelkoordinaten, Hervorhebungen = Beispiele einzelner Schüler)

aber nicht immer zutrifft und es oft „Sprünge“ gibt. Die gepunktete Linie stellt beispielhaft das tatsächliche Antwortverhalten eines einzelnen Schülers dar. Dieser hat insgesamt fünf Nominierungen vergeben, wobei die ersten beiden „sehr enge“ Freundschaften und die dritte, vierte und fünfte „enge“ Freundschaften sind. Die gestrichelte Linie ist die eines beispielhaften Schülers mit atypischem Antwortverhalten. Dieser hat acht Freunde nominiert, wobei die Nominierungen eins, drei, vier und acht „enge Freundschaften und alle anderen Nominierungen nur weniger enge Freundschaften sind. Für das Attribut Freizeit (*Abbildung 3.15*) ist ersichtlich, dass die Freundschaften mit gemeinsamen Freizeitaktivitäten mit späten Nominierungen seltener werden. Hier gibt es nur sehr vereinzelte Fälle, bei denen im Vergleich zu vorhergehenden Nominierungen häufigere Freizeitkontakte berichtet werden. Dies ist insofern ein relevantes Ergebnis, da hier davon ausgegangen werden kann, dass acht Nominierungen ausreichend sind, wenn es für die Fragestellung relevant ist, ob die Schüler gemeinsame Freizeit miteinander verbringen.

Bezüglich der Anzahl und Muster der Freundschaftsnominierungen bleibt folgendes festzuhalten:

- Weniger als ein Drittel der Schüler haben die volle Zahl an möglichen Nominierungen ausgeschöpft.
- Im Mittel geben die Schüler fünf Freunde in der Klasse an (Medianwert).
- Die Auswahlmuster der Nominierungen und der Freundschaftsattribute (Enge der Freundschaft, gemeinsame Freizeit) deuten darauf hin, dass die Befragten

bei der Auswahl eine Rangfolge beachten und die wichtigen Freundschaften zuerst nennen. Es ist daher nicht davon auszugehen, dass die auf maximal acht begrenzte Zahl an Nominierungen die Qualität der Netzwerkdaten maßgeblich beeinflusst.

- Unterschiede nach Geschlecht, Schulform und Klassenstufe spielen keine wesentliche Rolle.

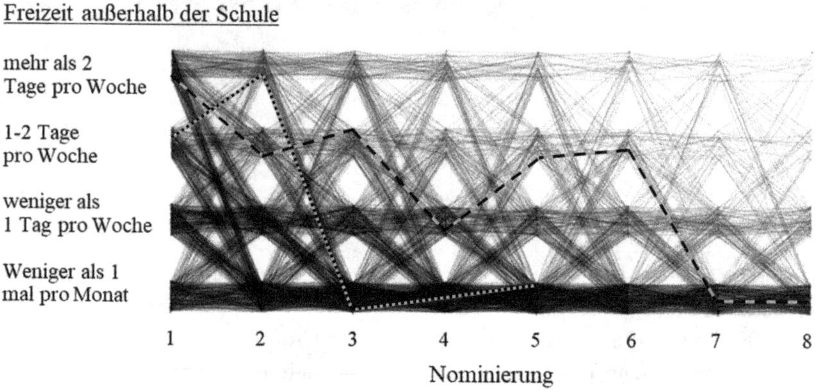

Abbildung 3.15 Gemeinsame Freizeit nach Nominierung, Verlauf für einzelne Befragte (gejitterte Parallelkoordinaten, Hervorhebungen = Beispiele einzelner Schüler)

3.7 Vergleich der netzwerkgenerierten Daten mit konventionell erhobenen Daten zu Freundschaften

Neben dem Netzwerkteil deckte auch der Hauptteil des Fragebogens das Thema Freundschaften ab (Details siehe Fragebogen im elektronischen Zusatzmaterial 9.4). Dabei wurde zuerst danach gefragt, ob die Schüler „wirklich **gute Freunde/-innen** innerhalb oder außerhalb der Schule" (*Abbildung 3.16*) haben und, wenn zutreffend, die Zahl dieser zu benennen. Anschließend wurde nach der Anzahl dieser Freunde in der eigenen Schulklasse, in der Schule aber außerhalb der Klasse und außerhalb der Schule gefragt. Zusätzlich wurde noch gefragt, wie viele von diesen Freunden die Schüler im Internet kennengelernt haben. Für die Analysen in dieser Arbeit sind diese Fragen vor allem unter zwei Aspekten relevant. Zum einen lässt sich die Zahl der Nominierungen im Netzwerkteil validieren. Zum anderen sind weitere Aussagen über die Struktur des Freundeskreises auch außerhalb der Schulklasse möglich. Dieser Aspekt ist vor allem dann wichtig, wenn die Netzwerkdaten herangezogen werden, um Peer-Einflüsse außerhalb des Schulkontextes zu untersuchen. Hier lassen sich z. B. Befragte isolieren, die ihre Freunde hauptsächlich in der Schulklasse haben, und die Netzwerkdaten somit auch für außerschulische Kontexte Bereicherung liefern.

31. Hast du einen oder mehrere wirklich **gute Freunde/-innen** innerhalb oder außerhalb der Schule?

- ☐ Nein, ich habe keine Freunde. ☞ ***weiter mit Frage 36***
- ☐ Ja, einen/eine
- ☐ Ja, mehrere, und zwar: ______ ***Bitte Anzahl eintragen!***

32. Von **diesen Freunden/Freundinnen**, wie viele sind…

…in deiner **Klasse**:______ ***Bitte Anzahl eintragen!***

…in deiner Schule, aber **außerhalb** deiner **Klasse** ______ ***Bitte Anzahl eintragen!***

…**außerhalb** deiner **Schule**: ______ Wie viele von diesen hast du im **Internet** (z.B. SchülerVZ) kennengelernt? ______

Abbildung 3.16 Messung zur Anzahl von Freundschaften im Hauptteil des Fragebogens

3.7.1 Freunde insgesamt

Die Frage nach der Anzahl „wirklich guter Freunde/-innen" stellte die Befragten vor die Aufgabe, ihre sozialen Kontakte zu differenzieren und die entsprechende Anzahl zu schätzen. Dass diese Messung der Zahl der Freunde nicht vollständig valide ist, lässt sich erahnen, wenn die Verteilung der Variablen untersucht wird – wobei zu beachten gilt, dass im Fragebogen keine Definition beziehungsweise Anleitung dafür gegeben wurde, was unter „wirklich guten Freunden" zu verstehen sei. Für die gesamte Stichprobe ist zu berichten, dass 25 Schüler keine verwertbaren Angaben gemacht haben. Unter Ausschluss dieser fehlenden Werte gaben 81 Befragte (1,1 %) an, dass sie keine guten Freunde haben. 224 (3,1 %) Schüler berichten über einen guten Freund und 507 (7,0 %) haben zwei gute Freunde. Die unteren 25 % der Verteilung liegen im Bereich keine bis drei Freunde. Die mittleren 50 % der Verteilung liegen in dem Bereich von vier bis 13 Freunden. Die Verteilung ist insgesamt rechtsschief (siehe *Abbildung 3.17*), und die oberen 25 % der Verteilung liegen im Bereich 14 bis 99.[11] Dies zeigt sich auch im Vergleich des arithmetischen Mittels von durchschnittlich 12,4 Freunden mit dem Medianwert von sieben Freunden. Etwa 80 % der Befragten geben maximal 20 gute Freunde an. Die darüberliegenden 20 % berichten teilweise sehr hohe Zahlen. Das deutet darauf hin, dass manche der Jugendlichen unterschiedliche Vorstellungen von dem Begriff der Freundschaft haben oder schwer zwischen engen und anderen Freunden differenzieren können. Studien zur Größe von Beziehungskreisen in westlichen Gesellschaften haben ergeben, dass diese im Mittel 150 relevante Personen umfassen, wobei hier auch Personen dazu zählen, die keine guten Freunde sind (*Dunbar* 1993; *Hill & Dunbar* 2003). Die Anzahl an Freunden ist auch an unterschiedliche Funktionen von Freundschaften geknüpft. Die sozialwissenschaftliche/-psychologische Forschung geht z. B. schon seit langem davon aus, dass Freundschaften von Jungen eher durch gemeinsame (Freizeit-)Aktivitäten mit gemeinsamen Zielen („side by side") gekennzeichnet sind. Dagegen sind Freundschaften unter Mädchen eher durch emotionale Bindung und Offenheit (face to face") gekennzeichnet (*Wright* 1982; *Winstead* 1986). Nach Auffassung anderer Studien sollte jedoch eher ein Fokus auf die Multidimensionalität von Freundschaften gelegt werden (vgl. z. B. *Giordano* 2003). Zudem variieren Definition von und Erwartungen an Freundschaft stark im Altersverlauf (z. B. *Hartup & Stevens* 1997). Generell kann davon ausgegangen werden, dass Freundschaften gegenseitig sind, und in ein komplexes Netz von Interaktionen mit unterschiedlicher Funktion eingebunden sind (*Bukowski, Motzoi & Meyer* 2009). Dies macht eine einfache Messung von guten Freunden problematisch, da z. B. nicht davon ausgegangen werden kann, dass alle Freundschaften, die hier angegeben wurden, auch gegenseitig sind (z. B. bei den fünf Prozent der Schüler, die angeben, mehr als 40 gute Freunde zu haben).

[11] Einige Schüler gaben an, dass sie 100 oder auch 200 etc. gute Freunde hätten. Diese Werte wurden auf den Wert 99 getrimmt. Vereinzelten verbalen Angaben wie „viele" oder Entsprechendes wurde der Wert des 95-%- Perzentils der rohen Variablen zugewiesen (40 Freunde). Die Angabe „sehr viele" oder entsprechendes wurde auf den Wert gesetzt, bei dem die Kontinuität der Verteilung deutlich abbrach (80 Freunde).

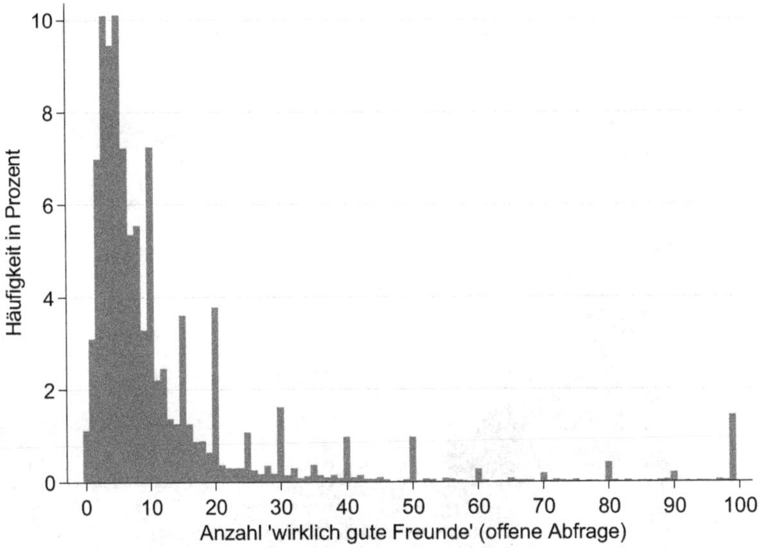

Abbildung 3.17 Verteilung der offenen Abfrage zur Anzahl guter Freunde insgesamt (Werte > 100 auf 99 getrimmt)

Freunde in der Schulklasse – Vergleich mit Netzwerkdaten

Für die Freunde innerhalb der Schulklasse zeigt sich ein ähnliches Ergebnis: Auch diese Verteilung ist rechtsschief, und es gibt einige Schüler, die über außerordentliche viele Freundschaften in der Schulklasse berichten (Abbildung 3.18). Bereits aus diesem Grund ist erwartbar, dass keine einhundertprozentige Übereinstimmung mit den Netzwerkdaten vorliegen wird. Der Mittelwert liegt für diese Messung der „guten Freunde" in der Schulklasse bei 3,6 Freunden und damit niedriger als bei den uneingeschränkten Netzwerknominierungen (5,2). Der Medianwert liegt bei drei Freunden und ebenfalls niedriger als für die Netzwerkdaten. Die signifikante Korrelation zwischen beiden Maßen beträgt $r = 0{,}37$ ($p < 0{,}001$/*Tabelle 3.5*) und ist – im Hinblick darauf, dass annähernd das Gleiche gemessen wird – eher gering. Zwar gilt, je mehr Nominierungen, desto mehr Freunde, es stellt sich hier jedoch die Frage, inwieweit die jeweilige Messung die wahre Zahl der Freunde in der Klasse über- oder unterschätzt. Dies lässt sich nicht endgültig klären, jedoch liefert ein Vergleich mit verschiedenen Einschränkungen bei den Netzwerkdaten einige Erkenntnisse.

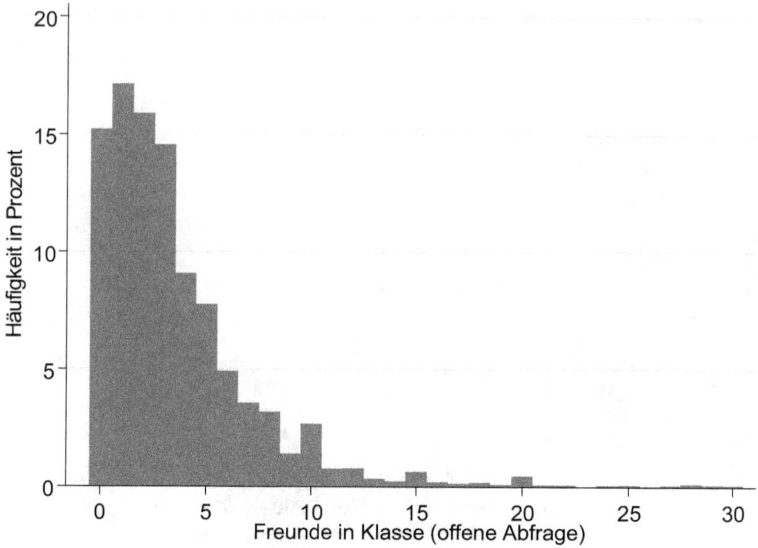

Abbildung 3.18 Verteilung der offenen Abfrage zur Anzahl guter Freunde in der Schulklasse

Die durchschnittliche Zahl an guten Freunden in der Schulklasse aus der offenen Abfrage (3,61) liegt der Zahl der engen Freunde, gemessen über die Netzwerkdaten, am nächsten (3,99/siehe *Tabelle 3.4*). Ebenso besteht auch zwischen diesen beiden Freundschaftsmaßen die stärkste Korrelation ($r = 0{,}43$, $p < 0{,}001$). Die Anzahl der Freunde, die die Schüler zumindest gelegentlich in der Freizeit treffen, liegt mit durchschnittlich 2,58 Freundesnominierungen bereits weiter von der offenen Abfrage entfernt und deutlich unter dieser. Alle weiteren Einschränkungen ergeben erwartungsgemäß größere Abweichungen, sowohl bei der durchschnittlichen Anzahl an Freunden in der Klasse als auch bei den Korrelationskoeffizienten. Wird die Differenz der Netzwerkfreunde und der Zahl der offenen Angaben berechnet, so ergibt sich auch hier die beste Übereinstimmung für die mindestens engen Freundschaften (*Abbildung 3.19*). Der Medianwert liegt hier bei dem Wert 0 (27 % der Befragten haben exakt übereinstimmende Angaben gemacht) und die mittleren 50 % der Verteilung liegen im Bereich −1 bis + 2.

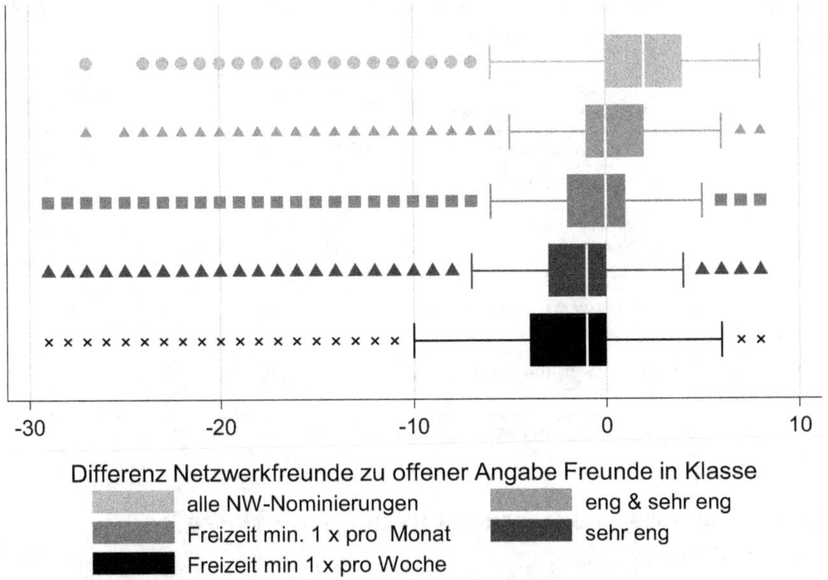

Abbildung 3.19 Differenz zwischen offener Angabe zu Freunden in der Schulklasse und Netzwerknominierungen (Boxplot)

Tabelle 3.4 Deskriptive Statistik Freunde in der Schulklasse, offene Angabe und Netzwerknominierungen

	Mittelwert	Std. Abw	Min	Max
Freunde in der Klasse (offene Abfrage)	3,61	3,85	0	30
Freundschaften (Netzwerkteil gesamt)	5,27	2,30	0	8
Freundschaften (Netzwerkteil Freundschaft mind. eng)	3,99	2,32	0	8
Freundschaften (Netzwerkteil Freundschaft sehr eng)	1,42	1,59	0	8
Freundschaften (Netzwerkteil Freizeit mind. 1 × pro Monat)	2,58	2,15	0	8
Freundschaften (Netzwerkteil Freizeit mind. 1 × pro Woche)	1,27	1,68	0	8

Tabelle 3.5 Korrelationen zwischen Angaben zu Freunden in der Schulklasse, offene Angabe und Netzwerknominierungen

	(1)	(2)	(3)	(4)	(5)	(6)
(1) Freunde in der Klasse (offene Abfrage)	1					
(2) Freundschaften (Netzwerkteil gesamt)	0,37	1				
(3) Freundschaften (Netzwerkteil Freundschaft mind. eng)	0,43	0,78	1			
(4) Freundschaften (Netzwerkteil Freundschaft sehr eng)	0,33	0,40	0,56	1		
(5) Freundschaften (Netzwerkteil Freizeit mind. 1 × pro Monat)	0,31	0,46	0,49	0,40	1	
(6) Freundschaften (Netzwerkteil Freizeit mind. 1 × pro Woche)	0,23	0,26	0,32	0,35	0,71	1

Produkt-Moment-Korrelation, alle Korrelationen $p < 0.001$

3.7.2 Freunde hauptsächlich in der Schulklasse

Aus den Angaben zur Anzahl der Freunde lässt sich errechnen, welche der Schüler ihre Freunde hauptsächlich in der Schulklasse haben – diese Teilstichprobe ist erwartungsgemäß klein. Für 539 Schüler (7,6 % aller gültigen Antworten) wurde errechnet, dass sie ihre guten Freunde ausschließlich in der Schulklasse haben. Wird der Anteil der guten Freunde in der Schulklasse an allen guten Freunden berechnet, so ergibt sich folgende Verteilung: Das oberste Viertel der Verteilung hat von 100 % bis 56 % der Freunde in der Klasse. Das folgende Viertel hat 55 % bis 33 % der Freunde in der Klasse und das zweitunterste Viertel hat 32 % bis 14 % der Freunde in der Klasse. Das unterste Viertel liegt im Bereich 0 % bis 13 %. Grob geschätzt kann also davon ausgegangen werden, dass circa ein Viertel der Befragten die guten Freunde überwiegend in der Schulklasse haben. Die prozentuale Verteilung ist allerdings auch davon abhängig, wie viele Freunde die Schüler insgesamt haben, und zudem anfällig für übertriebene Zahlen bei Freunden außerhalb der Klasse. Aus diesem Grund wurden für spätere Analysen, bei denen die Schüler betrachtet werden, die ihre Freunde hauptsächlich in der Klasse haben, die zwei folgenden Definitionen gewählt: Eine enge Definition (A) von Freunden hauptsächlich in der Schulklasse beinhaltet die Schüler,

- die nur Freunde in der Klasse haben,
- mindestens einen Freund in der Klasse und maximal einen Freund außerhalb

- oder mindestens zwei Freunde in der Klasse und maximal zwei Freunde außerhalb haben.

Eine weitere Definition (B) beinhaltet

- zusätzlich zu (A) noch diejenigen,
- die mindestens drei Freunde in der Klasse haben und maximal drei Freunde außerhalb
- bzw. die minimal 60 % der Freunde in der Schulklasse haben.

Nach der engen Definition (A) haben ca. 24 % und nach der weiteren Definition (B) 29 % der Befragten ihre Freunde hauptsächlich in der Klasse. Eine Reihe von Faktoren beeinflusst dies. Ein deutlicher Unterschied besteht bezüglich des Geschlechts (Tabelle 3.6). Nur 19,9 % der Jungen haben nach der engen Definition die Freunde hauptsächlich in der Schulklasse, bei den Mädchen sind dies 27,6 %. Zehntklässler haben im Vergleich zu den Jahrgangsstufen acht und neun etwas seltener die Freunde hauptsächlich in der Schulklasse. Dies lässt sich durch die Erweiterung des Freundeskreises und sich verändernden Freizeitaktivitäten erklären – z. T. auch bedingt durch rechtliche Aspekte wie z. B. die Erlaubnis, bis 24 Uhr in Discos/Clubs zu sein, etc. In Gymnasien kommt es am häufigsten vor, dass Schüler ihre Freunde hauptsächlich in der Klasse haben (29,2 % [A]). In den Realschulen ist dies seltener der Fall (22,4 %), und in Haupt-/Werkrealschulen haben nur 17,1 % der Befragten die Freunde hauptsächlich in der Klasse. Für die weitere Definition stellen sich die Ergebnisse ähnlich dar. Neben den drei eben genannten „harten" Faktoren bestehen auch Zusammenhänge mit „weicheren" Faktoren wie z. B. Einstellungen und Persönlichkeitsmerkmalen, auf die in Kapitel 6 näher eingegangen wird. Vorweg sei darauf hingewiesen, dass dies auch Aspekte rund um das abweichende Verhalten betrifft. So besteht z. B. ein negativer Zusammenhang mit der selbstberichteten Delinquenz ($r_s = -0{,}14/p < 0{,}001$/weite Definition) oder dem Konzept der Selbstkontrolle ($r_s = -0{,}12/p < 0{,}001$/weite Definition) und dem Merkmal „Freunde hauptsächlich in der Schulklasse".[12]

---

[12] Selbstberichtete Delinquenz hier gemessen als Variabilitäts-Index (siehe Kapitel 6), Kurzskala zur Messung der Selbstkontrolle (Fragebogen im elektronischen Zusatzmaterial 9.4, Frage 52).

Tabelle 3.6 Prozentualer Anteil von Schülern mit Freunden hauptsächlich in der Schulklasse nach Geschlecht, Jahrgangsstufe und Schultyp

	% Freunde hauptsächlich in Klasse	
Definition	(A) [a]	(B) [b]
Jungen	19,9	23,6
Mädchen	27,6	33,5
8. Klasse	25,6	31,5
9. Klasse	25,9	30,7
10. Klasse	21,6	26,2
BBSR 1	12,5	13,6
BBSR 2	11,4	13,3
Gymnasium/Waldorfschule	29,2	35,5
Gesamtschule	22,4	28,3
Realschule[1]	21,1	25,5
Haupt-/Werkrealschule	17,1	19,5

[1] Ohne die Schüler an BBSR-Schulen

[a] Definition (A): Freunde nur in der Klasse haben oder mindestens einen Freund in Klasse und maximal einen Freund außerhalb oder mindestens zwei Freunde in Klasse und maximal zwei Freunde außerhalb

[b] Definition (B): Zusätzlich zu (A) noch diejenigen, die mindestens drei Freunde in der Klasse haben und maximal drei Freunde außerhalb bzw. minimal 60 % der Freunde in der Schulklasse haben

3.7.3 „Verortung" der Freunde inner- und außerhalb der Schule

Wie oben erwähnt, wurde auch abgefragt, wie viele Freunde die Schüler in der Schule haben. Hier lässt sich prüfen, inwieweit die Schule als Sozialisationsinstanz bezüglich Peer-Einflüssen über den Klassenkontext hinaus relevant ist. Dabei steht es natürlich außer Frage, dass die Schule an sich eine maßgebliche Rolle bei der Sozialisation von Jugendlichen spielt. Dennoch ist es hier nochmals wichtig zu erwähnen, dass schulische und außerschulische Peer-Netzwerke unterschiedliche Kontexte darstellen, die Jugendliche unterschiedlich beeinflussen. In der oben erwähnten Studie aus Mailand berichten *Kiesner et al.* (2003), dass 23 % der Befragten keine Überlappung bei „*in-school*" und „*after-school*" Netzwerken aufweisen, und nur 6,8 % sich komplett überlagern. In der Jugendstudie Baden-Württemberg berichten für die Jahre 2011 bis 2015 zwischen 80 % und 89 % der

Jugendlichen, dass sie mindestens einen guten Freund außerhalb der Schule haben (*Jugendstiftung Baden-Württemberg* 2015). Speziell bei Studien zum delinquenten Verhalten Jugendlicher sind Beziehungen relevant, die außerhalb des Schulkontextes liegen (*Kiesner et al.* 2004; *Mahoney, Stattin & Lord* 2004). Dieses Problem betrifft zahlreiche Studien, die mit Netzwerkdaten arbeiten, wofür jedoch bisher kaum praktikable Lösungen gefunden wurden (vgl. hierzu auch *Hoeben et al.* 2016).

Innerhalb der Schule sind neben dem Klassenkontext auch Freunde außerhalb der Klasse relevant. *Kroneberg et al.* (2016) berichten, dass je nach Jahrgang 11 % bis 31 % der Freundschaftsnominierungen schulklassenübergreifende Beziehungen betreffen (hier Jahrgangsstufe). Auch für die Daten der MPI-Schulbefragung 2011 zeigen sich, wie folgt, ähnliche Ergebnisse:

Beim Vergleich der prozentualen Anteile der Freunde in der Schulklasse mit den Freunden in der gleichen Schule zeigt sich, dass die meisten Freundschaften an der Schule innerhalb des Klassenverbunds bestehen (*Abbildung 3.20*). Durchschnittlich haben die Schüler 38 % (Median = 33) ihrer Freunde in der Schulklasse. In der Schule, jedoch nicht in der Klasse, haben 18 % der Schüler ihre Freunde. Diese Verteilung ist stark rechtsschief (siehe *Abbildung 3.20*, Median = 11), und nicht wenige Schüler (44 %) haben gar keine Freunde in der Schule außerhalb ihrer Klasse. Hohe Werte sind vor allem durch Schüler bedingt, die ein Schuljahr wiederholen mussten oder aus anderen Gründen die Klasse gewechselt haben. Dieser Aspekt ist auch für die Netzwerkdaten relevant und es wird in Kapitel 4 nochmals darauf eingegangen. Der Anteil der Freunde in der Schule gesamt liegt durchschnittlich bei 55 % (Median = 57 %) und der Anteil der Freunde außerhalb der Schule liegt bei durchschnittlich 44 % (Median = 42 %). Der durchschnittliche Wert für die Freunde außerhalb der Klasse liegt bei 62 % (Median = 66 %). Dies entspricht im Wesentlichen der Erkenntnis (s. o.), dass nur weniger als ein Drittel der Befragten ihre Freunde hauptsächlich in der Schulklasse haben. Und auch in der Schule gesamt ist nur in etwa die Hälfte der Freunde zu erwarten. Dabei gilt zu beachten, dass – selbst wenn inner- und außerschulische Freundschaften sich überlappen – verschiedene potenzielle Einfluss-Kontexte bestehen, wenn es um Freundschaften von Jugendlichen geht.

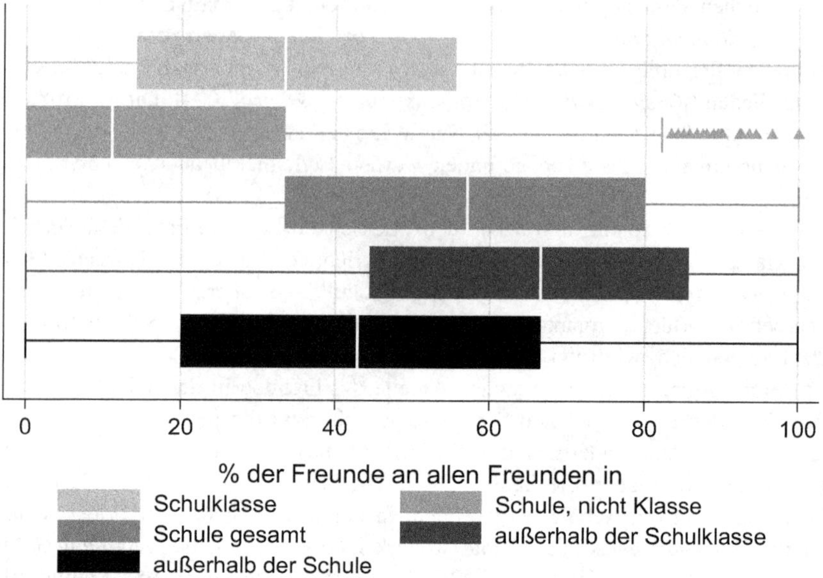

Abbildung 3.20 Prozentualer Anteil an Freunden nach Verortung im Klassen-, Schul- und außerschulischem Kontext (Boxplot)

Bezüglich der offenen Angaben zur Anzahl von guten Freunden im vorderen Teil des Fragebogens kann Folgendes festgehalten werden:

- Die meisten Schüler machen realistisch erscheinende Angaben zu ihren Freunden. Im Durchschnitt haben die Schüler 12,4 Freunde, wobei der Medianwert bei sieben Freunden liegt. Die Schiefe der Verteilung kommt durch Ausreißer zustande, die sehr hohe Zahlen berichten, hier werden sicherlich auch lose Bekanntschaften mitgezählt oder es wird übertrieben.
- Innerhalb der Klasse liegt die durchschnittliche Zahl der Freunde bei 3,6 (Median = 3). Im Vergleich mit den Angaben aus dem Netzwerkteil ergibt sich, dass die Freundschaften aus der offenen Angabe jenen mit den Attributen „eng“ und „sehr eng“ im Netzwerkteil am nächsten kommen.
- Nur wenige Schüler haben einen Freundeskreis, der hauptsächlich aus Klassenkameraden besteht. Dies ist nicht erstaunlich, jedoch insofern problematisch, da die Netzwerkdaten für bestimmte Fragestellungen nur eingeschränkt ausgewertet werden können.

3.8 Basismerkmale auswertbarer Klassennetzwerke der MPI-Schulbefragung 2011

Wie bereits erwähnt sind Analysen von Gesamtnetzwerken besonders anfällig für fehlende Werte. Aus diesem Grund werden die folgenden Analysen nur für die 127 Klassen aus 50 Schulen durchgeführt, die nach den obigen Kriterien als vollständig gelten. Hierbei werden Basismerkmale der Netzwerke dargestellt, die für das Verständnis der weiterführenden Analysen relevant sind. Bisher wurde lediglich untersucht, wie viele Freunde die Schüler nominieren und wie eng etc. diese Freundschaften sind. Zentral für Analysen von Gesamtnetzwerken ist aber auch, wie viele und welche Nominierungen die Schüler erhalten. In diesem Zusammenhang stellt sich auch die Frage, ob die Beziehungen mutuell, also gegenseitig, sind. Hieraus lassen sich Zentralitätsmaße berechnen, die z. B. angeben, wie populär ein Schüler ist oder welche Vermittlerchancen er im Gesamtnetzwerk hat. Aus der Summe der Beziehungen ergeben sich zudem Maße der Dichte oder der Segregation von Netzwerken, die oft nicht statistisch unabhängig von der jeweiligen Komposition der Klasse sind. Für derartige Analysen bietet die Netzwerkanalyse zahlreiche Instrumente, von denen einige im Folgenden angewendet werden, wofür einige Grundbegriffe erklärt werden:[13]

- *Dyaden (Dyads)* sind die kleinstmöglichen Einheiten eines Netzwerks. Sie bestehen aus zwei Elementen (Netzwerkknoten/node/vertex) und den Beziehungen zwischen diesen (Kanten/edges). Es gibt zwei (ungerichtete Netzwerke) bzw. vier Strukturtypen (gerichtete Netzwerke, siehe *Tabelle 3.7*).
- Der *Degree* ist die Summe der Beziehungen eines Akteurs in ungerichteten Netzwerken. In gerichteten Netzwerken gibt es den *Outdegree* (hier ausgehende Nominierungen, s. *o.*) und den *Indegree* (hier eingehende Nominierungen).
- *Mutualität* oder *Reziprozität* besteht in gerichteten Netzwerken dann, wenn die Dyade symmetrisch ist bzw. wenn von Person A zu Person B und von Person B zu Person A eine Beziehung besteht, diese also erwidert wird.

---

[13] Eine detaillierte Übersicht über die grundlegenden Begriffe und Definitionen zur Netzwerkanalyse und Analyseverfahren finden sich z. B. bei *Wasserman & Faust* (1994) oder auch in komprimierter Form z. B. bei *Jansen* (2006) oder *Knoke & Yang* (2008). Wie auch in anderen Bereichen der Analyse sozialwissenschaftlicher Daten, ist die Fülle an Lehrbüchern zu Netzwerkanalysen mittlerweile sehr unübersichtlich, worauf hier nicht weiter eingegangen wird.

- Die *Dichte (Density)* von Netzwerken ist das Verhältnis der möglichen an den realisierten Beziehungen.
- *Zentralität (Centrality)* und *Prestige (Prestige)* sind Maße der *Prominenz (Prominence)*. Zentralität wird mit C und Prestige mit P abgekürzt oder in Formeln notiert.
- Die *Zentralität von Akteuren (Actor Centrality C_A)* wird daran gemessen, wie intensiv ein Akteur in Beziehungen eingebunden ist. Diese Maße sind im Wesentlichen für ungerichtete oder mutuelle Beziehungen geeignet.
- Das *Prestige von Akteuren (Actor Prestige P_A)* wird daran gemessen, wie viele oder auf welche Art ein Akteur eingehende gerichtete Beziehungen (*indegree*) erhält. Prestige wird je nach Fragestellung auch als *Status (Status)* oder *Popularität (popularity)* bezeichnet.
- *Gruppen-Zentralität (Group Centralization)* und *Gruppen-Prestige (Group Prestige)* sind Maße auf Aggregatebene. Durch sie können verschiedene Netzwerke verglichen werden. Es wird gemessen wie homo-/heterogen ein Netzwerk in Bezug auf bestimmte Zentralitäts-/Prestigemaße ist.

Tabelle 3.7 Mögliche Dyaden in gerichteten und ungerichteten Netzwerken

Grafische Darstellung	Strukturtyp	Matrix-Notation	Beziehung
i ● ● j	Null Dyade	$a_{ij} = 0, a_{ji} = 0$	(un)gerichtet
i ●⟶● j	asymmetrische Dyade	$a_{ij} = 1, a_{ji} = 0$	gerichtet
i ●⟵● j	asymmetrische Dyade	$a_{ij} = 0, a_{ji} = 1$	gerichtet
i ●⇄● j oder i ●⟷● j	symmetrische Dyade	$a_{ij} = 1, a_{ji} = 1$	gerichtet mutuell, reziprok
i ●—● j	Dyade	$a_{ij} = 1, a_{ji} = 1$	ungerichtet

3.8.1 Indegree, Outdegree und mutuelle Beziehungen

Der Outdegree eines Akteurs entspricht den vergebenen Nominierungen (Pfeilenden in *Abbildung 3.5*). Die Verteilung wurde bereits oben beschrieben, wobei das theoretische und empirische Maximum im vorliegenden Fall acht Nominierungen sind und die empirische Verteilung zweigipflig war (*Abbildung 3.7*). Für die folgenden Analysen, bei denen auch Indegree-basierte Maße relevant sind, werden nur die Beziehungen analysiert, die aufgrund der vorliegenden Daten potenziell reziprok sind. Das bedeutet, dass nur Beziehungen von und Beziehungen zu vorhandenen Knoten in die Analysen eingehen. Hat z. B. Schüler A Schüler B als Freund nominiert und war Schüler B am Tag der Befragung abwesend (oder hat keine gültige Netzwerk-ID angegeben), so wird die Beziehung nicht einbezogen, da Schüler A nicht von Schüler B nominiert werden kann (zu Handhabung fehlender Werte siehe auch Abschnitt 3.5).[14] Der Indegree ist die Summe der eingehenden Nominierungen, die als theoretisches Maximum die Anzahl aller Mitschüler eines Akteurs annehmen kann (Anzahl der Schüler in der Klasse minus 1). Wird die uneingeschränkte Zahl der Nominierungen herangezogen, so ergibt sich beim Vergleich von Indegree und Outdegree das Folgende: Während die durchschnittliche Anzahl an Beziehungen aufgrund der Berechnung (Summe der Beziehungen geteilt durch die Anzahl der Schüler) identisch ist (Mittelwert jeweils 5,16), streut die Verteilung des Indegree stärker ($s = 2{,}65$/Outdegree $s = 2{,}20$). Dies liegt auch darin begründet, dass das Maximum der Verteilung bei dem Wert 14 liegt (Minimum = 0). Werte über acht bedeuten dabei, dass der Schüler mehr Nominierungen erhalten hat, als er theoretisch selbst vergeben kann. Inhaltlich bedeuten hohe Werte, dass der Schüler sehr populär ist, und der Indegree ist das einfachste Maß für das Prestige eines Akteurs.

Die Verteilung des Indegree ist über alle Schüler hinweg annähernd normalverteilt (*Abbildung 3.21*). Die mittleren 50 % der Verteilung liegen im Bereich 3 bis 7 eingehende Nominierungen (Median = 5). Zwischen Indegree und Outdegree besteht zudem ein deutlicher positiver und linearer Zusammenhang ($r = 0{,}51$).

[14] Bei der Beschreibung der Nominierungen wurden auch Angaben aus unvollständigen Netzwerken verwendet. Zwischen vollständigen und unvollständigen Netzwerken bestehen diesbezüglich minimale Unterschiede. In den Klassen mit vollständigen Netzwerken nominierten die Schüler durchschnittlich 0,37 Freunde mehr. Der Unterschied ist aufgrund der großen Fallzahl höchst signifikant (T-Test: $p < 0{,}001$) und gleiches gilt für die Form der Verteilung (ksmirnov: combined K-S: 0.0747, $p < 0.001$). Abgesehen davon sind die Verteilungen jedoch sehr ähnlich (siehe *Abbildung 9.1* im elektronischen Zusatzmaterial 9.1). Zwischen dem Outdegree aller Nominierungen und dem Outdegree potenziell reziproker Beziehungen besteht eine Korrelation von $r = 0{,}97$.

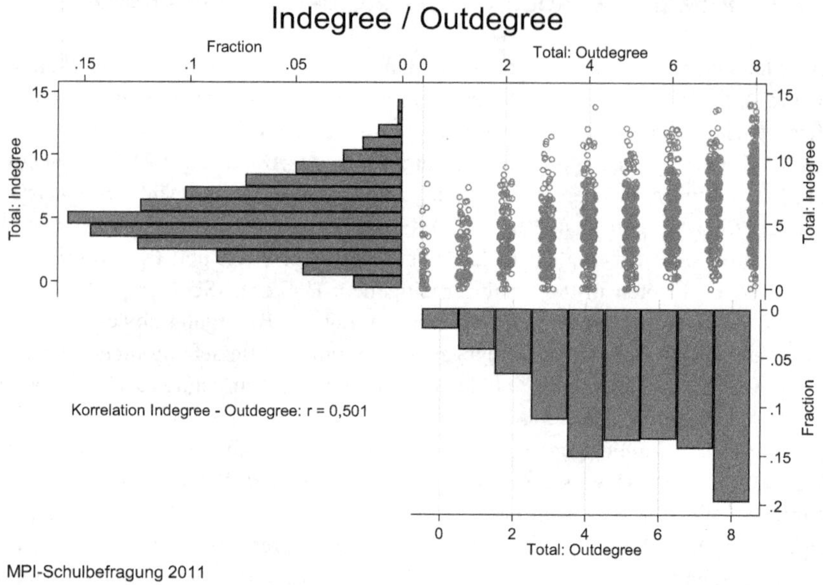

Abbildung 3.21 Verteilung und Zusammenhang von Indegree und Outdegree in vollständigen Netzwerken (n = 2.991 Schüler in 127 Klassen)

Dies bedeutet, dass Schüler mehr Nominierungen erhalten, die selbst mehr Nominierungen vergeben, was auch deshalb erwartbar ist, da im Durchschnitt ca. 73 % aller Beziehungen einzelner Schüler mutuell, also gegenseitig, sind. Dabei haben ca. 33 % der Schüler ausschließlich reziproke Beziehungen, und bei weniger als einem Viertel der Schüler ist nur jede zweite Beziehung mutuell (siehe *Abbildung 3.22*). Der lineare Zusammenhang ist etwas schwächer für die Korrelation des relativen In- und Outdegree, aber dennoch deutlich (r = 0,40). Dabei werden die rohen Werte an der Anzahl der Gruppenmitglieder standardisiert (relativer Indegree = I/n−1). Da jedoch Schulklassen prinzipiell überschaubare und bezüglich der Schülerzahlen zumindest ähnliche Gruppen sind sowie die Zahl der Nominierung auf ein Maximum von acht beschränkt war, unterscheiden sich die relativen Werte kaum von den absoluten Werten (Rangkorrelation[15] Indegree und

[15] Beide Zusammenhänge sind nicht linear und flachen aufgrund der Standardisierung mit höheren Werten ab. Sie sind jedoch monoton steigend, weshalb hier die Rangkorrelation einen verlässlichen Wert darstellt.

relativer Indegree: rs = 0,93/Outdegree und relativer Outdegree: rs = 0,89). Auch hier gilt, dass Schüler mit vielen ausgehenden Nominierungen tendenziell mehr Nominierungen erhalten. Dies bedeutet, dass sie stärker in soziale Beziehungen eingebunden und in Bezug auf diese aktiver sind. Aber auch Schüler mit wenigen ausgehenden Beziehungen können mehr eingehende als ausgehende Beziehungen haben (*Abbildung 3.23*). Dies spricht dafür, dass Popularität auch andere Gründe als soziale Aktivität haben kann, die je nach Fragestellung mit Hilfe von Netzwerkdaten erforscht werden können.

Neben dem Indegree als Maß des Prestiges lassen sich auch weitere Werte berechnen. Dazu zählt z. B. die Eigenvektor-Zentralität. Diese korreliert in der Regel stark mit dem Indegree, bezieht aber die Popularität der Akteure, von denen die eingehenden Beziehungen kommen, mit ein. Für die Zentralität eines Akteurs lassen sich außerdem z. B. Betweenness und Closeness berechnen. Diese vier individuellen Prestige-/Zentralitätsmaße sind auch Gegenstand der Analysen in Kapitel 4 und werden deshalb an dieser Stelle nicht weiter diskutiert.

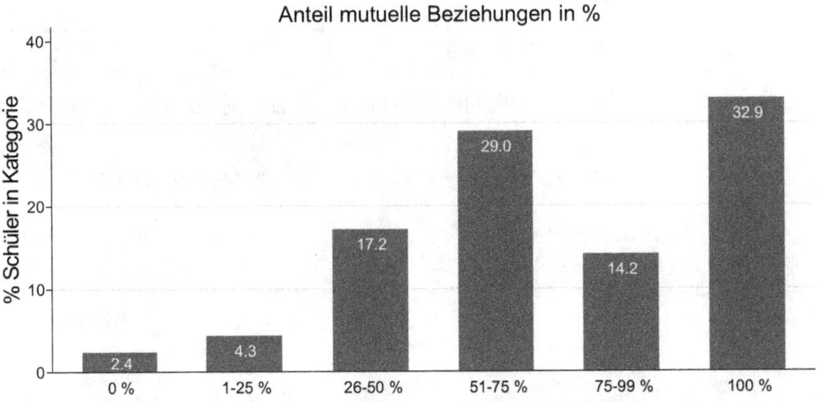

Abbildung 3.22 Anteil Schüler in Kategorien von % mutueller Beziehungen

3.8.2 Dichte, Zentralisierung

Auf der Ebene der Schulklassen, also der Netzwerke, lassen sich ebenfalls einige relevante Kennzahlen berechnen. Diese Merkmale sind wichtig, wenn es darum

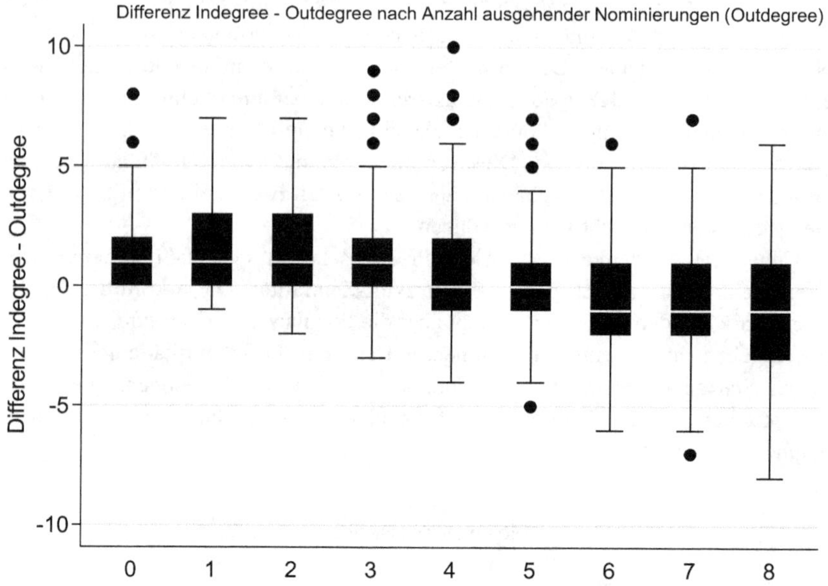

Abbildung 3.23 Differenz zwischen In- und Outdegree nach Outdegree (Boxplot)

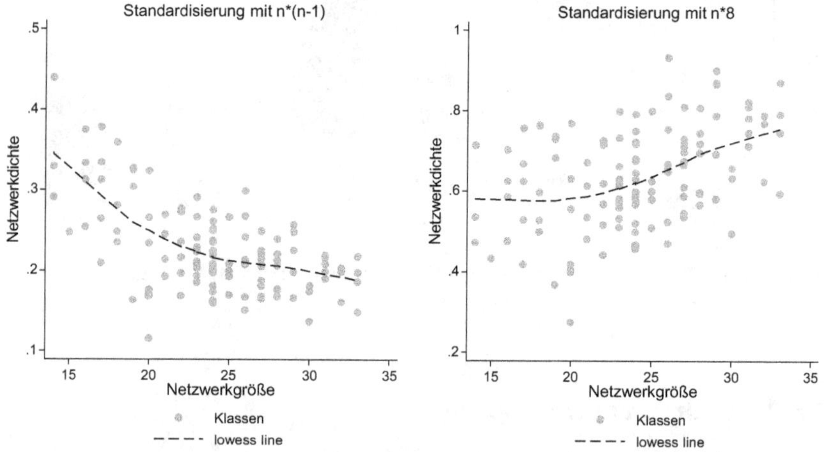

Abbildung 3.24 Zusammenhang Netzwerkdichte und Netzwerkgröße nach Art der Standardisierung

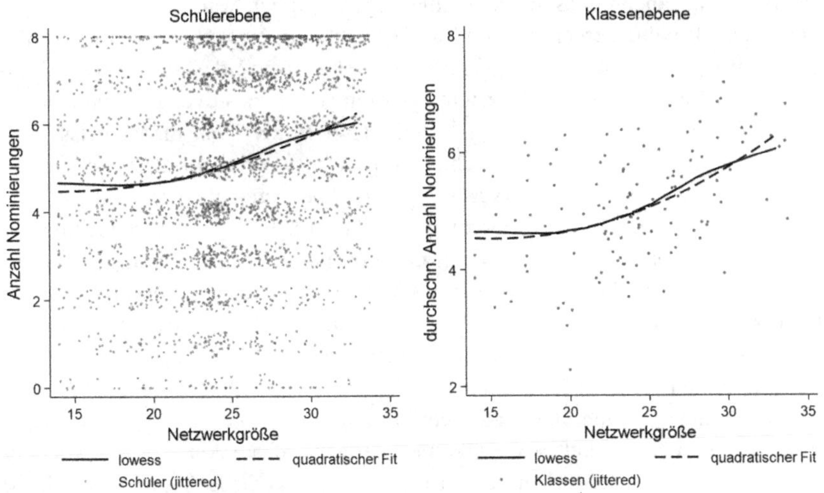

Abbildung 3.25 Anzahl Nominierungen bzw. Beziehungen nach Netzwerkgröße

geht zu differenzieren, wie stark dem Individuum übergeordnete Netzwerkeinflüsse von Relevanz sind. In Netzwerken mit nur sehr wenigen Beziehungen sind die Individuen eventuell weniger von anderen Akteuren abhängig. In Schulklassen mit wenigen sehr populären aber vielen unpopulären Schülern herrschen möglicherweise andere Machtstrukturen als in Netzwerken, die bezüglich der Popularität homogener sind. Speziell bei Analysen vieler Netzwerke ist es wichtig, auch die Unterschiede auf Netzwerkebene zu überblicken. Hierbei können sich auch Hinweise auf Einflüsse der Erhebungsmethode zeigen. Die gängigste Kennzahl ist die Netzwerkdichte, die die Zahl der realisierten zu der Zahl der möglichen Verbindungen in Beziehung setzt. In gerichteten Netzwerken errechnet sich dieser Wert aus der Anzahl der Beziehungen geteilt durch die maximal mögliche Anzahl der Beziehungen ($D = E/(n*(n-1))$ Für die Erhebung der Netzwerke der MPI-Schulbefragung 2011 stellt sich die Frage, inwieweit die festgelegte Begrenzung auf acht Nominierungen die Dichte eine Netzwerks beeinflusst, da die Anzahl der möglichen gerichteten Beziehungen letztlich auf die Anzahl der Schüler mal acht reduziert ist ($D = E/(n*8)$). In einer Klasse mit 30 Schülern sind nach der konventionellen Formel 870 (30*(30–1)) gerichtete Beziehungen möglich. Tatsächlich sind durch die auf acht beschränkte Zahl möglicher Nominierungen aber nur maximal 240 (30*8) Beziehungen realisierbar. Hierbei steht die Überlegung nach der wahren Dichte des Netzwerks im Raum, wenn eine beliebige Zahl an Freundschaftsnominierungen möglich wäre. Für die uneingeschränkten Beziehungen ergibt sich für die Dichte der Netzwerke folgendes Bild: Zwischen der konventionellen (Nenner = n*n(−1)) und der alternativen (Nenner = n*8) Berechnungsweise besteht zwar ein starker positiver Zusammenhang, dieser liegt mit r = 0,47 jedoch in einem Bereich, der nicht mehr zulässt, von einer identischen Messung zu sprechen. Auffällig ist vor allem, dass der Zusammenhang zwischen der Netzwerkgröße und der konventionellen Standardisierung negativ ist (r = −0,57), mit der alternativen Standardisierung dieser jedoch positiv ist (r = 0,43). Dabei wird die Dichte mit konventioneller Berechnung vor allem für Netzwerke mit wenigen Akteuren stärker durch die Netzwerkgröße beeinflusst, während die Stärke des Zusammenhangs mit zunehmender Größe abnimmt. Für die alternative Messung ist dies umgekehrt, und vor allem in großen Netzwerken nimmt die Dichte zu (*Abbildung 3.24*). Dies liegt möglicherweise daran, dass die Anzahl der Nominierungen auf acht beschränkt ist, aber aus verhältnismäßig mehr Akteuren ausgewählt werden kann. Bezogen auf die Anzahl der Beziehungen in den Klassennetzwerken verhält es sich so, dass diese erst ab einer Größe von 20 Schülern deutlich zunehmen. Dies ist sowohl aus Analysen auf Aggregat- als auch auf Individualebene ersichtlich (*Abbildung 3.25*).

Für die Dichte mutueller Beziehungen (bei ungerichteten Beziehungen wird mit (n*n−1)/2 bzw. (n*8)/2 standardisiert), für Beziehungen die mindestens eng sind, sowie für Beziehungen mit zumindest einmal pro Woche gemeinsamer Freizeit ist das gleiche Muster erkennbar (*Abbildung 3.26*). Mit Einschränkungen bei der Enge oder der gemeinsamen Freizeit nimmt die durchschnittliche Dichte, unabhängig von der Berechnungsweise, erwartungsgemäß ab (*Abbildung 3.27*, eine Zunahme ist theoretisch unmöglich). Aus den Analysen zeigt sich, dass die Problematik des korrekten Nenners bei der Berechnung der Dichte für die vorliegenden Netzwerke dann problematisch wird, wenn die Dichte der Netzwerke als Maß für die Kohäsion eines Netzwerks herangezogen wird und Netzwerke verglichen werden. Dies kann z. B. der Fall sein, wenn argumentiert wird, dass eine hohe Dichte viel soziale Kontrolle bedeutet, oder in Netzwerken mit hoher Dichte mehr Einfluss ausgeübt wird als mit geringerer Dichte. In der gängigen Literatur zur Netzwerkanalyse wird darauf hingewiesen, dass prinzipiell bei der Interpretation der Dichte die Netzwerkgröße miteinbezogen werden sollte, wenn diese als Maß der Kohäsion angewendet wird (*Wasserman & Faust* 1994, 182). Allerdings gilt dies auch für die Begrenzung der Nominierungen (fixed choice). Für die vorliegenden Daten hat es den Anschein, dass vor allem für die Gesamtzahl der Nominierungen (ohne Einschränkung durch Enge der Freundschaft etc.) die Diskrepanz zwischen beiden Dichtemaßen am größten ist. Diese

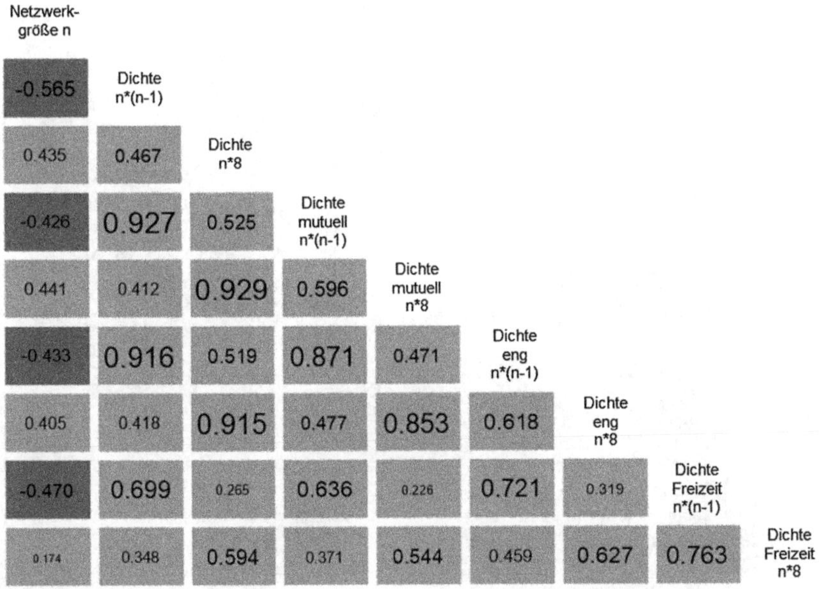

Abbildung 3.26 Zusammenhang unterschiedlicher Netzwerkdichten mit Netzwerkgröße

Messung ist am stärksten von der Rechtszensierung betroffen (siehe zweigipflige Verteilung *Abbildung 3.7*). Simulationsstudien belegen dabei, dass Maße auf Netzwerkebene durch fixed-choice Netzwerkerhebungen verzerrt sein können (siehe *Kossinets* 2006). Für die Einschränkungen bei der Enge der Freundschaft und der gemeinsamen Freizeit ist der Zusammenhang zwischen den beiden Arten der Standardisierung enger (*Abbildung 3.26*). Prinzipiell sollte bei den Analysen mit Daten mehrerer Netzwerke beachtet werden, dass sowohl die Zahl der Akteure als auch die Messung der Beziehungen relevant sind und bei Vergleichen von Ergebnissen oder bei der Modellierung in gemeinsamen Modellen kontrolliert bzw. diskutiert werden müssen.

Abschließend kann hier festgehalten werden, dass es bezüglich der Dichte von Netzwerken, unabhängig von ihrer Standardisierung, eine deutliche Varianz zwischen den Klassen gibt (Tabelle 3.8). Nach der konventionellen Berechnung sind durchschnittlich 23 % aller möglichen Beziehungen realisiert, jedoch beträgt die Standardabweichung ungefähr ein Fünftel dieses Werts (5 %), Minimum und

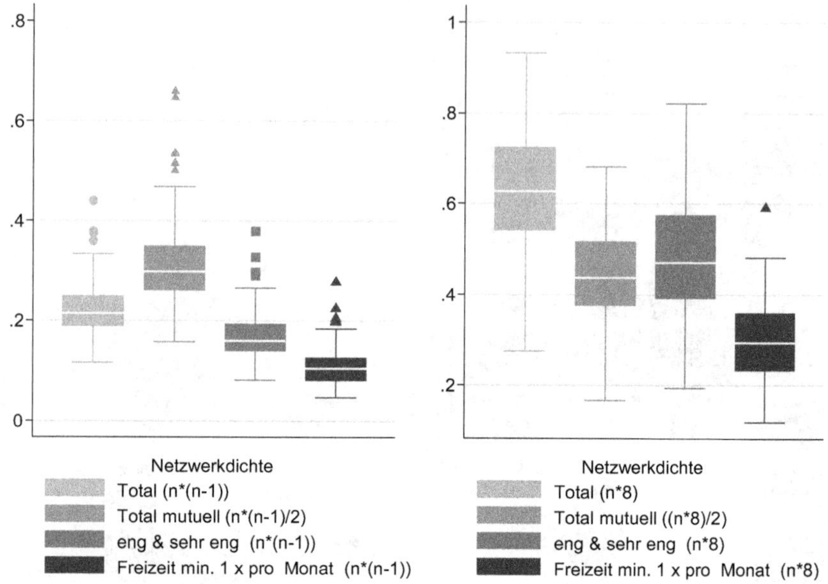

Abbildung 3.27 Verteilung der Netzwerkdichte nach Einschränkung und Art der Berechnung (Boxplot)

Tabelle 3.8 Deskriptive Statistik der Netzwerkdichte nach Art der Standardisierung

	n	Mittelwert	Std.Abw	Min	Max
Dichte Total (n*(n-1)) in %	127	23	5	12	44
Dichte Total (n*8) in %	127	63	12	28	93

Maximum liegen bei 12 % beziehungsweise 44 %. Für die alternative Messung liegt der Mittelwert bei 63 % (Standardabweichung = 12 %, Minimum = 28 %, Maximum = 93 %). Die alternative Messung streut etwas breiter und ist weniger schief (siehe Z-Werte, Abbildung 3.28). Die Streuung der Verteilungen kann nur in sehr geringem Maß über schulstrukturelle Parameter wie Schultyp, die Klassenstufe oder das Erhebungsgebiet (Köln oder Mannheim) erklärt werden. Signifikante Effekte zeigen sich unter Kontrolle der Netzwerkgröße nur für die Jahrgangsstufe. Netzwerke der zehnten Klassen sind etwas weniger dicht, und vor allem die erste Stufe in den Mannheimer Berufsbildenden Schulen weist eine

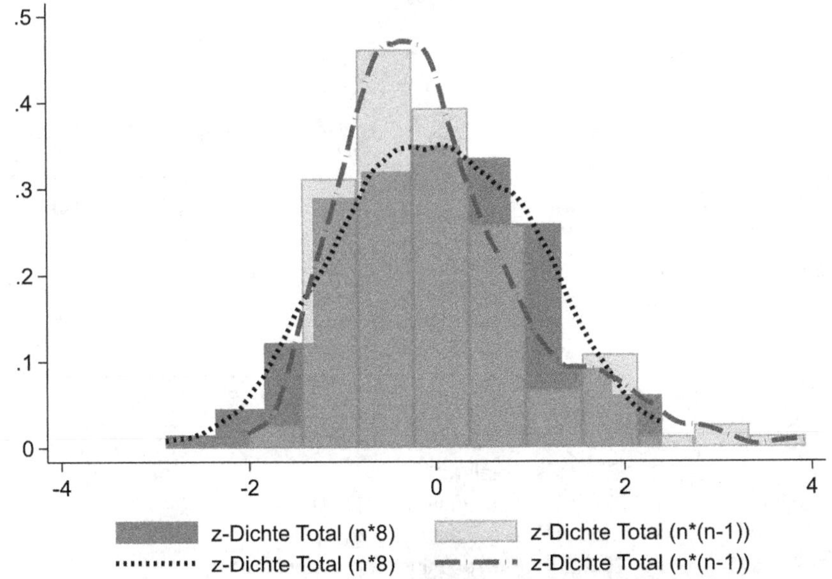

Abbildung 3.28 Vergleich der Streuungsbreite der Netzwerkdichte nach Art der Standardisierung (z-Werte)

sehr geringe Dichte auf. Dies gilt für beide Arten der Messung und im Wesentlichen auch für enge Freundschaften. Bei den Freundschaften mit gemeinsamer Freizeit weisen die Hauptschulen eine etwas höhere Dichte auf. Interessant ist vor allem der Vergleich der Klassenstufen der Mannheimer Berufsbildenden Schulen, in denen die Schüler innerhalb von zwei Jahren einen Realschulabschluss anstreben. Diese Klassen sind im ersten Jahr neu zusammengesetzt und entsprechend geringer ist die Dichte der Freundschaftsnetzwerke. Im zweiten Jahr nimmt die Dichte allerdings zu, auch für Freundschaften, die enger sind und bei denen mindestens einmal pro Woche gemeinsam Freizeit verbracht wird.[16] Die Ergebnisse sind zwar mit Vorsicht zu betrachten, da es nur wenige Klassen sind und die Ausfallquote bei dieser Schulart sehr hoch war. Dennoch spiegeln sie wider, dass in der Schule Freundschaften geschlossen werden, die auch über den Schulkontext hinauswirken (*Abbildung 3.29*).

[16] Aus Netzwerk-methodologischer Perspektive würden sich diese Klassen für Panelanalysen im Längsschnitt eignen, um Effekte von Einfluss und Selektion zu testen.

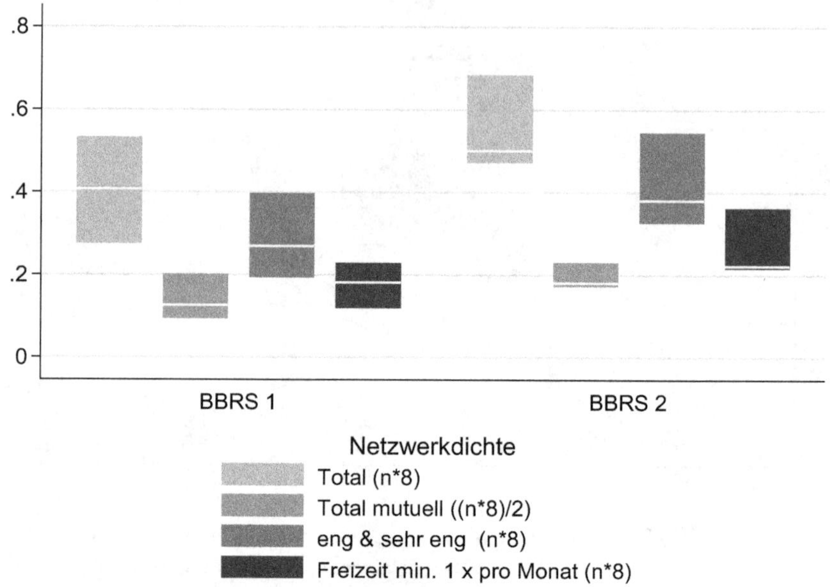

Abbildung 3.29 Netzwerkdichte in Berufsschulklassen mit Realabschluss (BBRS) nach Jahrgang (Boxplot)

In die Überlegung, ob die Dichte eines Netzwerks ein geeignetes Maß für die Kohäsion eines Gesamtnetzwerks ist, muss einbezogen werden, dass Gesamtnetzwerke mit ähnlicher Dichte ganz unterschiedlich aussehen können. So kann ein Netzwerk mit wenigen sehr populären Schülern die gleiche globale Dichte aufweisen wie ein Netzwerk mit vielen durchschnittlich populären Schülern. Ein einfaches Maß zur Messung, ob die Beziehungen in einem Netzwerk durch wenige Akteure maßgeblich bestimmt werden, sind die Gruppen-Zentralität *(Group Centralization)* und das Gruppen-Prestige *(Group Prestige). Abbildung 3.30* stellt exemplarisch zwei Netzwerke mit sechs Akteuren dar, wobei in beiden Netzwerken zehn von maximal 30 Beziehungen (ca. 33 %) realisiert sind, was einer Dichte von 0,33 entspricht. Der Wert der Indegree-Zentralisierung beträgt jedoch in Netzwerk a) mit einem sehr populären Akteur 0,8 und im Netzwerk b) mit sechs ähnlich populären Schülern nur 0,32. Netzwerk a) ist also stärker hierarchisiert und die Beziehungen vor allem durch einen Akteur bestimmt. Die Netzwerke der MPI-Schulbefragung 2011 weisen für die Indegree-Zentralisierung Werte im Bereich 0,09 bis 0,44 auf. Dabei besteht ein

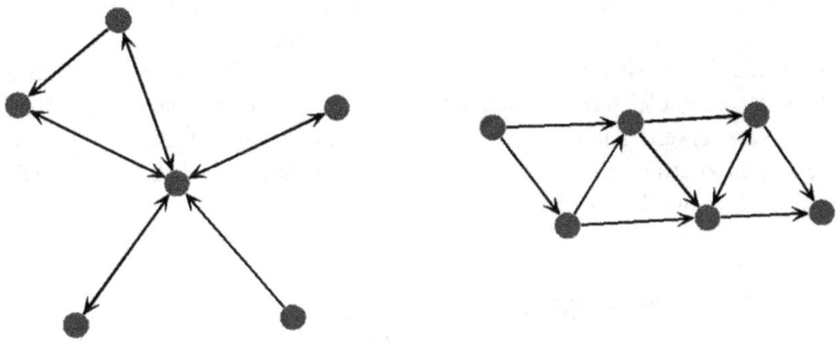

a) gerichtetes Gesamtnetzwerk
Dichte 0.33
Indegree-Zentralisierung = 0.80
Betweennes-Zentralisierung = 0.75
Closeness-Zentralisierung = 0.67

b) gerichtetes Gesamtnetzwerk
Dichte 0.33
Indegree-Zentralisierung = 0.32
Betweennes-Zentralisierung = 0.09
Closeness-Zentralisierung = 0.67

Abbildung 3.30 Beispielnetzwerk für Werte der Zentralisierung

negativer linearer Zusammenhang mit der Größe des Netzwerks (r = −0,36). Dies bedeutet, dass verhältnismäßig wenige sehr populäre Schüler vor allem in kleinen Netzwerken vorkommen, ein Umstand, der in Netzwerken nicht ungewöhnlich ist, da man in kleinen Gruppen leicht in Kontakt mit anderen stehen kann (vgl. *Trappmann et al.* 2011, 67). Für eine andere Art des Prestiges, die Betweenness-Zentralität, gibt es diesen Zusammenhang nicht (mehr zur Betweenness siehe auch Kapitel 4). Ein hoher Wert bedeutet hier, dass die Betweenness im Netzwerk ungleich verteilt ist. Dies bedeutet, dass nur wenige Akteure Vermittlerchancen haben und somit zentrale Positionen besetzen. Im Beispielgraph a) mit hoher Betweenness-Zentralisierung liegen die Vermittlerchancen im Wesentlichen bei nur einem Akteur. Im Teilgraph b) ist der Wert gering und die Vermittlerchancen sind eher gleich verteilt. Für die Klassennetzwerke variiert der Wert von 0,03 bis 0,39. Die Verteilung ist dabei rechtsschief, und Netzwerke mit nur sehr wenigen Schülern in Vermittlerrollen sind eher selten der Fall. Im Gegensatz zur Betweenness-Zentralität besteht ein enger Zusammenhang zwischen Netzwerkgröße und der Closeness-Zentralisierung (mehr zur Closeness siehe Kapitel 4). Diese gibt an, inwieweit Ungleichheit bezüglich der indirekten Erreichbarkeit besteht. In dem Beispiel haben beide Netzwerke den gleichen Wert für die Closeness-Zentralisierung. Für die Klassennetzwerke variiert die Closeness-Zentralisierung sehr stark. Wie bereits erwähnt hängt dies stark mit der Netzwerkgröße zusammen (r = – 0,66), und ca. 44 % der Varianz können allein dadurch erklärt werden. Dabei verhält es sich so, dass vor allem in größeren Klassen die Closeness-Zentralisierung geringer ist bzw. die indirekte Erreichbarkeit einzelner Schüler weniger ungleich verteilt ist. Dies deutet darauf hin, dass in großen Netzwerken viele kohäsive Teilgruppen bestehen und diese weniger durch ein einziges Zentrum charakterisiert sind – was nicht ausschließt, dass einzelne Akteure sehr zentral sein können.

3.8.3 Kohäsive Teilgruppen

Neben individuellen relationalen Eigenschaften von Akteuren (wie z. B. das Prestige) oder globalen Netzwerkmerkmalen (wie z. B. die Dichte eines Netzwerks) gibt es unter anderem noch die Zwischenstufe der kohäsiven Teilgruppen. Eine Menge von Akteuren stellt eine kohäsive Teilgruppe dar, „wenn sie eine relativ starke ‚Verbundenheit' ihrer Akteure untereinander aufweist, die im Gegensatz steht zu einer relativ schwachen ‚Verbundenheit' mit dem Rest der untersuchten Population" (*Trappmann et al.* 2011, 73). Dabei wird vermutet, dass diese Gruppen ein hohes Maß an sozialer Kohäsion aufweisen (z. B. gleiche Merkmale wie das Geschlecht bzw. Alter oder ähnliche Interessen, Schulnoten etc.), was weitergehend untersucht werden kann. Aus netzwerkanalytischer Sicht gibt es zahlreiche Möglichkeiten, Teilgruppen zu konzeptualisieren und zu untersuchen, die hier nicht im Einzelnen diskutiert werden können. Es gibt jedoch vier Eigenschaften, die die meisten Konzepte der kohäsiven Teilgruppen maßgeblich beeinflusst haben: Die Mutualität von Beziehung, die Nähe und Erreichbarkeit der Teilgruppenmitglieder, die Häufigkeit von Beziehungen zwischen den Mitgliedern und die relative Häufigkeit der Beziehungen zwischen Mitgliedern im Gegensatz zu Nicht-Mitgliedern (vgl. *Wasserman & Faust* 1994, 251 f.). Hieraus hat sich z. B. die Analyse von Cliquen entwickelt. Dabei ist in einer Clique jeder Akteur mit jedem anderen Akteur direkt verbunden und diese Teilgruppen sind in der Regel sehr klein. Bei einer n-Clique müssen die Mitglieder nicht direkt miteinander verbunden sein, sondern maximal die geodätische Distanz n aufweisen – in einer 3-Clique muss z. B. keine direkte Verbindung von A zu D bestehen, sondern diese kann über B und C gehen. Dieses Konzept wurde mehrfach erweitert um Konzepte wie z. B. n-Clans oder n-Clubs, die auf Nähe basieren. Hingegen basieren k-Plexe auf abwesenden Beziehungen. Zahlreiche andere Ansätze basieren auf komplexeren Methoden wie z. B. der multidimensionalen Skalierung oder der Matrix-Permutation (für eine Übersicht siehe *Borgatti, Everett & Johnson* 2018; *Trappmann et al.* 2011; *Wasserman & Faust* 1994). Je nach Ansatz besteht bei der Analyse kohäsiver Teilgruppen das Problem, dass diese nicht überschneidungsfrei sind. Dies ist bei der Analyse von einem oder sehr wenigen Netzwerken relativ unproblematisch. Für sehr viele Netzwerke kann die Analyse von kohäsiven Teilgruppen sehr aufwendig sein, und es gibt keine Methode, mit der sich das ohne Schwierigkeiten bewerkstelligen lässt. Im Folgenden wird deshalb nur für einige Klassen paradigmatisch dargestellt, wie sich kohäsive Teilgruppen in den untersuchten Schulklassen darstellen können.

Sollen größere Teilgruppen in Netzwerken einfach aufgrund der Nähe bzw. Distanz ihrer Akteure identifiziert werden, so eigenen sich Methoden der multidimensionalen Skalierung. Solche Methoden können sehr hilfreich sein, die interne Struktur von Netzwerken schnell zu erfassen, um zu sehen, welche Akteure sich nah sind und welche Spaltungen es gibt (vgl. *Wasserman & Faust* 1994, 287). Auch viele Darstellungsalgorithmen, wie z. B. der *stress minimization Algorithmus* (*Brandes, Freeman & Wagner* 2013) oder der für die folgenden Netzwerkgraphen verwendete Kamada-Kawai-Layout-Algorithmus (*Kamada & Kawai* 1988), basieren auf der Multidimensionalen Skalierung. Solche und ähnliche Ansätze wurden vielfältig mit dem Ziel der „*community detection*" in sehr großen Netzwerken weiterentwickelt (*Borgatti et al.* 2018, 298). Der Ansatz von *Girvan & Newman* (2002; *Newman & Girvan* 2004) basiert dabei auf den Prinzipien der Modularität und der Edge-Betweenness-Zentralität. Kanten (nicht Knoten) mit hoher Edge-Betweenness-Zentralität stellen dabei Brücken zwischen potenziellen Teilen des Netzwerks dar. Werden diese entfernt, wird das Netzwerk in dichtere Teilgraphen aufgeteilt. Das Prinzip der maximalen Modularität sorgt dann dafür, dass die Aufteilung optimal ist, wenn die meisten Kanten des Graphen innerhalb von Teilgruppen liegen und dabei bezüglich der Degrees der zughörigen Knoten ausgeglichen sind. In den letzten Jahren wurden einige Schwachpunkte dieser Methode aufgezeigt, jedoch werden markante Klumpungen mit hoher lokaler Dichte von unterschiedlichen Methoden meist kongruent entdeckt, und wie bei vielen Techniken der Netzwerkanalyse sollten Ergebnisse vorsichtig interpretiert werden (vgl. *Hennig et al.* 2012, 133 f.). Für eine Übersicht über Methoden zur Identifikation von Teilgruppen siehe *Borgatti et al.* (2018, 211–238).

Abbildung 3.31 stellt das Ergebnis des Girvan-Newman-Clustering mit maximaler Modularität für ein Freundschaftsnetzwerk einer neunten Klasse eines Gymnasiums dar. Die 26 Schülerinnen und Schüler werden von dem Algorithmus in drei Teilnetzwerke aufgeteilt (Gruppen = Farbe der Knoten, die Koordinaten der Knoten basieren, unabhängig vom Girvan-Newman- Clustering, auf dem Kamada-Kawai-Layout). Die roten Kanten stellen die Kanten mit hoher Edge-Betweenness dar, die die Teilgruppen verbinden. Die schwarzen Kanten sind die Verbindungen innerhalb der Gruppen. Der im R-Paket iGraph (*Csárdi & Nepusz*

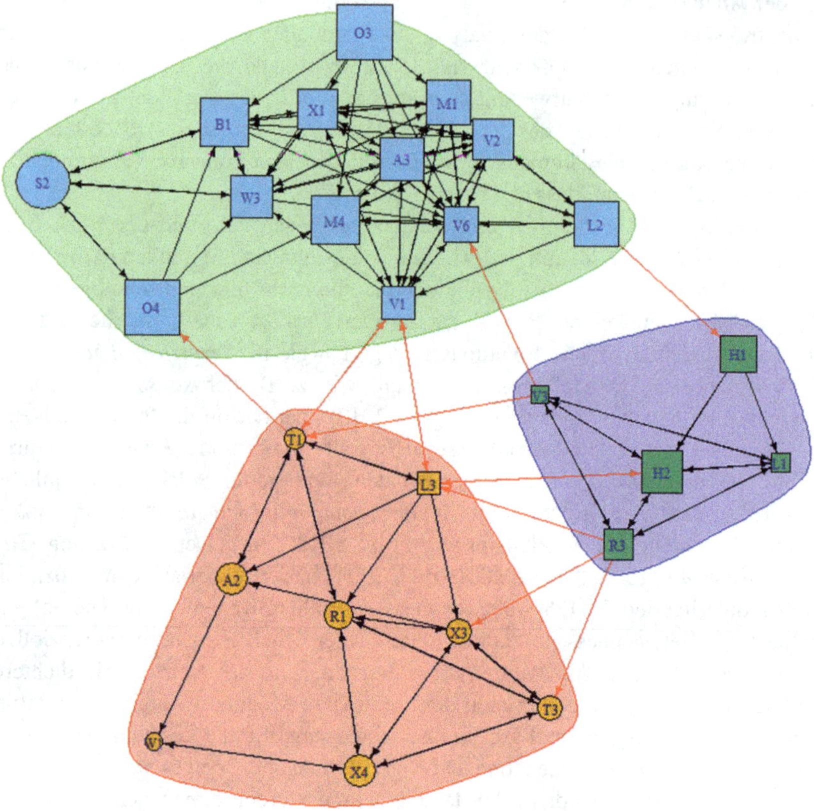

Abbildung 3.31 Girvan-Newman-Clustering mit maximum modularity solution, 9. Klasse Gymnasium, Farben der Knoten = Gruppe/Community, Quadrate = Jungen, Kreise = Mädchen, Größe der Knoten = delinquente Überzeugungen (je größer, desto ausgeprägter). Rote Kanten = Verbindungen zwischen Gruppen, schwarze Kanten = Verbindung innerhalb der Gruppe

2006) implementierte Algorithmus betrachtet die Verbindungen als ungerichtet, dennoch scheint die automatische Clusterung auch inhaltlich Sinn zu ergeben. Die Form der Knoten steht für das Geschlecht (Quadrate = Jungen/Kreise = Mädchen). Die kleine grüne Gruppe besteht ausschließlich aus Jungen. Die größere orange Gruppe besteht fast ausschließlich aus Mädchen (acht Mädchen, ein Junge). Die blaue Gruppe besteht aus 12 Schülern und nur einer Schülerin. Es zeigt sich hier also eine klare Trennung der Geschlechter. Die Größe der Knoten bezieht sich auf eine Messung der delinquenten Überzeugungen, gemessen als Toleranz gegenüber Normbrüchen und Gewalt (siehe auch Kapitel 5 und Kapitel 6).[17] Je größer die Knoten, desto ausgeprägter sind die delinquenten Überzeugungen. Hier zeigt sich, dass die blaue Gruppe stärker ausgeprägte delinquente Überzeugungen aufweist. Auffällig ist dabei auch, dass das Mädchen in der blauen Gruppe sich sehr deutlich von den Mädchen in der orangenen Gruppe abhebt. Die Ergebnisse des Girvan-Newman-Algorithmus basieren lediglich auf den Netzwerkkanten, die keine weitere inhaltliche Bedeutung haben, als dass eine Freundschaft besteht. Dennoch zeigt sich in dem Beispiel, dass innerhalb der Gruppen eine merkmalsbezogene Übereinstimmung und daraus möglicherweise eine folgende soziale Kohäsion besteht.

Das Muster bezüglich des Geschlechts zeigt sich in allen Klassen mehr oder weniger deutlich ausgeprägt. Jedoch führte der Algorithmus in manchen Klassen auch zu problematischen Ergebnissen. *Abbildung 3.32* (A bis F) zeigt sechs recht eindeutige Lösungen. In Teilgrafik A gibt es drei Gruppen, die jeweils nur aus Jungen und Mädchen bestehen. Dabei weist die orangene Mädchengruppe einige Freundschaften zu der blauen Gruppe der Jungen auf, wobei die Beziehungen aber nur in zwei Fällen mutuell sind. Die grüne Mädchengruppe ist dagegen komplett von den Jungen getrennt und hat nur eine Verbindung zu der anderen Mädchengruppe. In Teilgrafik B gibt es ebenfalls drei Gruppen, die jeweils nur ausschließlich Jungen oder Mädchen beinhalten. Die grüne Mädchengruppe hat mehr Verbindungen zu der blauen Jungengruppe und scheint bezüglich der delinquenten Überzeugungen etwas höher zu liegen als die orange Mädchengruppe. Auffällig ist, dass der linke Teil der blauen Jungengruppe höhere Werte bei den delinquenten Überzeugungen hat als der rechte Teil. Diese Einstellungen werden hier eher von den Jungen geteilt, die sehr nah beisammen liegen bzw. mehr direkte Verbindungen untereinander haben. Teilgrafik C zeigt bezüglich der Geschlechtertrennung ganz ähnliche Ergebnisse wie die Teilgrafiken A und B, wobei in der blauen Gruppe überwiegend Jungen, aber auch einige Mädchen sind. Auffällig ist, dass die Mädchen in dieser Gruppe bezüglich ihrer delinquenten Überzeugungen höher liegen als die Mädchen in den reinen Mädchengruppen. Die grüne Mädchengruppe liegt bezüglich dieses Merkmals etwas höher als die

[17] Hier ein gemittelter Summenscore aus den Items: „Es ist ganz normal, jemanden zu schlagen, wenn man provoziert wird.“, „Jeder Streit lässt sich auch durch Reden klären *(umgepolt).*“, „Manche Konflikte lassen sich eben nur mit Gewalt lösen.“, „Man sollte sich an die Gesetze halten, auch wenn die eigenen Interessen zu kurz kommen *(umgepolt).*“, „Man kann ruhig mal was Verbotenes tun, wenn man sich dabei nicht erwischen lässt.“ (Cronbachs Alpha = 0,72).

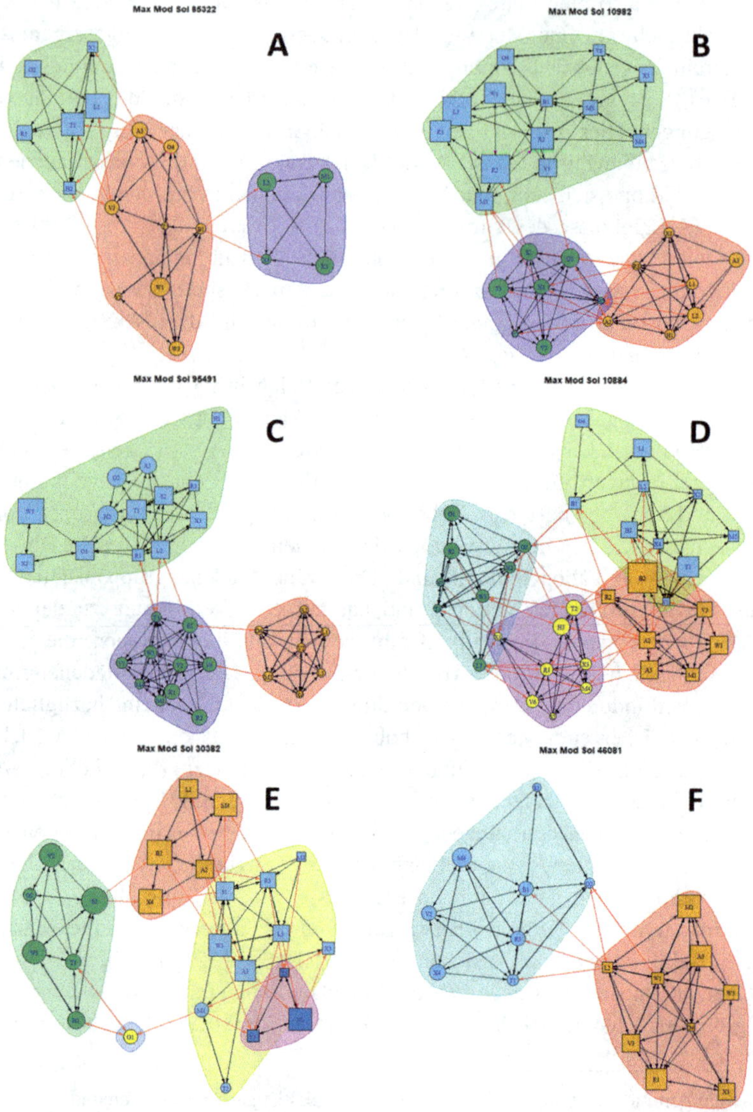

Abbildung 3.32 Girvan-Newman-Clustering mit maximum modularity solution, Beispielnetzwerke A–F, Farben der Knoten = Gruppe/Community, Quadrate = Jungen, Kreise = Mädchen, Größe der Knoten = delinquente Überzeugungen (je größer, desto ausgeprägter). Rote Kanten = Verbindungen zwischen Gruppen, schwarze Kanten = Verbindung innerhalb der Gruppe

orangene Mädchengruppe. Teilgrafik D bildet ein recht großes Netzwerk mit 32 Schülern ab. Hier gelangt der Algorithmus zu einer Lösung mit vier Gruppen, die wiederum entweder nur aus Mädchen oder nur aus Jungen bestehen. Die grüne Mädchengruppe hat keinerlei Verbindungen zur orangenen Jungengruppe und nur sehr wenige Verbindungen zur blauen Jungengruppe. Die gelbe Mädchengruppe hat ebenfalls nur sehr wenige Verbindungen zur blauen Jungengruppe, dafür viele zur orangenen Jungengruppe. Die blaue Jungengruppe, die weniger „mit Mädchen zu tun hat", weist im Vergleich zur orangenen Jungengruppe tendenziell geringere delinquente Überzeugungen auf. In Teilgrafik E gibt es fünf Gruppen, wobei die gelbe Gruppe aus nur einer Schülerin besteht, dies lässt sich – mit einem Blick in die Daten – dadurch erklären, dass diese Schülerin neu in die Klasse gewechselt ist. Daneben gibt es eine Mädchengruppe und drei Jungengruppen, die unterschiedlich groß, aber alle drei relativ stark von den Mädchen getrennt sind. Interessant ist hier auch die dunkelblaue Gruppe (mit dem violetten Hintergrund), die nur aus drei Schülern besteht. Zwischen diesen bestehen mutuelle Verbindungen und im Sinne eines gerichteten Graphen besteht hier eine Clique (siehe oben, zur Definition von Cliquen in gerichteten Netzwerken siehe *Knoke & Yang* 2008, 75) aus drei Akteuren. Die Gruppe hat aber keine weiteren (gemeinsamen) Freunde, zu denen mutuelle Beziehungen bestehen. Eine ähnliche Form findet sich Teilgrafik C am linken Rand der blauen Gruppe. Dort gibt es ebenfalls eine Triade aus Jungen, die relativ getrennt vom restlichen Netzwerk ist. Für einen gerichteten Graphen stellt diese jedoch keine Clique dar, da die Verbindung O1 zu W3 fehlt (in einem ungerichteten Netzwerk wäre es eine Clique, lesbare Label siehe Abbildung in höherer Auflösung im elektronischen Zusatzmaterial 9.1). Bezüglich der Cliquen gibt es in Teilgrafik E ein Beispiel aus vier Schülerinnen (W1, T1, S. 2, und H1 in der grünen Gruppe). Die Schülerinnen (W1, S. 2 und O2) bilden eine Clique aus drei Schülerinnen (T1 fällt hier raus, da die Beziehung zwischen O2 und T1 nicht mutuell ist), die sich mit der anderen Clique überschneidet. Mit der lockereren Definition der n-Clique mit einer geodätischen Distanz von $n = 2$ wäre die gesamte grüne Gruppe aus sechs Schülerinnen auch im gerichteten Netzwerk eine 2-Clique. Auch wenn zwei nicht-mutuelle Beziehungen dabei sind, können alle Akteure über maximal einen Zwischenschritt mit mutuellen Beziehungen erreicht werden.

Teilgrafik F ist ein relativ kleines Gesamtnetzwerk mit nur 17 Schülerinnen und Schülern einer Hauptschulklasse. Für dieses Netzwerk werden nur zwei Teilgruppen identifiziert, die jeweils aus Mädchen oder Jungen bestehen. Die Verbindung zwischen den zwei Teilnetzwerken besteht lediglich durch zwei mutuelle Beziehungen zwischen einem Mädchen und zwei Jungen, wobei einer der beiden Jungen noch drei weitere Mädchen nominiert hat, die diese Beziehungen jedoch nicht erwidern.

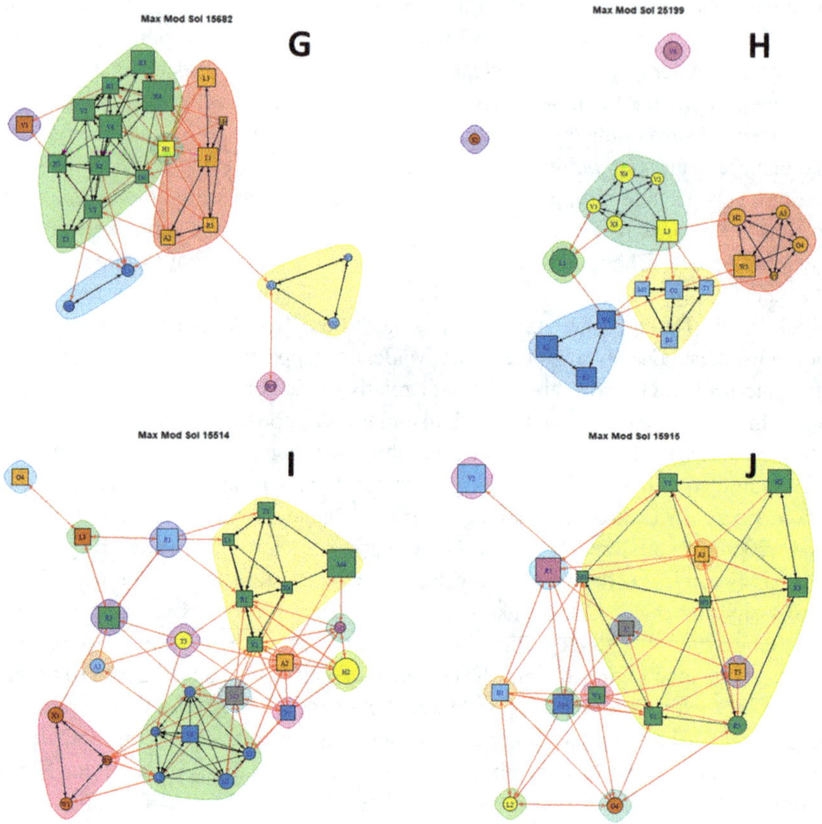

Abbildung 3.33 Girvan-Newman-Clustering mit maximum modularity solution, Beispielnetzwerke G – J, Farben der Knoten = Gruppe/Community, Quadrate = Jungen, Kreise = Mädchen, Größe der Knoten = delinquente Überzeugungen (je größer, desto ausgeprägter). Rote Kanten = Verbindungen zwischen Gruppen, schwarze Kanten = Verbindung innerhalb der Gruppe

Alle sechs Beispielnetzwerke aus Abbildung 3.32 sind relativ klar und lassen sich einfach beschreiben. Problematischer wird es, wenn isolierte oder weniger eingebundene Akteure in den Netzwerken sind. In *Abbildung 3.33* in den Teilgrafiken G und H kann dies noch gut vom Clustering-Algorithmus verarbeitet werden. In Teilgrafik I gibt es jedoch bereits viele Gruppen aus einzelnen Schülerinnen und Schülern, die sich nicht in größere Gruppen integrieren ließen, obwohl

z. B. die Schüler R1, R3 und L3 eine Clique bilden. Dennoch werden auch in diesem Netzwerk drei Teilgruppen identifiziert, die bezüglich des Geschlechts homogen sind (wobei in der dunkelblauen Teilgruppe fünf Mädchen und ein Junge sind). In Teilgrafik J führt der Algorithmus zu keinem wirklich sinnvollen Ergebnis.

Bezüglich des Geschlechts gibt es in den meisten Netzwerken eine Trennung, und es wird deutlich, dass Mädchen eher mit Mädchen und Jungen eher mit Jungen befreundet sind.[18] Diese Erkenntnis ist nicht neu, jedoch sollte dieser Aspekt immer mitbedacht werden, wenn Freundschaften in Schulklassen untersucht werden. Das Geschlecht scheint einen maßgeblichen Einfluss auf merkmalsbezogene Klumpungen zu haben, die sich rein durch vorhandene Freundschaftsbeziehungen bilden.

In den relevanten Abbildungen zeigt sich außerdem, dass Jungen tendenziell ausgeprägtere delinquente Überzeugungen haben als Mädchen; ihre Knoten sind häufiger größer. Teilweise kann auch erkannt werden, dass delinquente Überzeugungen in den Teilgruppen homogen sind. Dies wurde z. B. für Teilgrafik C (siehe oben) beschrieben. In Teilgrafik H gibt es die dunkelblaue Teilgruppe (die auch eine Clique ist), die aus drei Teilnehmern mit sehr hohen Werten bei den delinquenten Überzeugungen besteht. Die hellblaue Gruppe (mit gelbem Hintergrund) weist ebenfalls untereinander ähnliche, aber mittlere Werte bei den delinquenten Überzeugungen auf. Diese Gruppe besteht je nach Betrachtung aus zwei Cliquen oder einer 2-Clique. Zentral sind die beiden Akteure B1 und O2, die mit M1 und T1 (lesbare Label siehe Abbildung im elektronischen Zusatzmaterial 9.1) zwei kantenweise geteilte Partner („edgewise shared partners") haben. Dieses Konstrukt (*Abbildung 3.34*, siehe auch Kapitel 5) ist für neuere Analyseansätze von Netzwerken von großer Bedeutung (*Goodreau* 2007).

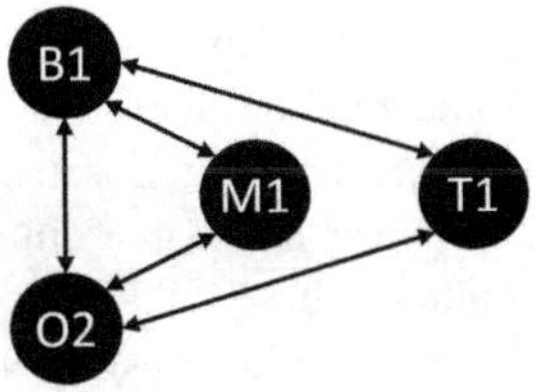

Abbildung 3.34 „edgewise shared partners"

[18] Eine Übersicht über alle Netzwerke kann vom Autor angefordert werden.

Die Gruppen, die durch das Clustering des Girvan-Newman-Algorithmus identifiziert werden, sind inhaltlich hauptsächlich auf die Geschlechtertrennung bei den Freundschaftswahlen in der Klasse zurückzuführen. In seltenen Fällen zeigen sich hier auch deutliche Effekte bezüglich der Ähnlichkeit delinquenter Überzeugungen. Generell kann aber beobachtet werden, dass in allen Beispielgrafiken sehr große oder sehr kleine Knoten (auch innerhalb der Teilgruppen) oft nah beisammen liegen, was darauf schließen lässt, dass in Freundschaften Ähnlichkeiten bezüglich delinquenter Überzeugungen bestehen. Dies lässt sich z. B. durch die Lerntheorie erklären, was ohne Längsschnittdaten jedoch nicht endgültig geprüft werden kann. Dennoch kann untersucht werden, ob diese Ähnlichkeit bezüglich delinquenter Einstellungen überzufällig in den Daten vorhanden ist (siehe Kapitel 5).

3.9 Schlussfolgerung

Mit der Analyse von Netzwerken ergeben sich Möglichkeiten, die soziale Eingebundenheit von Akteuren in größere Gruppen zu untersuchen. Netzwerkdaten bringen gegenüber herkömmlichen Befragungsdaten den Vorteil mit sich, dass die Befragten keine isolierten Einheiten sind, sondern ihre Abhängigkeiten analysiert und modelliert werden können. Vor allem die Analyse von Gesamtnetzwerken bietet hier zahlreiche Möglichkeiten, und die Netzwerke lassen sich anschaulich visualisieren. Schwierig ist jedoch, dass Gesamtnetzwerke immer eine definierte Grenze haben. Werden Freundschaften von Jugendlichen in Schulklassen untersucht, ist dies problematisch, da viele Jugendliche stark in außerschulische Kontexte eingebunden sind und diese Einflüsse unbekannt sind. Die Mehrzahl der Schüler hat ihre Freunde jedoch außerhalb der Schulklasse, was die Möglichkeiten der Analyse einschränkt. Neben der Grenzziehung sind Ausfälle innerhalb der Netzwerke problematisch, da sie zur Unvollständigkeit der Netzwerke führen. In den folgenden Analysen können daher nicht alle Klassennetzwerke analysiert werden. Wichtig ist, dass es nicht in allen Klassen gleich viele Freundschaften gibt. Manche Netzwerke sind weniger dicht, und einige Schüler werden häufiger von anderen als Freunde nominiert bzw. nicht alle Freundschaftsnominierungen sind gegenseitig. Zudem zerfallen Klassennetzwerke in kleinere Teilgruppen. Diese Prozesse sind nicht zufällig und müssen bei der Analyse von Netzwerken bedacht werden bzw. bietet deren Erklärung Potenzial für wissenschaftliche Erkenntnisse – auch im Zusammenhang mit Delinquenz.

Abweichendes Verhalten und Popularität im Schulkontext

4

Popularität und Status in der Gleichaltrigengruppe sind komplexe Phänomene, für die es nicht nur eine alleinige Erklärung gibt. Dennoch wurde vielfach nachgewiesen, dass es hierbei auch Zusammenhänge mit abweichendem Verhalten geben kann. In Abschnitt 2.2.1 wurden Hypothesen formuliert, die im Folgenden mit Daten der MPI-Schulbefragung überprüft werden. Dies geschieht an einer großen Stichprobe, bestehend aus vielen Schulklassen. Zuvor wird jedoch exemplarisch an einer Klasse dargestellt, welche relevanten Aspekte bei der Analyse von Popularität und Status bzgl. Freundschaftsnetzwerken in Schulklassen zu beachten sind.

4.1 Sozialer Status im Klassenverbund – ein Beispiel

Abbildung 4.1 stellt beispielhaft dar, wie sich die Popularität der Jugendlichen in einem Klassennetzwerk graphisch widerspiegeln kann. Das Maß des Indegree wird hier durch die Größe der Netzwerkknoten repräsentiert. Auch hier wird deutlich, dass der „stress-minimization"-Algorithmus zur Graph-Erstellung prominente Akteure bereits an zentralen Stellen positioniert bzw. positionieren muss. Auffällig ist, dass dieses Netzwerk im Wesentlichen in drei relevante Teilnetzwerke zerfällt. Im rechten Teil befinden sich die zwölf Mädchen der Schulklasse, von denen nur sieben Freundschaften mit Jungen aufweisen. Auf

Ergänzende Information Die elektronische Version dieses Kapitels enthält Zusatzmaterial, auf das über folgenden Link zugegriffen werden kann https://doi.org/10.1007/978-3-658-36778-7_4.

D. Gerstner, *Freundschaftsnetzwerke und Delinquenz von Jugendlichen*, Kriminalität und Gesellschaft, https://doi.org/10.1007/978-3-658-36778-7_4

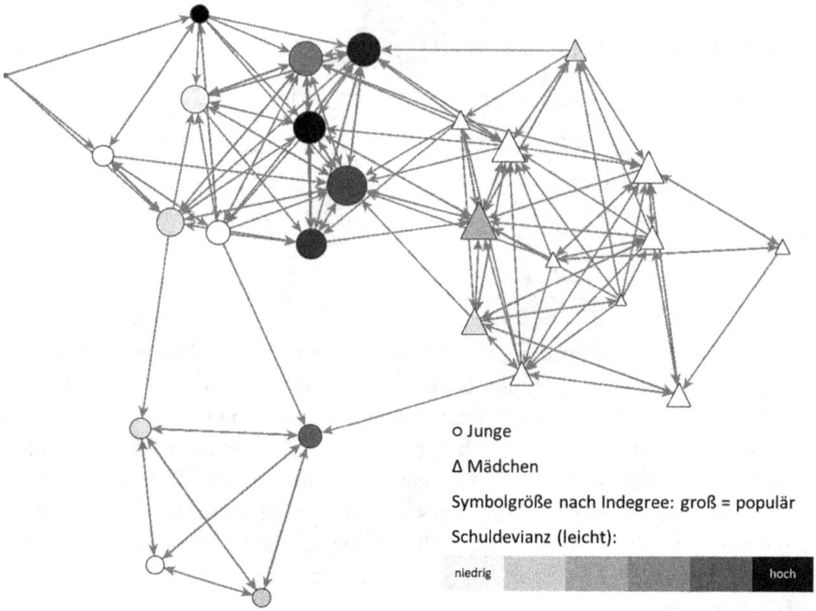

Abbildung 4.1 Beispiel-Klassennetzwerk Gymnasium 9. Klasse, Prestige über Indegree

der linken Seite befinden sich die Jungen, von denen ebenfalls ein nicht unerheblicher Teil keine Freundschaft mit Mädchen hat. Außerdem gibt es noch eine kleine „Außenseiter"-Gruppe (siehe unten). Die Geschlechtertrennung ist ein Muster, das in vielen der Klassennetzwerke besteht und auch so erwartbar ist (siehe 3.8.3). Die Neigung zu gleichgeschlechtlichen Schulfreundschaften ist eine Bestätigung der allgemeineren Theorie der Homophilie: Gleich und gleich gesellt sich gern (z. B. *McPherson, Smith-Lovin & Cook* 2001). Dieser Aspekt wird in Kapitel 5 nochmals genauer aufgegriffen, generell sollte hier festgehalten werden, dass das Geschlecht in Modellen zur Erklärung von Status mitkontrolliert werden sollte. Unten links bilden vier Jungen eine Gruppe für sich. Die Popularität wird in *Abbildung 4.1* über die Größe der Knoten dargestellt, wobei auffällt, dass diese vier Jungen weniger populär sind, d. h. wenige Nominierungen von anderen Schülern erhalten. Gleichzeitig ist es aber so, dass diese Jungen im Vergleich zu vielen ihrer Mitschüler überdurchschnittliche Schulleistungen aufweisen

(Gradation in *Abbildung 4.5*) – auch diesbezüglich ist ein Effekt der sogenannten Homophilie zu beobachten. Diese vier Jungen werden von den Mitschülern vielleicht als „Streber"-Gruppe betrachtet.

Die Farbabstufungen in *Abbildung 4.1* beziehen sich auf leichte Formen abweichenden Verhaltens in der Schule. Je höher der Indexwert, desto mehr von diesem Verhalten berichten die Schüler und weisen entsprechend dunklere Farbetöne auf. Auffällig ist auch hier, dass sich die Schüler mit hohem Werten sehr nahe und deutlich überwiegend untereinander befreundet sind. Gleichzeitig fällt auf, dass diese Schüler sehr populär sind, d. h. viele Nominierungen erhalten (Größe der Knoten). Diese Schüler besetzen im Wesentlichen auch die Brücke zu dem Teilnetzwerk der Mädchen – und hier vor allem zu den populären Mädchen. Wird anstelle des Indegree die Eigenvektor-Zentralität als Prestigemaß verwendet, zeigt sich das eben beschriebene noch stärker (*Abbildung 4.2*). Dabei haben Akteure dann ein hohes Prestige, wenn sie wichtige Nachbarn haben bzw. im gerichteten Netzwerk von wichtigen Nachbarn nominiert werden. Vor allem der relative Abstand der Akteure innerhalb des Netzwerks von hohem zu niedrigem Prestige wird dabei größer. Wird die Closeness als Zentralitätsmaß verwendet (*Abbildung 4.3*), so sind Akteure zentraler, wenn sie nahe bei allen anderen liegen. In

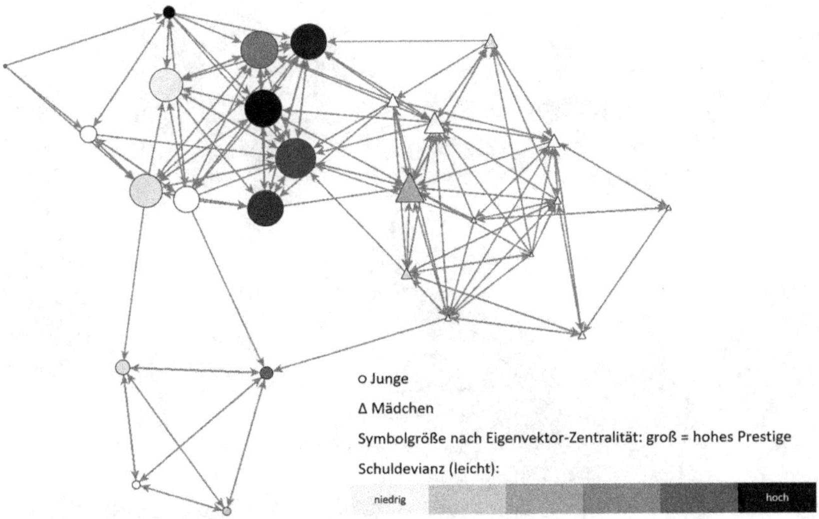

Abbildung 4.2 Beispiel-Klassennetzwerk Gymnasium 9. Klasse, Prestige über Eigenvektor-Zentralität

klassischen Studien wird dieses Maß dazu verwendet um zu messen, wer schnell mit Unterstützung vieler Netzwerkmitglieder rechnen bzw. schnell mit anderen interagieren kann (z. B. *Wasserman & Faust* 1994, 183; *Trappmann et al.* 2011). In gerichteten Netzwerken ist dieser Wert schwieriger zu interpretieren und kann als Maß verstanden werden, wie nah ein Akteur den Akteuren in seinem Einflussbereich ist (vgl. *Wasserman & Faust* 1994, 200). In *Abbildung 4.3* bezieht sich die Größe der Knoten auf die gerichtete Closeness-Zentralität. Dabei zeigen sich weniger deutliche Unterschiede, und ein Zusammenhang mit der leichten Devianz ist hier nicht erkennbar. In *Abbildung 4.4* bezieht sich die Größe der Netzwerkknoten auf die Betweenness-Zentralität. Dieses Maß beschreibt, wie zentral ein Akteur bezüglich seiner Vermittlerchancen ist, bzw. ob er zentrale Schnittstellen zwischen Teilnetzwerken besetzt. Dieser Aspekt ist in *Abbildung 4.4* deutlich sichtbar. Tendenziell weisen die Akteure mit hohen Werten auch hier höhere Werte bzgl. der leichten Devianz auf, dies jedoch weniger deutlich wie beispielsweise mit der Eigenvektor-Zentralität. Betrachtet man die bivariaten Korrelationen (*Tabelle 4.1*) für dieses exemplarische Netzwerk rein deskriptiv, so zeigt sich, dass der stärkste Zusammenhang zwischen leichter Devianz und Eigenvektor-Zentralität besteht. Ebenso besteht ein positiver Zusammenhang zwischen dem

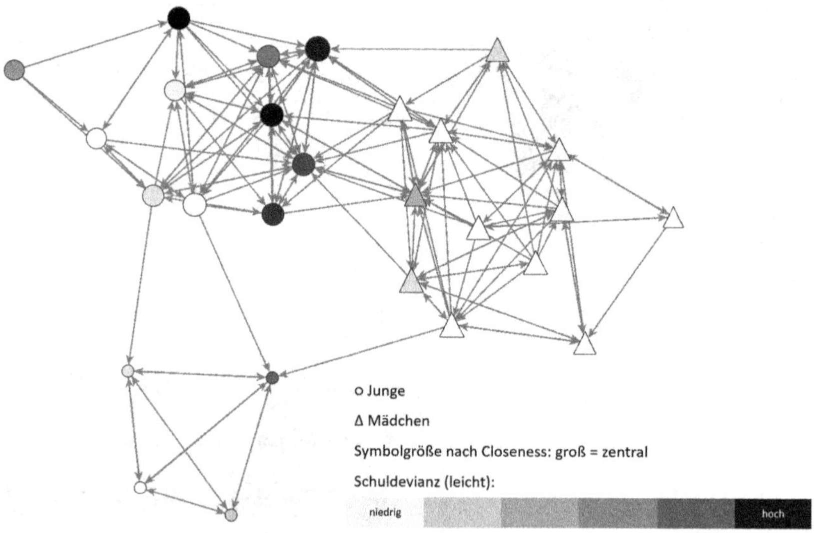

Abbildung 4.3 Beispiel-Klassennetzwerk Gymnasium 9. Klasse, Zentralität über Closeness

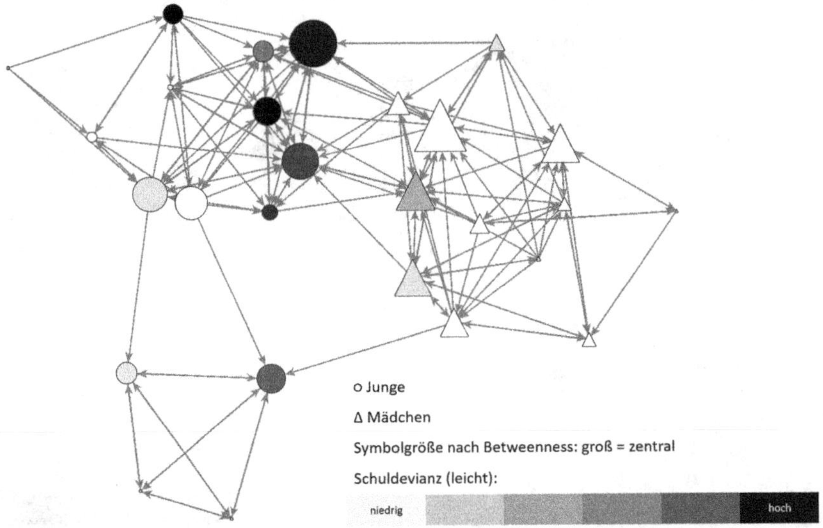

Abbildung 4.4 Beispiel-Klassennetzwerk Gymnasium 9. Klasse, Zentralität über Betweenness

Indegree und der Betweenness-Zentralität. Die Closeness-Zentralität korreliert negativ mit der Devianz. Wird hier für das Geschlecht kontrolliert – Mädchen weisen bei der gerichteten Closeness-Zentralität höhere Wert auf, was durch die unterschiedlichen Formen in der Grafik nicht klar erkennbar ist –, schwächt sich dieser Zusammenhang jedoch deutlich ab. Der Schulerfolg ist in diesem Klassennetzwerk nicht bzw. eher negativ mit Prestige oder Zentralität korreliert. Vor allem unter Kontrolle von Devianz und Geschlecht besteht ein eher starker negativer Zusammenhang mit der Closeness-Zentralität.

Aus der Beschreibung dieses Beispielnetzwerks ergeben sich relevante Aspekte, die bei der Analyse von Popularität bzw. Prestige und Zentralität in Netzwerken zu beachten sind: Unterschiedliche Konzepte von Popularität und Zentralität machen unterschiedliche Akteure zu relevanten Netzwerkknoten und können zu unterschiedlichen Ergebnissen führen. Zusammenhänge zwischen Parametern zu Messung von Popularität und Zentralität mit weiteren Attributen der Akteure können unter Kontrolle von Drittvariablen abgeschwächt werden. Letztlich sind Netzwerke komplexe Strukturen, in denen das Vorhandensein von

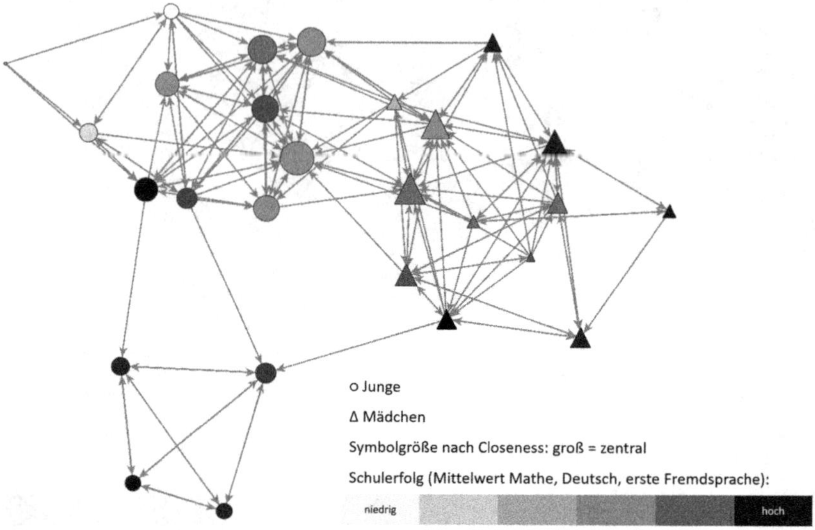

Abbildung 4.5 Beispiel-Klassennetzwerk Gymnasium 9. Klasse, Prestige über Indegree, Gradation über Schulnoten

Tabelle 4.1 Bivariate Korrelationen zwischen netzwerkbasierten Statuswerten und individuellen Eigenschaften der Schüler im Beispielnetzwerk

	leichte Devianz	Mädchen	Schulerfolg
Indegree	0,28	−0,15	0,09
Eigenvektor-Zentralität	0,44	−0,46	−0,20
Closeness-Zentralität	−0,34	0,46	−0,19
Betweenness-Zentralität	0,18	0,16	−0,03
Closeness unter Kontrolle von Drittvariablen*	−0,22	0,43	−0,39
Eigenvektor-Zentralität unter Kontrolle von Drittvariablen*	0,28	−0,31	−0.05

n = 27 Schüler in der Beispielklasse
* Jeweils die beiden anderen individuellen Eigenschaften

Teilgruppen eine nicht unwesentliche Relevanz hat, bei sehr vielen und sehr kleinen Netzwerken können diese Teilgruppen jedoch sehr unterschiedlich aussehen. Das Beispielnetzwerk stellt ein eher stark segregiertes Klassennetzwerk dar.

4.2 Modellierung über mehrere Schulklassen

Aus empirisch-methodischer Sicht ist es schwierig, diese Komplexität in einem einzigen Modell abzubilden. Je nach Fragestellung müssen spezielle Analyseverfahren zum Einsatz kommen, und dies wird vor allem dann problematisch, wenn viele Netzwerke gleichzeitig analysiert werden und sowohl abhängige als auch unabhängige Variablen Netzwerkparameter enthalten. Für die Erklärung der Popularität und Zentralität wird im Folgenden daher jeweils einer der vier Netzwerkparameter in unterschiedlichen Modellen als abhängige Variable modelliert. In diesem Fall ist es zulässig, entsprechende Hypothesen mittels eines Regressionsmodells zu testen. Dabei werden identische Modelle für die vier abhängigen Variablen Indegree-Popularität, Eigenvektor-Zentralität, Closeness-Zentralität und Betweenness-Zentralität gerechnet.

4.2.1 Analysestrategie

Die Analysestrategie zur Modellierung der Popularität bzw. Zentralität einzelner Schüler im Klassenverbund ist stets an den Kontext der Schulklasse gebunden. Dies hat zur Folge, dass die Einheiten nicht mehr statistisch unabhängig sind, weshalb für die Modellierung Mehrebenenanalysen verwendet werden sollten (vgl. *Snijders & Bosker* 2012; *Langer* 2009). Die statistische Abhängigkeit ergibt sich in diesem Fall auch durch die Konstruktion der vier abhängigen Variablen, die durch die Freundschaftsnominierungen der Mitschüler generiert wurden. Das Mehrebenmodell ermöglicht die korrekte Schätzung von Standardfehlern, gleichzeitig ergibt sich aber auch die Möglichkeit, Cross-Level-Interaktionen zu berechnen, durch die Hypothesen zum Zusammenspiel zwischen individuellen und kontextgebundenen Merkmalen geprüft werden können (siehe Hypothese H1.4). Für die folgenden Analysen ist vor allem interessant, ob relevante Parameter einen signifikanten Einfluss auf die Popularität haben. Dabei ist nur von geringem Interesse, wie bzw. ob die durchschnittliche Popularität über die einzelnen Klassen variiert (random intercept), daher erfolgt die Freisetzung des Intercepts aus rein methodischen Gründen. Es ist also nicht von Interesse, ob

z. B. die durchschnittliche Popularität in bestimmen Klassen – etwa mit überdurchschnittlich vielen Mädchen – geringer ist als in anderen Klassen. Inhaltliche Gründe liegen jedoch für die Freisetzung der Einflussgrößen (random slope) in den Modellen mit Cross-Level-Interaktion vor, da davon ausgegangen wird, dass das Devianz-Niveau der Schulklasse (Level 2) den Effekt der individuellen Devianz (Level 1) auf die Popularität moderiert. In diesen Modellen werden die individuellen erklärenden Variablen am Gruppenmittelwert zentriert, und die Interaktion besteht dann mit dem jeweiligen Gruppenmittelwert einer unabhängigen Variablen auf Level 2. Bestimmte Eigenschaften der Schulklasse werden dabei als Prädiktoren der Gruppenebene verwendet, die für die Schüler einer Klasse konstant sind und sich nur zwischen den Schulklassen unterscheiden.

4.2.2 Teilstichprobe

Die folgenden Analysen werden für eine Teilstichprobe durchgeführt. Zum einen sind darin wiederum nur Klassen enthalten, die über ausreichend vollständige Netzwerke verfügen (siehe Abschnitt 3.5). Zum anderen werden davon nur die Klassen analysiert, die das spezielle Schulmodul im Fragebogen hatten, welches die Fragen zum abweichenden Verhalten innerhalb der Schule beinhaltete. Diese Teilstichprobe enthält 1.405 Schüler in 63 Klassen. Die Klassen der berufsbildenden Schulen in Mannheim (BBSR) sind aus den Analysen ausgeschlossen.

4.2.3 Abhängige Variablen (Level 1)

Die abhängigen Variablen sind in den Modellen unterschiedliche Messungen der Popularität bzw. der Zentralität von Schülern in ihrer jeweiligen Klasse. Es werden dabei vier soziometrische Maße[1] herangezogen:

- Die *Indegree-Popularität,* also die Anzahl der eingehenden Nominierungen, wird als einfachstes Maß des Prestiges herangezogen. Die Werte gehen als rohe Zahl in die Modelle ein, wobei die Netzwerkgröße auf Level-2 kontrolliert wird. Dies macht die Interpretation der Modelle einfach. Es wird davon

[1] Die Berechnung aller Netzwerkmaße erfolgte mit dem R-Paket SNA (*Butts* 2008; *Butts* 2019b).

ausgegangen, dass Schüler mehr Nominierungen erhalten, wenn sie populärer sind. Dabei wird jede Nominierung gleich gewichtet.

- Die *Eigenvektor-Zentralität* wird ebenfalls als Prestigemaß verstanden. Dieser Wert beruht in gerichteten Netzwerken auf dem Indegree, jedoch werden eingehende Beziehungen nach der Zentralität der Sender gewichtet. Einfach gesagt erhalten Sender mit hohem Indegree ein höheres Gewicht als Sender mit geringem Indegree. Hierbei wird nicht nur das direkt angrenzende Umfeld, wie bei der *Indegree-Popularität,* in das Prestigemaß miteinbezogen, sondern das ganze Netzwerk (z. B. *Leifeld & Malang* 2009). Schüler haben dann ein hohes Prestige, wenn sie auch von Schülern mit ebenfalls hohem Prestige nominiert werden. Das Maß ist auf Werte von 0 bis 1 standardisiert, und die Einheiten lassen sich inhaltlich nicht als Anzahl von Nominierungen interpretieren. Hohe Werte bedeuten ein hohes Prestige.
- Die *Closeness-Zentralität* ist ein Zentralitätsmaß und kein Prestigemaß. Die Closeness misst die Nähe zu allen anderen Akteuren im Netzwerk, indem die kürzesten Verbindungen zu allen anderen Knoten aufsummiert werden. Die klassische Messung nach *Sabidussi* (1966) bringt hier allerdings das Problem mit sich, dass der Wert für Netzwerke mit isolierten Knoten oder Teilgruppen nicht berechnet werden kann. Hier wird auf eine alternative Messung zurückgegriffen, die auf einer Adaption der von *Gil & Schmidt* (1996) vorgeschlagenen „*power of efficacy*" beruht, die dieses Problem umgeht, letztlich aber wie die Closeness interpretiert werden kann (*Butts* 2019a). In den hier vorliegenden gerichteten Netzwerken ist die Closeness-Zentralität als Wert zu interpretieren, der misst, wie nah ein Akteur den Knoten in seinem möglichen Einflussbereich ist (vgl. *Wasserman & Faust* 1994, 200). Das Maß ist auf Werte von 0 bis 1 standardisiert.
- Die Betweenness-Zentralität ist ein Zentralitätsmaß, dass die Vermittlerchancen bzw. Kontrollmöglichkeiten misst und somit Akteure mit hohen Werten zu zentralen Figuren macht, die intermediäre Knoten darstellen. Die Betweenness-Zentralität wird häufig zur Untersuchung von Informationsflüssen verwendet. Hier bedeuten hohe Werte, dass Akteure Schnittstellen zwischen Teilnetzwerken besetzen und somit zentrale Figuren im Netzwerk sind. Die Berechnung für gerichtete Graphen erfolgt dabei nach der von *Brandes* (2008) vorgeschlagenen Methode. Das Maß ist auf Werte von 0 bis 1 standardisiert.

Für alle vier Maße wird angenommen, dass diese in einer bestimmten Form für Popularität bzw. Status stehen, wobei die Hypothesen sich im Besonderen auf die Indegree-Popularity und Eigenvektor-Zentralität beziehen, da diese einfacher zu interpretierende Prestigemaße sind. Dagegen werden Closeness- und Betwenness-Zentralität eher explorativ untersucht, da hierzu nur sehr begrenzt Erkenntnisse aus der kriminologischen Jugendforschung vorliegen. Ausnahmen sind z. B. die Studien von *Faris & Felmlee* (2011; 2014), die Gewalthandeln und Viktimisierung im Zusammenhang mit der Betweenness-Zentralität untersuchen und positive Zusammenhänge mit beiden Merkmalen feststellen, die jedoch kurvilinear sind und sich mit hohen Werten abmildern. *Schreck, Fisher & Miller* (2004) kommen bezüglich der Bonacich-Zentralität (ähnliche Interpretation bzw. Weiterentwicklung der Eigenvektor-Zentralität) zu widersprüchlichen Ergebnissen bezüglich der Viktimisierung. Hierbei gilt auch zu beachten, dass die Bonacich-Zentralität (oder Bonacich-Power) extrem sensitiv auf den Gewichtungsparameter reagiert, der die Erreichbarkeit regelt und der netzwerk- und theoriebezogen mit Vorsicht gewählt werden muss (*Butts* 2019). Aus diesem Grund wird auch hier auf diese Messung verzichtet.

Die vier Netzwerkmaße sind untereinander alle positiv korreliert. Dies bedeutet, dass keines der Maße etwas komplett Gegenteiliges zur einfach zu interpretierenden Indegree-Popularität darstellt. Ein sehr starker linearer Zusammenhang besteht zwischen der Indegree-Popularität und der Eigenvektor-Zentralität (r = 0,74/ *Tabelle 4.2*). Bezüglich der anderen Kombinationen bestehen eher moderate Zusammenhänge, die zwar monoton steigend, jedoch nicht immer linear sind. Aus diesem Grund sind die Koeffizienten der Rangkorrelation z. T. höher als die Produkt-Moment-Korrelationen. Die Werte der abhängigen Variablen Eigenvektor-Zentralität und Betweenness-Zentralität sind deutlich rechtsschief verteilt, weshalb diese wurzeltransformiert in die linearen Modelle eingehen. Hierbei wird die Produkt-Moment-Korrelation beider Variablen stärker, und auch die Zusammenhänge beider Maße mit den Variablen Indegree und Closeness-Zentralität nehmen zu (die Korrelationskoeffizienten entsprechen nun mehr oder weniger denen der Rangkorrelation, die aufgrund gleichbleibender Rangordnung identisch mit den nichttransformierten Variablen sind). Für die Interpretation der Ergebnisse ist die Transformation dahingehend irrelevant, da die Einheiten von Eigenvektor-Zentralität, Closeness und Betweenness nur sehr schwer direkt interpretiert werden können und primär signifikante Effekte und deren Richtung sowie Effektstärken von Interesse sind. Nur die Effekte auf die Indegree-Popularität lassen sich inhaltlich leicht interpretieren, da eine Einheit eine Nominierung darstellt (siehe auch Ergebnisse).

Tabelle 4.2 Bivariate Korrelationen der Statusmaße aller Schüler in den untersuchten Klassen

Rangkorrelation (kursive Werte)				
Produkt-Moment-Korrelation	(1)	(2)	(3)	(4)
(1) Indegree-Popularity	1	*0,76*	*0,36*	*0,50*
(2) Eigenvektor-Zentralität	0,74	1	*0,32*	*0,37*
(3) Closeness-Zentralität	0,35	0,29	1	*0,50*
(4) Betweenness-Zentralität	0,37	0,26	0,36	1
Rangkorrelation (kursive Werte)				
Produkt-Moment-Korrelation	(1)	(2)	(3)	(4)
(1) Indegree-Popularity	1	*0,76*	*0,36*	*0,50*
(2) Eigenvektor-Zentralität (wurzeltransformiert)	0,75	1	*0,32*	*0,37*
(3) Closeness-Zentralität	0,35	0,34	1	*0,50*
(4) Betweenness-Zentralität (wurzeltransformiert)	0,48	0,38	0,48	1

n = 1405, alle Korrelationen p < 0,001
oberes Dreieck: Rangkorrelation/unteres Dreieck: Produkt-Moment-Korrelation

4.2.4 Erklärende Variablen

Als erklärende Variablen auf der Individualebene werden für die Hypothesen relevante Variablen zum devianten und aggressiven Verhalten, zu normativen Einstellungen sowie zum Schulerfolg herangezogen. Für die Messung innerhalb des Schulkontextes wurde abgefragt, ob die Schüler innerhalb der letzten sechs Monate bestimmte Dinge „nie", „einmal", „2- bis 5-mal", „6 bis 10-mal" oder „mehr als 10-mal" gemacht haben. Für die 7 Items[2] „Mitschüler im Unterricht geärgert" (1), „eine Lehrerin/einen Lehrer geärgert" (2), „Sachen von Mitschülern absichtlich kaputt gemacht oder versteckt" (3), „andere beleidigt oder verletzt im Internet oder über das Handy mit gemeinen Bemerkungen, SMS, Fotos oder Videos" (4), „andere auf dem Schulweg bedroht" (5), „Waffen (z. B. Schreckschusspistole, Reizgas) mit in die Schule gebracht" (6) und „Sachen absichtlich zerstört, die der Schule gehören (z. B. Stühle, Bücher)" (7) ergab sich für den Gesamtdatensatz und auch den hier analysierten reduzierten Datensatz bei einer Faktorenanalyse mit schiefwinkliger Rotation eine zweidimensionale Struktur. Die Dimensionen können als „leichte Schuldevianz" (Items 1–4) und „offene Aggression" (Items 5–7) benannt werden, wobei letztere erwartungsgemäß stark

[2] Fragebogen siehe elektronisches Zusatzmaterial 9.4 sowie *Oberwittler & Gerstner* (2019).

rechtsschief verteilt ist. Beide Skalen bzw. Faktoren sind miteinander korreliert, sind jedoch inhaltlich sinnvoll voneinander abgrenzbar. Für die Analysen wurde ein Faktor[3] aus den jeweiligen Items gebildet, der für die „leichte Schuldevianz" 66 % der Varianz zwischen den Items und für die „offene Aggression" 74 % der Varianz zwischen den Items erklären kann.[4] Die „leichte Schuldevianz" kommt wesentlich häufiger vor als die „offene Aggression", und die Verhaltensweisen der leichten Schuldevianz fallen eher in einen unter Jugendlichen akzeptierten normativen Rahmen abweichenden Verhaltens, welcher nicht oder seltener institutionell sanktioniert wird. In diesem Zusammenhang kann auch davon ausgegangen werden, dass die „leichte Schuldevianz" – ähnlich der relationalen Aggression – zur Erhöhung des Status eingesetzt werden kann, da es hierbei darum geht, sich durch Ärgern von Mitschülern oder Lehrern, aber auch durch das Beleidigen von Mitschülern beliebt zu machen oder zentral zu positionieren. Im Gegensatz dazu sind die Verhaltensweisen, welche die zweite Dimension „offene Aggression" ausmachen, seltener. Konkrete Drohungen gehen über bloßes Ärgern hinaus, und mit dem Tragen von Waffen wird der eigenen Gefährlichkeit Nachdruck verliehen. Die Zerstörung von Schuleigentum verstößt klar gegen gültige Normen und wird in der Regel durch die Schule sanktioniert. Dieser Bereich entspricht offen aggressivem Verhalten, weshalb hier kein statusfördernder Effekt erwartet wird.

Neben den devianten Verhaltensweisen konnten in Studien verschiedene Arten von Erfolg im Schulkontext als relevanter Einflussparameter auf Popularität identifiziert werden. Als Schulerfolg geht der Notendurchschnitt der Fächer Deutsch, Mathe und erste Fremdsprache in die Analysen ein. Der Wert wurde so umgepolt, dass die Null einem Notendurchschnitt von einer Sechs und die Fünf einem Notendurchschnitt einer Eins entspricht bzw. hohe Werte also gute Noten bedeuten. Der erwartete Regressionskoeffizient ist in diesem Fall positiv und bedeutet, je mehr Schulerfolg, desto populärer. Da die Notengebung in den drei Fächern auch immer teilweise an das Leistungsniveau der Schule gebunden ist, wurde der Wert jeweils um den Schulmittelwert zentriert. Werte über Null bedeuten in diesem Fall, dass ein Schüler im Vergleich zu den anderen Schülern an der Schule

[3] Die explorative Faktorenanalyse wurde auf Basis polychorischer Korrelationen durchgeführt. Gründe hierfür liegen in der ordinalen Datenstruktur und werden an anderen Stellen (z. B. *Holgado–Tello et al.* 2010) ausführlich diskutiert. Aufgrund der polychorischen Faktorenanalyse weicht der berechnete Mittelwert des Faktorscores von Null ab, deshalb wurden beide Faktoren nachträglich z-standardisiert.

[4] Werden aus den jeweiligen Items gemittelte Summenscores gebildet, die jeweils ein Minimum von 0 (keine Devianz/Aggressivität) und ein Maximum von 4 (maximale Devianz/Aggressivität) haben, so ergäbe sich folgende Reliabilität: „leichte Devianz", Cronbachs $\alpha = 0{,}71$ / „offene Aggression", Cronbachs $\alpha = 0{,}61$).

überdurchschnittlich gut ist. Werte unter Null bedeuten, dass der Schüler unterdurchschnittliche Leistungen erbringt. Für den sportlichen Erfolg wird ebenfalls die Schulnote herangezogen. Aufgrund der Verteilung wurde die Variable folgendermaßen rekodiert: Die Noten Drei, Vier und Fünf erhalten den neuen Wert Null und dieser stellt die Referenzkategorie in den Modellen dar. Die Note Zwei erhält den Wert Eins und die Note Eins den Wert Zwei. Je höher der Wert, desto sportlicher – auch hier wird ein positiver Effekt erwartet.

In den Modellen wird ergänzend untersucht, inwieweit individuelle deviante Überzeugungen bzw. das Schamgefühl bzgl. delinquentem Verhalten eine Rolle bei der Erklärung der Popularität spielen, da diese letztlich das tatsächliche Verhalten (leichte Schuldevianz und offene Aggression) mitsteuern. Für die devianten Überzeugungen wird eine aus fünf Items bestehende Skala verwendet, die jeweils mit „Stimmt genau", „Stimmt eher", „Stimmt kaum", „Stimmt gar nicht" beantwortet wurden. Die Items lauten: „Es ist ganz normal, jemanden zu schlagen, wenn man provoziert wird", „Jeder Streit lässt sich auch durch Reden klären", „Manche Konflikte lassen sich eben nur mit Gewalt lösen", „Man sollte sich an die Gesetze halten, auch wenn die eigenen Interessen zu kurz kommen", „Man kann ruhig mal was Verbotenes tun, wenn man sich dabei nicht erwischen lässt". Für die eindimensionale Skala wurden die Items so gepolt, dass hohe Werte hohen delinquenten Überzeugungen entsprechen. Für die Skala wurde ein Faktorscore berechnet, der über alle Schüler z-standardisiert ist. Für das Schamgefühl wurde abgefragt, inwieweit Schüler es schlimm fänden, wenn jeweils Freunde, Lehrer und Eltern es erfahren würden, wenn der Schüler etwas in einem Geschäft gestohlen hätte bzw. jemanden so geschlagen oder verprügelt hätte, dass die andere Person verletzt ist oder blutet. Die jeweiligen Antwortoptionen waren „gar nicht schlimm", „weniger schlimm", „schlimm" und „sehr schlimm". Je höher der Wert, desto ausgeprägter ist die Scham bei Entdeckung von Delinquenz. Für die folgenden Analysen werden lediglich die Items für die Freunde und Lehrer bzgl. der Gewalt einbezogen, wobei aus beiden Items ein Mittelwert gebildet wurde. Scham (Gewalt, Freunde/Lehrer) und deviante Überzeugungen korrelieren mit $r = -0{,}52$.

4.2.5 Kontrollvariablen

Individualebene (Level 1)

Auf der Individualebene werden zudem fünf weitere Kontrollvariablen in die Modelle aufgenommen. Relevant ist dabei vor allem das Merkmal, ob ein Schüler neu in der Klasse ist. Schüler können neu in der Klasse sein, wenn sie eine

Jahrgangsstufe wiederholt haben, neu an der Schule sind (z. B. aufgrund eines Umzugs) oder von einer Parallelklasse an die Schule gewechselt haben. Da die Befragung am Anfang des Schuljahres stattfand, wird davon ausgegangen, dass neue Schüler weniger Freunde in der Schulklasse haben und auch entsprechend weniger Nominierungen erhalten bzw. eher selten zentrale Positionen einnehmen. Auf der Ebene des Indegree verhält es sich z. B. so, dass neue Schüler durchschnittlich 3,3 Nominierungen erhalten, andere hingegen 5,3. Neue Schüler sind deswegen unpopulärer, da die Zeit zum Beziehungsaufbau im Vergleich zu den Klassenkameraden deutlich kürzer war. Die Gründe für den Wechsel der Schulklasse werden in den Modellen nicht separat untersucht, da dies zum einen nur auf ca. fünf Prozent der Schüler in der hier untersuchten Stichprobe zutrifft und zum anderen die genauen Gründe für einen Wechsel (mit Ausnahme der Wiederholung) unbekannt sind. Von den Schülern, die neu in der Klasse sind, haben 44 % die Klasse wiederholt, 41 % die Schule mit oder ohne Wiederholung gewechselt und 15 % haben aus einer Parallelklasse gewechselt.

Das Geschlecht und der Migrationshintergrund werden ebenfalls als Kontrollvariablen aufgenommen. Die Definition des Migrationshintergrunds ist hier relativ einfach gehalten, ein solcher ist vorhanden, wenn beide Eltern nicht in Deutschland geboren sind oder mindestens drei Großeltern nicht in Deutschland geboren sind. Beide Variablen gehen als Dummy-Variablen in die Modelle ein, wobei jeweils Jungen und Schüler ohne Migrationshintergrund die Referenzkategorien darstellen.

In Ergänzung zum Schulerfolg wird in den vollständigen Modellen eine Skala aufgenommen, die eine positive Einstellung zur Schule misst. Die Skala besteht aus den vier Items „An meiner Schule gefällt es mir sehr gut“, „Mich interessiert, was ich in der Schule lerne“, „Ich strenge mich in der Schule ziemlich an“ und „Ich lerne mit Freunden/-innen für die Schule (außerhalb der Schulzeit)“. Die Items konnten jeweils mit einer vierstufigen Antwortskala beantwortet werden (stimmt genau, stimmt eher, stimmt eher nicht, stimmt überhaupt nicht). Hohe Werte auf der Skala spiegeln eine hohe Zustimmung zu den Items wider. Diese Kontrollvariable hat eher einen explorativen Charakter. Es wird davon ausgegangen, dass Schüler, die ein positives Verhältnis zur Schule haben, auch daran interessiert sind, sich dort zu integrieren und dort auch Freundschaften zu pflegen und dementsprechend häufiger als Freund nominiert werden. Ebenso soll eher explorativ untersucht werden, ob Schüler populärer sind, wenn sie allgemein glücklicher sind. Hier steht zum einen die Überlegung im Raum, dass glücklichere Menschen offener für Freundschaften sind und sich erfolgreicher integrieren können. Zum anderen können Jugendliche aber auch deswegen glücklich sein, weil sie populär sind oder eine wichtige Rolle in einem Netzwerk spielen. Da hier die Kausalrichtung unklar ist, wird auch diese Variable lediglich als zusätzliche Kontrolle aufgenommen.

Kontextebene – Schulklasse (Level 2)
Auf der Kontextebene, also der Schulklassenebene, gehen mehrere Kontrollvariablen in die Modelle ein. Zum einen ist dies die Netzwerkgröße, da diese mit fast allen Netzwerkmaßen moderat korreliert – und zwar auch dann, wenn diese am Gesamtnetzwerk standardisiert sind (wie der standardisierte Indegree, die Eigenvektor-Zentralität sowie Closeness-Zentralität und Betweenness-Zentralität, siehe *Tabelle 4.3*). Für den rohen Indegree besteht eine positive Korrelation, da mit mehr Schülern auch mehr mögliche Freundschaften in der Klasse sind.[5] Für die übrigen Maße besteht ein moderater negativer Zusammenhang, der dadurch erklärt werden kann, dass in großen Netzwerken zentrale Positionen eventuell schwerer zu erlangen sind.

Neben der Netzwerkgröße werden das Geschlechterverhältnis (hier der Anteil der Mädchen) und der Anteil der Schüler mit Migrationshintergrund kontrolliert, da diese auf Level 1 auch als individuelle Variablen aufgenommen wurden und unter Aspekten der Homophilie (siehe Abschnitt 2.2.2 und 5) für Freundschaftsnominierungen von Relevanz sind.

Tabelle 4.3 Bivariate Korrelationen, Netzwerkgröße und Statusvariablen

	(1)	(2)	(3)	(4)	(5)	(6)
(1) Netzwerk (n)	1					
(2) Indegree-Popularity	0.148	1				
(3) Indegree-Popularity/n	−0.279	0.880	1			
(4) Eigenvektor-Zentralität (wurzeltransformiert)	−0.152	0.744	0.776	1		
(5) Closeness-Zentralität	−0.128	0.352	0.399	0.339	1	
(6) Betweenness-Zentralität (wurzeltransformiert)	−0.053*	0.482	0.479	0.376	0.478	1

n = 1.405 Schüler, alle Korrelationen $p < 0{,}001$ außer * $p = 0{,}04$

[5] Für den standardisierten Indegree besteht eine negative Korrelation mit der Klassengröße. Diese ist sogar stärker als die Korrelation mit dem rohen Indegree.

Klassenmerkmale für Cross-Level Interaktionen.
In die Modelle mit Cross-Level-Interaktionen werden zum einen die leichte Schuldevianz und die offene Aggression auf Klassenebene aufgenommen. Hierbei steht die Überlegung im Raum, dass der Effekt des jeweiligen individuellen Verhaltens durch die Häufigkeit dieses Verhaltens in der gesamten Klasse moderiert wird; also z. B. offene Aggression nur dann zu Ablehnung führt, wenn die Mehrzahl der Mitschüler dieses Verhalten selbst nicht zeigt bzw. toleriert. In diesem Zusammenhang wird auch untersucht, ob anderen Formen der Norminternalisierung auf der Klassenebene mit dem individuellen devianten Verhalten interagieren. Ergänzend zu den Analysen mit den beiden Verhaltensformen werden deshalb alternative Modelle gerechnet, in denen die durchschnittlichen devianten Überzeugungen auf Klassenebene und das durchschnittliche Schamgefühl der Schüler in der Klasse als Moderatorvariablen aufgenommen werden. Für alle Variablen werden, wie z. B. von *Lüdtke et al.* (2008) vorgeschlagen, die Mittelwerte der Schüler in der Klasse verwendet. Auf der aggregierten Klassenebene korrelieren die vier Variablen erwartungsgemäß deutlich (*Tabelle 4.4*), wobei die Richtung der Zusammenhänge ebenfalls stimmt. Vor allem der Zusammenhang zwischen dem Schamgefühl und den devianten Überzeugungen ist dabei besonders stark ($r = -0,74$). Je ausgeprägter das Schamgefühl bzgl. Gewalt ist, desto weniger ausgeprägt sind die gruppenspezifischen devianten Überzeugungen.

Tabelle 4.4 Bivariate Korrelationen auf Level 2 (Schulklasse) der relevanten Variablen für Cross-Level-Interaktionen

	(1)	(2)	(3)	(4)
(1) leichte Schuldevianz (Level 2)	1			
(2) offene Aggression (Level 2)	0.532	1		
(3) Delinquente Überzeugungen (Level 2)	0.566	0.355	1	
(4) Scham Gewalt (Level 2)	−0.605	−0.333	−0.736	1

n = 63 Klassen, Klassenmittelwerte, alle Korrelationen $p < 0,001$

4.3 Ergebnisse

In einem ersten Schritt werden Modelle für die abhängige Variable Indegree geschätzt. Die Koeffizienten dieser Modelle können ohne Schwierigkeiten inhaltlich interpretiert werden, da die abhängige Variable misst, wie viele Nominierungen ein Schüler erhält. Die nicht-standardisierten Koeffizienten in den Regressionsmodellen sagen also aus, wie viele Nominierungen ein Schüler mehr oder weniger erhält, wenn sich die abhängige Variable um eine Einheit ändert. Tabelle 4.5 gibt die Ergebnisse von sechs Modellen wieder, in denen schrittweise die Einflüsse von delinquenten Überzeugungen, Schamgefühl bei Gewalt, leichter Schuldevianz und offener Aggression getestet werden. Außer der Netzwerkgröße enthalten diese Modelle keine weiteren Kontrollvariablen. Im Modell mA0b zeigen die delinquenten Überzeugungen einen signifikanten positiven Effekt, was bedeutet, dass Schüler mit stärker ausgeprägten delinquenten Überzeugungen populärer sind. Mit der Änderung um eine Standardabweichung der unabhängigen Variablen erhalten Schüler im Mittel 0,185 Nominierungen mehr. Dieser signifikante Effekt ist relativ klein, da der z-standardisierte Faktorwert (Mittelwert = 0, Standardabweichung = 1) eine Spannweite von 4,5 hat (Minimum = −1,48/Maximum = 3.02) und somit der maximale Einfluss nur ein Plus von 0,83 Nominierungen bedeutet. Modell mA0c beinhaltet nur den Effekt für

Tabelle 4.5 Indegree, reduzierte Modelle (lineares Mehrebenen-Regressionsmodell, b-Koeffizienten)

	mA0b	mA0c	mA0d	mA1	mA2	mA3
Indegree						
leichte Schuldevianz (fs)				0.381^{***}		0.423^{***}
				(0.000)		(0.000)
offene Aggression (fs)					0.0249	−0.116
					(0.733)	(0.132)
delinquente Überzeugungen	0.185^{**}		0.180^{*}	0.046	0.174^{*}	0.058
	(0.007)		(0.023)	(0.581)	(0.031)	(0.482)
Scham Gewalt		−0.123	−0.014	0.061	−0.009	0.051
		(0.140)	(0.887)	(0.525)	(0.920)	(0.598)
Netzwerk n	0.087^{***}	0.085^{***}	0.088^{***}	0.089^{***}	0.088^{***}	0.089^{***}
	(0.000)	(0.000)	(0.000)	(0.000)	(0.000)	(0.000)
Fälle (n)	1405	1405	1405	1405	1405	1405

p-Werte in Klammern
Datenquelle: MPI-Schulbefragung 2011
* $p < 0.05$, ** $p < 0.01$, *** $p < 0.001$, fs = factor score

das Schamgefühl bei Entdeckung von Gewalt, der nicht signifikant ist. Im Modell mA0d mit beiden Effekten sind nur die delinquenten Überzeugungen signifikant. Dieser Effekt verschwindet, wenn die leichte Schuldevianz in das Modell aufgenommen wird (mA1). Diese mediiert den Effekt der devianten Überzeugungen, und letztere sind dem tatsächlichen Verhalten somit nur vorgeschaltet. Dies macht Sinn, da letztlich aus der Theorie abgeleitet wurde, dass die leichte Devianz ein Mittel ist, um den eigenen Status zu erhöhen, und die internalisierten Normen, die lediglich ein solches Verhalten begünstigen, hierfür nicht direkt ausschlaggebend sein können. Für die offene Aggression kann kein Effekt berichtet werden – weder in dem Modell mit (mA3) oder ohne die leichte Devianz (mA2). Im letzten Fall bleibt der Effekt der devianten Überzeugungen signifikant. Im ersten Fall (mA3) ist nur der Effekt der leichten Devianz (und der der Netzwerkgröße) signifikant. Für das reduzierte Modell mit dem Indegree als abhängige Variable (mA3) bedeutet dies, dass mit Veränderung der leichten Devianz um eine Standardabweichung die Popularität um ca. 0,42 Nominierungen steigt. Konkret bedeutet dies, dass Schüler mit sehr hoher leichter Devianz (95 % Perzentil = 2,13) im Vergleich zu Schülern mit geringen Werten (5 % Perzentil = −0,91) im Durchschnitt 1,28 Nominierungen mehr erhalten.[6]

Für die abhängigen Variablen Eigenvektor-Zentralität, Closeness-Zentralität und Betweenness-Zentralität wurden entsprechende Modelle gerechnet (siehe elektronisches Zusatzmaterial 9.2 Tabelle 9.1 bis Tabelle 9.3). Die Ergebnisse sind in *Abbildung 4.6* und *Abbildung 4.7* zusammengefasst, die die Koeffizienten und ihr zugehöriges 95-%-Konfidenzintervall abbilden. Für die Eigenvektor-Zentralität, die am stärksten mit der Indegree-Popularität korreliert, sind im Wesentlichen identische Ergebnisse zu beobachten. Die delinquenten Überzeugungen haben nur in den Modellen ohne die leichte Devianz einen signifikanten Effekt, das Schamgefühl bei Entdeckung von Gewalt spielt ebenso wie die offene Aggression keine Rolle. In Modellen mit den abhängigen Variablen Closeness- und Betweenness-Zentralität gibt es über alle Modelle lediglich einen Effekt für die leichte Devianz zu berichten. Dieser ist hier ebenfalls positiv, alle anderen Variablen zeigen keine signifikanten Effekte.

Vorerst kann Folgendes festgehalten werden: Sowohl für die Prestige-Modelle als auch für die Zentralitäts-Modelle kann beobachtet werden, dass die leichte Devianz – wie in Hypothese H1.1 angenommen – einen positiven Effekt auf die Popularität bzw. den Status von Schülern aufweist. Die devianten Überzeugungen haben dabei nur einen indirekten Effekt und sollten eher als ‚Causes

[6] Es wurde zusätzlich geprüft, ob ein kurvilinearer Effekt vorhanden ist. Dieser ist jedoch nicht signifikant.

of the Causes' betrachtet werden, dies gilt zudem nur für die Prestigemaße Indegree-Popularität und Eigenvektor-Zentralität. Im Folgenden wird untersucht, ob dieser Effekt auch unter Kontrolle weiterer hypothesenrelevanter Variablen und zusätzlicher Kontrollvariablen vorliegt.

Tabelle 4.6 zeigt die die Modellierung des Indegree unter schrittweiser Aufnahme weiterer Variablen. In Modell mA4 werden die oben genannten Kontrollvariablen Schultyp, Klassenstufe und Erhebungsgebiet auf Level 2 sowie der Schulerfolg auf Level 1 aufgenommen. Der Schulerfolg hat in diesem Modell einen signifikanten positiven Effekt, was bedeutet, dass mit einem besseren Notendurchschnitt in den Fächern Deutsch, Mathe und erste Fremdsprache (im innerschulischen Vergleich) eine höhere Popularität einhergeht. Dies stützt die Hypothese, dass sich der Schulerfolg positiv auf die Popularität auswirkt. Mit Aufnahme des sportlichen Erfolgs (m5A), der die Popularität sehr steigert, bleibt Schulerfolg auch weiterhin signifikant, der Effekt wird aber schwächer. Wird zusätzlich kontrolliert, ob Schüler neu in der Klasse sind, so reduziert sich der Effekt des Schulerfolgs weiter und ist nicht mehr signifikant (mA6). In diesem

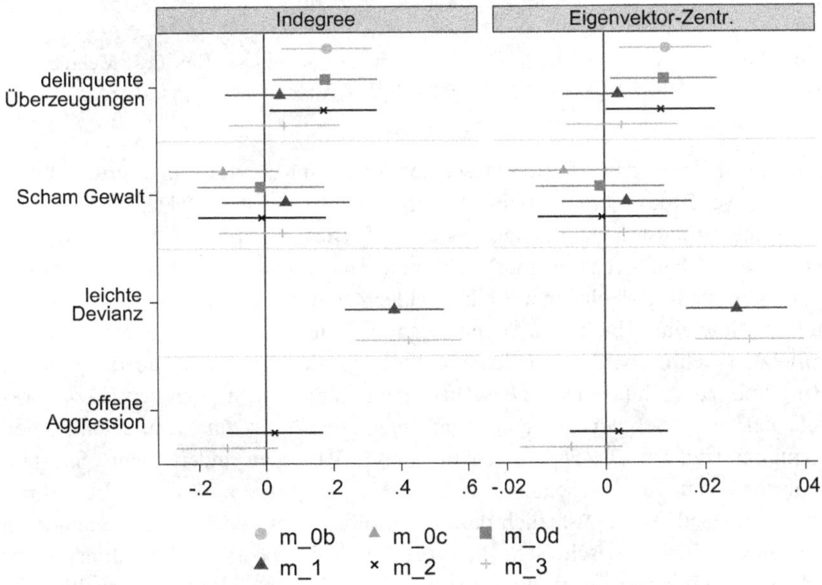

Abbildung 4.6 Modellvergleich Indegree und Eigenvektorzentralität (lineares Mehrebenen-Regressionsmodell, Aufbau analog zu Tabelle 4.5)

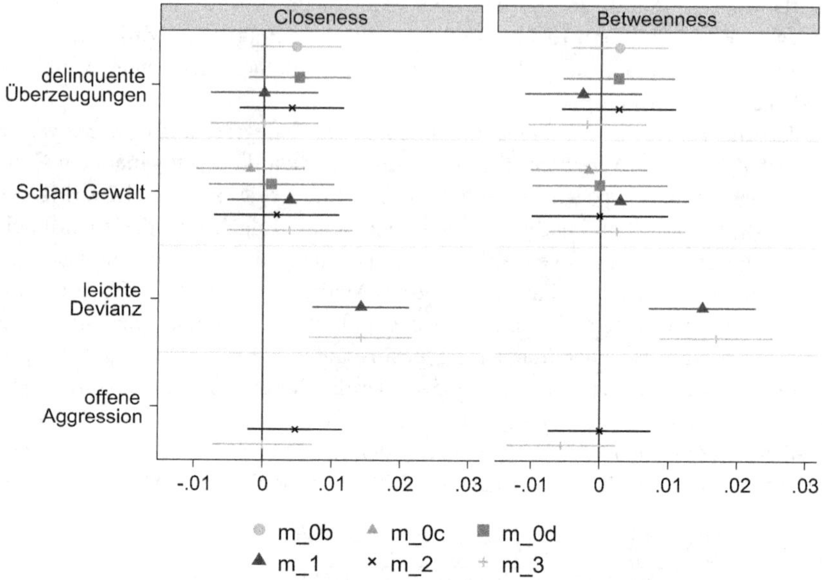

Abbildung 4.7 Modellvergleich Closeness und Betweenness (lineares Mehrebenen-Regressionsmodell, Aufbau analog zu Tabelle 4.5)

Schritt wurde zusätzlich für das Geschlecht und den Migrationshintergrund (Level 1 und Level 2) kontrolliert. Beide Variablen haben keinen Effekt. Die Sportnote weist einen robusten signifikanten Effekt auf. Dieser ist positiv: Schüler, die die Note zwei haben, erhalten im Durchschnitt (nach Modell mA6) ca. 0,5 Nominierungen mehr als Schüler mit einer schlechteren Note. Sehr sportliche Schüler mit der Note eins erhalten im Schnitt sogar ca. eine Nominierung mehr. In einem vorletzten Schritt wird zusätzlich die Variable aufgenommen, die das positive Verhältnis zur Schule misst. Diese hat einen signifikanten positiven Effekt, was bedeutet, dass Schüler mit einem positiven Verhältnis zur Schule tendenziell populärer sind (mA7). Die Aufnahme dieser Variablen ändert nichts Substanzielles an den vorhergehenden Effekten, bringt jedoch zusätzliche Erklärkraft mit ins Modell. Wird zusätzlich dafür kontrolliert, wie glücklich die Schüler im Allgemeinen sind, so schwächt dies den Effekt des positiven Verhältnisses zur Schule ab und dieser ist nur noch auf dem 10-%-Niveau signifikant. Inhaltlich ist dieser „Glücks-Effekt" aufgrund der unbekannten Kausalrichtung schwierig zu interpretieren. Jedoch gilt auch hier, dass die übrigen Effekte bei Aufnahme der

Tabelle 4.6 Indegree, erweiterte Modelle (lineares Mehrebenen-Regressionsmodell, b-Koeffizienten)

	mA4	mA5	mA6	mA7	mA8
leichte Schuldevianz (fs)	0.435***	0.420***	0.434***	0.458***	0.449***
	(0.000)	(0.000)	(0.000)	(0.000)	(0.000)
offene Aggression (fs)	−0.116	−0.128	−0.120	−0.115	−0.109
	(0.132)	(0.094)	(0.112)	(0.125)	(0.144)
delinquente Überzeugungen	0.0695	0.0483	0.0577	0.110	0.122
	(0.402)	(0.557)	(0.489)	(0.196)	(0.150)
Scham Gewalt	0.0226	0.0129	−0.0100	−0.0390	−0.0254
	(0.815)	(0.893)	(0.916)	(0.683)	(0.790)
Schulerfolg (GMCS)	0.303**	0.206*	0.0955	0.0608	0.0395
	(0.002)	(0.034)	(0.331)	(0.538)	(0.688)
0.Sport		0	0	0	0
		(.)	(.)	(.)	(.)
1.Sport		0.469**	0.496**	0.480**	0.430**
		(0.004)	(0.002)	(0.003)	(0.008)
2.Sport		0.987***	1.038***	1.011***	0.971***
		(0.000)	(0.000)	(0.000)	(0.000)
0.Neu in Klasse N = 0 Y = 1			0	0	0
			(.)	(.)	(.)
1.Neu in Klasse N = 0 Y = 1			−1.682***	−1.667***	−1.625***
			(0.000)	(0.000)	(0.000)
0.Geschlecht			0	0	0
			(.)	(.)	(.)
1.Geschlecht			0.125	0.121	0.210
			(0.405)	(0.421)	(0.165)
0b.Migrationsh			0	0	0
			(.)	(.)	(.)
1.Migrationsh			0.216	0.198	0.189
			(0.155)	(0.191)	(0.210)

(Fortsetzung)

Tabelle 4.6 (Fortsetzung)

	mA4	mA5	mA6	mA7	mA8
pos. Verh. z. Schule (fs)				0.207^{**}	0.143
				(0.004)	(0.053)
glücklich					0.189^{***}
					(0.000)
Netzwerk n	0.0695^{*}	0.0718^{*}	0.0714^{*}	0.0698^{*}	0.0676^{*}
	(0.016)	(0.010)	(0.017)	(0.017)	(0.021)
% Mädchen			0.181	0.205	0.196
			(0.723)	(0.681)	(0.694)
% Migrationshintergrund			0.183	0.0787	0.131
			(0.706)	(0.868)	(0.783)
8. Klasse (Ref.)	0	0	0	0	0
	(.)	(.)	(.)	(.)	(.)
9. Klasse	−0.184	−0.230	−0.262	−0.255	−0.238
	(0.387)	(0.268)	(0.208)	(0.208)	(0.242)
10. Klasse	-0.724^{**}	-0.771^{**}	-0.770^{**}	-0.700^{**}	-0.705^{**}
	(0.008)	(0.003)	(0.003)	(0.007)	(0.006)
Schultyp[a]	n.s	n.s	n.s	n.s	n.s
Mannheim	0.107	0.137	0.139	0.108	0.0890
	(0.612)	(0.500)	(0.489)	(0.583)	(0.651)
Fälle (n)	1405	1405	1405	1405	1405

p-Werte in Klammern
Datenquelle: MPI-Schulbefragung 2011
† $p < 0.1$, * $p < 0.05$, ** $p < 0.01$, *** $p < 0.001$, [a] Schultyp unterdrückt (nicht signifikant)
(fs) = Factorscore, (GMCS) = Zentrierung am Gruppenmittelwert der Schule

„Glücksmessung" nahezu unverändert bleiben und diese Variable eben zusätzlich erklären kann.

Es lässt sich schlussfolgern, dass die Popularität im Klassenverbund ein komplexes Phänomen ist und mehrere Aspekte – die in ihrer Gänze sicherlich niemals in einem Modell erfasst werden können – dafür verantwortlich sind, dass manche Schüler populärer sind als andere. Die leichte Schuldevianz zeigt hierbei jedoch einen über die schrittweisen Modelle relativ robusten Effekt, weshalb davon ausgegangen werden kann, dass derartiges Verhalten zumindest teilweise zur Popularität beiträgt. Im vollständigen Modell beträgt der Effekt b = 0,449 und liegt damit sehr nahe an dem Effekt im reduzierten Modell. Schüler mit sehr hoher leichter Devianz (95-%- Perzentil = 2,13) erhalten im Vergleich zu Schülern mit sehr geringen Werten (5-%-Perzentil = −0,91) im Durchschnitt 1,37 Nominierungen mehr. Die offene Aggression hat in den Modellen zum Indegree jedoch keinen signifikanten Effekt. Der Schulerfolg hat nur einen indirekten Effekt, der im vollständigen Modell verschwindet. Ob Schüler sportlich sind, ist dagegen auch im vollständigen Modell von Bedeutung. Schüler, die im Fach Sport die Note zwei haben, bekommen durchschnittlich 0,43 Nominierungen mehr als Schüler mit einer Drei oder schlechter. Schüler mit der Note eins bekommen sogar 0,97 Nominierungen mehr. Ob ein Schüler neu in der Klasse ist, spielt eine sehr zentrale Rolle. Diese Schüler erhalten im Mittel −1,63 Nominierungen weniger. Auf Level 2 gibt es einen konstanten Effekt der Netzwerkgröße, der jedoch erwartbar ist und eher der Kontrolle dient. Auffällig ist, dass in der zehnten Klasse die Anzahl der eingehenden Nominierungen signifikant geringer ist. Dies kann damit zusammenhängen, dass ältere Schüler ihren Freundeskreis stärker außerhalb der Schule haben, oder dass diese eine andere Vorstellung vom Freundschaftsbegriff haben – dieses Ergebnis ist jedoch nicht hypothesenrelevant.

Werden die Modelle für die drei anderen abhängigen Variablen schrittweise weiter aufgebaut, so zeigen sich keine zusätzlichen bedeutsamen Ergebnisse. Der Schulerfolg spielt für Eigenvektor-Zentralität auch in dem Modell ohne die Sportnote und das Merkmal „neu in der Klasse" keine Rolle. In den Modellen für Closeness- und Betweenness-Zentralität gibt es einen signifikanten positiven Effekt für den Schulerfolg, der allerdings mit der Aufnahme der Sportnote stark abnimmt und nicht mehr signifikant ist. Deshalb werden im Folgenden jeweils nur zwei Modelle pro abhängige Variable verglichen: das vollständige Modell mit und ohne die zwei Variablen Glück und positive Einstellung zur Schule. Tabelle 4.7 beinhaltet die standardisierten beta-Koeffizienten, da die Einheiten von Eigenvektor-, Betweenness- und Closeness-Zentralität ohnehin nicht so geradlinig inhaltlich interpretiert werden können wie der Indegree. Die beta-Koeffizienten lassen es dagegen zu, innerhalb des Modells eine Rangordnung der Wichtigkeit der Prädiktoren auf der Individualebene zu erhalten. Für den fixen Teil des Modells ist dies relativ unproblematisch und erfolgt nach der von *Hox* (2010, 21 f.) vorgeschlagenen Berechnung.

Das wichtigste Ergebnis dieser Analysen ist, dass die leichte Schuldevianz auf die vier unterschiedlichen Messungen von Popularität und Zentralität einen signifikanten positiven Einfluss hat. Diese Art von abweichendem Verhalten trägt zu einem höheren Prestige und einer zentraleren Position in der Klasse bei und ist also statusfördernd. Gleiches gilt für den sportlichen Erfolg, wobei dieser in den Prestige-Modellen (Indegree und Eigenvektor-Zentralität) bzgl. des Vergleichs der beta-Koeffizienten eher gleichberechtigt neben der leichten Devianz steht. In den

Tabelle 4.7 Indegree (A), Eigenvektor-Zentralität (B), Closeness (C), Betweenness (D), erweiterte Modelle (lineares Mehrebenen-Regressionsmodell, beta-Koeffizienten)

	mA7b	mA9b	mB7b	mB9b	mC7b	mC9b	mD7b	mD9b
leichte Schuldevianz. (fs)	0.169***	0.175***	0.165***	0.167***	0.102***	0.119***	0.132***	0.143***
	(0.000)	(0.000)	(0.000)	(0.000)	(0.000)	(0.000)	(0.000)	(0.000)
offene Aggression (fs)	−0.046	−0.042	−0.037	−0.034	−0.001	0.004	−0.038	−0.033
	(0.112)	(0.144)	(0.203)	(0.239)	(0.983)	(0.879)	(0.208)	(0.265)
del. Überzeugungen	0.023	0.048	0.031	0.045	−0.010	0.033	−0.015	0.015
	(0.489)	(0.150)	(0.338)	(0.179)	(0.744)	(0.286)	(0.649)	(0.672)
Scham Gewalt	−0.003	−0.008	−0.001	−0.003	0.019	0.003	−0.010	−0.023
	(0.916)	(0.790)	(0.977)	(0.914)	(0.510)	(0.922)	(0.755)	(0.485)
Schulerfolg (GMCS)	0.026	0.011	−0.010	−0.019	0.015	−0.006	0.026	0.011
	(0.331)	(0.688)	(0.715)	(0.490)	(0.553)	(0.811)	(0.338)	(0.695)
0b.Sport	0.000	0.000	0.000	0.000	0.000	0.000	0.000	0.000
	(.)	(.)	(.)	(.)	(.)	(.)	(.)	(.)
1.Sport	0.096**	0.084**	0.079*	0.070*	0.080**	0.071*	0.048	0.038
	(0.002)	(0.008)	(0.013)	(0.027)	(0.008)	(0.018)	(0.142)	(0.240)
2.Sport	0.184***	0.172***	0.151***	0.143***	0.114***	0.103***	0.103**	0.092**
	(0.000)	(0.000)	(0.000)	(0.000)	(0.000)	(0.001)	(0.002)	(0.005)
0b.Neu in Klasse N = 0 Y = 1	0.000	0.000	0.000	0.000	0.000	0.000	0.000	0.000
	(.)	(.)	(.)	(.)	(.)	(.)	(.)	(.)

(Fortsetzung)

Tabelle 4.7 (Fortsetzung)

	mA7b	mA9b	mB7b	mB9b	mC7b	mC9b	mD7b	mD9b
1.Neu in Klasse N = 0 Y = 1	−0.144***	−0.139***	−0.147***	−0.144***	−0.087***	−0.082***	−0.068*	−0.064*
	(0.000)	(0.000)	(0.000)	(0.000)	(0.001)	(0.001)	(0.013)	(0.017)
0b.Geschlecht	0.000	0.000	0.000	0.000	0.000	0.000	0.000	0.000
	(.)	(.)	(.)	(.)	(.)	(.)	(.)	(.)
1.Geschlecht	0.024	0.041	0.049	0.062*	−0.037	−0.031	0.014	0.022
	(0.405)	(0.165)	(0.099)	(0.042)	(0.176)	(0.258)	(0.650)	(0.488)
0b.Migrationsh	0.000	0.000	0.000	0.000	0.000	0.000	0.000	0.000
	(.)	(.)	(.)	(.)	(.)	(.)	(.)	(.)
1.Migrationsh	0.041	0.036	−0.013	−0.016	0.011	0.004	0.026	0.020
	(0.155)	(0.210)	(0.652)	(0.577)	(0.681)	(0.893)	(0.387)	(0.500)
pos. Verh. z. Schule (fs)		0.056†		0.025		0.150***		0.101***
		(0.053)		(0.401)		(0.000)		(0.001)
glücklich		0.092***		0.065*		0.040		0.045
		(0.000)		(0.016)		(0.109)		(0.104)
Netzwerk n	0.129*	0.123*	−0.196***	−0.202***	−0.256**	−0.262**	−0.104*	−0.111**
	(0.017)	(0.021)	(0.000)	(0.000)	(0.007)	(0.005)	(0.017)	(0.010)
% Mädchen	0.014	0.015	0.037	0.038	0.032	0.035	0.023	0.025
	(0.723)	(0.694)	(0.215)	(0.207)	(0.624)	(0.584)	(0.464)	(0.417)

(Fortsetzung)

Tabelle 4.7 (Fortsetzung)

	mA7b	mA9b	mB7b	mB9b	mC7b	mC9b	mD7b	mD9b
% Migrationshintergrund	0.017	0.012	0.006	0.004	−0.026	−0.042	−0.072	−0.084*
	(0.706)	(0.783)	(0.878)	(0.917)	(0.729)	(0.565)	(0.054)	(0.025)
8. Klasse	0.000	0.000	0.000	0.000	0.000	0.000	0.000	0.000
	(.)	(.)	(.)	(.)	(.)	(.)	(.)	(.)
9. Klasse	−0.050	−0.046	−0.109***	−0.107***	−0.076	−0.072	−0.013	−0.009
	(0.208)	(0.242)	(0.000)	(0.001)	(0.277)	(0.297)	(0.689)	(0.771)
10. Klasse	−0.118**	−0.108**	−0.065*	−0.060†	−0.200**	−0.179**	−0.006	0.009
	(0.003)	(0.006)	(0.041)	(0.059)	(0.004)	(0.008)	(0.865)	(0.788)
Gymnasium	0.000	0.000	0.000	0.000	0.000	0.000	0.000	0.000
	(.)	(.)	(.)	(.)	(.)	(.)	(.)	(.)
Gesamtschule	0.005	0.002	0.025	0.024	0.050	0.047	−0.027	−0.029
	(0.895)	(0.947)	(0.379)	(0.404)	(0.458)	(0.477)	(0.350)	(0.315)
Realschule	−0.055	−0.058	−0.017	−0.019	−0.070	−0.078	−0.015	−0.020
	(0.145)	(0.111)	(0.567)	(0.522)	(0.283)	(0.222)	(0.614)	(0.503)
HS/Werk-RS	−0.013	−0.025	0.009	0.002	0.007	−0.012	−0.000	−0.015
	(0.776)	(0.566)	(0.801)	(0.967)	(0.926)	(0.872)	(0.996)	(0.682)
Mannheim	0.027	0.017	−0.017	−0.022	−0.025	−0.038	−0.055	−0.065*
	(0.489)	(0.651)	(0.579)	(0.461)	(0.710)	(0.564)	(0.079)	(0.037)
Fälle (n)	1405	1405	1405	1405	1405	1405	1405	1405

p-Werte in Klammern
Datenquelle: MPI-Schulbefragung 2011
† $p < 0.1$, * $p < 0.05$, ** $p < 0.01$, *** $p < 0.001$
(fs) = Factorscore, (GMCS) = Zentrierung am Gruppenmittelwert der Schule

Zentralitäts-Modellen kann dieser Aspekt eher weniger erklären als die leichte Devianz. In Hinblick auf die Betweenness-Zentralität profitieren zudem nur „sehr sportliche“ Schüler mit der Note Eins.

Die offene Aggression spielt in keinem der Modelle eine bedeutsame Rolle. Das Attribut „neu in der Klasse“ weist in allen Modellen einen negativen signifikanten Effekt auf. Für die Prestigemodelle liegt die Stärke des Effekts eher näher an dem der leichten Devianz, dies besonders bei der Eigenvektor-Zentralität. In den Zentralitäts-Modellen scheint die Devianz etwas wichtiger für eine zentrale Position zu sein. Weitere signifikante Effekte sind für die beiden eher explorativen Variablen „Glück“ und „positives Verhältnis zur Schule“ zu beobachten. Werden diese in die Modelle aufgenommen, ändert sich im Großen und Ganzen nichts an den übrigen Effekten. Die Erklärkraft des sportlichen Erfolgs und des Attributs ‚neu in der Klasse‘ wird in allen Modellen etwas geringer, die der leichten Devianz nimmt hingegen etwas zu. In den beiden Prestige-Modellen weisen das individuelle Glücksempfinden und in den beiden Zentralitätsmodellen das positive Verhältnis zur Schule signifikante Effekte auf. Inwieweit dies inhaltlich genau interpretiert werden kann, ist vor allem für das Glücksempfinden eine schwierige Frage, da hier das Problem der Kausalrichtung weitaus schwieriger zu beurteilen ist, für dessen Klärung Längsschnittdaten nötig wären. Für Jugendliche wurde bereits untersucht, dass Integration in Freundschaften und ein daraus resultierendes Gefühl der Zugehörigkeit (als Mediatorvariable) sich positiv auf die mentale Zufriedenheit auswirken (*Ueno* 2005) und auch für breitere Kontexte ist – am Rande bemerkt – bekannt, dass eine gute Integration in soziale Netze Zufriedenheit und Glücksempfinden steigert (z. *B. Putnam* 2000). Das positive Verhältnis zur Schule hat in den beiden Zentralitäts-Modellen einen signifikanten Einfluss. Für die Closeness-Zentralität ist dieser sogar der wichtigste Effekt (beta = 0.15). Letztlich handelt es sich für die vorliegende Fragestellung hierbei jedoch nur um Nebenerkenntnisse.

4.3.1 Kontextgebundene Effekte – Cross-Level-Interaktionen

In einem weiteren Schritt soll geprüft werden, inwieweit die Effekte von abweichendem Verhalten auf das Prestige und die Zentralität von Schülern in Schulklassen kontextgebunden sind (siehe Hypothese H1.4). Hierfür werden in den Modellen sogenannte Cross-Level-Interaktionen getestet. Dem liegt der Gedanke zugrunde, dass z. B. der Effekt von offener Aggression nur dann einen statussenkenden Effekt hat, wenn dieses Verhalten vom Großteil der Schulklasse nicht gebilligt wird. Wäre derartiges Verhalten in der Schulklasse stark verbreitet und wären delinquente Überzeugungen allgemein akzeptiert, so könnte davon ausgegangen werden, dass ausgeprägtes derartiges Verhalten nicht sanktioniert wird oder – wenn man an die Argumentation von *Anderson* (1999) und *Warr* (2002) denkt – sogar statusfördernd wirkt.

Cross-Level-Interaktionen können in Mehrebenenmodellen geprüft werden. Dabei ist es oft so, dass zuerst in einem Random-Slope-Modell (siehe z. B. *Hox* 2010; *Snijders & Bosker* 2012) getestet wird, ob der Steigerungskoeffizient eines individuellen Prädiktors zwischen unterschiedlichen Kontexten (hier Schulklassen) bedeutsam variiert (Random Slope). Im Anschluss daran wird mit Hilfe von Cross-Level-Interaktionen untersucht, durch welche Eigenschaften des Kontextes diese Varianz des Steigerungskoeffizienten erklärt werden kann. Die Kontextvariable dient dabei in der Regel als Moderatorvariable (*Aguinis, Gottfredson & Culpepper* 2013). Auch wenn der Random Slope nicht signifikant ist, kann eine Cross-Level-Interaktion auf der Basis eines stimmigen Theoriekonzepts bzw. vorhergehenden Erkenntnissen geprüft werden. Da die Erklärkraft einer signifikanten Cross-Level-Interaktion in der Regel höher ist als die des Random Slope, spricht nichts gegen dieses Vorgehen, selbst wenn für sich genommen kein signifikanter Random Slope existiert (vgl. *Snijders & Bosker* 2012, 82). So wird auch im Folgenden vorgegangen, und auf ausführliche Tests und Berichte zu den betreffenden Random-Slopes wird verzichtet. Speziell in Modellen mit Cross-Level-Interaktionen stellt sich die Frage nach der Modellkomplexität. Zwar empfehlen *Aguinis et al.* (2013) alle Cross-Level-Interaktionen in einem Modell zu testen, jedoch kann dies gleichzeitig zu Problemen beim Konvergieren der Modelle oder Problemen mit Freiheitsgraden führen. Im Folgenden wird jeweils schrittweise ein Modell mit nur einem Interaktionseffekt getestet, ergänzend wird jedoch auch überprüft, wie ein Modell mit mehreren Interaktionseffekten aussieht.

In einem ersten Schritt wird untersucht, ob die zuvor berichteten Effekte der leichten Schuldevianz und der offenen Aggression daran gebunden sind, wie ausgeprägt dieses Verhalten in der jeweiligen Schulklasse ist. Für die leichte Devianz konnte zuvor festgestellt werden, dass ein globaler Effekt vorliegt. Für die offene Aggression konnte jedoch entgegen Hypothese H1.2 kein Effekt gefunden werden. In *Tabelle 4.8* wird für das reduzierte Modell ohne Kontrollvariablen und auch für Modelle mit allen bisher verwendeten Kovariaten getestet, ob diese Effekte auf den Indegree bezogen an den Klassenkontext gebunden sind. Es wird also geprüft, ob der individuelle Wert, hier am Gruppenmittelwert zentriert, mit dem Gruppenmittelwert interagiert.

Tabelle 4.8 Indegree (A), reduzierte und erweiterte Modelle mit Cross-Level-Interaktionen (lineares Mehrebenen-Regressionsmodell, b-Koeffizienten)

	iaA1r	iaA2r	iaA3r	iaA1v	iaA2v	iaA3v
Indegree						
Leichte Devianz (GMC)	0.356***	0.439***	0.383***	0.379***	0.445***	0.396***
	(0.000)	(0.000)	(0.000)	(0.000)	(0.000)	(0.000)
Leichte Devianz (GM)	0.436		0.713	0.449		0.734
	(0.192)		(0.058)	(0.229)		(0.061)
IA: Leichte Devianz (GMC*GM)	0.707**		0.582*	0.600*		0.509*
	(0.006)		(0.026)	(0.017)		(0.046)
Offene Aggression (GMC)	−0.128	−0.267**	−0.264**	−0.139	−0.254*	−0.251*
	(0.103)	(0.008)	(0.008)	(0.090)	(0.011)	(0.012)
Offene Aggression (GM)		−0.209	−0.542		−0.431	−0.692
		(0.515)	(0.130)		(0.207)	(0.054)
IA: Offene Aggression (GMC*GM)		0.335**	0.274*		0.318**	0.266*
		(0.006)	(0.029)		(0.009)	(0.031)
Schulerfolg (GMCS)				0.0458	0.0356	0.0409
				(0.641)	(0.717)	(0.677)
1.Sport (Ref. 0)				0.431**	0.415*	0.415*
				(0.008)	(0.010)	(0.010)
2.Sport (Ref. 0)				0.974***	0.980***	0.979***
				(0.000)	(0.000)	(0.000)
Neu in Klasse N = 0 Y = 1				−1.552***	−1.591***	−1.510***
				(0.000)	(0.000)	(0.000)
pos. Verh. z. Schule (fs)				0.148*	0.149*	0.150*
				(0.045)	(0.045)	(0.041)
glücklich				0.187***	0.185***	0.185***
				(0.001)	(0.001)	(0.001)

(Fortsetzung)

Tabelle 4.8 (Fortsetzung)

	iaA1r	iaA2r	iaA3r	iaA1v	iaA2v	iaA3v
Netzwerk n	0.092***	0.080***	0.088***	0.070*	0.056	0.0622*
	(0.000)	(0.000)	(0.000)	(0.019)	(0.063)	(0.034)
9. Klasse (Ref. 8)				−0.226	−0.277	−0.232
				(0.272)	(0.176)	(0.245)
10. Klasse (Ref. 8)				−0.676**	−0.792**	−0.800**
				(0.009)	(0.003)	(0.002)
Konstante	2.929***	3.236***	3.024***	2.674**	3.264**	2.924**
	(0.000)	(0.000)	(0.000)	(0.010)	(0.001)	(0.004)
Fälle (n)	1405	1405	1405	1405	1405	1405

p-Werte in Klammern, IA = Interaktion, (GMCS) = Zentrierung am Gruppenmittelwert der Schule, (GMC) = Zentrierung am Gruppenmittelwert der Schule, (GM) = Gruppenmittelwert
Datenquelle: MPI-Schulbefragung 2011
* $p < 0.05$, ** $p < 0.01$, *** $p < 0.001$
Nicht-signifikante Kontrollvariablen werden aus Gründen der Übersichtlichkeit nicht berichtet (komplette Tabelle siehe elektronisches Zusatzmaterial 9.2, Tabelle 9.4), Individualebene: Scham Gewalt, delinquente Überzeugungen, Geschlecht, Migrationshintergrund/Klassenebene: % Mädchen, % Migrationshintergrund, Schultyp, Erhebungsgebiet/Referenzkategorien aus Gründen der Übersichtlichkeit unterdrückt: Nicht neu in Klasse, Sportnote 3 und schlechter, 8. Klasse

Im reduzierten Modell (iaA1r) mit der Interaktion zwischen individueller leichter Devianz und dem durchschnittlichen Level in der Schulklasse gibt es eine signifikante Cross-Level-Interaktion. Diese ist positiv und bedeutet, dass der individuelle Effekt stärker wird, je devianter die Klasse insgesamt ist. Für die offene Aggression (iaA2r) weist der individuelle Effekt nun einen signifikanten und negativen Haupteffekt auf, und auch der zugehörige Interaktionsterm ist positiv und signifikant. In dem reduzierten Modell mit beiden Interaktionseffekten bleiben die Effekte weiterhin signifikant und ändern die Ergebnisse im Wesentlichen nicht.

Gleiches gilt auch für das vollständige Modell mit weiteren Kovariaten (Tabelle 4.8), wobei die Effekte dieser bezüglich der Signifikanz dem vollständigen Modell (mA8) ohne Interaktion entsprechen und auch die Koeffizienten nahezu identische Werte aufweisen. Da Interaktionseffekte schwer zu interpretieren sind, werden diese im Folgenden grafisch dargestellt. Hierzu werden die durchschnittlichen marginalen Effekte der Individualebene für jeweils unterschiedliche Ausprägungen der Klassenebene berechnet. Ohne den Interaktionsterm wären die Linien in Abbildung 4.8 parallel zur x-Achse, da der Effekt für alle Klassen gleich wäre. Über das Konfidenzintervall lässt sich abschätzen, bei welchen Kombinationen der individuelle Effekt von null verschieden, also signifikant ist. Durch die Lage zu der Linie am Nullpunkt der y-Achse wird dargestellt, ob der individuelle Effekt an dieser Stelle positiv oder negativ ist. Die beiden oberen Teilgrafiken stammen aus den reduzierten Modellen (iaA1r und iaA2r), die beiden unteren Teilgrafiken stammen aus den vollständigen Modellen (iaA1v und iaA2v) mit jeweils nur einem Interaktionseffekt.

Inhaltlich lassen sich die Effekte unter Berücksichtigung der Cross Level-Interaktionen wie folgt beschreiben: Die leichte Schuldevianz hat, wie bereits bekannt, einen positiven Effekt, dieser kommt aber erst dann zum Tragen, wenn in der Klasse ein bestimmtes durchschnittliches Niveau dieses Verhaltens vorliegt, und wird dann mit zunehmender Klassendevianz immer stärker. Für die ca. 25 % der Klassen (unterhalb des Wertes −2,2 auf der x-Achse) mit sehr niedrigem Devianz-Niveau gibt es keinen signifikanten Effekt. Für die offene Aggression ist das Gegenteilige zu berichten. Hier ist der Effekt signifikant negativ, jedoch nur für die Klassen mit einem geringen Mittelwert bei der offenen Aggression. Diese wird in diesen Klassen – jetzt der Hypothese H1.4 entsprechend – sanktioniert,

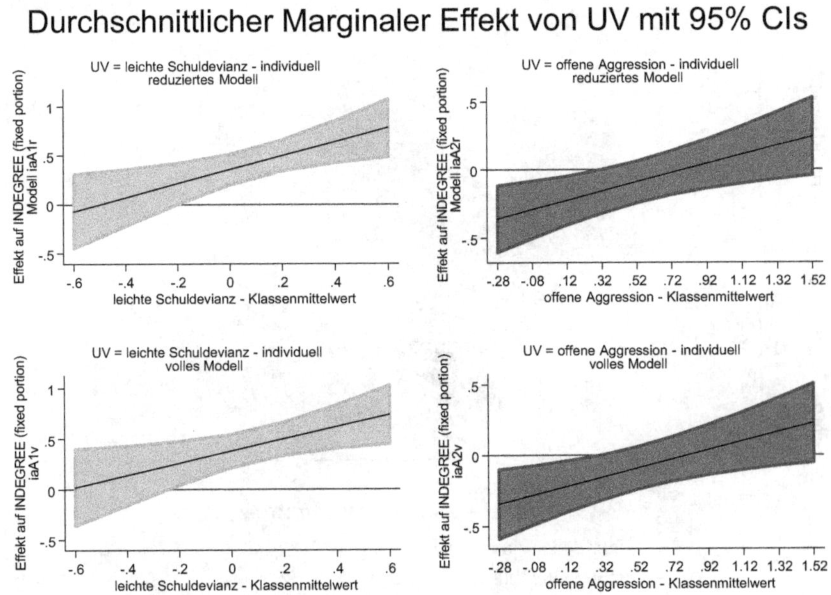

Abbildung 4.8 Cross-Level-Interaktionen mittels durchschnittlicher Marginaler Effekt über Klassenmittelwerte, Indegree, UV = unabhängige Variable

und Schüler, die durch offene Aggression auffallen, erhalten weniger Nominierungen. Dies gilt für ca. 85 % der Klassen, wobei die 25 % der Klassen mit keinem Effekt der leichten Devianz allesamt auch am unteren Ende der offenen Aggression sind (*Abbildung 4.9*). In solchen Klassen wird leichte Devianz nicht belohnt und offene Aggression sogar sanktioniert. In den restlichen ca. 15 % der Klassen mit sehr hohen Durchschnittswerten bei der offenen Aggression wird dieses Verhalten bzgl. des Status nicht sanktioniert. Vergleicht man das volle Modell mit dem reduzierten Modell zeigen sich keine maßgeblichen Unterschiede.

Die Modelle für die Eigenvektor-Zentralität zeigen das gleiche Muster wie die Modelle für den Indegree, und die beiden Interaktionseffekte lassen sich identisch interpretieren, allerdings kann der Koeffizient wiederum nicht so einfach interpretiert werden (siehe elektronisches Zusatzmaterial 9.2 *Tabelle 9.5* sowie *Abbildung 4.10* bis *Abbildung 4.13*). Für die Closeness-Zentralität (*Tabelle 9.6* im elektronischen Zusatzmaterial 9.2) gibt es einen signifikanten Haupteffekt für die leichte Devianz sowie jeweils eine signifikante Cross-Level-Interaktion in allen Modellen (reduziertes und volles Modell, mit und ohne zusätzliche Interaktion). Diese kann gleich interpretiert werden wie beim Indegree, allerdings

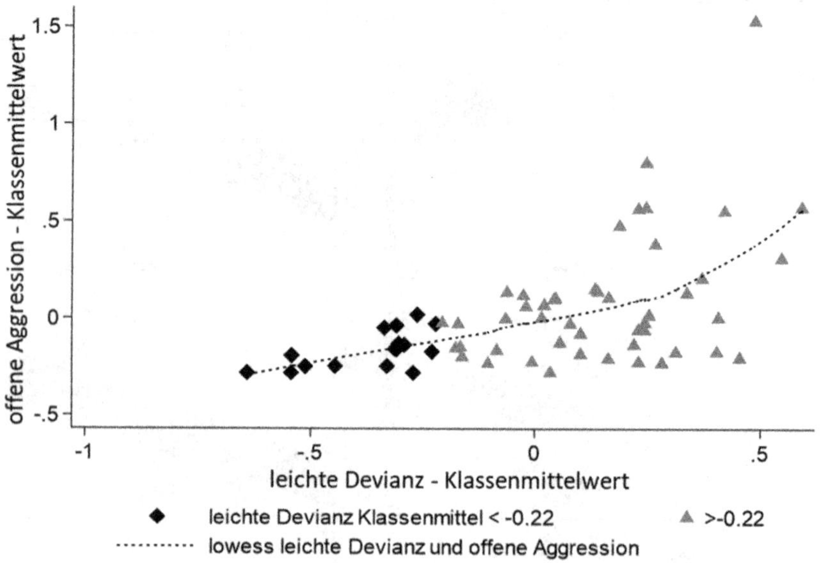

Abbildung 4.9 Zusammenhang leichte Devianz und offene Aggression auf Klassenebene

wird aus *Abbildung 4.10* deutlich, dass der Wert, ab dem der Effekt von Null verschieden ist, deutlich höher liegt. Hier spielt der Effekt für die ca. 45 % der am wenigsten devianten Klassen keine Rolle. Die offene Aggression hat in diesen Modellen wiederum keinen Effekt (lediglich ein signifikanter Haupteffekt in den Modellen mit Cross-Level-Interaktion auf dem 10-%-Niveau). Für die Betweenness-Zentralität (*Tabelle 9.7* im elektronischen Zusatzmaterial 9.2) kann keine signifikante Cross-Level-Interaktion der individuellen leichten Devianz und der leichten Devianz auf der Klassenebene beobachtet werden. Lediglich ein signifikanter Haupteffekt ist vorhanden, der wie auch in den Modellen ohne Interaktion positiv ist. Für die offene Aggression gibt es eine signifikante Interaktion im reduzierten Modell mit nur einem Interaktionsterm. Im vollständigen Modell ist dieser nur auf dem 10-%-Niveau signifikant, Gleiches gilt für das reduzierte Modell mit zwei Interaktionstermen.

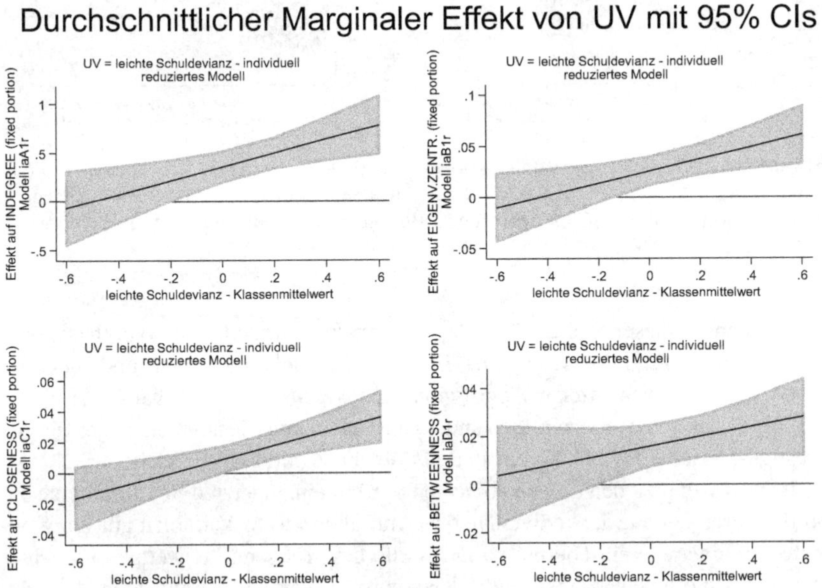

Abbildung 4.10 Cross-Level-Interaktionen „leichte Schuldevianz" mittels durchschnittlicher Marginaler Effekte über Klassenmittelwerte. Vergleich Indegree, Eigenvektor-Zentralität, Closeness und Betweenness, reduziertes Modell, UV = unabhängige Variable

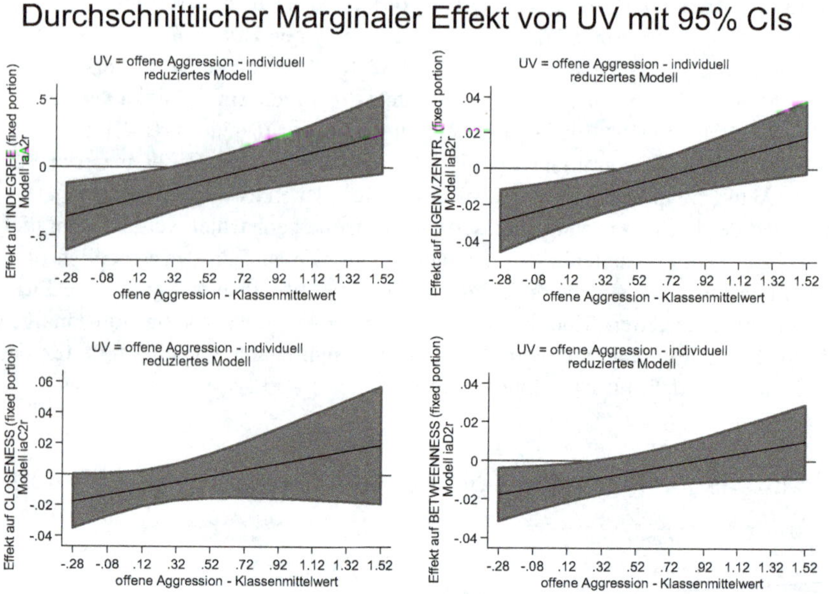

Abbildung 4.11 Cross-Level-Interaktionen „offene Aggression" mittels durchschnittlicher Marginaler Effekte über Klassenmittelwerte. Vergleich Indegree, Eigenvektor-Zentralität, Closeness und Betweenness, reduziertes Modell, UV = unabhängige Variable

Es kann an dieser Stelle Folgendes festgehalten werden: Die Hypothese, dass prestige- bzw. zentralitätsfördernde Effekte von leichter Devianz und die mindernden Effekte von offener Aggression kontextgebunden sind, hat im Hinblick auf die Analysen weiterhin Bestand, auch wenn die Zusammenhänge für die Prestige-Modelle deutlich klarer sind als für die Zentralitäts-Modelle.

In Ergänzung zu den obigen Analysen wird in einem letzten Schritt untersucht, ob die Variablen auf der Individualebene mit alternativen Variablen auf der Kontextebene interagieren. Hierbei wird anstelle des Klassenmittelwerts von leichter Devianz und offener Aggression der Klassenmittelwert der delinquenten Überzeugungen und des Schamgefühls bei Entdeckung von Gewalt aufgenommen. Beide Messungen stehen als Stellvertreter für internalisierte Normen, und die Annahme ist, dass in Klassen mit hohen Durchschnittswerten bei den delinquenten Überzeugungen beide Arten von deviantem Verhalten eher statusfördernd sind. Für Klassen, in denen Gewalt, indirekt über das Schamgefühl gemessen, stark negativ

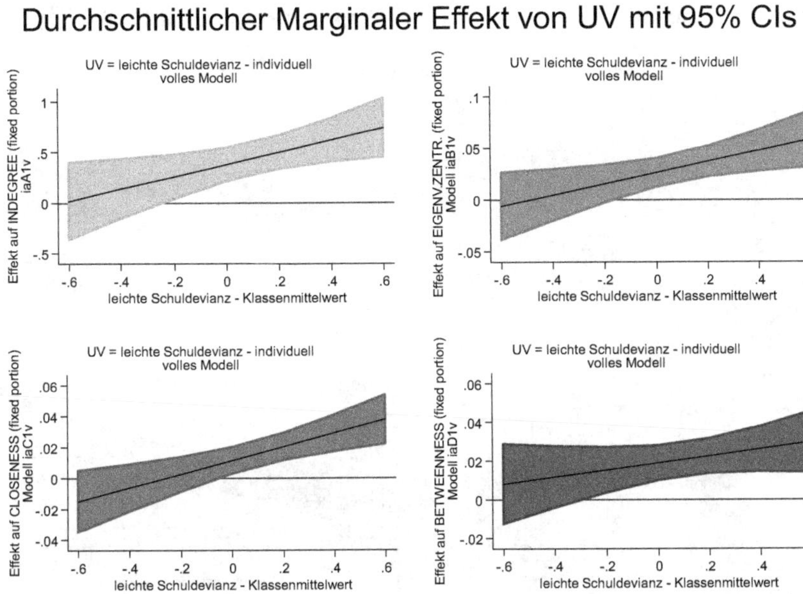

Abbildung 4.12 Cross-Level-Interaktionen „leichte Schuldevianz" mittels durchschnittlicher Marginaler Effekte über Klassenmittelwerte. Vergleich Indegree, Eigenvektor-Zentralität, Closeness und Betweenness, volles Modell, UV = unabhängige Variable

bewertet wird, wird angenommen, dass abweichendes Verhalten den Status eher mindert. Im Folgenden werden diese Interaktionen schrittweise im reduzierten Modell ohne Kontrollvariablen und im vollen Modell getestet.

Für die Modellierung des Indegree gilt, dass die leichte Devianz nach wie vor in allen Modellen einen signifikanten Haupteffekt aufweist (*Tabelle 4.9*). Es gibt jedoch lediglich einen signifikanten Interaktionsterm in dem Modell (iad9A2r) mit der Interaktion zwischen offener Aggression und Klassenlevel bezüglich der Scham bei Entdeckung von Gewalt. Hierbei fällt auf, dass mit Aufnahme dieser Interaktion der Haupteffekt der offenen Aggression signifikant, aber entgegen der Erwartung positiv ist. Dies ist jedoch ein methodisches Artefakt und liegt in der Polung der Variablen auf Level-2 begründet. In der Visualisierung der Interaktion (Abbildung 4.14, oben) wird deutlich, dass der Effekt innerhalb der empirischen Spannweite der Scham auf Level-2 erst ab einem Wert von ca. 2,85

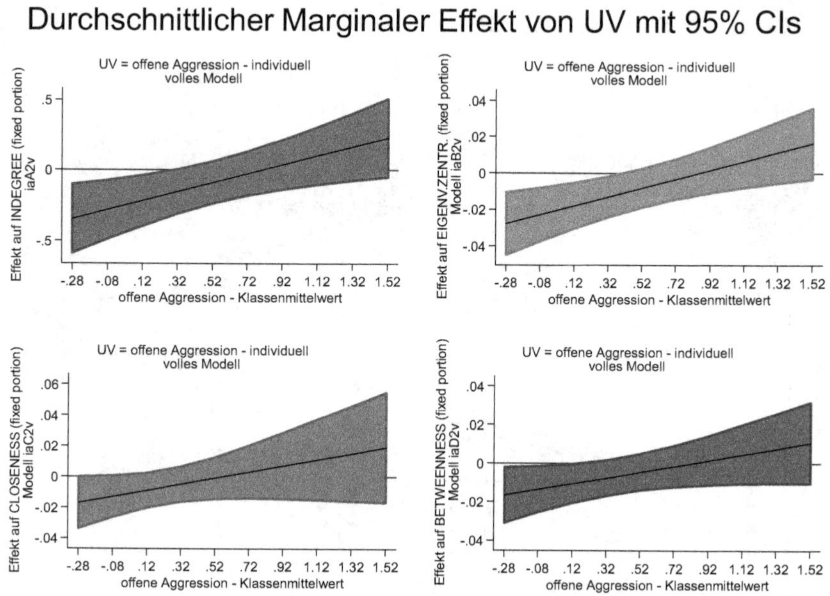

Abbildung 4.13 Cross-Level-Interaktionen „offene Aggression“ mittels durchschnittlicher Marginaler Effekte über Klassenmittelwerte. Vergleich Indegree, Eigenvektor-Zentralität, Closeness und Betweenness, volles Modell, UV = unabhängige Variable

signifikant von Null verschieden, und an dieser Stelle dann negativ ist.[7] Individuelle offene Aggression führt demnach dann zu einem geringeren Status, wenn Gewalt in der Klasse stark negativ bewertet wird – und zwar in dem Sinne, dass sich die Schüler bei Entdeckung dieser durch Freunde oder Lehrer schämen würden. Dieses Ergebnis deckt sich mit Ergebnissen aus den Modellen mit der Interaktion von individueller offener Aggression und offener Aggression auf Klassenebene (Abbildung 4.14, unten). Hier ist der individuelle Effekt dann negativ, wenn das Level an offener Aggression in der Klasse insgesamt niedrig ist. Beide Beobachtungen lassen sich inhaltlich ähnlich interpretieren, auch wenn die Korrelation beider Variablen auf Level-2 mit r = −0,33 nicht außerordentlich stark ist. Im vollen Modell sind im Wesentlichen die gleichen Ergebnisse

[7] Würde im Plot des durchschnittlichen marginalen Effekts die theoretische Spannweite auf der x-Achse sein, so wäre der Effekt ab einem Wert von ca. 1,8 positiv und signifikant von Null verschieden.

Tabelle 4.9 Indegree (A), reduzierte Modelle mit alternativen Cross-Level-Interaktionen (lineares Mehrebenen-Regressionsmodell, b-Koeffizienten)

	iad8A1r	iad8A2r	iad9A1r	iad9A2r
Indegree				
Leichte Devianz (LD-GMC)	0.420^{***}	0.423^{***}	0.366	0.427^{***}
	(0.000)	(0.000)	(0.574)	(0.000)
Offene Aggression (OA-GMC)	−0.107	-0.194^{*}	−0.105	1.665^{*}
	(0.176)	(0.039)	(0.185)	(0.027)
Delinquente Überzeugungen (DÜ-GM)	0.218	0.214		
	(0.487)	(0.494)		
Scham Gewalt (SG-GM)			0.403	0.407
			(0.227)	(0.222)
IA: LD-GMC*DÜ-GM	0.0203			
	(0.932)			
IA: OA-GMC*DÜ-GM		0.461		
		(0.132)		
IA: LD-GMC*SG-GM			0.0196	
			(0.932)	
IA: OA-GMC*SG-GM				-0.652^{*}
				(0.017)
Netzwerk n	0.0901^{***}	0.0900^{***}	0.0708^{**}	0.0710^{**}
	(0.000)	(0.000)	(0.002)	(0.002)
Konstante	2.973^{***}	2.974^{***}	2.296^{**}	2.278^{**}
	(0.000)	(0.000)	(0.007)	(0.008)
Fälle (n)	1405	1405	1405	1405

p-Werte in Klammern
* $p < 0.05$, ** $p < 0.01$, *** $p < 0.001$
IA = Interaktion, LD = Leichte Devianz, OA = Offene Aggression), SG = Scham Gewalt, DÜ = Delinquente Überzeugungen, GM = Gruppenmittelwert, GMC = am Gruppenmittelwert zentriert (group mean centered)
Datenquelle: MPI-Schulbefragung 2011

zu beobachten, wobei die Interaktion zwischen individueller offener Aggression und dem Klassenlevel der Scham nur noch auf dem 10-%-Niveau signifikant ist (siehe Tabelle 9.8 im elektronischen Zusatzmaterial 9.2). Wie auch in den bisherigen Modellen verhält sich die abhängige Variable Eigenvektor-Zentralität ähnlich wie der Indegree. *Tabelle 4.10* weist dasselbe Muster bezüglich der statistischen Signifikanz über die Modelle auf wie beim Indegree, weshalb diese hier nicht mehr detailliert beschrieben werden. Die einzige signifikante Interaktion besteht zwischen individueller offener Aggression und der Scham auf Klassenebene, die hier bezüglich der Signifikanz noch bessere Werte aufweist. Analog sieht der geplottete Effekt ähnlich aus, mit dem Unterschied, dass das Konfidenzintervall entsprechend enger erscheint (*Abbildung 4.15*). Für die Eigenvektor-Zentralität ist der Effekt auch noch im vollen Modell auf dem 5-%-Niveau signifikant (siehe *Tabelle 9.9* im elektronischen Zusatzmaterial 9.2).

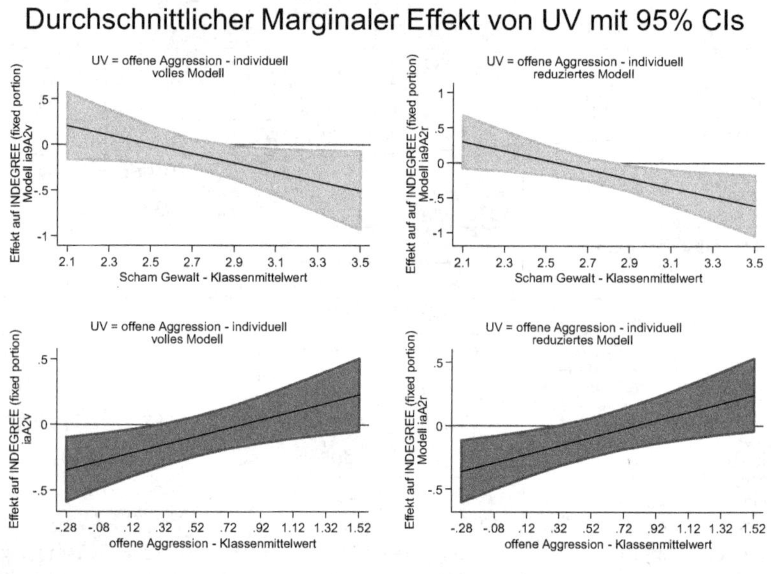

Abbildung 4.14 Indegree Cross-Level-Interaktionen „offene Aggression" mittels durchschnittlicher Marginaler Effekte, UV = unabhängige Variable

Für Closeness- und Betweenness-Zentralität sind die Cross-Level-Interaktionen zwischen den zwei Arten von individuellem abweichendem Verhalten und den Level-2-Variablen nicht signifikant (Tabelle 9.10 und

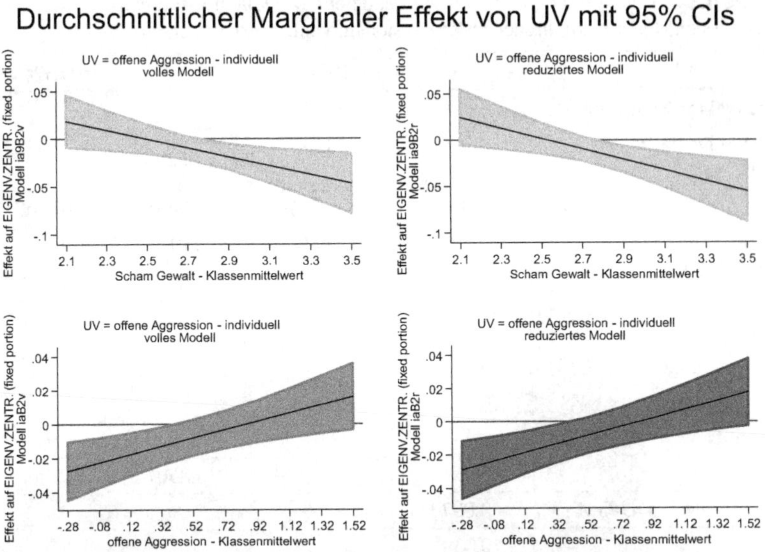

Abbildung 4.15 Eigenvektor-Zentralität, Cross-Level-Interaktionen „offene Aggression" mittels durchschnittlicher Marginaler Effekte, UV = unabhängige Variable

Tabelle 9.11 im elektronischen Zusatzmaterial 9.2). Analog dazu waren auch die Modelle mit den Devianz-Variablen auf Level-2 weniger eindeutig, und es lässt sich daraus schließen, dass die Prestige-Modelle robuster sind. Dies ist erwartbar, da Indegree und Eigenvektor-Zentralität inhaltlich klarere Konzepte sind und weniger dadurch geprägt werden, wie Netzwerke in Teilgruppen zerfallen (siehe Abschnitt 3.8.3).

Tabelle 4.10 Eigenvektor-Zentralität (B), reduzierte Modelle mit alternativen Cross-Level-Interaktionen (lineares Mehrebenen-Regressionsmodell, b-Koeffizienten)

	iad8B1r	iad8B2r	iad9B1r	iad9B2r
Eigenvektor-Zentralität				
Leichte Devianz (LD-GMC)	0.0296^{***}	0.0298^{***}	0.00424	0.0302^{***}
	(0.000)	(0.000)	(0.945)	(0.000)
Offene Aggression (OA-GMC)	−0.0104	-0.0189^{*}	−0.0104	0.145^{*}
	(0.071)	(0.014)	(0.071)	(0.013)
Delinquente Überzeugungen (DÜ-GM)	0.00389	0.00320		
	(0.793)	(0.831)		
Scham Gewalt (SG-GM)			−0.00303	−0.00268
			(0.850)	(0.868)
IA: LD-GMC*DÜ-GM	−0.00720			
	(0.739)			
IA: OA-GMC*DÜ-GM		0.0387		
		(0.113)		
IA: LD-GMC*SG-GM			0.00888	
			(0.684)	
IA: OA-GMC*SG-GM				-0.0572^{**}
				(0.006)
Netzwerk n	-0.00527^{***}	-0.00529^{***}	-0.00529^{***}	-0.00530^{***}
	(0.000)	(0.000)	(0.000)	(0.000)
Konstante	0.497^{***}	0.497^{***}	0.507^{***}	0.506^{***}
	(0.000)	(0.000)	(0.000)	(0.000)
Fälle (n)	1405	1405	1405	1405

p-Werte in Klammern
* $p < 0.05$, ** $p < 0.01$, *** $p < 0.001$
IA = Interaktion, LD = Leichte Devianz, OA = Offene Aggression), SG = Scham Gewalt, DÜ = Delinquente Überzeugungen, GM = Gruppenmittelwert, GMC = am Gruppenmittelwert zentriert (group mean centered)
Datenquelle: MPI-Schulbefragung 2011

4.4 Zusammenfassung und Bewertung der Hypothesen

Aus den Regressionsmodellen ergibt sich eine umfangreiche Menge an Ergebnissen, die sich zur Bewertung der in Abschnitt 2.2.1 formulierten Hypothesen heranziehen lassen. Der in H1.1 postulierte positive Zusammenhang zwischen leichten Formen abweichenden Verhaltens im Schulkontext und dem Status besteht für alle Formen der Popularität bzw. Zentralität. Mit mehr leichter Devianz geht ein höherer Status einher. Dabei ist es bei den Prestigemaßen (Indegree und Eigenvektor-Zentralität) so, dass Schüler mit delinquenten Überzeugungen einen höheren Status haben. Dieser Zusammenhang ist aber letztlich nur eine Scheinkorrelation und wird durch das Verhalten, also die leichte Devianz, vermittelt. Der Einfluss der leichten Devianz auf den Status bleibt auch dann erhalten, wenn für weitere relevante Variablen kontrolliert wird. Bei schrittweiser Aufnahme dieser Kontrollvariablen weist die leichte Devianz einen robusten Effekt auf, der zudem eine hohe Erklärkraft hat, die mit mehr erklärenden Variablen kaum abnimmt – auch dies gilt für alle vier Arten von Statusmaße.

Im Gesamten betrachtet hat die offene Aggression keinen Effekt auf den Status. Weder im Hinblick auf das Prestige (Indegree, Eigenvektor-Zentralität), noch auf die Zentralität (Betweenness, Closeness). Der erwartete negative Zusammenhang ist nicht vorhanden und H1.2 muss (vorerst) verworfen werden. Zwar stimmt in den meisten Modellen das Vorzeichen der Koeffizienten, jedoch kann aufgrund großer Standardfehler kein signifikanter Einfluss festgestellt werden.

Da für den Status auch weitere Aspekte relevant sind, wurden Zusammenhänge untersucht, die bereits in anderen Studien gefunden wurde. Der in H1.3a unterstellte Zusammenhang zwischen Schulerfolg und Status gilt für die hier vorliegenden Daten nur bedingt. Für die Eigenvektor-Zentralität (bei der danach gewichtet wird, ob man von populären Schülern nominiert wird) gibt es diesen Effekt nie. Für die Closeness und die Betweenness gibt es einen positiven Effekt, der jedoch unter Kontrolle des Merkmals „Sportnote“ stark abnimmt und nicht mehr signifikant ist. Beim Indegree hat der „Schulerfolg“ auch unter Kontrolle der „Sportnote“ einen Effekt, dieser verschwindet jedoch mit Kontrolle des Merkmals „neu in der Klasse“. Hypothese H1.3a muss letztlich verworfen werden. Dagegen hat die Hypothese H1.3b bestand: „Sportliche“ Schüler mit guten Leistungen im Fach Sport, haben tendenziell ein höheres Prestige bzw. nehmen zentralere Positionen im Netzwerk ein. Dieser signifikante Effekt besteht für alle vier abhängigen Variablen und hat zudem eine ähnlich hohe Erklärkraft wie die leichte Devianz.

In Hypothese H1.4 sollte geprüft werden, ob der statusfördernde Effekt leichter Devianz und der statussenkende Effekt offener Aggression kontextgebunden ist. Diese Hypothese hat im Wesentlichen Bestand. Die leichte Devianz hatte im Gesamten betrachtet einen positiven Effekt. Wird geprüft, ob dieses individuelle Verhalten davon abhängig ist, wie ausgeprägt dieses im Klassenkontext ist, so zeigt sich, dass der Effekt dann besonders stark ist, wenn das Gesamtniveau der leichten Devianz auch hoch ist. In Klassen mit sehr niedrigem Niveau ist die leichte Devianz nicht statusfördernd (aber auch nicht statussenkend). Dies gilt, mit Variation im Ausmaß, für alle Statusmaße. Eine gleichartige Betrachtung der offenen Aggression zeigt, dass eine Cross-Level-Interaktion zwischen individueller offener Aggression und dem Klassenmittelwert dieses Merkmals besteht. Hier ist das Ergebnis, dass offene Aggression dann statussenkend wirkt, wenn dieses Verhalten in der Klasse wenig ausgeprägt ist. Das Abweichen von der Norm wird also sanktioniert. In Klassen mit höheren Mittelwerten bei der offenen Aggression hat das individuelle Verhalten keinen statussenkenden Effekt. Dieser Effekt ist besonders deutlich für die Prestigemaße (Indegree und Eigenvektor-Zentralität). Für die Betweenness gibt es diesen Effekt nicht. H1.2 hat also, unter Kontrolle kontextgebundener Effekte, bedingt Bestand. Der kontextuelle Effekt von Toleranz gegenüber Normabweichungen wird auch dadurch unterstützt, dass Cross-Level-Interaktionen zwischen individuellem Verhalten (leichte Devianz und offene Aggression) und Schamempfinden bei Delinquenz – als Indikator für Norminternalisierung – auf Klasseneben bestehen. Hier gilt für den Zusammenhang zwischen Status und offener Aggression für die abhängigen Variablen Indegree und Eigenvektor-Zentralität: Ist das Schamempfinden gegenüber Freunden bei Entdeckung von Delinquenz innerhalb der Klasse eher gering, wirkt offene Aggression nicht statussenkend. Dies ist jedoch der Fall, wenn in Klassen das Schamempfinden insgesamt ausgeprägter ist.

Als Hauptergebnis kann festgehalten werden, dass die Hypothesen überwiegend Bestand haben: Leichte Devianz wirkt statusfördernd, besonders in Klassen, in denen diese ausgeprägter ist. Offene Aggression wirkt nicht statusfördernd, und dann statussenkend, wenn dieses Verhalten in der Klasse wenig ausgeprägt ist oder die Schüler eine normative Barriere (Scham) gegenüber diesem Verhalten haben. Der Schulerfolg spielt unter Kontrolle weiterer Variablen nur eine untergeordnete Rolle, sportliche Schüler sind dahingegen populärer bzw. nehmen zentralere Positionen ein. Neben den hypothesenrelevanten Variablen gibt es weitere Zusammenhänge: Schüler, die neu in der Klasse sind, sind weniger populär bzw. zentral. Dieses Ergebnis scheint banal, wichtig ist jedoch die Erkenntnis, dass dies in Analysen wie den obigen kontrolliert werden muss. Schüler mit einem positiven Verhältnis zur Schule und Schüler, die allgemein glücklich sind, weisen ebenfalls höhere Statuswerte auf. Dieser Zusammenhang sollte jedoch weiter mit Längsschnittdaten untersucht werden.

Einschränkungen
Zu den Erkenntnissen der Analysen muss erwähnt werden, dass diese nicht ohne Einschränkungen sind. Aufgrund von individuellen Ausfällen bei der Teilnahme an der Befragung waren viele Netzwerke unvollständig und konnten nicht analysiert werden. Dies betrifft vor allem Haupt- und Realschulen, woraus folgt, dass Gymnasien in den Analysen überrepräsentiert sind. Die hier untersuchten Formen abweichenden Verhaltens im Schulkontext sind jedoch in Schulen mit niedrigerem Bildungsniveau ausgeprägter – dies betrifft vor allem die offene Aggression. Inwieweit hier durch die Ausfälle eine Verzerrung der Ergebnisse vorliegt, kann schwer abgeschätzt werden, sollte aber auch nicht ausgeschlossen werden. Zudem sind die Analysen auf soziometrische Maße (Prestige- und Zentralitätsmaße) beschränkt, und über die in anderen Studien vielfach untersuchte wahrgenommene Popularität können keine Aussagen getroffen werden. Ebenso wurde das Konzept der relationalen Gewalt nur annähernd über die leichte Form der Schuldevianz gemessen, und die Interpretation der Ergebnisse darf nicht hierüber hinwegtäuschen.

In den Analysen wurde zudem nicht kontrolliert, ob Freundschaftsnominierungen dadurch zustande kommen, dass Ähnlichkeiten – z. B. bei der Devianz – zwischen dem Sender und dem Empfänger bestehen. Dieser Aspekt wird im folgenden Kapitel für eine etwas andere Fragestellung aufgegriffen.

5 Delinquente Überzeugungen – Ähnlichkeit innerhalb von Freundschaften im Klassennetzwerk

Die Analysen aus Kapitel 4 konnten aufzeigen, dass Devianz einen Einfluss auf den Status von Schülern innerhalb der Schulklasse haben kann. Je nach Art des abweichenden Verhaltens kann dieser Einfluss positiv oder negativ sein, und zudem ist dieser Effekt an den Klassenkontext gebunden. Was in den vorherigen Analysen unterbelichtet blieb, ist die Frage, ob dabei delinquente Überzeugungen geteilt werden bzw. die Internalisierung von Normen in Freundschaften ähnlich ist. Zwar konnte festgehalten werden, dass z. B. leichte Devianz bei den „Empfängern" zu mehr Nominierungen oder zentraleren Positionen im Netzwerk führt, über die Merkmale der „Sender" ist dabei jedoch nichts bekannt. In Abschnitt 3.8.3 konnte für exemplarische Netzwerke dargelegt werden, dass Netzwerkstrukturen nicht zufällig auftreten und Netzwerke in kleinere Teilgruppen zerfallen. Dabei wurde anhand der Beispiele gezeigt, dass Jugendliche eher gleichgeschlechtliche Freundschaften pflegen. Es deutete sich auch an, dass Ähnlichkeit bezüglich delinquenter Überzeugungen mit Freundschaftsbeziehungen in Zusammenhang stehen. Dieser Aspekt der sozialen Homophilie ist in der Netzwerkforschung von zentraler Bedeutung, da er maßgeblich an der Ausformung sozialer Netzwerke beteiligt ist (*McPherson et al.* 2001). Homophilie-Effekte können dabei Bereiche wie den sozialen Status, die Ethnie, Religion, Bildung etc. betreffen. Dass sich Gleich und Gleich gern gesellen ist dabei keineswegs eine neue Erkenntnis und wurde bereits von Aristoteles und Plato angeführt (siehe hierzu *McPherson et al.* 2001, 416) und war ebenso ein wichtiger Teil früher sozialwissenschaftlicher Studien, die sich systematisch mit der Entstehung von

Ergänzende Information Die elektronische Version dieses Kapitels enthält Zusatzmaterial, auf das über folgenden Link zugegriffen werden kann https://doi.org/10.1007/978-3-658-36778-7_5.

D. Gerstner, *Freundschaftsnetzwerke und Delinquenz von Jugendlichen*, Kriminalität und Gesellschaft, https://doi.org/10.1007/978-3-658-36778-7_5

Netzwerkbeziehungen beschäftigten (z. B. *Almack* 1922; *Bott* 1928; *Wellman* 1926). *Lazarsfeld & Merton* (1954) untersuchten mit ihrem Aufsatz zu den Funktionsmechanismen freundschaftlicher Beziehungen ebenfalls Homophilie-Effekte und prägten mit der Zitation des Sprichworts „birds of a feather flock together" einen Forschungsstrang, der dieses Sprichwort immer wieder zur Zusammenfassung des Homophilie-Effekts gleich oder abgewandelt anführt. Dabei wiesen die Autoren aber bereits darauf hin, dass Freundschaften nicht statisch sind, sondern einen Prozesscharakter haben. Dies betrifft vor allem den Aspekt der Werthomophilie, der den Komplex gemeinsamer moralischer Vorstellungen betrifft. So können Wertvorstellungen zu Beginn einer Freundschaft unterschiedlich sein, sich anpassen und danach wieder divergieren. Dieser Aspekt ist durchaus mit den lerntheoretischen Ansätzen von *Sutherland* und *Akers* vereinbar. Mit dem Aufkommen von Längsschnittstudien wurde der Prozesscharakter von Freundschaften allerdings intensiver untersucht, und *Cohen* (1977) sowie *Kandel* (1978) konnten zeigen, dass Homophilie bezüglich positiver Merkmale wie Schulerfolg und negative Aspekte wie der Konsum von Marihuana eher durch Selektion von Freunden als durch den Einfluss von Freunden bedingt sind. *McPherson et al.* (2001) gelangten in ihrer Zeit noch zu dem Schluss, dass sowohl im Bereich Verhalten als auch Einstellungen/Werte die Selektionseffekte die Einflusseffekte übertreffen. Wie in Abschnitt 2.1 dargelegt gibt es hierzu jedoch zahlreiche neue Befunde, die zeigen, dass Homophilie speziell bezüglich abweichenden Verhaltens sowohl durch Selektion als auch durch Einfluss bedingt sein kann. Inwieweit Homophilie bzgl. delinquenter Überzeugungen durch Lernprozesse bedingt sein kann wurde in Abschnitt 2.2.2 dargestellt, und die diesbezüglich formulierten Hypothesen werden im Folgenden geprüft.

Von der Problematik „Selektion vs. Einfluss" unberührt sind Homophilie-Effekte bei zeitlich invarianten Merkmalen wie z. B. dem Geschlecht und dem Migrationshintergrund. Im Folgenden soll geprüft werden, ob delinquente Überzeugungen im Sinne einer Werthomophilie überzufällig häufig bei Freundschaften in Schulklassen geteilt werden. Und zwar auch dann, wenn dies für andere Effekte (wie z. B. das Geschlecht oder Schulnoten) und die Qualität der Freundschaft kontrolliert wird. Da in der vorliegenden Studie nur Querschnittsdaten verfügbar sind, kann nur aufgrund der bekannten Forschungsergebnisse geschlossen werden, dass bei vorliegender Homophilie bzgl. delinquenter Überzeugung Lernprozesse zumindest anteilig dafür verantwortlich sind. Neben dem Effekt, dass sich „Gleich und Gleich gern gesellen" gibt es jedoch noch weitere Merkmale, die für Freundschaftsbeziehungen charakteristisch sind. So können Freundschaftsbeziehungen z. B. in Triaden eingebettet sein. Triaden sind aus drei Akteuren bestehende Teilgraphen. Werden diese aus Sicht eines Akteurs beschrieben, so spricht man von einem Triplet. Einer der Grundgedanken der Untersuchung von Triaden lässt sich dabei wieder in dem Sprichwort „Freunde von meinen Freunden sind meine Freunde“ ausdrücken. Diese Beobachtung trifft auf unterschiedliche Arten von Beziehung zu, wurde schon in frühen Studien zur Netzwerkforschung thematisiert (z. B. *Harary* 1953; *Rapoport* 1957) und kann theoretisch mit *Heiders* (1958) Balancetheorie erklärt werden. Formal geht es darum, dass wenn zwischen A und B eine Beziehung besteht und B eine Beziehung zu A hat, die Wahrscheinlichkeit einer Beziehung von A zu C ebenfalls erhöht ist. Ist die Beziehung von A zu C dann tatsächlich vorhanden, so ist die Triade transitiv (siehe *Abbildung 5.1*). Außerdem spielt auch, wie bereits in Kapitel 4 thematisiert, die Popularität von Akteuren eine Rolle bei der Existenz von gerichteten (Freundschafts-)Beziehungen. Derartige Parameter können in stochastischen Netzwerkmodellen kontrolliert werden, und es wird im Folgenden geprüft, welchen Einfluss dies auf Homophilie bezüglich delinquenter Überzeugungen und anderer Merkmale hat.

5.1 Exponential Random Graph Modeling

Die Untersuchung, ob delinquente Überzeugungen für Freundschaftsbeziehungen in Schulklassen eine Rolle spielen, erfolgt mittels eines sogenannten „Exponential Random Graph Models“ (ERGM). Mit diesem Modellansatz kann geprüft werden, welche Parameter beobachtete Netzwerkstrukturen erklären können und welche Rolle z. B. soziale Homophilie dabei spielt. Es kann also geprüft werden, ob delinquente Überzeugungen in Freundschaften innerhalb der Schulklasse überzufällig häufig geteilt werden bzw. ob Unterschiede bzgl. dieser Werteinstellung Freundschaften im Wege stehen.

Der Grundgedanke von ERGMs ist, dass die Struktur eines beobachteten Netzwerks nicht zufällig zustande kommt. Ziel ist es, Mechanismen zu identifizieren, die zu eben dieser Netzwerkstruktur führen, und diese mit stochastischen Methoden zu verallgemeinern. In einem ERGM kann daher die gesamte Netzwerkstruktur als abhängige Variable betrachtet werden, wobei die Modellierung auf Basis der einzelnen Dyaden stattfindet. Dies deckt sich mit dem generellen Ziel der empirischen Analyse sozialer Netzwerke: Einblicke darin zu erhalten, welche Prozesse für die Entstehung und Aufrechterhaltung sozialer Netzwerke relevant sind (vgl. *Lusher, Koskinen & Robins* 2012, 9). In die Modelle können netzwerkstrukturelle Parameter, wie z. B. Reziprozität, Popularität oder auch die Einbettung in Triaden integriert werden. Gleichzeitig lassen sich aber auch Parameter integrieren, die auf Attributen der Netzwerkknoten basieren, wie z. B., ob Dyaden überzufällig oft gleichgeschlechtliche Freundschaften darstellen. In den Modellen wird dann überprüft, inwieweit die spezifizierten Bausteine einen signifikanten Beitrag zur Erklärung beitragen können, ob eine Beziehung zwischen zwei Akteuren vorhanden ist oder nicht. Dazu wird die Häufigkeit dieser spezifischen lokalen Strukturen im beobachteten Netzwerk mit der durchschnittlichen Häufigkeit in zufällig generierten Netzwerkwerken (mit gleicher Anzahl an Netzwerknoten und Kanten) verglichen, und es kann festgestellt werden, welche Parameter einen signifikanten Beitrag zur Erklärung der vorliegenden Netzwerkstruktur leisten bzw. welche Strukturen, unter Kontrolle der anderen modellierten Strukturen, häufiger als bei einer zufälligen Verteilung auftreten. *Abbildung 5.1* stellt exemplarisch einige Strukturparameter für gerichtete Netzwerke dar. Während bei der Homophilie davon ausgegangen wird, dass Übereinstimmung eines bestimmten Merkmals zu einer Beziehung führt und diese dadurch (zumindest teilweise) bedingt ist, wird bei der Reziprozität davon ausgegangen, dass es eine generelle Tendenz gibt, Beziehungen wie z. B. Freundschaften zu erwidern. Bei der „Transitive Closure" wird davon ausgegangen, dass Freunde von Freunden ebenfalls als Freunde gewählt werden. Aktivität und Popularität gehen davon aus, dass Beziehungen bestehen, weil ein Akteur generell viele Beziehungen eingeht oder populär ist und viele eingehende Beziehungen aufweist.

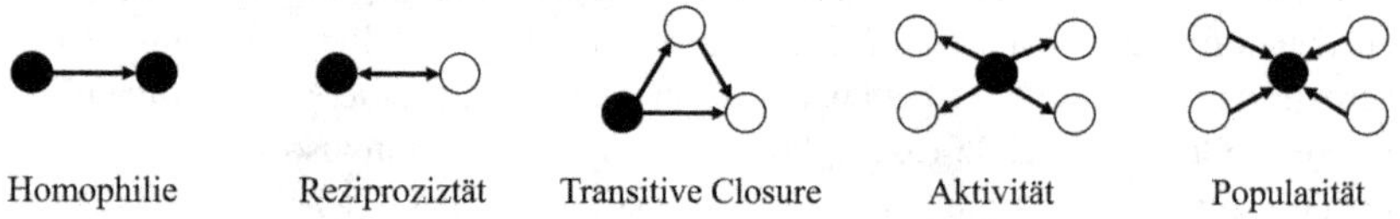

Abbildung 5.1 Beispiele Homophilie-Effekt und netzwerkstrukturelle Parameter

Das ERGM kann als eine Weiterentwicklung des p*-Modells (*Anderson, Wasserman & Crouch* 1999) betrachtet werden, das wiederum auf früheren Markov-Random-Graph-Modellen (*Frank & Strauss* 1986), auf log-linearen-Modellen für gerichtete Graphen (*Holland & Leinhardt* 1981) und auf pseudo-likelihood Algorithmen (*Strauss & Ikeda* 1990) basiert. Mit neueren Entwicklungen konnten vor allem Probleme bei der Schätzung der Modelle überwunden und zudem zahlreiche Erweiterungen entwickelt werden. Diese betrifft vor allem die rechenintensive Schätzung der Modelle mittels simulationsbasierter Markov-Chain-Monte-Carlo-Maximum-Likelihood-Estimation (MCMCMLE) und der Modellierung sogenannter „higher-order"-Effekte, die vor allem Triaden-Effekte besser schätzen können (*Hunter & Handcock* 2006; *Hunter* 2007). Diese komplexen Verfahren sind nötig, um Verteilungen zu simulieren, die mit herkömmlichen Verfahren der sozialwissenschaftlichen Statistik kaum zugänglich sind (für eine ausführliche Übersicht siehe *Lusher et al.* 2012; *Robins et al.* 2007).

Zwar wird in den ERGMs die gesamte Netzwerkstruktur modelliert, die Interpretation der Ergebnisse ist aber ähnlich denen einer logistischen Regression, da letztlich modelliert wird, ob eine Netzwerkverbindung zwischen zwei Akteuren vorhanden ist oder nicht. Die Koeffizienten der im Modell spezifizierten Parameter können ähnlich wie log-odds interpretiert werden und geben an, welchen Effekt ein Parameter auf das Vorhandensein einer Beziehung hat. Im Unterschied zu Regressionsverfahren für stochastisch unabhängige Einheiten interessiert in ERGMs jedoch auch, wie gut das Modell die beobachtete Netzwerkstruktur (Clustering, Indegree-Verteilung, geodätische Distanzen etc.), also die Verbindungen vieler Akteure, vorhersagt – was weitaus komplexer ist, als in einer logistischen Regression den Wert null oder eins für ein Objekt vorherzusagen. Zur Überprüfung können unterschiedliche Tests der Anpassungsgüte (goodness of fit / in folgenden Abbildungen auch GOF) durchgeführt werden. Eine Möglichkeit ist über die Modellparameter eine große Anzahl an Zufallsgraphen zu generieren und diese dann für verschiedene Strukturelemente mit dem beobachteten Netzwerk abzugleichen. Im Idealfall sollte diese Simulation mit dem beobachteten Netzwerk übereinstimmen. ERGMs können mit unterschiedlichen Softwarepakten geschätzt werden. Die folgenden Analysen wurden mit dem `ergm`-Modul[1] in der `statnet`-Suite für R durchgeführt (*Handcock et al.* 2018). Ein anschauliches Beispiel für die Verwendung von ERGMs stammt von einigen der Autoren dieses Softwarepakets und liegt – wie der Titel „Birds of a Feather, or Friend of a Friend? Using Exponential Random Graph Models to Investigate Adolescent Social Networks" impliziert – nahe an der hier vorliegenden Fragestellung (*Goodreau, Kitts & Morris* 2009). In der Studie wurde untersucht, inwieweit Freundschaftsnetzwerke in 59 US-amerikanischen Highschools mit Daten aus der AddHealth-Studie (siehe hierzu *Bearman, Jones & Udry* 2004) durch individuelle Sozialität, Homophilie und die Einbettung in übergeordnete Netzwerkstrukturen bedingt sind. Dabei wird davon ausgegangen, dass Beziehungen nicht nur aufgrund von Sozialität und Homophilie entstehen, sondern z. B. auch dadurch, dass Jugendliche Freunde wählen, die die Freunde ihrer Freunde sind. *Young* (2011) untersuchte mit der gleichen Methode ebenfalls Schulnetzwerke aus der AddHealth-Studie, um zu prüfen, inwieweit eine zentrale Annahme der General Theory of Crime (*Gottfredson & Hirschi* 1990), dass Freundschaften durch Ähnlichkeit bezüglich der Selbstkontrolle geprägt sind, zutrifft. Ältere Studien haben dies durch methodische Einschränkungen nur unzureichend untersucht, da eine direkte

[1] Begriffe, die sich speziell auf die Modellierung von ERGMs in R beziehen werden in der Schriftart Courier New dargestellt.

Messung der Selbstkontrolle der Freunde (ähnlich wie bei der Delinquenz, siehe Abschnitt 2.1.4) nicht gegeben war und zudem nicht für übergeordnete Mechanismen der Netzwerkformation kontrolliert wurde. Die Ergebnisse von *Young* (2011) legen nahe, dass der Einfluss von Selbstkontrolle auf die Selektion von Freunden nicht so stark ist wie oftmals angenommen, und weitere Forschung hierzu, auch im Längsschnitt, wird deshalb nahegelegt.

5.2 Methodisches Vorgehen

Die folgenden Analysen sollen dazu dienen, die Hypothesen bezüglich der Ähnlichkeit delinquenter Überzeugungen in Freundschaftsnetzwerken zu prüfen. Hierzu wird mittels der ERGMs getestet, ob dieser Effekt überhaupt vorhanden ist, und wenn ja, ob dieser Effekt durch Aufnahme weiterer Modellparameter bestehen bleibt.

5.2.1 Parameter sozialer Homophilie

Das Hauptinteresse der folgenden Analysen liegt darauf, inwieweit Ähnlichkeit bezüglich delinquenter Überzeugungen ein maßgeblicher Bestandteil der beobachteten Netzwerkstrukturen ist. Die delinquenten Überzeugungen werden dabei über eine Skala gemessen, die aus den folgenden fünf Items besteht, die auf einer vierstufigen Skala mit „stimmt genau“, „stimmt eher“, „stimmt kaum“, „stimmt gar nicht“ beantwortet wurden: „Es ist ganz normal, jemanden zu schlagen, wenn man provoziert wird.“, „Jeder Streit lässt sich auch durch Reden klären. (umgepolt)“, „Manche Konflikte lassen sich eben nur mit Gewalt lösen.“, „Man sollte sich an die Gesetze halten, auch wenn die eigenen Interessen zu kurz kommen. (umgepolt)“, „Man kann ruhig mal was Verbotenes tun, wenn man sich dabei nicht erwischen lässt.“ Die Skala wird hier als gemittelter Summenscore verwendet (Cronbachs $\alpha = 0{,}72$), wobei das Minimum und das Maximum in den Bereich null (alle Items: trifft nicht zu) bis eins (alle Items: trifft voll zu) eingepasst wurde. Der Wert eins entspricht sehr hohen delinquenten Überzeugungen bzw. einer hohen Toleranz gegenüber Normbrüchen und Gewalt. In den Modellen wird dabei zur Messung der Homophilie-Effekte ein Term für die absolute Differenz dieses Merkmals zwischen zwei Akteuren aufgenommen. Sind sich beide bezüglich dieser Ausprägung ähnlich, ist die absolute Differenz klein. Sind die Akteure sehr verschieden, ist der Wert groß. Von dem Effekt wird erwartet, dass dieser negativ ist. Das bedeutet, dass eine Freundschaftsbeziehung mit geringer Differenz bezüglich der delinquenten Überzeugungen wahrscheinlicher (Homophilie) und mit hoher Differenz unwahrscheinlicher ist.

Zusätzlich wird die soziale Homophilie für die Merkmale Geschlecht, Migrationshintergrund und Schulerfolg kontrolliert. Allgemein und auch aus Untersuchungen mit Netzwerkdaten (z. B. *Block & Grund* 2014; *Goodreau et al.* 2009) ist bekannt, dass gleichgeschlechtliche Freundschaften unter Jugendlichen (und auch Erwachsenen) weitaus häufiger vorkommen als nicht-gleichgeschlechtliche Freundschaften. Für die Klassennetzwerke der MPI-Schulbefragung wurde dies bereits in Kapitel 3 und 4 thematisiert. Für die hier analysierte Teilstichprobe besteht zudem erwartungsgemäß ein signifikanter Unterschied zwischen Mädchen (Mittelwert = 0,199) und Jungen (Mittelwert = 0,305, Differenz = 0,106 / t = 19,885 / p < 0.000) bezüglich der delinquenten Überzeugung, weshalb Homophilie bei diesem Merkmal auch durch das Geschlecht vermittelt sein kann bzw. eine Scheinkorrelation besteht. Ebenso ist bekannt, dass es bei Freundschaften unter Jugendlichen ethnische Selektion gibt (z. B. *Leszczensky & Pink* 2015; *Windzio & Bicer* 2013), was jedoch auch durch ethnische Segregation in Wohngebieten bedingt sein kann (z. *B. Kruse et al.* 2016; *Vermeij, van Duijn & Baerveldt* 2009). Auch ethnische Segregation wird hier kontrolliert, wobei jedoch nur geprüft wird, ob Homophilie bezüglich des Vorhandenseins eines Migrationshintergrunds besteht (zur Messung siehe Abschnitt 4.2.4). Auf eine detaillierte ethnische Differenzierung wird nicht eingegangen. Geschlecht und Migrationshintergrund werden als sogenannte Übereinstimmungsterme (nodematch) in die Modelle aufgenommen. Ein positiver Effekt bedeutet, dass gleichgeschlechtliche Freundschaften und Freundschaften mit Übereinstimmung beim Migrationshintergrund überzufällig oft vorkommen. Dass die Struktur von Klassennetzwerken auch durch den Schulerfolg (z. B. Strebergruppen) bedingt ist, gilt als allgemein bekannt und konnte auch in unterschiedlichen Studien nachgewiesen werden (z. B. *Kandel* 1978; *Smirnov & Thurner* 2017). Da der Schulerfolg, wenn auch nur schwach, mit den delinquenten Überzeugungen korrespondiert (r = 0,21 / p < = 0,000 / je besser die Durchschnittsnote, desto geringer die delinquenten Überzeugungen), sollte auch dieser als Kontrollvariable aufgenommen werden. Der Schulerfolg wird analog zu Kapitel 4 als Mittelwert der Fächer Deutsch, Mathe und erste Fremdsprache gemessen. Eine Zentrierung um den Schulmittelwert ist hier nicht nötig, da die Schulnote, analog zu den delinquenten Überzeugungen, als Differenz zwischen zwei Akteuren in die Berechnungen eingeht. Auch hier wird ein negativer Effekt erwartet, der besagt, dass eine geringe Differenz Freundschaften wahrscheinlicher (Homophilie) und eine große Differenz Freundschaften unwahrscheinlicher macht. Für die Analysen wurde der Notendurchschnitt in einen Bereich von Null bis Eins eingepasst, wobei Null einer Durchschnittsnote von Eins und Eins der Note Fünf (das empirische Maximum) entspricht.

5.2.2 Netzwerkstrukturelle Parameter

Welche netzwerkstrukturellen Parameter im Idealfall in ein ERGM eingehen ist letztlich an das jeweilige Netzwerk selbst und spezifische Fragestellungen gebunden. Nach *Robins & Lusher* (2012) gibt es kein „one size fits all"-Modell, jedoch gibt es bestimmte netzwerkstrukturelle Parameter, die in Netzwerken mit positiven sozialen Beziehungen wie z. B. Freundschaften als Ausgangsbasis verwendet werden sollten (diese unterscheiden sich jedoch wiederum für Netzwerke mit negativen Beziehungen [wie z. B. Aggression]). Der Grundgedanke hinter diesen Parametern ist, dass diese für das Vorhandensein von Beziehungen aufgrund grundlegender sozialer Prozesse relevant sind, die z. B. Homophilie- oder anderen Kovariaten-basierten Effekten vorgelagert sind. Etwaige Parameter für positiv gerichtete Beziehungen sind die Basisrate an Beziehungen in einem Netzwerk, Tendenz zur Reziprozität, Popularitätseffekte, Aktivitätseffekte, Formen von Triaden-Konstellationen und Konnektivität (Genaueres siehe unten). Ebenso empfehlen auch *Snijders, van de Bunt & Steglich* (2010), dass beim Test von z. B. sozialer Homophilie in Längsschnittmodellen sozialer Netzwerke stets für Degree-basierte Parameter (z. B. Indegree und Outdegree) und auch für Klumpungen (z. B. durch Triaden-Effekte [triad closure, tendency toward transitivity]) und andere Effekte kontrolliert werden sollte. Die Empfehlung für ERGMs im Querschnitt und die sehr ähnlichen SOAMs (bzw. SIENA-Modelle) im Längsschnitt haben eine etwas andere Terminologie und werden auch verschieden berechnet, sind aber inhaltlich im Wesentlichen identisch. In den folgenden Modellen werden die von *Robins & Lusher* (2012) empfohlenen Basisparameter angewendet, wobei diese mit dem `ergm`-Modul der `statnet`-Suite in R berechnet wurden. Gegenüber anderen Softwarepaketen zur Modellierung von ERGMs hat auch dieses seine z. T. eigene Terminologie.

Für die Modelle mit gerichteten Beziehungen sind die netzwerkstrukturellen Effekte (Bezeichnung im `statnet`-Paket in Klammern):

- Die Kantenzahl (`edges`) stellt die Basiswahrscheinlichkeit für Beziehungen dar, geht in alle Modelle (auch ohne die anderen netzwerkstrukturellen Parameter) ein und kontrolliert die Dichte des Netzwerks.
- Reziprozität (`mutual`) wird modelliert, da bekannt ist, dass dies in positiven Netzwerken häufig vorkommt. Dieser Effekt ist meistens positiv.
- Popularität (`gwindegree`, geometrically weighted in-degree distribution) kontrolliert den „popularity spread". Ist der Parameter negativ, bedeutet dies, dass die meisten Akteure ähnlich populär sind und Popularität keinen

maßgeblichen Einfluss auf das Vorhandensein von Beziehung bzw. auf die Netzwerkstruktur hat.
- Aktivität (`gwoutdegree`, geometrically weighted outdegree distribution) kontrolliert den „activity spread". Ist der Parameter negativ, bedeutet dies, dass die Anzahl der Nominierungen von Akteuren keinen maßgeblichen Einfluss auf die Netzwerkstruktur hat.
- Konnektivität (`twopath`) misst das Ausmaß, zu welchem Akteure, die viele Nominierungen geben, auch viel Nominierungen erhalten. Der Parameter kontrolliert für den Zusammenhang zwischen In- und Outdegree (siehe Abschnitt 3.8.1).
- Dreiecksbildung (`gwesp`, geometrically weighted edgewise shared partner distribution) misst das Ausmaß an Einbettung in Triaden bzw. multiple Klumpungen von Triaden. Der gwesp-Parameter bietet dabei einen Kompromiss für ein schlankes Modell, in das nicht alle vier „triadic social circuit effects" (*Robins & Lusher* 2012) separat aufgenommen werden müssen. Eine einfache inhaltliche Interpretation ist jedoch nicht möglich, was hier jedoch nicht relevant ist, da die Variable lediglich eine Kontrollvariable darstellt. Prinzipiell gilt, dass die Wahrscheinlichkeit von Dreiecksbeziehungen mit zusätzlichen kantenweise (edgewise) geteilten Partnern zunimmt (siehe *Abbildung* 3.34 in Abschnitt 3.8.3), jedoch verringert sich das Ausmaß des Effekts mit jedem zusätzlichen Partner.

In die Modelle mit nur mutuellen Beziehungen werden folgende netzwerkstrukturelle Effekte (Bezeichnung im Statnet-Paket in Klammern) aufgenommen:

- Die Kantenzahl (`edges`, siehe oben).
- Konnektivität (`two-path`, siehe oben).
- Der Grad (`gwdegree`, geometrically weighted degree distribution) kontrolliert für die Anzahl der Beziehungen um einen Knoten. Ist der Parameter negativ, bedeutet dies, dass die Anzahl mutueller Beziehung eines Knotens keinen Einfluss auf die Netzwerkstruktur hat.
- Dreiecksbildung (`gwesp`, siehe oben).

Sowohl der gwindegree-, gwodegree-, gwdegree- als auch der gwesp-Parameter bieten die Möglichkeit, einen sogenannten alpha-Parameter zu spezifizieren, der die geometrisch gewichteten Effekte zusätzlich steuert. Dies erlaubt eine optimierte Anpassungsgüte der Modelle; da jedoch viele Netzwerke untersucht werden, wurde der Parameter in allen Modellen auf 1 fixiert.

5.2.3 Missing Data und Auswahl von Netzwerken

Ein spezielles Problem von Netzwerkanalysen sind fehlende Werte. Hierauf wurde bereits in Kapitel 3 und 4 hingewiesen, und für die bisherigen Analysen wurden nur Netzwerke einbezogen, die nahezu vollständig sind (siehe Abschnitt 3.5). Neben fehlenden Netzwerkknoten stellen vor allem fehlende Attribute in ERGMs ein Problem dar. Zwar gibt es Techniken, fehlende Kanten (bedingt durch fehlende Knoten) in solchen Modellen zu imputieren (*Handcock & Gile* 2007; *Robins, Pattison & Woolcock* 2004), für fehlende Attributwerte sind derartige Techniken jedoch in keinem entsprechenden Softwarepaket implementiert. Für kategoriale Variablen und z. B. „nodematch-Terme“ (z. B. gleiches Geschlecht) lassen sich fehlende Werte problemlos als eigenständiger Wert integrieren. Für Terme, die jedoch z. B. die Differenz zwischen Attributen (z. B. bei den delinquenten Überzeugungen) zwischen zwei Akteuren messen, kann kein sinnvoller eigenständiger Wert herangezogen werden. In der Literatur finden sich bezüglich dieser Problematik kaum Lösungsvorschläge, und von den Entwicklern des statnet-Pakets wird vorgeschlagen, die fehlenden Werte über Standardverfahren im Vorfeld zu imputieren.[2] Diese Verfahren reichen vom simplen Einsetzen von Mittelwerten zu komplexen Methoden der Imputation[3], die einen Forschungszweig für sich darstellen. Für die hier berechneten ERGMs werden wiederum ausschließlich die als vollständig definierten Netzwerke analysiert, da eine Imputation fehlender Kanten zumeist auch zur Folge hat, dass keine Attribute für die Knoten vorliegen, da die Schüler am Tag der Befragung nicht anwesend waren oder aus anderen Gründen nicht teilgenommen haben – in diesem Fall wäre die einzige Information das Geschlecht, das durch die Klassenlisten bekannt ist. Die fehlenden Attributwerte wurden durch eine einfache Regressions-Imputation ersetzt, die zwar bezüglich der Standardfehler nicht optimal ist, jedoch die Nachteile fehlender Werte überwiegt und bessere Ergebnisse liefert als das Ersetzen fehlender Werte mit dem Mittelwert (siehe hierzu *Enders* 2010, 44 f.). Die Anzahl der fehlenden Werte bewegte sich für die Stichprobe der vollständigen Netzwerke der ERGM-Analysen in einem sehr überschaubaren Rahmen (Geschlecht und Migrationshintergrund: keine fehlenden Werte, delinquente Überzeugungen 0,74 %, Schulnotendurchschnitt 1,34 %), weshalb hier auf elaboriertere Methoden verzichtet wurde.

[2] http://mailman13.u.washington.edu/pipermail/statnet_help/2013/001492.html [11.5.2020].

[3] Z.B. MICE (*Royston & White* 2011). Grundlegende Literatur zur multiplen Imputation siehe *Rubin* (1987); *Schafer* (1999).

Neben den unvollständigen Netzwerken wurden sehr kleine Netzwerke aus den Analysen ausgeschlossen. Kleine Netzwerke haben ihre eigenen ‚Regeln' (siehe z. B. Dichte und Anzahl an Akteuren, Kapitel 3) und stellen auch Random-Graph-Modelle vor spezielle Herausforderungen durch z. B. ungewöhnliche Degree-Verteilungen (siehe z. B. *Newman, Watts & Strogatz* 2002). Deshalb wurden für die Analysen Netzwerke mit weniger als 20 Schülern ausgeschlossen und es bleiben 87 Schulklassen, die in die Analysen eingehen.

5.2.4 Vorgehen - Modellierung

Der Vorteil von ERGMs ist ihre enorme Flexibilität bei der Schätzung von Parametern, die die Struktur eines Netzwerks bestimmen, sowie die umfangreichen Möglichkeiten zur Bestimmung der optimalen Modellgüte. Ein Nachteil ist, dass viele Netzwerke nur mit Einschränkungen simultan analysiert werden können. Im Folgenden soll für zwei Beispielnetzwerke das grundlegende Vorgehen dargestellt werden. Hierbei werden jeweils vier Netzwerke mit unterschiedlichen Einschränkungen modelliert. Dies ist jeweils ein Netzwerk mit allen gerichteten Beziehungen, mit gerichteten und mindestens engen Beziehungen, mit gerichteten Beziehungen mit gemeinsamer Freizeit (mindestens einmal pro Monat) sowie ausschließlich mutuellen Beziehungen. Für diese werden jeweils in drei Schritten Modelle mit nur den delinquenten Überzeugungen (Modell 1), mit allen Homophilie-Parametern (Modell 2) sowie mit den Homophilie- und netzwerkstrukturellen Parametern (Modell 3) getestet. Die Kantenzahl (edges) zur Bestimmung der Basiswahrscheinlichkeit von Beziehungen ist in allen Modellen enthalten. Für die Beispielnetzwerke werden die Ergebnisse detailliert beschrieben und es wird dargestellt, wie die Aufnahme netzwerkstruktureller Parameter die Anpassungsgüte (GOF) der Modelle verbessern.

Die Analyse der einzelnen 87 Netzwerke wurde nach dem oben beschriebenen Vorgehen (Modell 1 bis 3) durchgeführt. Die Parameter der einzelnen Modelle gehen in eine Metaanalyse ein. Darin sind nur die Modelle enthalten, die mit den Basiseinstellungen konvergierten und zufriedenstellend bezüglich der Anpassungsgüte waren.[4] Insgesamt bleiben 57 Netzwerke für die mit einer multivariaten Metanalyse untersucht wird, welche der Homophilie- und netzwerkstrukturellen Effekte von Bedeutung sind und wie diese über die unterschiedlichen

[4] Modelle mit unzureichender Anpassungsgüte oder die nicht konvergieren könnten durch Modifikation der netzwerkstrukturellen Parameter optimiert werden. Es wird an dieser Stelle jedoch darauf verzichtet, da dies die Vergleichbarkeit der Modelle, auch bezüglich der Metaanalyse, erschweren würde.

Modelle variieren. Die Metaanalyse wurde mit dem Stata-ado `mvmeta` durchgeführt (*White* 2009; 2011). Da die Ergebnisse auf eine starke Heterogenität der Effekte zwischen den Modellen hinweisen und diese in multivariaten Metanalysen ohnehin zugelassen werden sollte, erfolgt die Schätzung über ein Random-Effects-Modell. Wie auch in anderen Studien, die Modelle vieler einzelner Netzwerke vergleichen, werden dabei die Koeffizienten gemittelt und über ihre Standardfehler gewichtet (z. *B. Knecht et al.* 2010; *Snijders & Baerveldt* 2003; *Weerman* 2011). Im Falle der multivariaten Metaanalyse wird dabei zusätzlich die wechselseitige Abhängigkeit der Koeffizienten innerhalb der einzelnen Netzwerke über ihre Varianz-Kovarianz-Matrix einbezogen (siehe hierzu *An* 2015; *Wittek et al.* 2020; *White* 2009).

5.3 Ergebnisse

5.3.1 Beispielnetzwerk 1: neunte Klasse Gymnasium (30 Schüler)

Abbildung 5.2 stellt die Graphen für ein Freundschaftsnetzwerk einer neunten Klasse an einem Gymnasium dar. Die Koordinaten der Akteure aller Teilgraphen entsprechen denen, die mittels Kamada-Kawai-Layout-Algorithmus (siehe hierzu Abschnitt 3.8.3) für den Teilgraphen „alle“ ermittelt wurden. Die Knoten der Teilgraphen „eng > 1“, „Freizeit > 1“ und „mutuell“ wurden jeweils auf dieselben Koordinaten projiziert. Da die Einschränkung auf enge Freundschaften, Freundschaften mit gemeinsamer Freizeit und gegenseitige Freundschaften jeweils nur eine Einschränkung aller Freundschaftsnominierungen darstellt, bleiben die Koordinaten des Darstellungsalgorithmus sinnvoll interpretierbar. Deutlich wird, dass die Verbindungen mit den jeweiligen Einschränkungen weniger werden bzw. die Netzwerke weniger dicht sind. Die Verbindungen in maßgeblichen Teilgruppen bleiben jedoch größtenteils bestehen. Dies zeigt sich auch in *Abbildung 5.3*, in der für jede Teilgraphik des Beispielnetzwerks ein eigener Darstellungsalgorithmus angewendet wurde. Hier wird jedoch auch deutlich, dass einzelne Akteure, Dyaden und kleine Teilgruppen aus der ursprünglichen Einbettung in größere Gruppen herausfallen. Was in beiden Abbildungen deutlich wird, ist, dass es eine klare Trennung zwischen den Geschlechtern gibt. Zudem wird – mehr oder weniger – deutlich, dass die delinquenten Überzeugungen bei nahen Knoten überdurchschnittlich häufig Ähnlichkeiten (sichtbar über die Größe der Knoten) aufweisen und mitunter ganze Teilgruppen, wie z. B. die Mädchengruppe im grünen Kreis (*Abbildung 5.2*, Teilgraph „alle“), unterdurchschnittliche

Werte aufweisen. Im Vergleich zum Rest der Klasse weisen die Schülerinnen dieser Teilgruppe im Mittel bessere Schulnoten auf und sie sind sich bezüglich dieses Merkmals sehr ähnlich (*Abbildung 5.4*). Der Migrationshintergrund (*Abbildung 5.4*) scheint eine eher untergeordnete Rolle zu spielen – möglicherweise aufgrund des geringen Anteils an Schülern mit Migrationshintergrund in dieser Klasse. Ein Beispiel für die transitive Schließung einer Triade findet sich im roten gestrichelten Kreis in *Abbildung 5.2*. Hier besteht zwischen A und B sowie zwischen B und C eine mutuelle Beziehung. Die Triade wird durch die Beziehung von A zu C (der ein Freund von B ist – also ein Freund eines Freundes von A) geschlossen, wobei diese Beziehung nicht mutuell ist. Werden nur die engen Freundschaften betrachtet, ist diese Schließung nicht vorhanden. In dem Beispielnetzwerk gibt es zahlreiche weitere Dreieckskonstellationen, die jedoch aufgrund der hohen Dichte in Teilgruppen nur bedingt visuell beschrieben werden können. Weitere Aufschlüsse bieten ERGMs.

Tabelle 5.1 stellt die Ergebnisse von je drei ERGMs über schrittweise Modelle für die vier Netzwerktypen (alle Nominierungen, nur enge Beziehungen, gemeinsame Freizeit, mutuelle Beziehungen) dar. Das Modell 1 beinhaltet nur die Netzwerkdichte und den Homophilie-Parameter der delinquenten Überzeugungen. Für die Gesamtzahl der Nominierungen (A) sind beide Effekte signifikant und der Erwartung entsprechend negativ. Der Koeffizient der Differenz zwischen den delinquenten Überzeugungen zweier Akteure hat den Wert −6,535, der Edges-Koeffizient hat einen Wert von −0,682. Dieser Koeffizient lässt sich wie ein Logit-Koeffizient einer logistischen Regression interpretieren und es lässt sich hieraus die Wahrscheinlichkeit einer Beziehung berechnen: Ohne ein Modell, nur aus der Zahl der realisierten an den möglichen Beziehungen[5] berechnet, liegt die Wahrscheinlichkeit für eine gerichtete Beziehung zwischen zwei Akteuren bei 0,18 (im Netzwerk aus 30 Knoten sind 160 von 870 möglichen Beziehungen realisiert, dies würde sich auch aus einem Modell mit nur dem Edges-Parameter ergeben). In Modell 1(A) liegt die Wahrscheinlichkeit für eine Beziehung unter Kontrolle der Basiswahrscheinlichkeit, wenn die delinquenten Überzeugungen exakt übereinstimmen, bei 0,34. Hat ein Akteur den Wert 0 und ein Akteur den Wert 1 (also die größte theoretische Differenz) liegt die Wahrscheinlichkeit für eine Beziehung hingegen nur bei 0,0007 und ist somit höchst unwahrscheinlich.[6]

[5] Hier gerechnet mit: n x (n-1), unabhängig von der Beschränkung auf acht Nominierungen.

[6] Bedingte log-odds für das Vorhandensein einer Beziehung zwischen zwei Akteuren (Model 1[A]): − 0.682 + (−6.553 × Distanz delinquente Überzeugungen), Zugehörige Wahrscheinlichkeit: exp(−0.682 + (−6.553 × Distanz delinquente Überzeugungen))/(1 + exp(−0.682 + (−6.553 × Distanz delinquente Überzeugungen))).

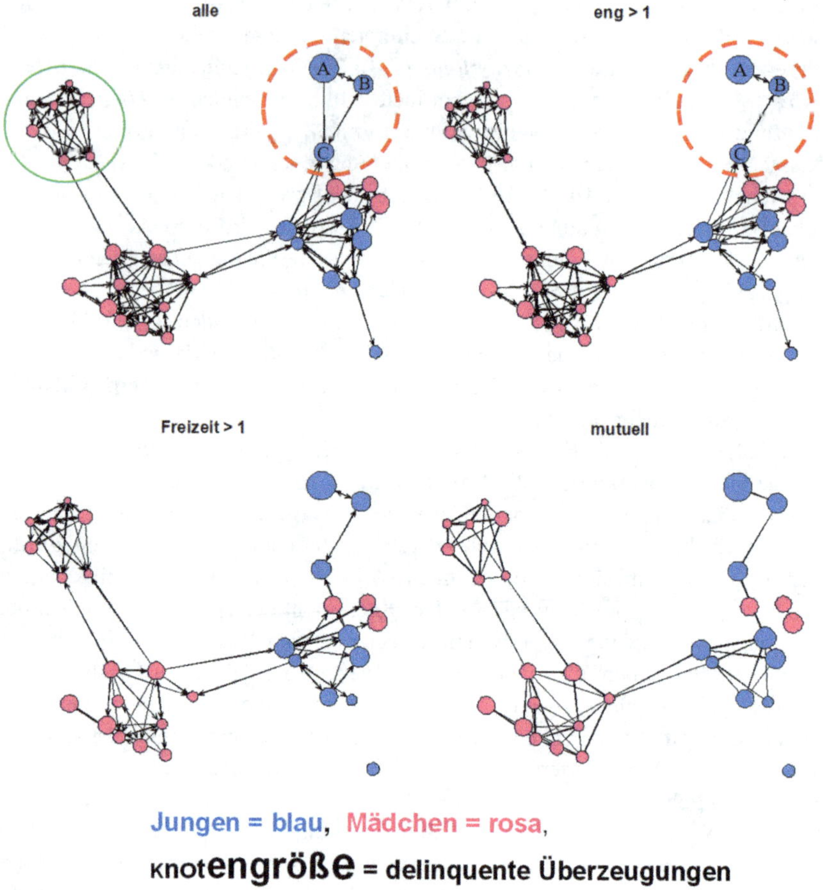

Abbildung 5.2 Beispiel 1, neunte Klasse Gymnasium – Variante 1

Beträgt die Differenz nur 0,25 (also eine Skaleneinheit der Messung im Fragebogen), so liegt die Wahrscheinlichkeit einer Beziehung bei 0,09 und damit deutlich höher. Aus diesem Modell ergibt sich ein starker Homophilie-Effekt bezüglich der delinquenten Überzeugungen. Dabei stellt sich die Frage nach der Anpassungsgüte. In einem Modell mit nur dem Edges-Term, also der Basiswahrscheinlichkeit einer Beziehung von 0,18, ließen sich für die 30 Akteure und 160 Kanten 139.200 verschiedene gerichtete Netzwerke zufällig generieren. Die

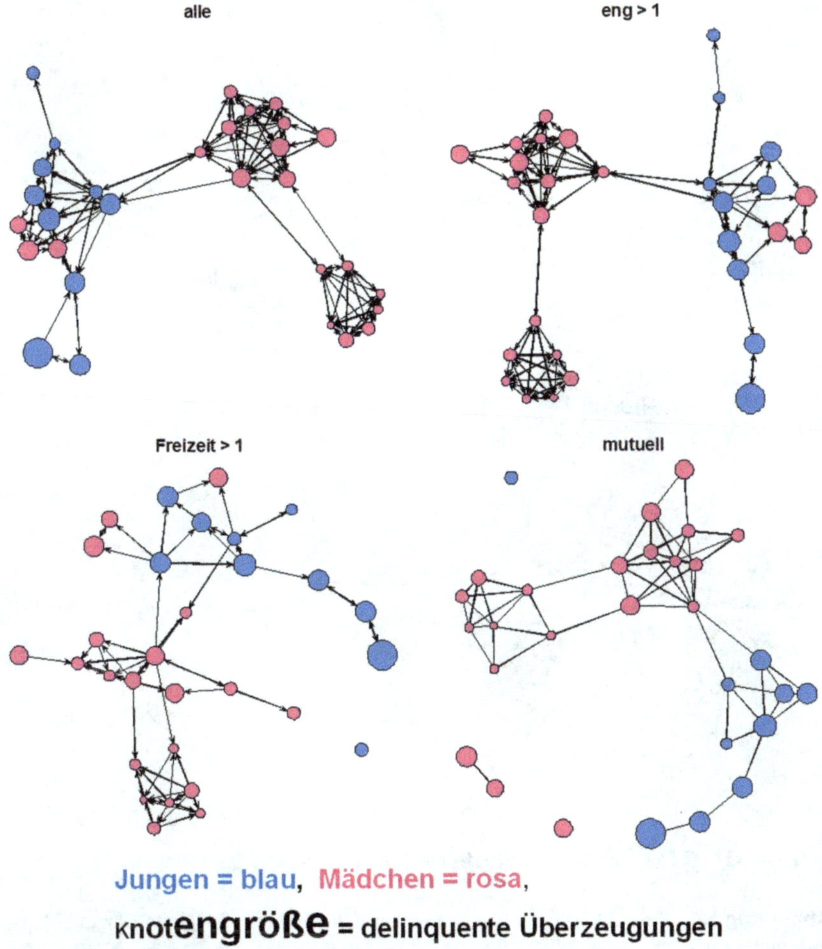

Abbildung 5.3 Beispiel 1, neunte Klasse Gymnasium – Variante 2

Wahrscheinlichkeit das beobachtete Netzwerk, mit all seinen Teilgruppen, Triaden, nahen und entfernten Knoten, zu reproduzieren, ist dabei äußerst gering. Zwar wird mit Aufnahme eines Parameters, wie z. B. des Homophilie-Effekts der delinquenten Überzeugungen, die Anzahl möglicher Kombinationen eingeschränkt, jedoch stellt sich weiterhin die Frage nach der Anpassungsgüte. Zwar

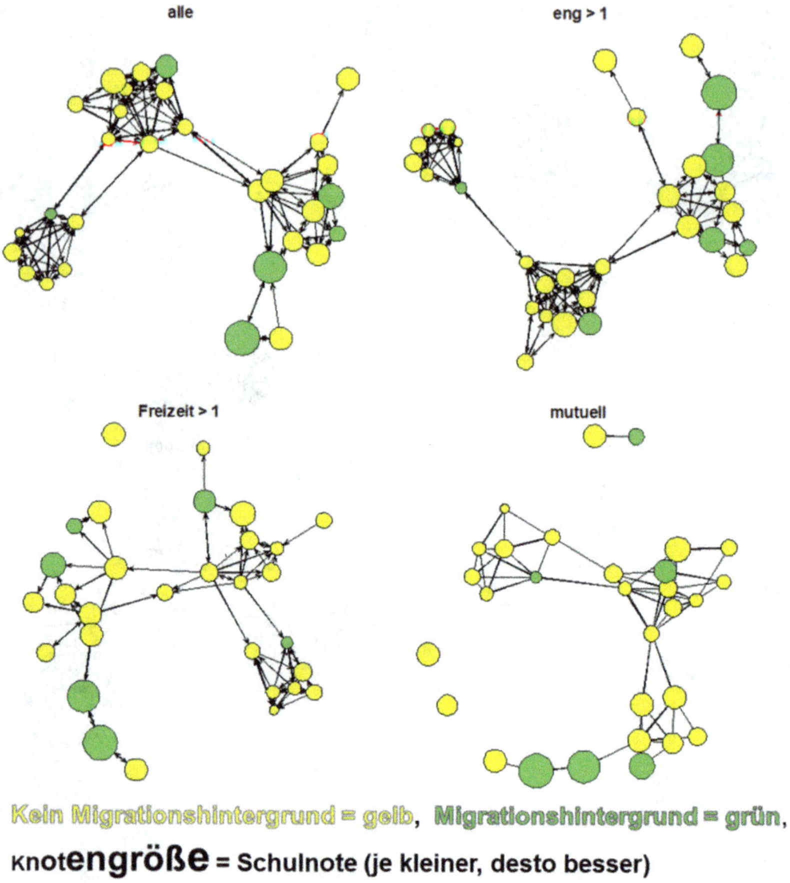

Abbildung 5.4 Beispiel 1, neunte Klasse Gymnasium – Variante 3, Schulnoten und Migrationshintergrund

kann diese über die Modelle hinweg mittels Werten wie BIC oder AIC verglichen werden, jedoch ist es schwierig, hieraus zu schließen, wie gut das vorhergesagte Netzwerk zu dem beobachteten Netzwerk passt (siehe z. B. *Goodreau et al.* 2009, 111). Zur erweiterten Bestimmung des Goodness of Fit gibt es verschiedene Methoden. In der Literatur wird dazu häufig ein Set an Statistiken vorgeschlagen (*Hunter et al.* 2008; *Robins & Lusher* 2012), das Rückschlüsse darauf zulässt, wie nahe vorhergesagte Netzwerke am beobachteten Netzwerk sind. Dies kann über Tabellen mit Teststatistiken, aber auch mittels graphischer Methoden ermittelt werden. Im Folgenden wird die graphische Methode angewendet. Über die errechneten Modellparameter können im Nachgang der Schätzung beliebig viele Zufallsgraphen erstellt werden. Die Verteilung der Teststatistiken wird dann mit dem beobachteten Netzwerk abgeglichen. Für die Modelle in *Tabelle 5.1* wurden jeweils 100 Zufallsnetzwerke mit den zugehörigen Parametern erstellt. Die Teststatistiken sind:

- „in degree“[7]: Anteil der Akteure mit Indegree n.
- „out degree“: Anteil der Akteure mit Outdegree n.
- „edge-wise shared partners“: die Statistik über die kantenweisen geteilten Partner geteilt durch die Anzahl aller Kanten.
- „minimum geodesic distance“: Anteil der Paare von Akteuren, deren kürzester Abstand (wenn z. B. A über B und C gehen muss, um zu D zu gelangen, ist der Abstand 3) der Länge k (1 bis n) ist bzw. die sich nicht erreichen können (NR = not reachable).

In *Abbildung 5.5* wird für Modell 1[A] dargestellt, wie gut das beobachtete Netzwerk (schwarze Linie) zu den aus dem Modell vorhergesagten 100 Zufallsgraphen (Boxplot-Diagramme) passt. Die Verteilung des „in degree“ ist dabei eher unproblematisch und die Verteilung des „out degree“ liegt noch im akzeptablen Bereich. Problematisch sind dagegen die Distanzen zwischen den Akteuren („minimum geodesic distance“) und vor allem die Einbettung in Triaden („edge-wise shared partners“). Das beobachtete Netzwerk weicht dabei deutlich von den Zufallsgraphen ab, was bedeutet, dass das Modell eine unzureichende Anpassungsgüte aufweist bzw. das beobachtete Netzwerk schlecht reproduzieren kann.

In Modell 2[A] werden die zusätzlichen Homophilie-Effekte aufgenommen (*Tabelle 5.1*). Der Effekt der delinquenten Überzeugungen bleibt in etwa gleich stark (beta = −6,227). Für den nodematch-Term des Geschlechts besteht ein positiver signifikanter Effekt (beta = 2,134), was bedeutet, dass die Wahrscheinlichkeit einer Beziehung höher ist, wenn beide Akteure das gleiche Geschlecht haben. Der nodematch-Term für den Migrationshintergrund ist nicht signifikant. Mit einem größeren Unterschied bei den Schulnoten (beta = −3,002) nimmt die Wahrscheinlichkeit einer Freundschaft ab. Für eine Freundschaft zwischen zwei Jungen oder zwei Mädchen, die die gleiche Durchschnittsnote haben und

[7] Die Schreibweise folgt der Ausgabe der Grafiken des ergm-Pakets.

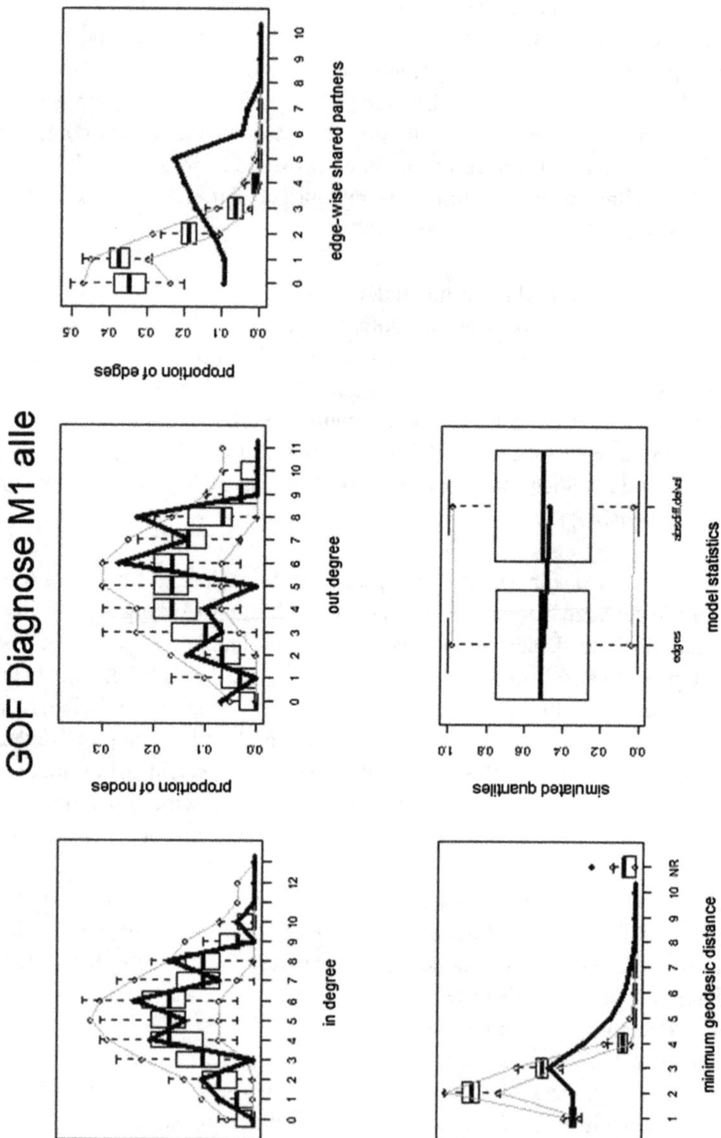

Abbildung 5.5 Goodness of Fit, Beispiel 1, Modell 1 [A]

Tabelle 5.1 ERGM Modelle, Beispiel 1, neunte Klasse Gymnasium

	Model 1			Model 2			Model 3		
	est	s.e.	p	est	s.e.	p	est	s.e.	p
Alle Nominierungen [A]									
Edges	−0.682	0.141	***	−1.710	0.382	***	−2.138	0.626	***
Delinquente Überzeugungen (absdiff)	−6.553	1.030	***	−6.227	1.155	***	−1.970	0.563	***
Geschlecht (nodematch)				2.134	0.289	***	0.384	0.099	***
Migrationshintergrund (nodematch)				−0.182	0.216	ns	0.033	0.160	ns
Schulnoten (absdiff)				−3.002	0.964	***	−1.231	0.574	*
Reziprozität (mutual)							2.103	0.427	***
Konnektivität (two-path)							−0.227	0.044	***
Popularität (gwidegree)							0.374	0.751	ns
Aktivität (gwidegree)							−0.676	0.611	ns
Dreiecksbildung (gwesp)							1.017	0.102	***
BIC	787.7			695.2			483.3		
Mindestens eng [B]									
Edges	−0.806	0.149	***	−2.315	0.440	***	−2.839	0.814	***
Delinquente Überzeugungen (absdiff)	−7.403	1.153	***	−7.204	1.285	***	−2.402	0.645	***
Geschlecht (nodematch)				2.397	0.345	***	0.532	0.173	**
Migrationshintergrund (nodematch)				−0.006	0.233	ns	0.072	0.162	ns

(Fortsetzung)

Tabelle 5.1 (Fortsetzung)

	Model 1			Model 2			Model 3		
	est	s.e.	p	est	s.e.	p	est	s.e.	p
Schulnoten (absdiff)				−2.137	1.030	*	−0.973	0.605	ns
Reziprozität (mutual)							2.193	0.448	***
Konnektivität (two-path)							−0.193	0.060	**
Popularität (gwidegree)							0.963	0.888	ns
Aktivität (gwidegree)							−0.411	0.694	ns
Dreiecksbildung (gwesp)							0.967	0.109	***
BIC	708.2			627.4			464.5		
Freizeit [C]									
Edges	−1.734	0.192	***	−2.985	0.566	***	−2.372	0.717	***
Delinquente Überzeugungen (absdiff)	−5.701	1.437	***	−5.020	1.558	**	−3.162	1.049	**
Geschlecht (nodematch)				2.022	0.440	***	1.166	0.367	**
Migrationshintergrund (nodematch)				0.055	0.298	ns	0.113	0.243	ns
Schulnoten (absdiff)				−2.793	1.349	*	−2.040	1.054	†
Reziprozität (mutual)							1.594	0.591	**
Konnektivität (two-path)							−0.475	0.089	***
Popularität (gwidegree)							1.289	0.795	ns
Aktivität (gwidegree)							−0.818	0.618	ns
Dreiecksbildung (gwesp)							1.069	0.179	***
BIC	481.4			453.3			409.2		

(Fortsetzung)

Tabelle 5.1 (Fortsetzung)

	Model 1			Model 2			Model 3		
	est	s.e.	p	est	s.e.	p	est	s.e.	p
Mutuelle Beziehung (alle) [D]									
Edges	−1.047	0.220	***	−3.138	0.838	***	−1.959	2.220	ns
Delinquente Überzeugungen (absdiff)	−6.547	1.659	***	−6.202	1.879	***	−4.376	1.314	***
Geschlecht (nodematch)				3.177	0.733	***	1.582	0.519	**
Migrationshintergrund (nodematch)				−0.141	0.343	ns	−0.023	0.308	ns
Schulnoten (absdiff)				−2.823	1.592	†	−2.297	1.311	†
Konnektivität (two-path)							−0.290	0.165	†
Degree (gwdegree)							−0.293	1.546	ns
Dreiecksbildung (gwesp)							1.075	0.172	***
BIC	338.1			297.6			274.2		

† $p < 0.1$ * $p < 0.05$, ** $p < 0.01$, *** $p < 0.001$, ns = nicht signifikant

bezüglich des Migrationshintergrunds übereinstimmen, beträgt die Wahrscheinlichkeit einer Beziehung bei exakt identischen (hohen, mittleren oder niedrigen) delinquenten Überzeugungen 0,56. Liegt die größtmögliche Differenz bei den delinquenten Überzeugungen vor (die Werte 0 und 1), so liegt die Wahrscheinlichkeit einer Beziehung für diese Konstellation bei 0,002. Beträgt die Differenz 0,25 (also eine Skaleneinheit des Fragebogens), liegt die Wahrscheinlichkeit einer Beziehung bei 0,21. Wären bei dieser Konstellation die Akteure wiederum unterschiedlichen Geschlechts, so läge die Wahrscheinlichkeit einer Beziehung hingegen nur bei 0,03. Wären beide wiederum Jungen oder Mädchen, jedoch einmal mit Durchschnittsnote 1 und einmal mit 4, so wäre die Wahrscheinlichkeit einer Beziehung (bei Distanz der delinquenten Überzeugungen von 0,25) mit 0,04 ebenfalls ähnlich gering. Es zeigt sich an diesem Beispiel, dass die Interpretation von ERGM in Bezug auf Wahrscheinlichkeiten einzelner Beziehungen aufgrund der bedingten log-odds komplex ist. Über die einfachen logit-Koeffizienten der Modelle lässt sich dennoch klären, ob ein signifikanter Effekt vorhanden ist und ob dieser über die Modelle stärker oder schwächer wird. Das Modell 2[A] weist im Vergleich zum Modell 1[A] einen besseren Modellfit auf (BIC = 695,2 gegenüber 787,7). Aus *Abbildung 5.6* geht jedoch hervor, dass mit Aufnahme weiterer Homophilie-Terme sich die unzureichende Anpassungsgüte des Modells bezüglich der Distanzen zwischen den Akteuren („minimum geodesic distance“) und der Einbettung in Triaden bzw. der Gruppenbildung („edge-wise-shared-partners“) nur minimal verbessert hat.

Dies ändert sich in Modell 3[A] mit Aufnahme der netzwerkstrukturellen Parameter. Der BIC liegt mit 483,3 deutlich unterhalb des Werts von Modell 2[A], und *Abbildung 5.7* weist für die „minimum geodesic distance“- und „edge-wise-shared-partner“-Verteilung eine weitaus bessere (wenn auch noch immer nicht optimale) Anpassung auf. Für die Parameter im Modell bedeutet dies Folgendes: Sowohl Reziprozität, Konnektivität als auch der gwesp-Parameter haben die erwarteten Vorzeichen und weisen signifikante Effekte auf bzw. tragen zur Erklärung der Netzwerkstruktur bei. Popularität und Aktivität sind unter Kontrolle der Konnektivität nicht relevant. Unter Kontrolle der netzwerkstrukturellen Effekte ist der Homophilie-Effekt der delinquenten Überzeugungen nach wie vor signifikant, nimmt aber deutlich ab. Dies gilt gleichermaßen für die Homophilie-Effekte von Geschlecht und Schulnoten (*Tabelle 5.1*).

Es lässt sich also zusammenfassen, dass Ähnlichkeit bezüglich delinquenter Überzeugungen in Freundschaftsbeziehungen in der beobachteten Schulklasse überzufällig oft vorkommt. Dieser Effekt ist jedoch weitaus weniger stark, wenn für netzwerkstrukturelle Parameter kontrolliert wird. Diese Parameter beschreiben zwar formell nur bestimmte Strukturen, es ist jedoch davon auszugehen,

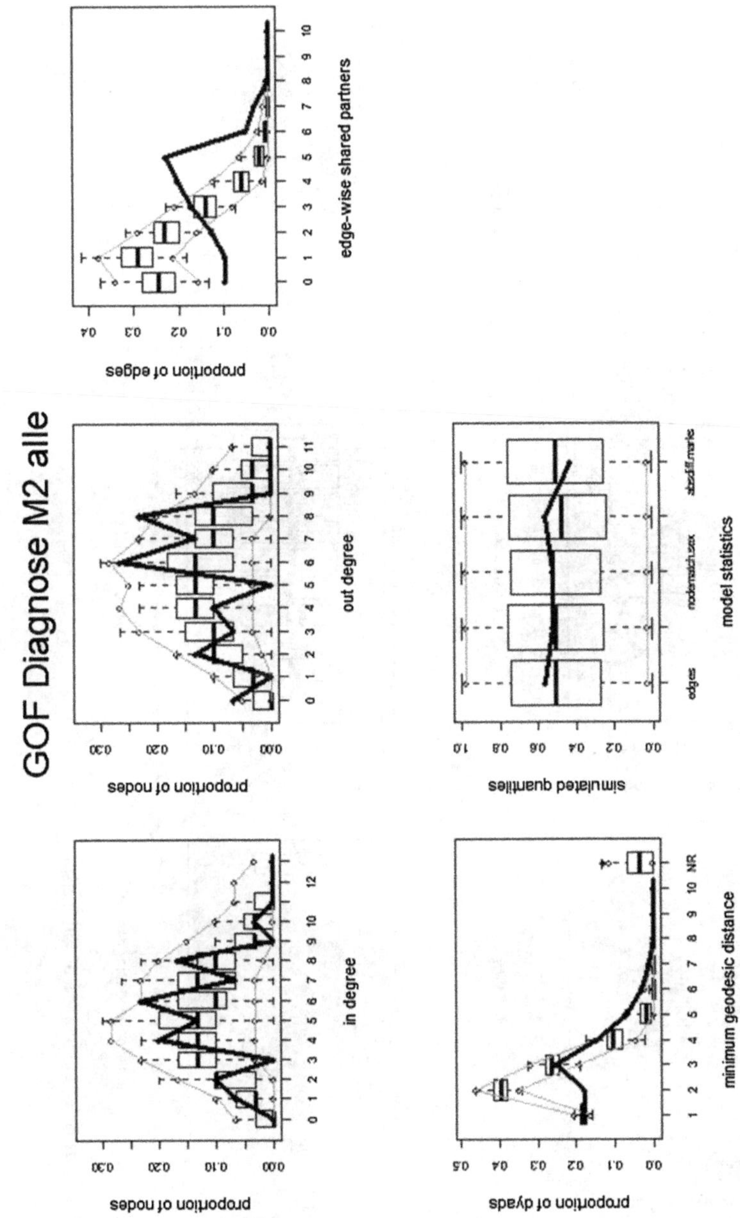

Abbildung 5.6 Goodness of Fit, Beispiel 1, Modell 2 [A]

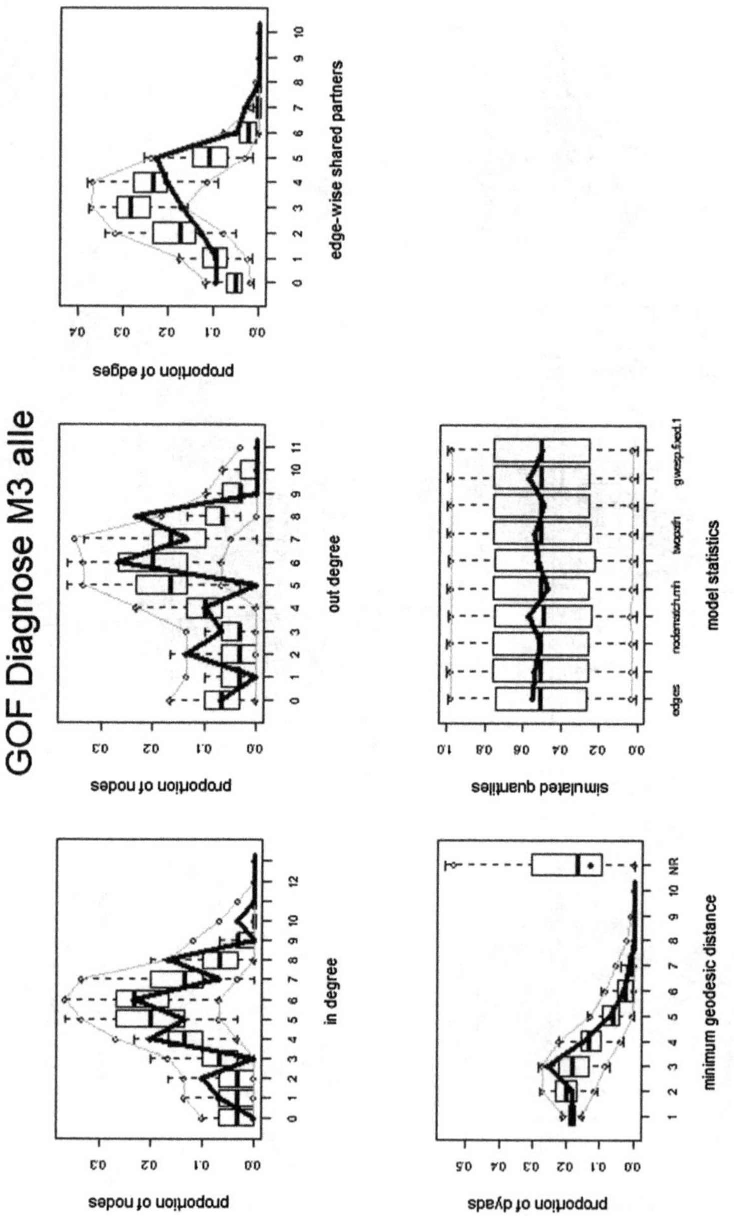

Abbildung 5.7 Goodness of Fit, Beispiel 1, Modell 3 [A]

dass auch hinter diesen soziale Prozesse liegen (wie z. B. Freunde von meinen Freunden sind meine Freunde). Für die ausschließlich engen Freundschaftsbeziehungen (Modell 1–3[B], Anpassungsgüte siehe elektronisches Zusatzmaterial 9.3 *Abbildung 9.2* bis *Abbildung 9.4*) ist im Wesentlichen ein identisches Ergebnis zu beobachten. Das nahezu gleiche Muster zeigt sich auch für die Freundschaften, bei denen Schüler mindestens einmal im Monat gemeinsam Freizeit verbringen (Modell 1–3[C]). Ein Unterschied besteht darin, dass der Homophilie-Effekt der delinquenten Überzeugungen unter Kontrolle der netzwerkstrukturellen Parameter über den Modellvergleich hinweg weniger deutlich abnimmt. Gleiches gilt für das Geschlecht und die Schulnoten (nur auf dem 10-%-Niveau signifikant). Hier liegt der Schluss nahe, dass bei diesen Freundschaften netzwerkstrukturelle Parameter ebenfalls eine Rolle spielen, Homophilie-Effekte jedoch bedeutsamer sind bzw. die Akteure sich stärker ähnlich sind, wenn sie auch gemeinsame Freizeit außerhalb der Schule verbringen.

Die Modelle 1–3[D] betreffen Freundschaftsbeziehungen, die mutuell sind. Dabei entfallen die Parameter Popularität und Aktivität, welche durch den Degree-Parameter ersetzt werden. Der Reziprozitäts-Parameter entfällt ebenfalls, da ausschließlich ungerichtete mutuelle Beziehungen modelliert werden. Mit dem schrittweisen Aufbau ist jeweils eine Verbesserung der Anpassungsgüte über die BIC-Werte zu beobachten. Im Modell 1[D] liegt der Homophilie-Parameter der delinquenten Überzeugungen bei −6,547. Die Anpassungsgüte des Modells ist für die Degree-Verteilung sehr gut. Allerdings ist die Anpassung bezüglich der Distanzen zwischen den Akteuren („minimum geodesic distance“) und der „edge-wise-shared-partner“ Statistik nicht zufriedenstellend (*Abbildung 5.8*). Unter Kontrolle der weiteren Homophilie-Effekte liegt der Effekt der delinquenten Überzeugungen bei −6,202 und nur unbedeutend geringer, dafür kann hierdurch die Anpassung bezüglich der minimalen Distanzen zwischen den Akteuren deutlich verbessert werden – ohne netzwerkstrukturelle Parameter zu modellieren (*Abbildung 5.9*). Mit den netzwerkstrukturellen Parametern verringert sich der Effekt der delinquenten Überzeugungen auch für die mutuellen Beziehungen, jedoch weniger deutlich als in den Modellen mit den gerichteten Netzwerken. Dies deutet darauf hin, dass in diesem Klassennetzwerk vor allem in mutuellen Beziehungen delinquente Überzeugungen geteilt werden. Die Anpassungsgüte (*Abbildung 5.10*) bezüglich der Reproduktion der beobachteten Netzwerkstrukturen ist in diesem Modell (3[D]) nahezu ideal.

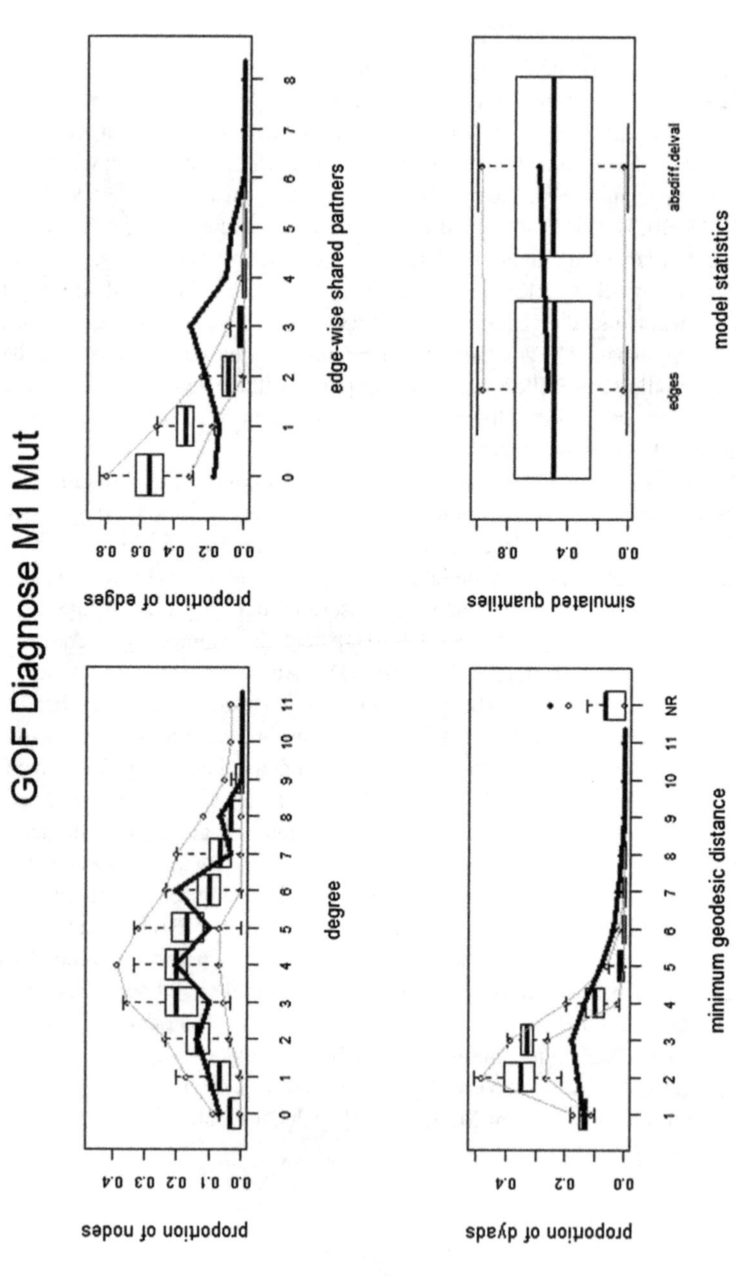

Abbildung 5.8 Goodness of Fit, Beispiel 1, Modell 1 [D]

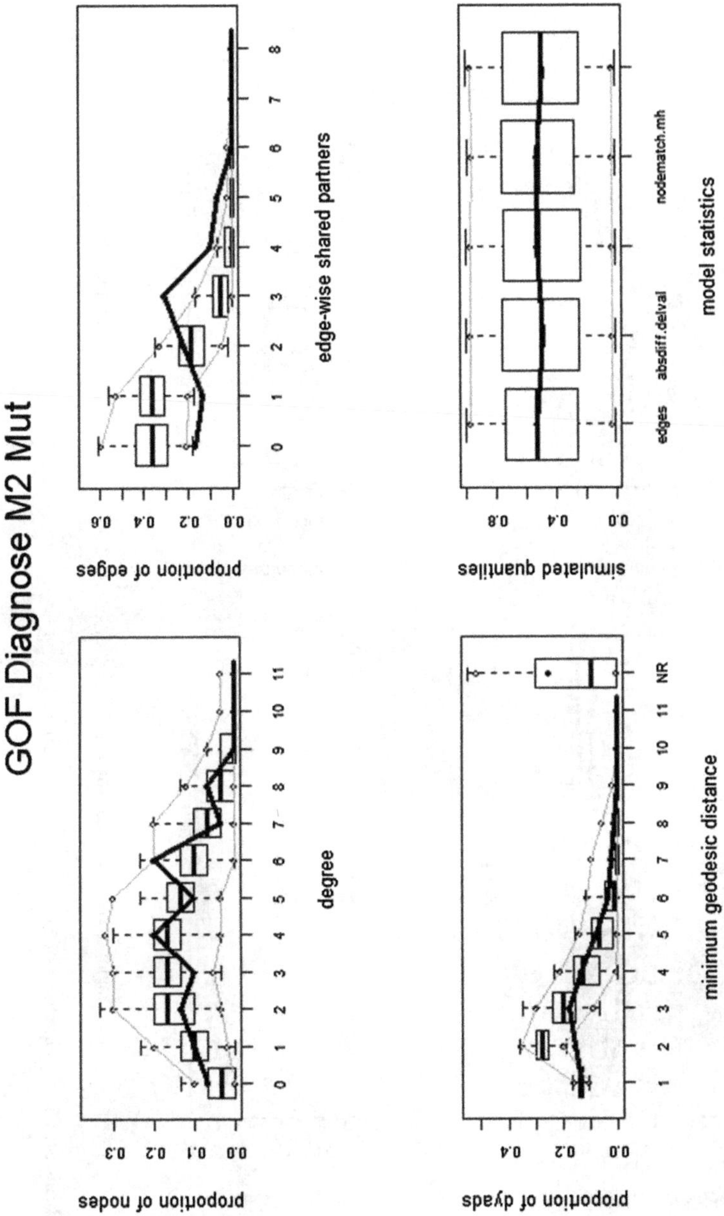

Abbildung 5.9 Goodness of Fit, Beispiel 1, Modell 2 [D]

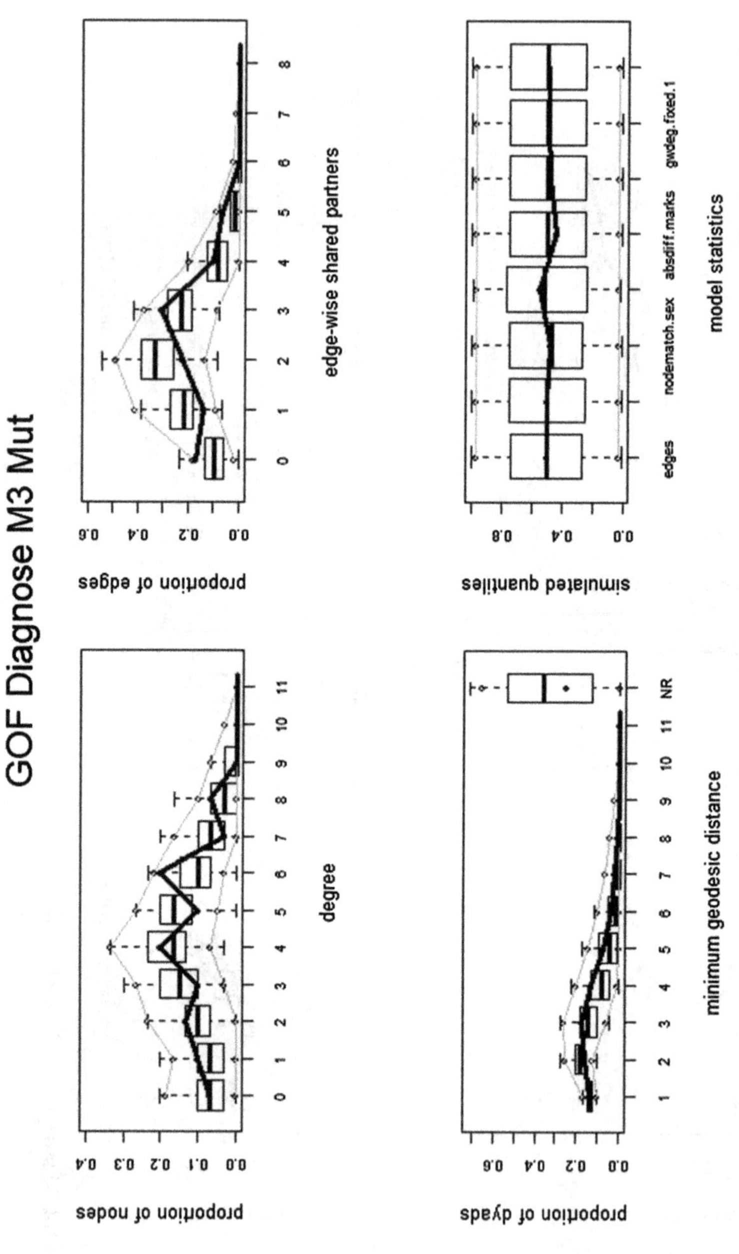

Abbildung 5.10 Goodness of Fit, Beispiel 1, Modell 3 [D]

5.3.2 Beispielnetzwerk 2: neunte Klasse Realschule (27 Schüler)

Abbildung 5.13 stellt das zweite Beispielnetzwerk dar und stammt von einer neunten Klasse einer Realschule. Auch hier fällt am deutlichsten auf, dass das Netzwerk mit allen Nominierungen und auch die drei über die Beziehungsqualität eingeschränkten Netzwerke durch die Segregation der Geschlechter deutlich getrennt sind. Im Wesentlichen sind zwei größere Gruppen (alle Nominierungen) zu beobachten, die ausschließlich aus Mädchen und fast ausschließlich aus Jungen bestehen. Im Gegensatz zum Beispielnetzwerk 1 gibt es auch in dieser Klasse einige Mädchen mit sehr ausgeprägten delinquenten Überzeugungen. Dies spiegelt sich auch in einem Mittelwertvergleich wider. In Beispiel 1 liegen Mädchen und Jungen im Mittel 0,54 Skaleneinheiten auseinander (bezogen auf die ursprüngliche Skaleneinheit 1 bis 4 / p = 0,021[8]), wobei die Mädchen eine sehr geringe Varianz aufweisen. In Beispiel 2 beträgt der Unterschied nur 0,36 Skaleneinheiten (p = 0,168), die Mädchen weisen jedoch eine höhere Varianz auf. Im Gesamten scheint die Toleranz gegenüber Normbrüchen und Gewalt im zweiten Beispielnetzwerk höher zu sein (*Abbildung 5.11*). Inwieweit auch hier Homophilie-Effekte vorliegen wird wiederum mit ERGMs getestet. Die Beschreibung erfolgt hier etwas weniger detailliert als bei Beispiel 1.

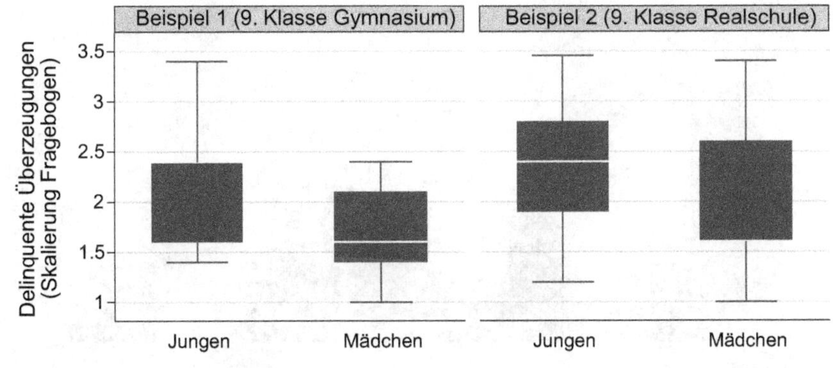

Abbildung 5.11 Delinquente Überzeugungen nach Geschlecht und Beispielnetzwerken (n = 30 in Beispiel 1, n = 27 in Beispiel 2, Boxplot)

[8] T-Test auf Differenz der Mittelwerte, ungerichtet mit ungleichen Varianzen.

Tabelle 5.2 beinhaltet den identischen Modellaufbau für das Beispielnetzwerk 2 wie *Tabelle 5.1* für Beispiel 1. Für alle Nominierungen gibt es keinen signifikanten Homophilie-Effekt bei den delinquenten Überzeugungen – auch dann nicht, wenn dieser als alleiniger Parameter ins Modell aufgenommen wird (Modell 1[A]). In *Abbildung 5.12* sind die Wahrscheinlichkeiten für eine Beziehung nach Unterschieden bei den delinquenten Überzeugungen für das Modell 1 der Beispielnetzwerke 1 und 2 abgebildet. Für Beispiel 1 wurde dies oben bereits beschrieben. Mit zunehmender Distanz bei den delinquenten Überzeugungen nimmt die Wahrscheinlichkeit einer Beziehung ab und schwankt zwischen 0,34 und 0,0007 (erste Gruppe von links). Für das Beispiel 2 ist der Effekt, wie erwähnt, nicht signifikant, die Abnahme der Wahrscheinlichkeit einer Beziehung ist nur sehr gering ausgeprägt und schwankt zwischen 0,19 und 0,1 (dritte Gruppe von links). Mit Aufnahme der weiteren Homophilie-Parameter zeigt sich lediglich ein Effekt für das Geschlecht (Modell 2[A]). Der Koeffizient liegt in einem ähnlichen Größenbereich wie in Beispiel 1, lässt sich jedoch nicht direkt vergleichen. Mit Aufnahme der netzwerkstrukturellen Parameter verringert sich der Homophilie-Effekt für das Geschlecht ebenfalls deutlich und in ähnlichem Ausmaß wie in Beispiel 1, bleibt aber weiterhin signifikant. Von den netzwerkstrukturellen Parametern weisen wiederum Reziprozität, Konnektivität und der gwesp-Parameter signifikante Effekte auf. Für die engen Freundschaften (Modelle 1–3[B]) ergibt sich im Wesentlichen das gleiche Bild. Auffällig ist hier, dass die

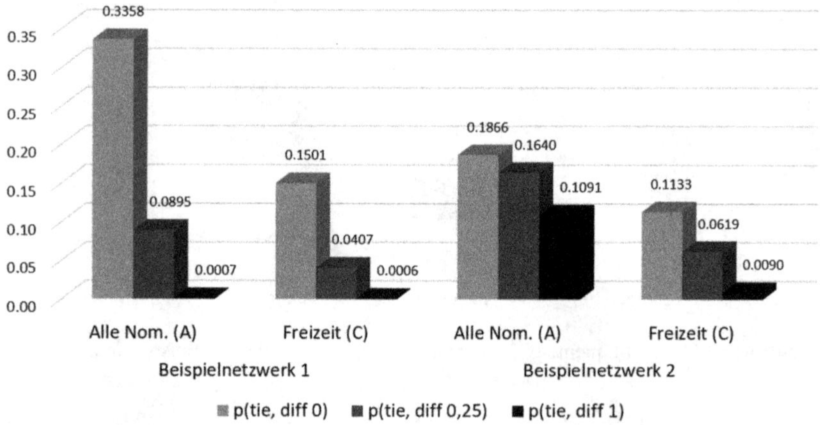

Abbildung 5.12 Wahrscheinlichkeit für eine Beziehung (tie) nach Unterschied bei delinquenten Überzeugungen. Modell 1[A] und [C] für Beispielnetzwerk 1 und 2

Tabelle 5.2 ERGM Modelle, Beispiel 2, neunte Klasse Realschule

	Modell 1			Modell 2			Modell 3		
	est	s.e.	p	est	s.e.	p	est	s.e.	p
Alle Nominierungen [A]									
edges	−1.472	0.174	***	−3.183	0.392	***	−1.818	0.734	***
Delinquente Überzeugungen	−0.628	0.712	ns	−0.569	0.778	ns	−0.234	0.545	ns
Geschlecht				2.683	0.328	***	0.593	0.189	***
Migrationshintergrund				−0.255	0.229	ns	−0.134	0.186	ns
Schulnoten				−0.040	0.943	ns	−0.135	0.705	ns
Reziprozität							2.512	0.500	***
Konnektivität							−0.304	0.062	***
Popularität							−0.177	0.805	ns
Aktivität							−0.840	0.763	ns
Dreiecksbildung (gwesp)							0.882	0.115	***
BIC	648.1			554.5			438.2		
Mindestens eng [B]									
edges	−1.976	0.204	***	−3.754	0.476	***	−2.892	0.977	**
Delinquente Überzeugungen	−0.230	0.819	ns	−0.009	0.875	ns	0.041	0.652	ns
Geschlecht				2.655	0.404	***	0.929	0.308	**
Migrationshintergrund				−0.147	0.261	ns	−0.040	0.186	ns
Schulnoten				−0.491	1.076	ns	−0.286	0.732	ns
Reziprozität							2.490	0.535	***
Konnektivität							−0.256	0.089	**
Popularität							0.237	0.883	ns
Aktivität							−0.696	0.826	ns
Dreiecksbildung (gwesp)							0.838	0.137	***
BIC	519.1			461.1			389.0		
Freizeit [C]									
edges	−2.057	0.237	***	−5.215	1.056	***	−3.587	1.476	**
Delinquente Überzeugungen	−2.646	1.138	*	−2.513	1.185	*	−1.460	0.839	†
Geschlecht				4.125	1.014	***	2.779	1.133	**

(Fortsetzung)

Tabelle 5.2 (Fortsetzung)

	Modell 1			Modell 2			Modell 3		
	est	s.e.	p	est	s.e.	p	est	s.e.	p
Migrationshintergrund				−0.174	0.326	ns	−0.068	0.266	ns
Schulnoten				−0.665	1.363	ns	−0.566	0.985	ns
Reziprozität							2.501	0.724	***
Konnektivität							−0.582	0.147	***
Popularität							0.723	1.083	ns
Aktivität							−1.431	0.877	ns
Dreiecksbildung (gwesp)							0.955	0.198	***
BIC	372.7			325.4			301.4		
Mutuelle Beziehung (alle) [D]									
edges	−2.050	0.290	***	−5.104	1.084	***	1.225	4.413	ns
Delinquente Überzeugungen	0.260	1.128	ns	0.500	1.229	ns	0.583	1.260	ns
Geschlecht				4.048	1.019	***	2.411	0.922	**
Migrationshintergrund				−0.231	0.373	ns	−0.177	0.381	ns
Schulnoten				−0.342	1.526	ns	−0.480	1.489	ns
Konnektivität							−0.784	0.429	†
Degree							−3.062	2.647	ns
Dreiecksbildung (gwesp)							0.953	0.203	***
BIC	268.8			229.5			220.4		

† $p < 0.1$ * $p < 0.05$, ** $p < 0.01$, *** $p < 0.001$, ns = nicht signifikant

Koeffizienten des Homophilie-Effekts der delinquenten Überzeugungen äußerst geringe Werte aufweisen, vor allem in den Modellen mit Kontrollvariablen. Auf eine detaillierte Analyse der Anpassungsgüte wird in diesen Modellen verzichtet (siehe elektronisches Zusatzmaterial 9.3 *Abbildung 9.8* bis *Abbildung 9.16*).

Beim Freizeit-Netzwerk (Model 1–3[C]) gibt es einen signifikanten Homophilie-Effekt für die delinquenten Überzeugungen. Berechnet man für Modell 1[C] in Abhängigkeit des edges-Terms die Wahrscheinlichkeit für eine Beziehung, so kann auch hier mit Zunahme der Distanz der delinquenten Überzeugungen zwischen den Akteuren eine Abnahme der Wahrscheinlichkeit

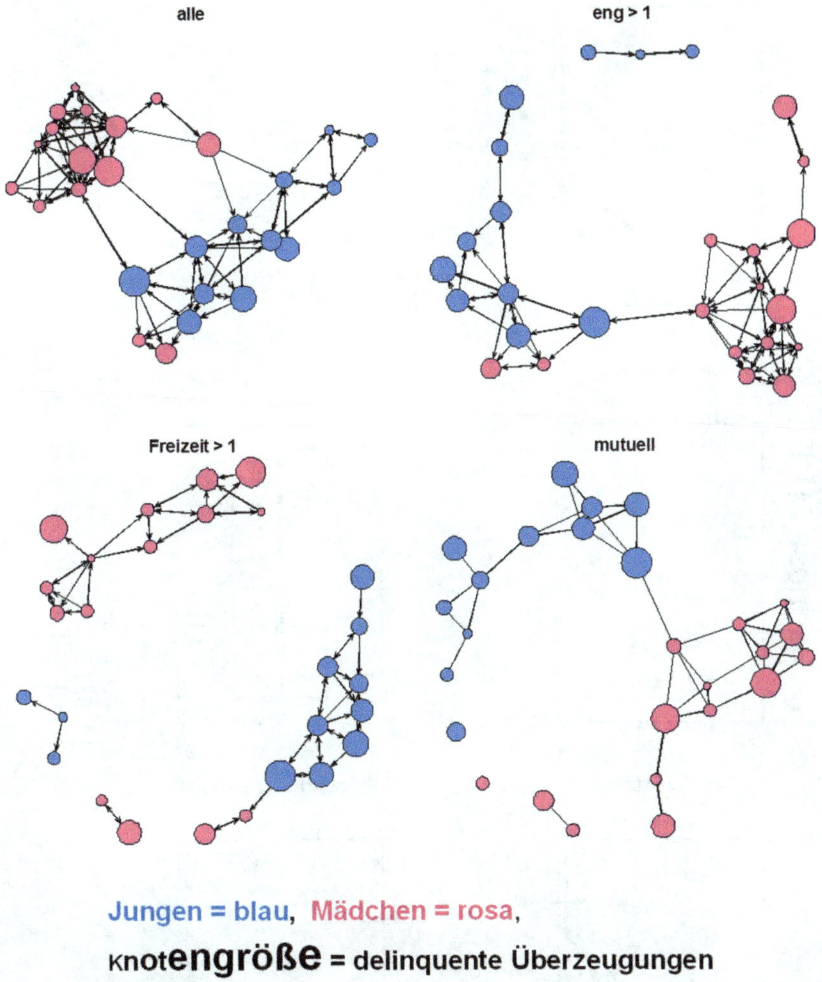

Abbildung 5.13 Beispiel 2, neunte Klasse Realschule – Variante 2

beobachtet werden. Bei exakter Übereinstimmung liegt diese bei 0,11. Bei maximaler Unterschiedlichkeit (0 vs. 1) nur noch bei 0.009 (*Abbildung 5.12*, vierte Gruppe von links).

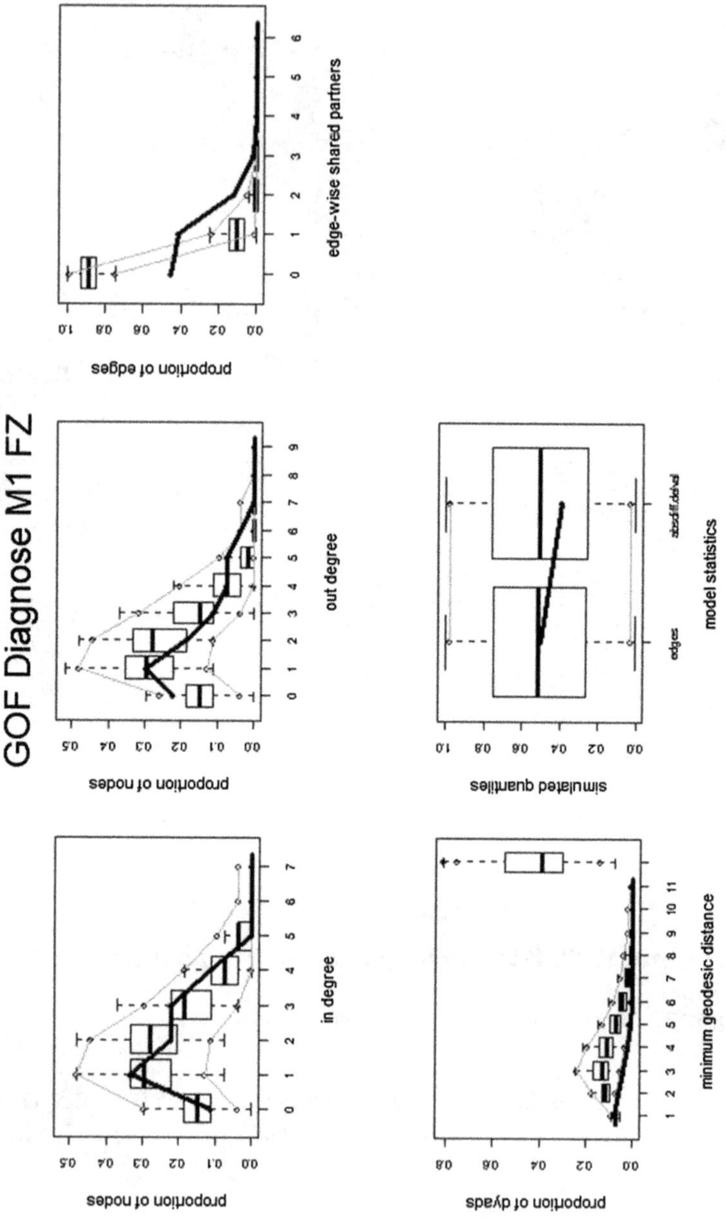

Abbildung 5.14 Goodness of Fit, Beispiel 2, Modell 1[C]

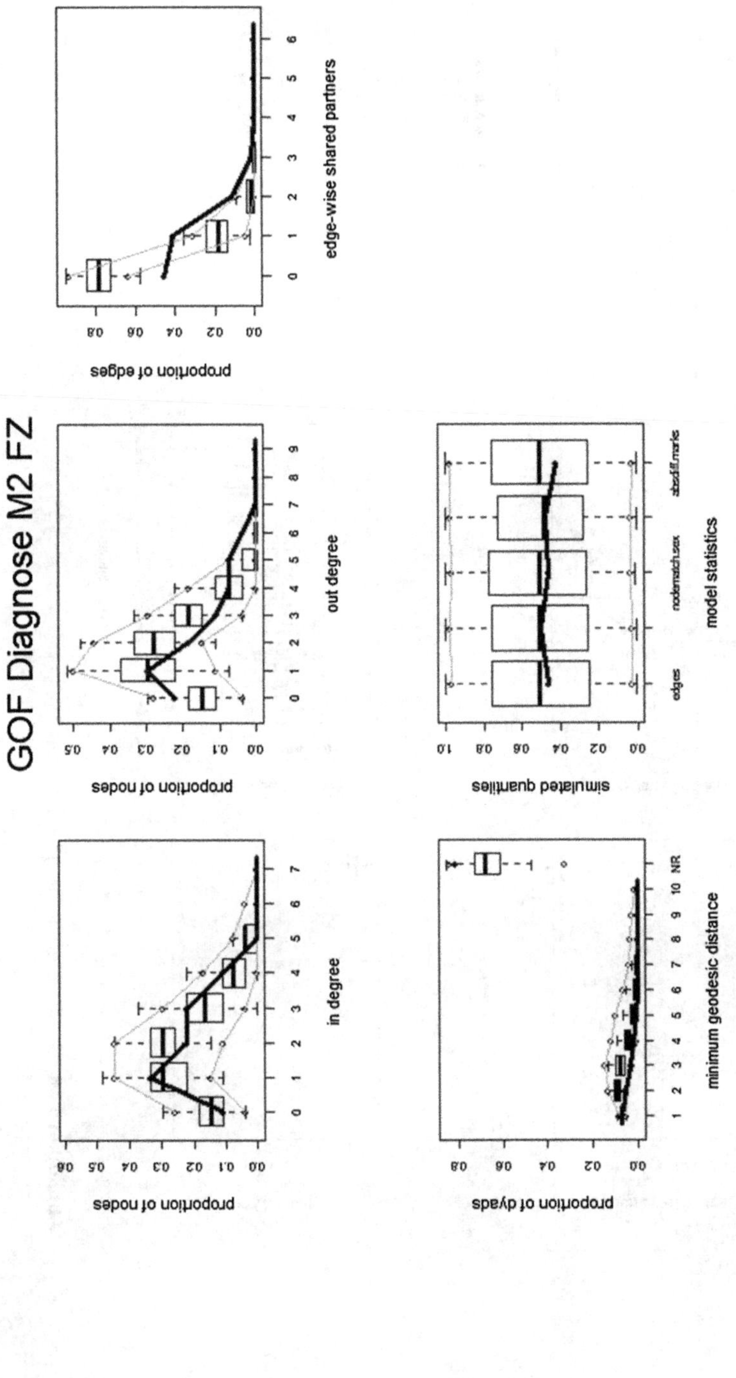

Abbildung 5.15 Goodness of Fit, Beispiel 2, Modell 2 [C]

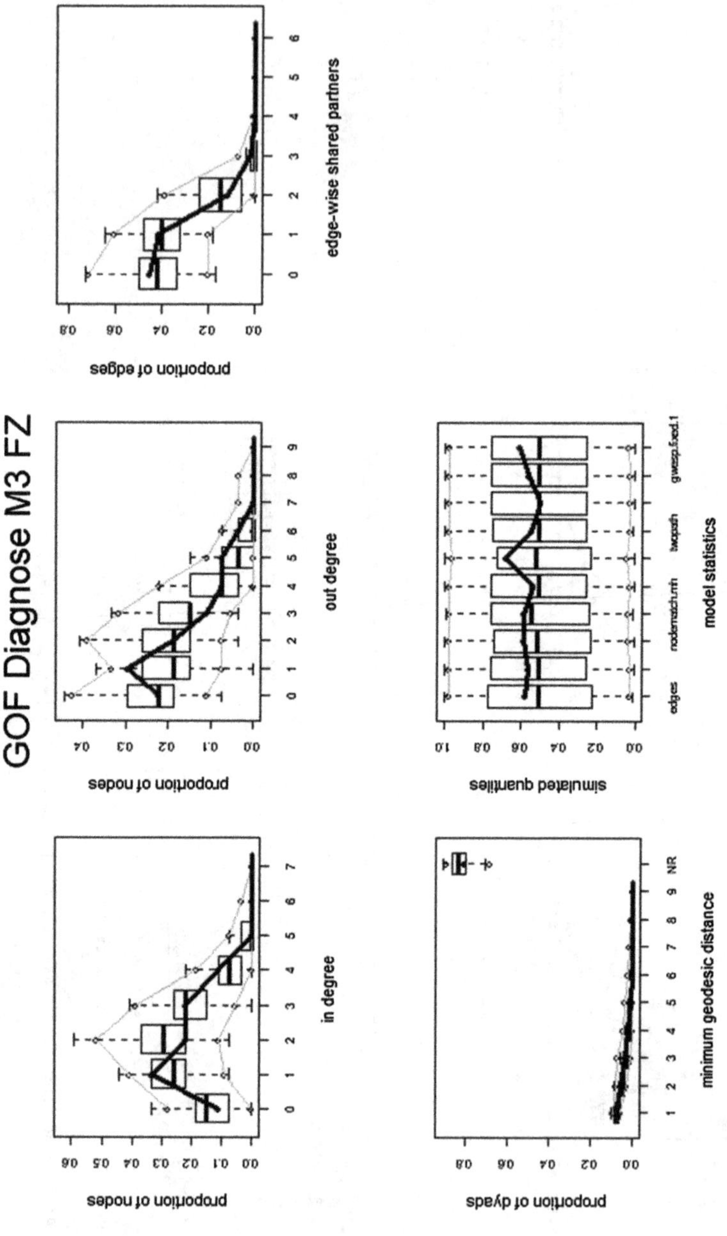

Abbildung 5.16 Goodness of Fit, Beispiel 2, Modell 3 [C]

Für das Freizeit-Netzwerk sind sich die beiden Beispiele dabei wieder sehr ähnlich. Mit Aufnahme der weiteren Homophilie-Effekte nimmt der Effekt geringfügig ab, wobei lediglich das Geschlecht einen zusätzlichen signifikanten Effekt zeigt. Mit Aufnahme der netzwerkstrukturellen Parameter bleibt der Effekt der delinquenten Überzeugungen signifikant (auf dem 10-%-Niveau), nimmt jedoch weiter ab. Auch der Effekt des Geschlechts wird deutlich geringer. Bei den netzwerkstrukturellen Parametern sind Reziprozität, Konnektivität und der gwesp-Parameter signifikant. Bezüglich der Anpassungsgüte ist Folgendes zu berichten: Modell 1[C] weist eine sehr gute Anpassung bei In- und Outdegree auf. Die „edgewise-shared-partner" und die „minimum-geodesic-distance" Statistik kann allerdings nur sehr schlecht durch das Modell reproduziert werden (*Abbildung 5.14*). Mit dem erweiterten Set an Homophilie-Parametern (Modell 2[C]) ergibt sich hier bereits eine sichtbare Verbesserung (*Abbildung 5.15*), und mit den netzwerkstrukturellen Parametern ist die Anpassung optimal (*Abbildung 5.16*). Auch hier gilt es festzuhalten, dass ohne Kontrolle der netzwerkstrukturellen Parameter der Homophilie-Effekt der delinquenten Überzeugungen auf Kosten der Modellgüte überschätzt wird, wenn nicht für netzwerkstrukturelle Parameter kontrolliert wird. Bei den mutuellen Beziehungen (Modelle 1–3 [D]) gibt es nur signifikante Homophilie-Effekte für das Geschlecht sowie einen signifikanten gwesp- und Konnektivitäts-Term. Für das Beispiel 2 ergibt sich somit, dass überzufällige Ähnlichkeit bei den delinquenten Überzeugungen dann auftritt, wenn es um Freundschaften geht, die auch durch gemeinsame Freizeit außerhalb der Schulzeit geprägt sind.

5.3.3 Metaanalyse

Tabelle 5.3 stellt die Ergebnisse der multivariaten Metaanalyse der 57 ERGMs dar, die konvergierten und jeweils in Modell 3 eine ausreichend gute Anpassungsgüte aufweisen. Die Tabelle ist analog zu den Ergebnissen der Beispielnetzwerke aufgebaut und beinhaltet alle schrittweisen Modelle jeweils für alle Nominierungen, enge Freundschaften, Freundschaften mit gemeinsamer Freizeit und mutuelle Beziehungen. Zusätzlich zum Koeffizienten und dem zugehörigen Standardfehler wird der Wert I^2 berichtet (*Higgins et al.* 2003). Dieser Wert gibt bei Metaanalysen Auskunft über das Ausmaß der Inkonsistenz der Effekte zwischen unterschiedlichen Studien und kann über verschiedene Modelle bzw. Metaanalysen verglichen werden. Der Wert basiert auf der Heterogenitätsstatistik Q (*Cochran* 1954) und reicht von 0 % bis 100 %. Wenn der Wert 0 % beträgt, können Unterschiede allein dem Zufall zugeschrieben werden, ein Wert von 25 %

Tabelle 5.3 Multivariate Random-Effects-Metaanalyse über 57 ERGMs

	Model 1				Model 2				Model 3			
Alle Nominierungen (A)	beta	s.e.		I^2	beta	s.e.		I^2	beta	s.e.		I^2
edges	−1.139	0.044	***	78	−2.711	0.095	***	75	−2.486	0.137	***	49
Delinquente Überzeugungen	−1.082	0.230	***	81	−0.560	0.225	*	75	−0.707	0.118	***	47
Geschlecht					2.194	0.095	***	86	0.415	0.025	***	44
Migrationshintergrund					0.197	0.061	**	76	−0.002	0.034	ns	59
Schulnoten					−0.470	0.215	*	68	−0.687	0.139	***	56
Reziprozität									2.004	0.083	***	53
Konnektivität									−0.268	0.015	***	77
Popularität									−0.916	0.139	***	38
Aktivität									−0.179	0.200	ns	45
Dreiecksbildung (gwesp)									0.751	0.028	***	72
Eng > 1 (B)	beta	s.e.		I^2	beta	s.e.		I^2	beta	s.e.		I^2
edges	−1.477	0.051	***	79	−3.094	0.112	***	76	−2.676	0.157	***	46
Delinquente Überzeugungen	−1.024	0.245	***	78	−0.609	0.237	**	72	−0.598	0.139	***	53
Geschlecht					2.179	0.104	***	83	0.544	0.038	***	50
Migrationshintergrund					0.205	0.066	**	76	0.020	0.037	ns	58
Schulnoten					−0.559	0.235	*	68	−0.617	0.137	***	45
Reziprozität									2.317	0.102	***	59
Konnektivität									−0.284	0.018	***	71

(Fortsetzung)

Tabelle 5.3 (Fortsetzung)

	Model 1				Model 2				Model 3			
Alle Nominierungen (A)	beta	s.e.		I^2	beta	s.e.		I^2	beta	s.e.		I^2
Popularität									−0.600	0.156	***	41
Aktivität									−0.547	0.158	***	39
Dreiecksbildung (gwesp)									0.716	0.028	***	67
Freizeit > 1 (C)	beta	s.e.		I^2	beta	s.e.		I^2	beta	s.e.		I^2
edges	−1.044	0.282	***	82	−3.948	0.162	***	77	−2.845	0.193	***	52
Delinquente Überzeugungen	−1.982	0.065	***	76	−0.681	0.273	**	70	−0.606	0.181	**	57
Geschlecht					2.369	0.140	***	71	0.978	0.088	***	75
Migrationshintergrund					0.412	0.086	***	78	0.122	0.050	*	61
Schulnoten					−0.994	0.281	***	68	−0.699	0.181	***	50
Reziprozität									2.516	0.126	***	57
Konnektivität									−0.374	0.026	***	74
Popularität									−0.083	0.165	ns	40
Aktivität									−1.129	0.182	***	62
Dreiecksbildung (gwesp)									0.764	0.032	***	51
Mutuell (D)	beta	s.e.		I^2	beta	s.e.		I^2	beta	s.e.		I^2
edges	−1.564	0.055	***	63	−3.521	0.139	***	57	−1.117	0.597	ns	45
Delinquente Überzeugungen	−1.113	0.276	***	62	−0.559	0.262	*	51	−0.750	0.242	**	46

(Fortsetzung)

Tabelle 5.3 (Fortsetzung)

	Model 1				Model 2				Model 3			
Alle Nominierungen (A)	beta	s.e.		I^2	beta	s.e.		I^2	beta	s.e.		I^2
Geschlecht					2.587	0.139	***	72	1.254	0.077	***	51
Migrationshintergrund					0.240	0.079	**	63	0.145	0.071	*	58
Schulnoten					−0.909	0.297	**	56	−0.911	0.255	***	45
Konnektivität									−0.450	0.053	***	45
Degree									−1.220	0.407	**	39
Dreiecksbildung (gwesp)									0.950	0.046	***	71

*** $p < 0.001$, ** $p < 0.01$, * $p < 0.05$, † $p < 0.1$
beta ist der durchschnittliche ERGM-Koeffizient, gewichtet über die Varianz-Kovarianz-Matrix und mittels Random-Effects-Metaanalyse über die jeweilige Modellspezifikation geschätzt; s.e. ist der dem durchschnittlichen ERGM-Koeffizienten zugehörige Standardfehler, n = 57 Klassennetzwerke mit insgesamt n = 1.501 Schülern

würde bedeuten, dass 25 % der beobachteten Variation nicht rein zufällig sind. Der Wert erlaubt somit für die vorliegenden Analysen eine Einschätzung darüber, wie unterschiedlich die Effekte in den einzelnen Schulklassen sind und wie verlässlich der Koeffizient der Metaanalyse diesbezüglich ist. Zwar ist die Problematik der Inkonsistenz in Metaanalysen mit unterschiedlichen Faktoren verknüpft (*Deeks, Higgins & Altman* 2019), dennoch wird für die Interpretation von I^2 hier auf folgende Faustformel zurückgegriffen (*Higgins et al.* 2003):

$I^2 = 25\ \%$: geringe Heterogenität (low heterogeneity)
$I^2 = 50\ \%$: *moderate Heterogenität (moderate heterogeneity)*
$I^2 = 75\ \%$: beträchtliche Heterogenität (substantial heterogeneity)

Für die vorliegende Analyse dient der Wert als eine Richtlinie zur Interpretation der Ergebnisse. Weiterführend ließe sich das Vorliegen von Heterogenität mittels einer Meta-Regression erklären (siehe z. B. *An* 2015; *Wittek et al.* 2020), worauf hier jedoch nicht weiter eingegangenen wird.

Die Ergebnisse der Metaanalyse (Tabelle 5.3) legen nahe, dass Schüler mit ähnlichen delinquenten Überzeugungen mit größerer Wahrscheinlichkeit befreundet sind, als wenn sie sich diesbezüglich unterscheiden würden. Der Effekt ist in allen vier Netzwerktypen über alle Modelle hinweg signifikant und negativ: Je größer der Abstand der Akteure bezüglich ihrer delinquenten Überzeugungen, desto unwahrscheinlicher wird eine Freundschaftsbeziehung. Für die Ergebnisse der Metaanalyse zeigt sich, dass dieser Effekt aber vor allem dann schwächer wird, wenn weitere Homophilie-Effekte in das Modell aufgenommen werden. Von diesen hat vor allem die Übereinstimmung des Geschlechts zwischen den Akteuren, die eine Freundschaft wahrscheinlicher macht, einen starken Effekt. Dies ist aufgrund der bereits berichteten starken Segregation von Jungen und Mädchen in Schulklassen erwartbar. Haben beide Akteure eine Übereinstimmung bei dem Merkmal Migrationshintergrund, so erhöht dies ebenfalls die Wahrscheinlichkeit auf eine Beziehung. Dieser Effekt ist jedoch im Vergleich zur Übereinstimmung des Geschlechts sehr klein. Auch bezüglich der Schulnoten gilt, dass Beziehungen zwischen Schülern mit ähnlichen Noten wahrscheinlicher sind, als wenn diese sehr unterschiedliche durchschnittliche Leistungen in den Fächern Deutsch, Mathe und erste Fremdsprache erbringen würden. Auf der Ebene der Attribute der Akteure deutet sich hier bereits ein komplexes Zusammenspiel an.

In den Tests zur Anpassungsgüte hat sich gezeigt, dass die Aufnahme netzwerkstruktureller Parameter in allen Modellen für die Klassen, die in die Metanalyse eingehen, nötig ist. Im Gesamten legen die Ergebnisse nahe, dass alle Netzwerk-Effekte relevant sind und nur wenige Unterschiede über die verschiedenen Netzwerktypen bestehen. Der gwesp-Parameter weist stets einen positiven signifikanten Effekt auf (Model 3 [A-D]) und belegt das Vorhandensein, bzw. die Wichtigkeit transitiver Beziehungsmuster. Zudem ist die Konnektivität (twopath) von Akteuren in allen Netzwerken (Model 3 [A-D]) ein relevanter Parameter. Dieser Effekt misst, ob Schüler, die viele Beziehungen „senden", auch viele Beziehungen „erhalten", und kontrolliert für den Zusammenhang zwischen In- und Outdegree. In Kombination mit dem signifikanten gwesp-Parameter bedeutet der signifikante Effekt, dass twopath-Konstellationen dazu tendieren, geschlossen zu werden (siehe hierzu z. B. *Siciliano* 2016), und bestärkt somit die Beobachtung, dass transitive Strukturen in den Freundschaftsnetzwerken überzufällig auftauchen. In allen gerichteten Netzwerken (Modell 3[A-C]) besteht zudem die Tendenz, dass Beziehung erwidert werden. Dieser Effekt ist erwartungsgemäß stark; inwieweit dieser durch Ähnlichkeit bedingt ist oder Ähnlichkeit produziert, lässt sich mit Querschnittsdaten nicht klären. Popularität und Aktivität haben gemittelt über die Klassennetzwerke mit allen Nominierungen und in den Netzwerken mit den engen Beziehungen einen signifikanten Effekt. Das bedeutet, dass die beobachtete Netzwerkstruktur *nicht* durch sehr wenige sehr aktive oder sehr populäre Schüler zustande kommt. Im Freizeitnetzwerk ist nur der Aktivitätsparameter signifikant und ebenfalls negativ (Model 3[C]). In dem Netzwerk mit mutuellen Beziehungen (Model 3[D]) ist der Degree-Parameter im Mittel negativ und signifikant. Dies bedeutet, dass die Netzwerkstruktur nicht maßgeblich durch sehr starke Zentralisierung zustande kommt. Die netzwerkstrukturellen Parameter sind nicht einfach inhaltlich zu beschreiben – vor allem bezüglich der genauen Effektgrößen. Fakt ist, dass der Modellfit hierdurch verbessert wird und sich andere Effekte dadurch verändern.

Mit Aufnahme der netzwerkstrukturellen Parameter wird z. B. der Homophilie-Effekt des Geschlechts über alle Netzwerke gemittelt deutlich schwächer (Modell 3[A-D]). Dies lässt sich dadurch erklären, dass im Modell 2 der Zerfall in Teilnetzwerke hauptsächlich durch das Geschlecht erklärt werden kann, dieser Zerfall wird in Modell 3 jedoch auch bzw. besser durch die netzwerkstrukturellen Parameter erklärt. Dies wird an der Verbesserung der Anpassungsgüte der „minimum geodesic distance"-Statistik und der „edgewise shared partner"-Statistik deutlich. Hinter diesen Effekten stehen (vermutlich) wiederum andere, hier nicht inhaltlich (über Fragen aus dem Fragebogen) modellierte, soziale Prozesse. Mit Aufnahme der netzwerkstrukturellen Parameter ist der Homophilie-Effekt des Migrationshintergrundes in den Modellen mit allen Nominierungen und den engen Freundschaften nicht mehr signifikant und verliert stark an Bedeutung. Im Freizeitnetzwerk wird der Effekt ebenfalls schwächer, jedoch ist dieser weiterhin signifikant und positiv. Das bedeutet, dass die Wahrscheinlichkeit einer

Freundschaft auch außerhalb des schulischen Kontexts höher ist, wenn Übereinstimmung bzgl. des Migrationshintergrundes besteht. Diese Frage ist für die vorliegende Untersuchung jedoch nicht maßgeblich relevant. Hier ist vor allem relevant, dass die Ähnlichkeit bei delinquenten Überzeugungen auch nach der Kontrolle für netzwerkstrukturelle Parameter über die Netzwerke hinweg einen signifikanten Effekt aufweist. Dabei bleibt dieser annähernd gleich stark wie in den Modellen ohne diese zusätzlichen Netzwerk-Parameter. Toleranz gegenüber Normbrüchen und Gewalt wird in Freundschaften also häufig geteilt. Ein wichtiges Ergebnis ist jedoch auch, dass die Heterogenität (I^2) dieses Effekts mit Aufnahme der netzwerkstrukturellen Parameter abnimmt (dies betrifft z. T. auch die anderen Homophilie-Effekte, worauf hier jedoch nicht detailliert eingegangen wird). In den Modellen 1[A-D] liegt der Wert I^2 im Bereich zwischen 62 % (mutuelle Beziehungen) und 81 % (alle Nominierungen) und zeigt damit kritische Werte bzw. substanzielle Heterogenität an. Mit Aufnahme der zusätzlichen Homophilie-Parameter verbessert sich der Wert für die delinquenten Überzeugungen und liegt in einem Bereich von 51 % (mutuelle Beziehungen) bis 75 % (alle Nominierungen).

Mit der Aufnahme der netzwerkstrukturellen-Parameter verbessern sich die Werte nochmals und liegen in einem Bereich von 46 % (mutuelle Beziehungen) bis 57 % (gemeinsame Freizeit). In *Abbildung 5.17* ist dies zusammenfassend dargestellt. Bemerkenswert ist dabei, dass davon ausgegangen werden kann, dass die Heterogenität durch Abnahme der Effektgröße geringer werden kann – wie

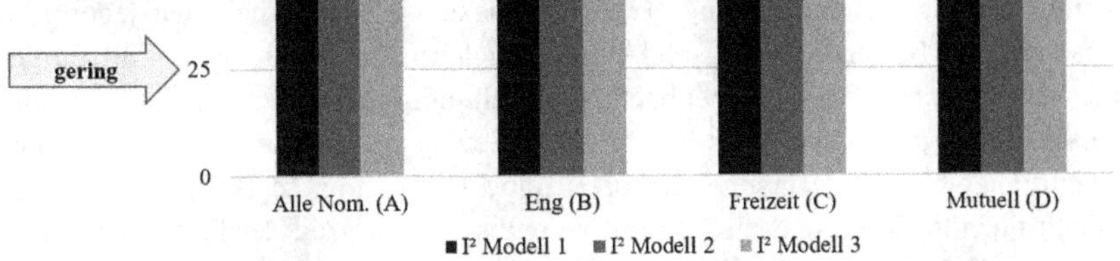

Abbildung 5.17 I^2-Werte für den Effekt von delinquenten Überzeugungen in den Modellen 1–3 [A-D] in %

dies im Schritt von Modell 1 zu Modell 2 der Fall ist. Für Modell 3 trifft dies jedoch nicht zu, da die beta-Koeffizienten ähnlich bleiben. Es muss jedoch festgehalten werden, dass die Heterogenität immer nur im moderaten Bereich liegt und nicht als gering eingestuft werden kann.

5.4 Schlussfolgerungen und Einschränkungen

Mit der Methode des *exponential random graph modelling* konnte untersucht werden, wie Netzwerkstrukturen zustande kommen und welche Rolle Homophilie-Effekte und netzwerkstrukturelle Effekte dabei spielen. In den beiden Beispielnetzwerken wurde deutlich, dass die netzwerkstrukturellen Effekte einen wichtigen Beitrag für eine hohe Anpassungsgüte der Modelle leisten. In den Modellen ohne diese Parameter kann die Netzwerkstruktur nur unzureichend vorhergesagt werden. Dies hat jedoch zur Folge, dass einige der Homophilie-Effekte in dem vollständigen Modell schwächer werden. Dies trifft in verschiedener Art für beide Beispielnetzwerke und auch die Ergebnisse der Metaanalyse zu. Die Hypothese H2.3 (Netzwerkstrukturen überlagern Homophilie-Effekte und verhindern eine Überschätzung von Einfluss- und auch Selektionseffekten) hat also Bestand, wobei die Ergebnisse im Detail komplex sind. Zur Bewertung der Hypothese H2.2 (Gleichgeschlechtliche Freundschaften sind häufiger [Homophilie] und Homophilie bezüglich der delinquenten Überzeugungen wird dadurch überlagert [Mediation]) kann angeführt werden, dass die Wahrscheinlichkeit gleichgeschlechtlicher Freundschaften in den beiden Beispielnetzwerken und auch in der Metanalyse stets überzufällig erhöht ist. Mit den netzwerkstrukturellen Parametern wird der Effekt schwächer, bleibt jedoch immer signifikant und der Effekt erweist sich als robust. Dies stützt den ersten Teil der Hypothese. Bezüglich der zentralen Hypothese H2.1 (Sind Jugendliche befreundet, so steigt die Wahrscheinlichkeit, dass diese Übereinstimmung bezüglich delinquenter Überzeugungen aufweisen) zur Homophilie bei den delinquenten Überzeugungen gestaltet sich die Beantwortung etwas komplexer, die Hypothese hat jedoch im Wesentlichen bestand. In Beispiel 1 und auch in der Metanalyse sind durchweg signifikante Effekte zu beobachten. Je ähnlicher bzw. unterschiedlicher die Einstellungen gegenüber Normbrüchen und Gewalt der Schüler sind, desto wahrscheinlicher bzw. unwahrscheinlicher ist eine Beziehung. In Beispiel 2 ist dies jedoch nur für die Freundschaften mit gemeinsamer Freizeit der Fall – dies stützt für dieses Beispiel in Teilen die Hypothese H2.4. Für die Ergebnisse der Metaanalyse zeigt sich, dass der Homophilie-Effekt der delinquenten Überzeugungen vor allem unter Kontrolle weiterer Homophilie-Effekte geringer wird. Dies liegt auch an dem starken Effekt des Geschlechts, was den zweiten Teil von Hypothese H2.2 unterstützt – allerdings wurde dies aufgrund der Komplexität der Berechnungen nicht unabhängig von Schulnoten und Migrationshintergrund getestet. Auffällig ist zudem, dass vor allem die theoretisch invarianten Attribute Geschlecht und Migrationshintergrund mit Aufnahme der netzwerkstrukturellen Parameter schwächer werden – die veränderbaren Attribute Schulnoten und delinquente Überzeugungen aber weniger. Darüber, ob dies mit der Beobachtung aus Längsschnittmodellen, dass vor allem Selektionseffekte durch netzwerkstrukturelle Parameter vermittelt werden und weniger die Einflusseffekte, in Zusammenhang steht, kann hier jedoch nur spekuliert werden. Für die unterschiedliche Qualität der Freundschaften gibt es in der Metanalyse keine Hinweise darauf, dass in engeren Freundschaften, solchen mit gemeinsamer Freizeit und mutuellen Beziehungen der Homophilie-Effekt der delinquenten Überzeugungen ausgeprägter ist. Somit muss Hypothese H2.4 vorerst verworfen werden. Einschränkend ist allerdings zu erwähnen, dass der Wert I^2 auf eine hohe Heterogenität der Effekte über die Netzwerke hinweg in den Metaanalysen hinweist und immer nur in einem moderaten Bereich akzeptabel ist.

Als Hauptergebnis kann festgehalten werden, dass delinquente Überzeugungen in Freundschaftsbeziehungen geteilt werden und diese zumindest teilweise die beobachteten Netzwerkstrukturen erklären können.

Einschränkungen

Trotz der aufwendigen Analyse sind die Ergebnisse jedoch nicht ohne weitere Einschränkungen. Die Analysen basieren nur auf Querschnittsdaten und der Effekt von Einfluss und Selektion kann nicht getrennt werden. Dies ist auch vor dem Hintergrund problematisch, dass Freundschaften und Einstellungen speziell im Jugendalter sehr dynamische Prozesse sind. Des Weiteren wurde auf die Aufnahme komplexerer Terme verzichtet. So ließen sich beispielsweise noch sogenannte Sender- oder Receiver-Effekte modellieren (*Morris, Handcock & Hunter* 2008) oder es könnte geprüft werden, ob Interaktionen (z. B. mit dem Geschlecht) bei der Homophilie der delinquenten Überzeugungen bestehen. Denkbar wäre auch zu prüfen, wie sich eine Alterierung des Gewichtungsparameters für die Distanz bei den delinquenten Überzeugungen auswirkt. Der hier verwendete Wert 1 entspricht einem linearen Effekt. Würde ein höherer Wert gewählt, würden größere Abstände stärker und kleinere Abstände weniger ins Gewicht fallen. Auch andere netzwerkstrukturelle Parameter könnten in die Modelle eingehen, um zur idealen Anpassungsgüte zu gelangen. Dieses Vorgehen wäre vor allem dann sinnvoll, wenn nur eines oder wenige Netzwerke untersucht werden. Prinzipiell sollte bedacht werden, dass das Potenzial der ERGMs in diesen Analysen nicht vollständig ausgeschöpft wurde. Letztlich gilt auch für diese Analysen, dass sehr viele Hauptschulklassen unvollständig waren. Die Netzwerke, auf denen die 57 ERGMs der Metaanalyse basieren, stammen hauptsächlich aus Gymnasien.

6 Delinquenz und delinquente Peers im situativen Kontext

In den vorangegangenen Kapiteln wurde analysiert, inwieweit Devianz und delinquente Überzeugungen im Kontext von Freundschaften unter Jugendlichen eine Rolle spielen. Dabei konnte zum einen gezeigt werden, dass es Zusammenhänge zwischen abweichendem Verhalten und Popularität gibt, die je nach Kontext unterschiedlich ausfallen können. Zum anderen wurde nachgewiesen, dass in Freundschaften unter Jugendlichen delinquente Überzeugungen geteilt und erlernt werden[1]. Dies betrifft sowohl die Ablehnung als auch die Befürwortung dieser Einstellungen. Was bisher noch nicht untersucht bzw. modelliert wurde, ist das delinquente Verhalten von Jugendlichen in und auch außerhalb des Schulkontextes unter Berücksichtigung individueller Prädispositionen und dem Aspekt der Gelegenheitsstrukturen. Hierzu zählt auch die Untersuchung, inwieweit die Eltern-Kind-Beziehung den beiden genannten Aspekten vorgelagert ist und von diesen mediiert wird. Ein besonderer Fokus wird auf die delinquenten Peers und die Problematik ihrer adäquaten Messung (siehe Abschnitt 2.1.4) gelegt. Auch hier wird wieder mit den Netzwerkdaten gearbeitet, wobei dabei auch untersucht wird, inwieweit sich die herkömmliche Messung von Peerdelinquenz von einer auf Netzwerkdaten basierenden Messung in ihren Effekten auf die

[1] Auch wenn das Erlernen bzw. die Übernahme dieser devianten Überzeugungen mit den Querschnittsdaten letztlich nicht empirisch geprüft werden kann.

[2] Ähnliche Ergebnisse mit ähnlichen Formulierungen wie in diesem Kapitel wurden bereits weniger detailliert und für eine etwas andere Teilstichprobe in *Gerstner & Oberwittler* (2015; 2018) berichtet.

Ergänzende Information Die elektronische Version dieses Kapitels enthält Zusatzmaterial, auf das über folgenden Link zugegriffen werden kann https://doi.org/10.1007/978-3-658-36778-7_6.

D. Gerstner, *Freundschaftsnetzwerke und Delinquenz von Jugendlichen*, Kriminalität und Gesellschaft, https://doi.org/10.1007/978-3-658-36778-7_6

eigene Delinquenz unterscheidet.[2] Zusätzlich wird untersucht, ob die kriminellen Neigungen (Crime Propensity) der Freunde als alternatives Maß zur Peerdelinquenz zu ähnlichen Ergebnissen führen und ob beide Messungen relevant sind. Im Folgenden werden die unter Abschnitt 2.4 formulierten Hypothesen geprüft. Zunächst wird jedoch nochmals auf die Problematik der Messung der Delinquenz der Peers eingegangen.

6.1 Zur Messung delinquenter Peers

Im Kontext von Schülerbefragungen (und auch Befragungsdaten im Allgemeinen) ist, wie in Abschnitt 2.1.4 bereits berichtet, bekannt, dass Befragte oft nur begrenzte Fähigkeiten haben, über das Verhalten und die Einstellungen anderer Personen Auskunft zu geben (z. B. *Aseltine* 1995; *Jussim & Osgood* 1989). Dies trifft besonders auf Berichte über die Delinquenz von Freunden zu, die in zahlreichen kriminologischen Studien über oder in Anlehnung an die von *Elliott et al.* (1983) eingeführte Messung erfolgt, bei der die Befragten selbst Auskunft über die Delinquenz ihrer Freunde geben. Diese wird dabei häufig verzerrt eingeschätzt, und die eigene Delinquenz wird auf die Delinquenz der Freunde projiziert. Nicht ganz zu Unrecht vermuten *Gottfredson* und *Hirschi* in diesem Zusammenhang sogar, dass damit bloß indirekt die eigene Delinquenz gemessen wird: „[…] the variable – self-reported peer delinquency – may merely be another measure of self-reported delinquency“ (*Gottfredson & Hirschi 1990*, 157). Inwieweit dies zutrifft und welche Folgen sich hieraus ergeben, wurde mit dem Einsatz von Netzwerkdaten in neueren Studien empirisch überprüft (für eine Übersicht siehe 2.1.4, Seite 18). Zentrale Ergebnisse sind z. B., dass der Zusammenhang zwischen eigener Delinquenz und Peer-Delinquenz unter Verwendung einer direkten Messung durch Netzwerkdaten deutlich geringer ausfällt, und die Überschätzung des Einflusses von Peer-Delinquenz durch die konventionelle und indirekte Messung zur Unterschätzung anderer Einflussfaktoren, wie z. B. der Selbstkontrolle, führt (*Haynie & Osgood* 2005; *Meldrum et al.* 2009). Zudem kann die – aus der Differenz von direkter und indirekter Messung errechnete – Fehlwahrnehmung hauptsächlich durch die eigene Delinquenz und das Konzept der Selbstkontrolle erklärt werden (*Young et al.* 2011). Aufgrund dieser Erkenntnisse sollte davon ausgegangen werden, dass Effekte von Peerdelinquenz in Studien mit indirekter Messung mit großer Wahrscheinlichkeit überschätzt wurden – aber nicht grundlegend falsch sind. Hiervon ausgehend kann auch bezweifelt werden, dass die Rolle der delinquenten Freunde innerhalb der SAT empirisch ausreichend geprüft wird, wenn lediglich eine indirekte Messung der Peer-Delinquenz vorliegt. Denn diese verzerrte Messung ist ein hybrides Konzept, das sich weder der individuellen kriminellen Neigung (*crime propensity*) noch den Gelegenheitsstrukturen (*exposure*) eindeutig zuordnen lässt. Die vorliegenden Daten lassen einen Vergleich von direkter und indirekter Messung zu, und im Folgenden wird dargestellt, wie die beiden Messungen konzipiert sind. Allerdings ist dieser Vergleich nur für die Schüler möglich, die ihre Freunde hauptsächlich in der Schulklasse haben – Jugendliche, auf die dieses Merkmal nicht zutrifft, weisen z. T. sehr unterschiedliche Eigenschaften auf, hierzu im Folgenden mehr.

6.1.1 Indirekte Messung

Die *indirekte Messung* erfolgt durch die in der Kriminologie konventionelle Methode, bei welcher die Befragten selbst über die Delinquenz ihrer Freunde berichten (vgl. z. B. *Elliott et al.* 1983). Die Frage „Wie viele deiner Freunde/-innen haben schon mal folgende Dinge getan?“ wurde dabei mit den Antwortoptionen „Keiner/keine“, „Einer/eine“, „Mehrere“ und „Weiß nicht“ beantwortet. Die Kategorie „Weiß nicht“ wurde der Kategorie „Keiner/keine“ zugeordnet, da bezüglich des theoretischen Rahmens davon ausgegangen wird, dass Jugendliche beim Begehen delinquenter Handlungen oft in Gemeinschaft von Peers sind und infolgedessen über das Handeln ihrer Freunde Bescheid wissen. Für die indirekte Messung werden sechs der neun abgefragten Items (siehe auch *Abbildung 6.1*) verwendet. Diese sind: „Etwas absichtlich beschädigt oder zerstört (z. B. in der Schule, in Parks, Telefonzellen, in der U-Bahn)“, „In einem Geschäft etwas gestohlen“, „Irgendwo eingebrochen, um etwas zu stehlen (in ein Haus, Keller, Laden usw.)“, „Jemandem mit Gewalt etwas weggenommen (durch Festhalten, Schlagen usw.)“, „Jemanden so geschlagen oder verprügelt, dass er/ sie verletzt war oder blutete.“ und „Drogen genommen (Haschisch, Ecstasy usw.)“. Aus der eindimensionalen Skala wurde ein gemittelter Summenscore gebildet (Cronbachs $\alpha = 0{,}75$), der die durchschnittliche Delinquenz der Freunde als Mittelwert wiedergibt. Der kleinstmögliche Wert ist dabei 0, der größtmögliche Wert ist 2. Auch wenn ein Faktorscore gegenüber einem Summenscore Vorteile bietet (zu Vor- und Nachteilen von Summen- und Faktorscores siehe z. B. *Wolff & Bacher* 2010), wird an dieser Stelle darauf verzichtet, da sich nur über den Summenscore eine auf Netzwerkdaten basierende vergleichbare Messung generieren lässt.

44. Wie viele deiner **Freunde/-innen** haben schon mal folgende Dinge getan?	Keiner/ keine	Einer/eine	Mehrere	Weiß nicht
Einen ganzen Tag oder mehrere Tage die Schule geschwänzt.	☐	☐	☐	☐
Etwas absichtlich beschädigt oder zerstört (z.B. in der Schule, in Parks, Telefonzellen, in der U- Bahn).	☐	☐	☐	☐
In einem Geschäft etwas gestohlen.	☐	☐	☐	☐
Irgendwo eingebrochen, um etwas zu stehlen (in ein Haus, Keller, Laden usw.).	☐	☐	☐	☐
Jemandem mit Gewalt etwas weggenommen (durch Festhalten, Schlagen usw.).	☐	☐	☐	☐
Jemanden so geschlagen oder verprügelt, dass er/ sie verletzt war oder blutete.	☐	☐	☐	☐
Drogen genommen (Haschisch, Ecstasy usw.).	☐	☐	☐	☐
Jemanden beleidigt mit gemeinen Anrufen/SMS/Handyfotos.	☐	☐	☐	☐
Jemanden **im Internet** beleidigt (z.B. mit Fotos/Videos/Bemerkungen, auf SchülerVZ usw.).	☐	☐	☐	☐

Abbildung 6.1 Fragebogenausschnitt, indirekte Messung delinquenter Peers

6.1.2 Direkte Messung

Im Gegensatz zur indirekten Messung erfolgt die *direkte Messung* durch die selbstberichtete Delinquenz der Freunde in der Schulklasse. Durch die Netzwerkdaten ist bekannt, mit welchen Schülern der Befragte befreundet ist. Somit können aus den Angaben der Freunde neue Variablen generiert werden, die verschiedene Eigenschaften der Freunde eines Befragten messen. Die sechs Items zur indirekten Messung der Delinquenz der Freunde finden sich wortgleich in der Skala zur selbstberichteten Delinquenz (siehe Beispiel *Abbildung 6.2*, nicht alle Items aufgelistet).

Auf diese Weise ist es möglich, die indirekte Messung durch die gleiche Rechenoperation als direkte Messung zu replizieren. Für die Skala wurden nur die

45. Die meisten Menschen tun in ihrem Leben manchmal Dinge, die **verboten** sind, z. B. ohne Fahrkarte im Bus fahren oder etwas stehlen. Hast du auch schon mal etwas Verbotenes getan?

Ich habe schon mal (alleine oder mit anderen zusammen)...	Hast du das **überhaupt** schon mal gemacht?	Hast du das in den **letzten zwölf Monaten** gemacht? (also seit September 2010) **Wie oft?**	**Wenn ja:** Wie oft hat die Polizei davon erfahren?
... Raubkopien von Musik- CDs, Computerspielen, usw. verkauft.	☐ Nein ☐ Ja	☐ keinmal ___ mal	☐ keinmal ___ mal
... mit einer Spraydose irgendwo Sprüche oder Bilder (Graffiti) aufgesprüht.	☐ Nein ☐ Ja	☐ keinmal ___ mal	☐ keinmal ___ mal
... etwas absichtlich in der Schule, in Parks, Telefonzellen, in der U- Bahn beschädigt oder zerstört.	☐ Nein ☐ Ja	☐ keinmal ___ mal	☐ keinmal ___ mal
... Autos, Motorräder oder Motorroller usw. absichtlich beschädigt.	☐ Nein ☐ Ja	☐ keinmal ___ mal	☐ keinmal ___ mal
...ein Auto aufgebrochen.	☐ Nein ☐ Ja	☐ keinmal ___ mal	☐ keinmal ___ mal
... ein Auto, Motorrad, Motorroller usw. gestohlen.	☐ Nein ☐ Ja	☐ keinmal ___ mal	☐ keinmal ___ mal
... ein Fahrrad oder ein Teil eines Fahrrads gestohlen (z. B. Sattel, Rad).	☐ Nein ☐ Ja	☐ keinmal ___ mal	☐ keinmal ___ mal
... in einem Geschäft etwas gestohlen.	☐ Nein ☐ Ja	☐ keinmal ___ mal	☐ keinmal ___ mal
... jemandem eine Sache oder Geld gestohlen.	☐ Nein ☐ Ja	☐ keinmal ___ mal	☐ keinmal ___ mal

Abbildung 6.2 Beispiel für Messung der selbstberichteten Delinquenz bei der MPI-Schulbefragung 2011 (vollständiger Fragenblock siehe Fragebogen im elektronischen Zusatzmaterial 9.4)

Prävalenzen der letzten zwölf Monate herangezogen, da sich die abhängige Variable ebenfalls nur auf die letzten zwölf Monate bezieht und die Peer-Delinquenz im Kontext der Gelegenheitsstrukturen betrachtet wird, weshalb weit zurückliegendes Verhalten der Freunde nur bedingt zur theoretischen Argumentation passt. Zudem besteht ohnehin ein äußerst starker linearer Zusammenhang zwischen der Berechnung auf Basis der 12-Monats-Prävalenz und der Lebenszeitprävalenz (Produkt-Moment-Korrelation = 0,96 / $p < 0{,}001$ / $n = 1095$ Schüler mit Freunden hauptsächlich in der Schulklasse). Die Skala ist eindimensional und ebenso zufriedenstellend bezüglich ihrer internen Konsistenz (Cronbachs $\alpha = 0{,}75$) wie die indirekte Messung.

6.1.3 Problematik der Netzwerkgrenze

In Abschnitt 3.3 wurde bereits auf die Problematik der Grenzziehung bei Netzwerkanalysen hingewiesen; die Beschränkung der Freundesnetzwerke auf Schulklassen bringt je nach Fragestellung verschiedene Schwierigkeiten mit sich. Freundschaftsnetzwerke in Schulklassen stellen einen relativ eng begrenzten Rahmen dar, der je nach Fragestellung zu mehr oder weniger validen Ergebnissen führen kann (vgl. *Friemel & Knecht* 2009). Bei Längsschnittanalysen zum Thema Selektion und Einfluss mit dynamischen Netzwerkdaten hat sich beispielsweise herausgestellt, dass der Einfluss der Delinquenz von Freunden *keinen* signifikanten Effekt auf die eigene Delinquenz hat, wenn es sich um Klassennetzwerke handelt. Werden Netzwerke aus allen Jugendlichen einer kompletten Klassenstufe (*Baerveldt, Völker & Van Rossem* 2008; *Weerman* 2011) oder sogar einer ganzen Stadt (*Burk, Kerr & Stattin* 2008) konstruiert, so kann ein positiver und signifikanter Effekt beobachtet werden. Aufgrund zahlreicher Forschungserkenntnisse ist davon auszugehen, dass Schulfreunde eine wichtige Sozialisationsinstanz darstellen (z. B. *Giordano* 2003; *Raufelder* 2010), jedoch darf nicht – in Übereinstimmung mit den oben genannten Ergebnissen – außer Acht gelassen werden, welchen Anteil die Schulfreunde an den Freunden insgesamt haben. Während dies für die Analysen in Kapitel 4 vollkommen unproblematisch war, ergibt sich für die folgenden Analysen die Schwierigkeit, dass Peerdelinquenz vor allem den außerschulischen Bereich betrifft und sich Freundeskreise ganz unterschiedlich zusammensetzen. Mit dem Fragebogen konnte der Anteil der Freunde in der Schulklasse gemessen werden, und es konnte gezeigt werden (Details siehe Abschnitt 3.7), dass lediglich ca. 25 % bis 29 % (je nach Definition) ihre Freunde hauptsächlich in der Schulklasse haben. Der Anteil variiert dabei über die Jahrgangsstufen, und bei Zehntklässlern ist dies seltener der Fall als bei Acht- und

Tabelle 6.1 Verteilung der Delinquenz, Messung Inzidenz

	Häufigkeit in den letzten 12 Monaten				
Delikte	n	%	Kum. %		
0	774	78,02	78,02	Freunde in Klasse	
1	81	8,17	86,19		Deskriptive Statistik
2	29	2,92	89,11	Mittelwert	1,02
3	33	3,33	92,44	Median	0
4	12	1,21	93,65	Standardabweichung	3,42
5	12	1,21	94,86		
6	11	1,11	95,97		
7	5	0,50	96,47		
8	3	0,30	96,77	Freunde außerhalb[b]	
9	4	0,40	97,18		Deskriptive Statistik
10	2	0,20	97,38	Mittelwert	2,43
11	1	0,10	97,48	Median	0
12	5	0,50	97,98	Standardabweichung	6,07
13	1	0,10	98,08		
14	3	0,30	98,39	Mittelwertdifferenz[c]	1,42 ($p < 0.001$)
15	2	0,20	98,59	Cohens's D	0,25
16	2	0,20	98,79		
18	2	0,20	98,99		
20	2	0,20	99,19		
23	1	0,10	99,29		
25	1	0,10	99,40		
27	1	0,10	99,50		
30 > =	5	0,50	100,00		
Total	992[a]	100			

[a] n = 992 Schüler, Freunde hauptsächlich in Klasse aus Klassen mit ausreichend vollständigen Netzwerken
[b] n = 5.068 Schüler, Freunde hauptsächlich außerhalb Klasse (auch unvollständige Netzwerke)
[c] T-Test mit ungleichen Varianzen

Tabelle 6.2 Deskriptive Statistiken, Vergleich Schüler mit Freunden hauptsächlich innerhalb und außerhalb der Schulklasse

	Freunde hauptsächlich in Klasse (nur vollständige Netzwerke)					Freunde hauptsächlich außerhalb Klasse (auch unvollständige Netzwerke)					Mittelwert-differenz[b]	
	Mittel-wert	Std. abw.	Median	Min.	Max.	Mittel-wert	Std.-abw.	Median	Min.	Max.	Wert absolut	Cohen's D
Delinquenz (Variabilität)	0.40	0.98	0.00	0.00	12.00	0.91	1.71	0.00	0.00	13.00	0.51***	0.32
delinquente Überzeugungen[a]	1.87	0.58	1.80	1.00	4.00	2.10	0.66	2.00	1.00	4.00	0.23***	0.35
niedrige Selbstkontrolle[a]	2.10	0.63	2.00	1.00	4.00	2.31	0.69	2.25	1.00	4.00	0.21***	0.31
unstrukturierte Freizeitaktivitäten[a]	1.54	0.45	1.50	1.00	4.00	1.85	0.60	1.75	1.00	4.00	0.31***	0.54
delinquente Peers (indirekt)[a]	1.26	0.35	1.14	1.00	2.83	1.49	0.50	1.29	1.00	3.00	0.23***	0.48
Offenheit gegenüber Eltern[a]	3.08	0.62	3.20	1.00	4.00	2.91	0.70	3.00	1.00	4.00	0.17***	0.25
aktive Elternkontrolle[a]	2.56	0.74	2.50	1.00	4.00	2.41	0.79	2.50	1.00	4.00	0.15***	0.19
	Prozent					Prozent					Chi^{2} [c]	Cramer's V
unvollständiges Elternhaus	28					33					9.37**	0.039
Mädchen	63					49					65.28***	0.104
Anzahl	992					5068						

[a] aus Gründen der Vergleichbarkeit werden hier Werte eines gemittelten Summenscores auf der Metrik der Originalskala berichtet
[b] T-Test, [c] Chi-Quadrat-Test, ** $p < 0.01$, *** $p < 0.001$

Neuntklässlern. Schüler in Gymnasien haben häufiger ihre Freunde hauptsächlich in der Schule (enge Definition 29,2 % / weite Definition 35,5 %) als die Schüler in Real- (21,1 % / 25,5 %) und Haupt-/Werkrealschulen (17,1 % / 19,5 %). Dies ist ein großer Nachteil bei der direkten Messung der Delinquenz der Freunde (siehe hierzu auch *Hoeben et al.* 2016, 112). Im Hinblick auf die Validität der Messung werden im Folgenden nur die Schüler in die Analysen einbezogen, die ihre Freunde zum größten Teil in der Schulklasse haben. Bezogen auf die abhängige Variable Delinquenz und auch verschiedene erklärende Variablen unterscheiden sich diese Fälle signifikant vom Rest der Stichprobe, wobei die Effektstärken jeweils klein bis mittel sind (siehe *Tabelle 6.1* und *6.2*). Dies steht jedoch der Analyse von Zusammenhängen nicht im Wege, schränkt aber die Möglichkeit der Verallgemeinerung auf alle Jugendlichen ein. Neben der Reduktion der Fallzahl um die Klassen ohne vollständige Netzwerke wird hier die Fallzahl weiter reduziert. Für die Analysen wird die weitere Definition (siehe Abschnitt 3.7.2) von „Freunde hauptsächlich in der Klasse“ gewählt wozu diejenigen zählen,

- die nur Freunde in der Klasse haben, oder
- mindestens einen Freund in der Klasse und maximal einen Freund außerhalb oder
- mindestens zwei Freunde in der Klasse und maximal zwei Freunde außerhalb haben,
- oder mindestens drei Freunde in der Klasse haben und maximal drei Freunde außerhalb bzw.
- diejenigen mit mindestens 60 % der Freunde in der Schulklasse (falls kein anderes Merkmal zutrifft).

6.2 Abhängige Variable – selbstberichtete Delinquenz

Die zu erklärende abhängige Variable ist die selbstberichtete Delinquenz der Jugendlichen. In der Schulbefragung wurde diese mittels einer aus 17 Items bestehenden Skala gemessen, die strafbare und einige bedingt strafbare Handlungen erfasst (siehe *Abbildung 6.2*, für Details siehe *Oberwittler & Gerstner* 2019). Im Folgenden wird über 13 der 17 Delikte hinweg die Inzidenz (Häufigkeit) aller in den letzten 12 Monaten begangenen strafbaren Handlungen gemessen. Daraus resultiert eine Zählvariable (im Folgenden Inzidenz genannt), die entweder den Wert 0 oder eine positive natürliche Zahl als Wert annehmen kann, wobei der

Maximalwert auf 30 Delikte getrimmt wurde (siehe *Tabelle 6.1*). Für die hier verwendete Skala wurden das Item zum Drogenkonsum, das Item zum Verkauf von Raubkopien und die beiden Items zum sogenannten Cyberbullying ausgeschlossen. Der Drogenkonsum würde mit sehr hohen Inzidenzen für einzelne Fälle die Gesamtskala zu stark dominieren. Die Items zum Cyberbullying und zum Verkauf von Raubkopien weisen ebenfalls teilweise sehr hohe Häufigkeiten auf. Bei diesen Items besteht zudem ein Validitätsproblem, da z. B. die Formulierung „jemanden im Internet beleidigt" einen weiten Raum an Interpretationsmöglichkeiten eröffnet und nicht unbedingt eine strafbare oder zu sanktionierende Handlung vorliegen muss. Beim Verkauf von Raubkopien hatte sich bereits während der Erhebung der Daten gezeigt, dass dies z. T. mit dem bloßen Tauschen von Musikdateien oder dem Download von Musikdateien gleichgesetzt wurde. Die verbleibenden 13 Delikte decken folgende Deliktsbereiche ab: Graffiti, Sachbeschädigung, Beschädigung von Kfz, Aufbruch von Kfz, Diebstahl von Kfz, Diebstahl von Fahrrädern, Ladendiebstahl, Einbruch, Verkauf von Drogen, Körperverletzung, Erpressung und Raub.[3]

Die Verteilung der Delinquenz ist wie zu erwarten schief, und ein Großteil der Schüler der Teilstichprobe (77,6 %) berichtet von überhaupt keinen Delikten. 8,2 % der Befragten berichten von einem Delikt, und mit mehr Delikten flacht die Kurve schnell ab. Der Mittelwert der Skala liegt bei 1,09 Delikten und hat eine Standardabweichung von 3,61. Die extreme Schiefe und die Überstreuung – die Standardabweichung hat einen höheren Wert als der Mittelwert – der Verteilung bringen Schwierigkeiten bei der Modellierung mit sich, worauf im Folgenden nochmals eingegangen wird.

Alternativ zur Inzidenz wird zur Validierung der Ergebnisse die von *Sweeten* (2012) vorgeschlagene Variabilität der Delikte herangezogen. Dabei wird davon ausgegangen, dass sehr delinquente Jugendliche mehr unterschiedliche Delikte begehen (hohe Variabilität) und die Skala dabei gleichzeitig robust gegen Beeinträchtigungen durch weniger schwere Delikte mit oft hohen Inzidenzwerten bei geringer Variabilität ist. Die Verteilung der Skala ist ebenfalls stark rechtsschief und der lineare Zusammenhang mit der Inzidenz ist sehr stark ($r = 0{,}81$ für Schüler mit hauptsächlich Freunden in der Klasse).[4] Beide Skalen werden zusätzlich in eine vierstufige Ordinalskala transformiert. Dies geschieht aus methodischen Gründen und dient der Validierung der Mediatoreffekte (siehe unten).

---

[3] Für den genauen Wortlaut siehe *Oberwittler & Gerstner (2019, 42)*.

[4] $r = 0{,}84$ für die Gesamtstichprobe.

6.3 Unabhängige Variablen

Die in die Analysen eingehenden unabhängigen Variablen beinhalten zwei Bereiche. Zum einen sind dies Variablen, die für die Überprüfung der Annahmen der SAT nötig sind und von denen theoretisch angenommen wird, dass sie direkt auf die Delinquenz wirken. Dies sind eine Messung der kriminellen Neigungen der Jugendlichen, eine Messung für die unstrukturierten Freizeittätigkeiten sowie der Einfluss der delinquenten Freunde – die hier als unabhängiges „Setting" in die SAT-Analysen eingehen. Alternativ werden Modelle getestet, in denen alternativ zur Delinquenz die kriminellen Neigungen der Freunde, generiert aus den Netzwerkdaten, aufgenommen werden. Zum anderen wird getestet, inwieweit Variablen zur Eltern-Kind-Beziehung als „causes of the causes" zu betrachten sind und mediiert werden, oder ob diese signifikante direkte Effekte aufweisen. Diese Analyse erfolgt in einem ersten Schritt, wobei auch der Einfluss des Geschlechts untersucht wird.

Kriminelle Neigung: Die Messung der kriminellen Neigungen erfolgt eng angelehnt an das bei *Wikström et al.* (2012) formulierte Konzept der „crime propensity", was dort definiert ist als: „the tendency to see, and if so, to choose to break a rule of conduct (stated in law)." Das Konzept besteht aus zwei Dimensionen: dem moralischen Bewusstsein und der Selbstkontrolle. Die Moralität wird über fünf Items zu devianten Überzeugungen gemessen, denen auf einer vierstufigen Skala zugestimmt oder widersprochen werden kann. Die fünf Items lauten: „Es ist ganz normal, jemanden zu schlagen, wenn man provoziert wird. ", „Jeder Streit lässt sich auch durch Reden klären.", „Manche Konflikte lassen sich eben nur mit Gewalt lösen.", „Man sollte sich an die Gesetze halten, auch wenn die eigenen Interessen zu kurz kommen.", „Man kann ruhig mal was Verbotenes tun, wenn man sich dabei nicht erwischen lässt".

Niedrige Selbstkontrolle wird über eine reduzierte Version der von *Grasmick et al.* (1993) verwendeten Skala gemessen, die die Bereiche geringe Frustrationstoleranz (temper), risikoreiches Verhalten (risk seeking) und Hier- und Jetzt-Orientierung (impulsivity) anschneidet. Die Items lauten: „Ich verliere ziemlich schnell die Beherrschung.", „Manchmal gehe ich Risiken ein nur so zum Spaß.", „Wenn ich echt wütend bin, dann sollten sich andere besser von mir fern halten.", „Spannung und Abenteuer sind mir wichtiger als Sicherheit." und „Ich handle oft spontan ohne lange nachzudenken."

Beide Teilskalen wurden mit den Antwortoptionen „Stimmt genau", „Stimmt eher", „Stimmt kaum", „Stimmt gar nicht" beantwortet und ergeben zusammen eine eindimensionale Skala (Cronbachs $\alpha = 0{,}83$), welche die kriminelle Neigung misst. Je höher der Wert der Skala, desto höher die kriminelle Neigung.

Für die Analysen wurde ein Faktorscore mittels einer polychorischen Faktorenanalyse berechnet. Für bestimmte Analysen werden die beiden Teildimensionen auch gesondert betrachtet und mit „delinquente Überzeugungen“ und „niedrige Selbstkontrolle“ bezeichnet, wobei für diese Skalen ebenfalls ein Faktorscore berechnet wurde.

Unstrukturierte Freizeitaktivitäten: Wie in Abschnitt 2.3.1 beschrieben, konnte in *Wikströms* PADS+ Studie durch die innovative Messung des „space-time budgets“ sehr genau ermittelt werden, wie viel Zeit Jugendliche in bestimmten Situationen verbringen (*Wikström et al.* 2012, 70 ff.). Zwar verfügt diese Untersuchung nicht über eine derartig genaue Messung, jedoch kann dieses Konzept auch mit den vorliegenden Daten ausreichend quantifiziert werden. Hierzu wurde ein Faktor aus vier Items gebildet, der 64 % der Varianz zwischen den Items erklären kann. Dieser Index besteht aus Items, die explizit nach der Häufigkeit bestimmter Freizeitaktivitäten fragen. Die Frage „Wie oft machst du die folgenden Dinge in deiner Freizeit?“ konnte dabei mit den Antwortoptionen „Nie“, „Manchmal“, „Oft“ und „Sehr oft“ beantwortet werden. Die vier Items zielen auf unstrukturierte Freizeitaktivitäten ab und lauten: „Mit Freunden/-innen draußen auf der Straße/einem Platz treffen und rumhängen“, „In die Disco/Clubs, zu Partys gehen“, „Abends mit anderen in einem Park/am See usw. abhängen und etwas trinken“ und „In Kneipen gehen“.

Kriminelle Neigungen der Peers: Die kriminellen Neigungen der Peers wurden mithilfe der Netzwerkdaten über deren jeweils individuelle kriminelle Neigung errechnet. Das Maß stellt dabei den Mittelwert der kriminellen Neigungen der Freunde dar.

Die Messung der *delinquenten Peers* wurde oben bereits dargestellt. Für die direkte Messung der delinquenten Peers wie auch für die delinquenten Neigungen der Peers werden zusätzlich Messungen herangezogen, bei denen die Werte auf den Angaben von Netzwerkfreunden basiert, mit denen man mindestens einmal pro Woche Freizeit verbringt.

Für die Eltern-Kind-Beziehung werden drei Konzepte in die Modelle aufgenommen. Zum einen ist dies das Merkmal, ob der Jugendliche in einer *unvollständigen Familie* lebt, wobei hier eine dichotomisierte Skala verwendet wird. Jugendliche, die mit beiden biologischen Eltern in einem Haushalt leben, erhalten den Wert 0. Alle anderen Formen gelten als unvollständig und erhalten der Wert 1. Es wird davon ausgegangen, dass in unvollständigen Familien weniger Supervision durch die Eltern möglich ist und die Wahrscheinlichkeit, dass Jugendliche einem ineffektiveren Erziehungsstil ausgesetzt sind, erhöht ist – was sich sowohl auf die Art der Freizeitgestaltung als auch auf die Fähigkeit der Selbstkontrolle auswirken kann (siehe hierzu Abschnitt 2.3).

Die *aktive Kontrolle der Freizeitaktivitäten durch die Eltern* wird durch zwei Items erfasst, auf die jeweils mit „nie, „manchmal“, „oft“ und „fast immer“ geantwortet wurde. Die beiden Items lauten: „Meine Eltern schreiben mir vor, wie lange ich abends wegbleiben darf.“ und „Meine Eltern schreiben mir vor, wo ich meine Freizeit verbringen darf.“ Hohe Werte bedeuten eine hohe Kontrolle der Eltern bezüglich dieser Verhaltensweisen, von denen erwartet wird, dass sie den unstrukturierten Freizeitaktivitäten vorgelagert sind. Die *Offenheit* der Jugendlichen gegenüber den Eltern wurde in der Befragung über drei Items gemessen, die mit „nie, „manchmal“, „oft“ und „fast immer“ beantwortet wurden. Die Items lauten: „Meine Eltern wissen, mit wem ich wo in meiner Freizeit zusammen bin“, „Meine Eltern wissen, was ich in meiner Freizeit mache“, und „Meine Eltern kennen meine Freunde/-innen gut“. Zusätzlich wurden die beiden Items „Ich erzähle meiner Mutter viel über mich und was ich so mache“ und „Ich erzähle meinem Vater viel über mich und was ich so mache“ in die Skala aufgenommen. Diese konnten mit “stimmt genau“, „stimmt eher“ „stimmt eher nicht“ „stimmt gar nicht“ beantwortet werden und bilden mit den drei anderen Items eine eindimensionale Skala, für die ein Faktorwert abgespeichert wurde (erklärte Varianz = 60 %, Eigenwert = 2,9, KMO = 0,77). Die Messung kommt dem Konzept der „child disclosure“ (*Stattin & Kerr* 2000) nahe, wobei auf Fragen verzichtet wurde, die darauf abzielen, dass bestimmte Dinge den Eltern nicht offengelegt werden.

6.4 Analysestrategie

Die Analysen werden nur für Befragte durchgeführt, deren Freunde hauptsächlich in ihrer Schulklasse sind, wobei alle metrischen unabhängigen Variablen für diese Teilstichprobe standardisiert (z-Transformation) wurden. In einem ersten Schritt werden die bivariaten Zusammenhänge aller relevanten Variablen untersucht, was vor allem dazu dient, Unterschiede zwischen der direkten und indirekten Messung der delinquenten Freunde sowie den Ähnlichkeiten mit weiteren, über die Netzwerkdaten generierten Freundschaftsattributen aufzuzeigen. Anschließend werden die aus der SAT generierten Hypothesen in multivariaten Regressionsmodellen getestet. Dabei wird auch geprüft, inwieweit die SAT-relevanten Kovariaten als Mediator für Kovariaten aus dem Bereich der Elternkontrolle fungieren, von denen angenommen wird, dass diese je nach Ausprägung den Aufenthalt in kriminogenen Situationen begünstigen. Problematisch ist vor allem die extreme Schiefe und die Überstreuung der abhängigen Variable Delinquenz – dies betrifft sowohl die Inzidenz als auch die Variabilität. Dies führt dazu, dass die Parameterschätzung über ein negativ binomiales Regressionsmodell erfolgen sollte

(z. B. *Cameron & Trivedi* 2010; *Hilbe* 2011; *Tutz* 2010). Dieses gehört zu der Familie der verallgemeinerten linearen Modelle, jedoch wird die Linearität in diesem Modell über eine logarithmische Linkfunktion hergestellt. Folge ist, dass die Untersuchung von Interaktionen zwischen Variablen deutlich komplizierter wird. Interaktion zwischen Variablen sind jedoch essenzieller Bestandteil in Modellen, die die SAT testen. In der OLS-Regression werden Interaktionen in der Regel durch Aufnahme multiplikativer Terme getestet. Hierbei wird geprüft, ob der Effekt einer unabhängigen Variablen x_i über unterschiedliche Ausprägungen der Variablen x_j variiert (siehe Gleichung 6.1), die Effekte also nicht nur additiv, sondern auch multiplikativ wirken.

$$y = \beta_0 + \beta_1 x_1 + \beta_2 x_2 + \beta_3 x_1 * x_2 + \varepsilon \tag{6.1}$$

In Gleichung 6.2 ist ebenfalls eine additive Strukturkomponente zu erkennen. Im Gegensatz zur OLS-Regression steht auf der linken Seite der Gleichung jedoch nicht ein der empirischen Verteilung entsprechender Schätzwert, sondern dessen natürlicher Logarithmus.

$$ln(y) = \beta_0 + \beta_1 x_1 + \beta_2 x_2 + \varepsilon \tag{6.2}$$

Durch Inversion der Gleichung kann dieser Wert zur Berechnung von Erwartungswerten der Skalierung der beobachteten Verteilung angepasst werden (Gleichung 6.3).

$$\hat{y} = \exp(\beta_0) * \exp(\beta_1 x_1) * \exp(\beta_2 x_2) \tag{6.3}$$

Dies hat allerdings zur Folge, dass die Strukturkomponente jetzt multiplikativ ist. Dementsprechend haben nichtlineare Modelle stets modellinhärente Interaktionen, wodurch die Analyse von Interaktionen in derartigen Modellen generell problematisch wird (für eine ausführliche Darstellung siehe *Oberwittler & Gerstner* (2014). Da modellinhärente Interaktionen zwischen *allen* Kovariaten stets implizite Begleiterscheinung nichtlinearer Regressionsmodelle sind, wird in diesem Zusammenhang auch oft von konditionalen Effekten gesprochen (*Tsai & Gill* 2013). Den Empfehlungen *Greenes* (2010) folgend wird eine praktikable Lösung zur Untersuchung der Interaktionseffekte zum einen durch die graphische Darstellung der modellierten Zusammenhänge und zum anderen durch die Analyse marginaler Effekte gewählt. Die hierbei berechneten marginalen Effekte repräsentieren als partielle Ableitung (dy/dx) eine lokale Steigung der aus dem negativen Binomialmodell resultierenden Funktion für theoretisch relevante Wertekombinationen der Prädiktoren. Somit kann beispielsweise untersucht werden, ob der Effekt der unstrukturierten Freizeitaktivitäten konstant ist, wenn Jugendliche eine geringe oder hohe individuelle kriminelle Neigung aufweisen. Den Annahmen der *SAT* entsprechend müsste dieser Effekt variieren. Ergänzend zu diesen marginalen Effekten an repräsentativen Werten (*MER = marginal effect at a representative value*) bietet das Programm Stata (*StataCorp.* 2015) die Option, marginale Effekte als Durchschnittswert der Effekte aller Beobachtungen im Sample zu berechnen (*AME = average marginal effect*). Dies eignet sich besonders zur Beurteilung der Effektstärken bzw. der Wichtigkeit einzelner Prädiktoren, da die AMEs den unstandardisierten Koeffizienten eines OLS-Modells mit den gleichen Daten in der Regel recht nahekommen (*Cameron & Trivedi* 2010, 350; *Mood* 2010). Beachtet werden muss hierbei, dass dies der durchschnittliche Effekt für *alle* Befragten ist, nicht jedoch der Effekt für *den* durchschnittlichen Befragten – was z. B. auf die Interpretation von Odds Ratios in Modellen mit ausschließlich z-standardisierten Kovariaten zutreffen würde. Für die Beurteilung der Interaktion bietet dieser Durchschnittseffekt nur bedingt zusätzliche Information.

Die Modelle aus denen die Ergebnisdarstellungen der Interaktionen generiert werden verzichten auf Kontrollvariablen. Die zusätzlichen Kontrollvariablen haben nach den Annahmen der SAT als „causes of the causes“ keine theoretisch bedeutsame Rolle für die Erklärung der eigentlichen Tat (*Wikström et al.* 2012, *29 ff.*) und würden die Komplexität der Modelle zusätzlich erhöhen sowie die Art der Interpretation der Interaktionen deutlich erschweren. Ergänzend wird in ausgewählten Modellen dennoch dargestellt, wie die Aufnahme der SAT-Variablen vorgelagerte Kontrollvariablen beeinflusst. Hierbei wird mittels der Karlson-Holm-Breen-Methode (KHB-Methode) die Mediation der Kontrollvariablen untersucht (*Breen, Karlson & Holm* 2013; 2018; *Karlson & Holm* 2011). Ein Problem geschachtelter nicht-linearer Modelle ist, dass die Veränderung der Koeffizienten unabhängiger Variablen nicht nur durch die Aufnahme eines Mediators, sondern auch durch die Veränderung der fixierten Residualvarianz der latenten abhängigen Variable entsteht – auch dann, wenn ein zusätzlicher Prädiktor orthogonal zum bereits vorhandenen Prädiktor ist – und somit eine Mediation ausgeschlossen ist. Diese Problematik besteht nicht in linearen OLS-Modellen, bei denen lediglich der Anteil der erklärten Varianz mit Aufnahme weiterer Prädiktoren verändert wird (siehe hierzu z. B. *Best & Wolf* 2010; *Mood* 2010; *Windzio* 2013). Der Vorteil der KHB-Methode ist der einfache Vergleich direkter und indirekter Effekte in nicht-linearen Modellen sowie die einfache Möglichkeit der

Berechnung durchschnittlicher partieller Effekte (identisch mit den durchschnittlichen marginalen Effekten). Praktische Anwendungen konnten zeigen, dass die Ergebnisse nicht maßgeblich von anderen Methoden, wie z. B. der klassischen Berechnung von *Baron & Kenny* (1986) abweichen, die Methode jedoch deutlich flexibler ist (*Linden & Karlson* 2013). Analysen mit multiplen Mediatoren sind mit diesem Ansatz zudem einfach zu berechnen. Die Modelle zur Mediation werden mit dem Stata-ado „khb" gerechnet, welches Count-Modelle wie die negativ binomiale Regression, die prinzipiell mit der KHB-Methode berechenbar sind, jedoch nur experimentell unterstützt (*Kohler, Karlson & Holm* 2011; *Kohler & Karlson* 2019). Zur Validierung der Ergebnisse werden deshalb zusätzlich Modelle mit kategorialen abhängigen Variablen gerechnet (ordered probit), die von dem Stata-ado „khb" vollumfänglich unterstützt werden. Alle Modelle wurden mit robusten Standardfehlern für die in Schulklassen geklumpten Analyseeinheiten geschätzt.[5]

6.5 Ergebnisse

Tabelle 6.3 stellt die Zusammenhänge zwischen den beiden Delinquenzmessungen und den unabhängigen Variablen dar. Bis auf die aktive Elternkontrolle bzgl. der Freizeitaktivitäten bestehen für alle Variablen signifikante Zusammenhänge, die jeweils das den Annahmen entsprechende Vorzeichen aufweisen. Beide Delinquenzmaße weisen ein ähnliches Muster bei den Korrelationen auf, weshalb hier nur die Zusammenhänge mit der Inzidenz im Detail berichtet werden. Auffällig ist, dass der stärkste Zusammenhang zwischen der eigenen Delinquenz und der indirekten Messung der Peerdelinquenz besteht ($r_S = 0{,}47$). Der Zusammenhang mit der direkten Messung der delinquenten Peers ist deutlich geringer ($r_S = 0{,}29$). Dieses Ergebnis deckt sich mit bisherigen Erkenntnissen zum ‚perception bias' und *Weerman & Smeenk* (2005) kommen zu nahezu gleichen Ergebnissen bzw. Zusammenhängen. Ähnliche Zusammenhänge wie mit der direkten Messung zeigen sich zwischen der eigenen Delinquenz und der netzwerkbasierten kriminellen Neigung der Freunde ($r_S = 0{,}27$) – dieses Maß korreliert mit $r_S = 0{,}56$ mit der direkten Messung der delinquenten Peers, der Zusammenhang mit der indirekten Messung ist schwächer ($r_S = 0{,}39$) und gleich stark wie der Zusammenhang beider Messung der delinquenten Peers ($r_S = 0{,}39$). Wird die kriminelle Neigung der Freunde in niedrige Selbstkontrolle ($r_S = 0{,}23$) und delinquente Überzeugungen ($r_S = 0{,}25$) zerlegt, ändert sich der Zusammenhang mit der eigenen

[5] Stata option *vce(cluster clustervar)*, mit clustervar = Klassen-ID.

Tabelle 6.3 Bivariate Korrelationen

	(1)	(2)	(3)	(4)	(5)	(6)	(7)
(1) Delinquenz, Inzidenz	1						
(2) Delinquenz, Variabilität	0.992***	1					
(3) z.kriminelle Neigungen	0.423***	0.417***	1				
(4) z.delinquente Überzeugungen	0.374***	0.37***	0.861***	1			
(5) z.niedrige Selbstkontrolle	0.373***	0.366***	0.904***	0.577***	1		
(6) z.unstrukturierte Freizeitaktivitäten	0.281***	0.276***	0.358***	0.34***	0.300***	1	
(7) z.kon. del. Peers (indirekt)	0.469***	0.464***	0.47***	0.445***	0.390***	0.359***	1
(8) z.NW del. Peers (direkt)	0.291***	0.286***	0.274***	0.291***	0.205***	0.248***	0.414***
(9) z.NW krim. Neig (direkt)	0.265***	0.262***	0.414***	0.458***	0.302***	0.29***	0.396***
(10) z.NW delinq. Überz. (direkt)	0.253***	0.251***	0.406***	0.458***	0.287***	0.294***	0.39***
(11) z.NW niedr. Selbstk. (direkt)	0.231***	0.227***	0.363***	0.392***	0.275***	0.247***	0.347***
(12) z.Offenheit	−0.273***	−0.271***	−0.447***	−0.412***	−0.391***	−0.254***	−0.355***
(13) aktive Elternkontrolle	−0.013	−0.004	−0.085**	−0.126***	−0.033	−0.034	−0.030
(14) Geschlecht (1 = Mädchen)	−0.162***	−0.158***	−0.374***	−0.383***	−0.283***	−0.056†	−0.251***
(15) unvollst. Familie (1)	0.112***	0.116***	0.132***	0.112***	0.120***	0.131***	0.138***

(Fortsetzung)

Tabelle 6.3 (Fortsetzung)

	(8)	(9)	(10)	(11)	(12)	(13)	(14)	(15)
(1) Delinquenz, Inzidenz								
(2) Delinquenz, Variabilität								
(3) z.kriminelle Neigungen								
(4) z.delinquente Überzeugungen								
(5) z.niedrige Selbstkontrolle								
(6) z.unstrukturierte Freizeitaktivitäten								
(7) z.kon. del. Peers (indirekt)								
(8) z.NW del. Peers (direkt)	1							
(9) z.NW krim. Neig (direkt)	0.556***	1						
(10) z.NW delinq. Überz. (direkt)	0.547***	0.933***	1					
(11) z.NW niedr. Selbstk. (direkt)	0.488***	0.918***	0.725***	1				
(12) z.Offenheit	−0.201***	−0.244***	−0.247***	−0.210***	1			
(13) aktive Elternkontrolle	−0.044	−0.105***	−0.111***	−0.070*	0.127***	1		
(14) Geschlecht (1 = Mädchen)	−0.215***	−0.479***	−0.482***	−0.399***	0.193***	0.160***	1	
(15) unvollst. Familie (1)	0.033	0.080*	0.074*	0.069*	−0.114***	−0.025	−0.017	1.000

† $p < 0.1$, * $p < 0.05$, ** $p < 0.01$, *** $p < 0.001$, Rangkorrelation nach Spearman

NW = Netzwerk, kon. del. Peers = konventionell gemessene delinquente Peers, z. = z-standardisierte Werte

Delinquenz im Wesentlichen nicht und wird in beiden Fällen etwas schwächer. Die Selbstkontrolle der Freunde und deren delinquente Überzeugungen korrelieren mit $r_S = 0{,}73$, was dafür spricht, die beiden Konstrukte als eines zu sehen. Die individuellen kriminellen Neigungen sind wie zu erwarten positiv mit der Delinquenz korreliert ($r_S = 0{,}42$). Dies gilt ebenso für die Einzelkomponenten niedrige Selbstkontrolle ($r_S = 0{,}37$) und delinquente Überzeugungen ($r_S = 0{,}37$), die ihrerseits mit $r_s = 0{,}58$ korrelieren.

Die unstrukturierten Freizeitaktivitäten weisen den erwarteten positiven Zusammenhang auf, der jedoch schwächer ist ($r_S = 0{,}28$). In einem ähnlichen Bereich liegt der Zusammenhang der Delinquenz mit der Offenheit gegenüber den Eltern, wobei der Zusammenhang erwartungsgemäß negativ ist ($r_S = -0{,}27$). Zwischen der aktiven Elternkontrolle und der Delinquenz besteht kein signifikanter bivariater Zusammenhang und der Koeffizient ist zudem äußerst gering ($r_S = -0{,}01$). Dies liegt jedoch auch an der speziellen Stichprobe und für die Gesamtstichprobe abzüglich der Teilstichprobe liegt der Zusammenhang bei $r_s = -0{,}12$ ($p < 0.001$). Für die Dummy-Variablen Geschlecht ($r_S = -0{,}16$ / 1 entspricht Mädchen) und unvollständige Familie ($r_s = 0{,}11$ / 1 entspricht unvollständig) können ebenfalls signifikante aber schwache Zusammenhänge berichtet werden. Der Mittelwert der Inzidenz liegt bei Mädchen bei 0,68 Delikten, bei Jungen sind dies 1,60 Delikte. Für die Variabilität der Delinquenz liegen die Mädchen bei 0,37 unterschiedlichen Delikten und die Jungen bei 0,74 Delikten. Jugendliche aus unvollständigen Familien weisen erwartungsgemäß bei beiden Delinquenzmessungen durchschnittlich höhere Werte auf (Inzidenz: 1,35 / Variabilität: 0,77) als Jugendliche aus vollständigen Familien (Inzidenz: 0,89 / Variabilität: 0,40). Aufgrund der extremen Schiefe und der vielen Nullen sollten diese Mittelwerte jedoch vorsichtig interpretiert werden.[6]

Zwischen den SAT-Prädiktoren und den Variablen, die in den Bereich Elternkontrolle fallen bestehen wie erwartet Zusammenhänge. Jugendliche, die ihren Eltern gegenüber offener sind, weisen geringere kriminelle Neigungen auf ($r_S = -0{,}45$), haben weniger geringe (bzw. höhere) Selbstkontrolle ($r_S = -0{,}41$) und weniger delinquente Überzeugungen ($r_S = -0{,}39$). Zudem verbringen sie ihre Zeit weniger in potentiell kriminogenen Situationen bzw. unstrukturierten Freizeitaktivitäten ($r_S = -0{,}25$). Jugendliche, die gegenüber ihren Eltern offener sind, haben dazu weniger delinquente Freunde (direkte Messung: $r_S = -0{,}20$) und demensprechend weisen deren Freunde auch weniger kriminelle Neigungen auf (Gesamtskala: $r_S = -0{,}24$ / geringe Selbstkontrolle Freunde: $r_S = -0{,}25$ / delinquente Überzeugungen: $r_S = -0{,}21$). Die aktive Elternkontrolle bezüglich

[6] Da der Medianwert in allen Fällen bei 0 liegt, kann dieser hier nicht verwendet werden.

des Freizeitverhaltens zeigt nur schwache negative Zusammenhänge mit der individuellen kriminellen Neigung ($r_S = -0.085$) und den individuellen delinquenten Überzeugungen ($r_S = -0.126$). Entgegen der Erwartung gibt es keinen Zusammenhang mit den unstrukturierten Freizeitaktivitäten. Dies liegt wiederum an der speziellen Teilstichprobe, bei der vor allem die unstrukturierten Freizeitaktivitäten deutlich geringer ausgeprägt sind und weniger Varianz aufweisen – für die übrigen Befragten der Gesamtstichprobe beträgt der Zusammenhang $r_S = -0,16$ ($p < 0.001$). Schüler, die von ihren Eltern strengere Regeln bezüglich ihrer Freizeitaktivitäten erfahren, haben seltener Freunde mit ausgeprägten kriminellen Neigungen, dieser Zusammenhang ist jedoch nur schwach ($r_S = -0,11$).

Das Geschlecht weist für alle unabhängigen Variablen, mit Ausnahme der unstrukturierten Freizeitaktivitäten und des unvollständigen Elternhauses Zusammenhänge auf. Und zwar in der Form, dass Mädchen geringere individuelle kriminelle Neigungen ($r_S = -0,37$), weniger delinquente Überzeugungen ($r_S = -0,38$), weniger geringe Selbstkontrolle ($r_S = -0,28$), weniger delinquente Peers (indirekt: $r_S = -0,25$/ direkt: $r_S = -0,22$), weniger Peers mit kriminellen Neigungen haben ($r_S = -0,48$), offener gegenüber ihren Eltern sind ($r_S = 0,19$) und aktiver von diesen kontrolliert werden ($r_S = 0,16$). Jugendliche aus unvollständigen Elternhäusern sind tendenziell delinquenter ($r_S = 0,11$) und haben auch ausgeprägtere kriminelle Neigungen ($r_S = 0,13$). Zudem verbringen sie ihre Freizeit häufiger mit unstrukturierten Freizeitaktivitäten ($r_S = 0,13$). Alle diese Zusammenhänge sind signifikant, aber schwach. Nur sehr schwache positive Zusammenhänge bestehen mit den delinquenten Neigungen der Freunde ($r_S = 0,08$), die für diese Jugendlichen etwas ausgeprägter sind. Die Jugendlichen aus unvollständigen Elternhäusern sind tendenziell weniger offen gegenüber ihren Eltern ($r_S = -0,11$).

Insgesamt entsprechen die bivariaten Zusammenhänge den Erwartungen. Inwieweit die Eltern-Kind-Beziehungen sowie das Geschlecht den Annahmen der SAT vorgelagert sind, wird im Folgenden geprüft.

6.6 Eltern-Kind-Beziehungen und Geschlecht als „Causes of the Causes"

Vor den Untersuchungen zu den SAT-spezifischen Interaktionen wird in schrittweisen Regressionsmodellen getestet, ob bestimmte Effekte der Eltern-Kind-Beziehung und der Effekt des Geschlechts von den für die SAT relevanten Variablen partiell oder total vermittelt (Mediationseffekt) werden (siehe hierzu Abschnitt 2.3.2). Das Modell Med1 in *Tabelle 6.4* beinhaltet lediglich das

Geschlecht, die Variable zum unvollständigen Elternhaus und die aktive Elternkontrolle, wobei nur das Geschlecht einen signifikanten Effekt aufweist.[7] Mit Aufnahme der Offenheit gegenüber den Eltern (Med2) ist das Geschlecht weiterhin signifikant, jedoch verringert sich der durchschnittliche marginale Effekt. Aus *Tabelle 6.5* geht hervor, dass der direkte Effekt des Geschlechts zu 22,6 % von der Offenheit mediiert wird. In Modell Med3 werden die delinquenten Überzeugungen aufgenommen, die einen signifikanten Effekt aufweisen. Offenheit und Geschlecht haben weiterhin einen signifikanten direkten Effekt (*Tabelle 6.4*). Das Geschlecht wird in diesem Modell jedoch durch beide Mediatorvariablen zu 56,5 % vermittelt (*Tabelle 6.5*). Die Tabellen mit den Mediationsanalysen nach der KHB-Methode (*Tabelle 6.5*, *Tabelle 6.6*, *Tabelle 6.7*, *Tabelle 6.8*) sind wie folgt zu lesen: In den Spalten stehen die jeweiligen Modelle. Die Zeile „X-Variable" enthält den durchschnittlichen marginalen Effekt der Variable (für das jeweilige Modell), deren Mediation untersucht wird (Geschlecht oder Offenheit gegenüber den Eltern) sowie den zugehörigen p-Wert zur Beurteilung der Signifikanz. In der untersten Zeile (% Mediation total) wird angegeben, zu wieviel Prozent der Effekt der X-Variablen im Gesamten vermittelt wird. Für die jeweiligen Mediator-Variablen (in *Tabelle 6.5* „Offenheit ggb. Eltern", „delinquente Überzeugungen", „niedrige Selbstkontrolle", „kriminelle Neigungen", „unstrukturierte Freizeitaktivitäten") werden pro Modell zwei Werte angegeben. P_Red[8] ist der Anteil, zu dem die Mediatorvariable am gesamten Effekt beteiligt ist. Die Summe von P_Red ergibt den Eintrag in der Zeile „% Mediation total". P_Diff[9] gibt, an wieviel Prozent der Mediator an der Mediation ausmacht. Die Summe von P_Diff ergibt 100 % (wobei die 100 % dem Wert „% Mediation total" entsprechen). Für die 56,5 % totale Mediation aus Modell Med3 gehen also 12,6 % (P_Red, P_Diff: 22,3 % an der Mediation) des Effekts auf die Offenheit zurück und 43,9 % (77,8 % an der Mediation) auf die delinquenten Überzeugungen. Modell Med4 verwendet anstatt der delinquenten Überzeugungen die niedrige Selbstkontrolle. Auch hier hat das Geschlecht weiterhin einen direkten signifikanten Effekt und wird annähernd in gleicher Weise mediiert. Mit beiden Komponenten der kriminellen Neigung (delinquente Überzeugungen und niedrige Selbstkontrolle, Med5) wird der Effekt des Geschlechts total mediiert ($p = 0{,}139$). Insgesamt werden 71,8 % des direkten Effekts vermittelt, wobei

[7] Es wurden auch Modelle getestet, die nur jeweils eine der drei Variablen beinhalteten. Auch hier hatte nur das Geschlecht einen signifikanten Effekt. Ohne robuste Standardfehler weist das unvollständige Elternhaus einen signifikanten Effekt auf, der jedoch in Modell Med2 vollständig von der Offenheit gegenüber den Eltern mediiert wird.

[8] Stata Hilfe: „how much of the total effect is due to confounding of the respective mediator".

[9] Stata Hilfe: „Contribution to indirect effect".

davon 10,1 % durch die Offenheit gegenüber den Eltern, 27,9 % durch die delinquenten Überzeugungen und 33,8 % durch die niedrige Selbstkontrolle vermittelt werden. In einem Modell (Med6) mit der Offenheit und den unstrukturierten Freizeitaktivitäten bleibt ein direkter Effekt, und 22,6 % werden mediiert – zu einem größeren Teil von der Offenheit (15,5 % bzw. 68,4 % an der Mediation) und zu einem kleineren Teil durch die unstrukturierten Freizeitaktivitäten (7,1 % bzw. 31,6 % an der Mediation). Kommen die delinquenten Neigungen hinzu (aufgeteilt in Med8 oder kombiniert in Med9), wird der Effekt des Geschlechts wiederum total mediiert, wobei der größte Teil des nun nur noch indirekten Effekts über die kriminellen Neigungen läuft und nur ein kleiner Teil über die Offenheit und die unstrukturierten Freizeitaktivitäten. In Model Med9 werden insgesamt 74,6 % des Effekts des Geschlechts mediiert. Davon entfallen für den Anteil an der totalen Mediation 9,4 % auf die Offenheit, 84,4 % auf die kriminellen Neigungen und 6,3 % auf die unstrukturierten Freizeitaktivitäten.

Was an dieser Stelle bereits festgehalten werden kann, ist, dass das Geschlecht zwar eine Rolle bei der Erklärung der Delinquenz spielt, aber den eigentlich direkt wirkenden Mechanismen vorgelagert ist. Für die SAT ist hierbei vor allem wichtig, dass der größte Teil des Effekts des Geschlechts durch die kriminellen Neigungen vermittelt wird, die bei Mädchen im Mittel deutlich geringer ausgeprägt sind.

Für die Variablen der Eltern-Kind-Beziehung bleibt nur die Offenheit für eine tiefergehende Analyse, da die aktive Elternkontrolle und das Merkmal „unvollständiges Elternhaus“ – zumindest für diese Teilstichprobe – keine eigenständigen Effekte aufweisen. Die Offenheit gegenüber den Eltern hat einen signifikanten Effekt, auch wenn die kriminellen Neigungen und die unstrukturierten Freizeitaktivitäten in das Modell (Med8, Med9) aufgenommen werden – wobei der direkte durchschnittliche marginale Effekt in dem Modell mit kombinierter Messung der kriminellen Neigungen nur noch auf dem 10-%-Niveau signifikant ist (Med9, *Tabelle 6.6*). Aus den Modellen mit getrennten Komponenten der kriminellen Neigung (Med7 und Med8) wird deutlich, dass im Vergleich zum Geschlecht ein noch größerer Teil des Effekts durch die geringe Selbstkontrolle mediiert wird. Ohne die unstrukturierten Freizeitaktivitäten wird der Effekt der Offenheit durch die geringe Selbstkontrolle und die delinquenten Überzeugungen zu 53,9 % mediiert. Davon entfallen 20,7 % (38,4 % an der Mediation) auf die delinquenten Überzeugungen und 33,2 % (61,6 %) auf die niedrige Selbstkontrolle. Mit Aufnahme der unstrukturierten Freizeitaktivitäten wird der Effekte der Offenheit zu 65,9 % vermittelt (Med8). Der Wert der niedrigen Selbstkontrolle bleibt mit 34,1 % fast gleich, während der Wert der delinquenten Überzeugungen auf 17,6 % sinkt. Die unstrukturierten Freizeitaktivitäten liegen bei 14,3 %. Bezogen

Tabelle 6.4 Mediationsanalyse, negativ-binomiale Regressionsmodelle, abhängige Variable Inzidenz

Inzidenz – Mediationsanalyse – SRD 12M Gesamt count ohne Raubkop/Substanz-Konsum/Cyberbullying

	Med1	Med2	Med3	Med4	Med5	Med6	Med7	Med8	Med9	Med10	Med11
AV: Delinquenz (Inzidenz) Geschlecht (0 = Junge, 1 = Mädchen)	−0.955***	−0.849***	−0.512*	−0.563*	−0.347	−0.301	−0.771***	−0.335	−0.281	−0.139	−0.176
	(0.000)	(0.000)	(0.038)	(0.017)	(0.121)	(0.197)	(0.000)	(0.095)	(0.193)	(0.530)	(0.424)
unvollständiges Elternhaus (0 = nein, 1 = ja)	0.626	0.323	−0.0179	0.243	0.0492	0.0140	0.0350	−0.0557	−0.0912	−0.0895	−0.0948
	(0.136)	(0.181)	(0.930)	(0.231)	(0.810)	(0.947)	(0.855)	(0.774)	(0.658)	(0.676)	(0.665)
aktive Elternkontrolle (z-stand.)	−0.0812	0.0937	0.137	0.0986	0.119	0.128	0.137	0.148	0.159†	0.0841	0.150
	(0.423)	(0.295)	(0.137)	(0.291)	(0.214)	(0.170)	(0.131)	(0.110)	(0.078)	(0.366)	(0.102)
Offenheit ggb. Eltern (z-stand.)		−0.712***	−0.427***	−0.492***	−0.358***	−0.340**	−0.443***	−0.238*	−0.221*	−0.173	−0.208†
		(0.000)	(0.000)	(0.000)	(0.001)	(0.004)	(0.000)	(0.021)	(0.048)	(0.090)	(0.063)
delinquente Überzeugungen (z-stand.)			0.690***		0.458**			0.351*			
			(0.000)		(0.006)			(0.038)			
niedrige Selbstkontrolle (z-stand.)				0.932***	0.759***			0.701***			
				(0.000)	(0.000)			(0.000)			

(Fortsetzung)

Tabelle 6.4 (Fortsetzung)

Inzidenz – Mediationsanalyse – SRD 12M Gesamt count ohne Raubkop/Substanz-Konsum/Cyberbullying

	Med1	Med2	Med3	Med4	Med5	Med6	Med7	Med8	Med9	Med10	Med11
kriminelle Neigungen (z-stand.)						1.106***			0.967***	0.785***	0.927***
						(0.000)			(0.000)	(0.000)	(0.000)
unstrukturierte Freizeitaktivitäten (z-stand.)							0.570***	0.439***	0.414***	0.116	0.337**
							(0.000)	(0.000)	(0.000)	(0.393)	(0.002)
delinquente Peers, indirekt (z-stand.)										0.702***	
										(0.000)	
delinquente Peers, direkt (z-stand.)											0.292**
											(0.009)
lnalpha	2.181***	1.962***	1.769***	1.715***	1.642***	1.625***	1.792***	1.541***	1.528***	1.332***	1.485***
	(0.000)	(0.000)	(0.000)	(0.000)	(0.000)	(0.000)	(0.000)	(0.000)	(0.000)	(0.000)	(0.000)
Fälle (n)	992	992	992	992	992	992	992	992	992	992	992
Pseudo R^2	0.012	0.041	0.064	0.078	0.087	0.088	0.060	0.098	0.098	0.126	0.104
BIC	2060.8	2008.6	1968.6	1939.6	1928.7	1918.6	1977.1	1913.0	1904.9	1855.5	1901.0

p-Werte in Klammern

Datenquelle: MPI-Schulbefragung 2011 / vollständige Netzwerke / Freunde hauptsächlich in der Klasse

† $p < 0.1$, * $p < 0.05$, ** $p < 0.01$, *** $p < 0.001$

Tabelle 6.5 Mediation Geschlecht

	Med2		Med3		Med4	
	ame	P > |z|	ame	P > |z|	ame	P > |z|
X-Variable: Geschlecht	−0.908	0.004	−0.531	0.071	−0.692	0.029
Mediator-Variablen	P_Red	P_Diff	P_Red	P_Diff	P_Red	P_Diff
Offenheit ggb. Eltern (z-stand.)	22.56	100.00	12.62	22.34	13.74	25.07
delinquente Überzeugungen (z-stand.)			43.88	77.66		
niedrige Selbstkontrolle (z-stand.)					41.07	74.93
kriminelle Neigungen (z-stand.)						
unstrukturierte Freizeitaktivitäten (z-stand.)						
% total Mediation	22.56	100	56.50	100.00	54.81	100

(Fortsetzung)

Tabelle 6.5 (Fortsetzung)

	Med5		Med7		Med8		Med9	
	ame	P > |z|	ame	P > |z|	ame	P > |z|	ame	P > |z|
X-Variable: Geschlecht	−0.438	0.139	−0.783	0.005	−0.421	0.118	−0.350	0.227
Mediator-Variablen	P_Red	P_Diff	P_Red	P_Diff	P_Red	P_Diff	P_Red	P_Diff
Offenheit ggb. Eltern (z-stand.)	10.11	14.08	15.46	68.41	7.4	10.55	6.97	9.35
delinquente Überzeugungen (z-stand.)	27.86	38.81			23.48	33.49		
niedrige Selbstkontrolle (z-stand.)	33.81	47.10			34.34	48.98		
kriminelle Neigungen (z-stand.)							62.92	84.38
unstrukturierte Freizeitaktivitäten (z-stand.)			7.14	31.59	4.89	6.97	4.68	6.28
% total Mediation	71.78	100	22.6	100	70.11	100	74.57	100

Tabelle 6.6 Mediation Offenheit der Eltern

	Med3		Med4		Med5		Med7	
	ame	P > |z|	ame	P > |z|	ame	P > |z|	ame	P > |z|
X-Variable: Offenheit	−0.443	0.007	−0.605	0.001	−0.452	0.004	−0.450	0.002
Mediator-Variablen	P_Red	P_Diff	P_Red	P_Diff	P_Red	P_Diff	P_Red	P_Diff
delinquente Überzeugungen (z-stand.)	36.18	100.00			20.68	38.36		0.00
niedrige Selbstkontrolle (z-stand.)			39.19	100.00	33.23	61.64		0.00
kriminelle Neigungen (z-stand.)								0.00
unstrukturierte Freizeitaktivitäten (z-stand.)							22.65	100.00
delinquente Peers, indirekt (z-stand.)								
delinquente Peers, direkt (z-stand.)								
% total Mediation	36.18	100	39.19		53.91	100.00	22.65	100

(Fortsetzung)

Tabelle 6.6 (Fortsetzung)

	Med8		Med8		Med10		Med11	
	ame	P > |z|	ame	P > |z|	ame	P > |z|	ame	P > |z|
X-Variable: Offenheit	−0.300	0.027	−0.275	0.070	−0.288	0.128	−0.2€7	0.112
Mediator-Variablen	P_Red	P_Diff	P_Red	P_Diff	P_Red	P_Diff	P_Red	P_Diff
delinquente Überzeugungen (z-stand.)	17.6	26.68		0.00		0.00		0.00
niedrige Selbstkontrolle (z-stand.)	34.08	51.66		0.00		0.00		0.00
kriminelle Neigungen (z-stand.)		0.00	54.45	80.00	42.36	55.71	51.8	73.78
unstrukturierte Freizeitaktivitäten (z-stand.)	14.28	21.65	13.61	20.00	3.64	4.79	10.97	15.62
delinquente Peers, indirekt (z-stand.)					30.04	39.51		
delinquente Peers, direkt (z-stand.)							7.44	10.60
% total Mediation	65.97	99.98484	68.06	100	76.04	100.00	70.21	100.00

Tabelle 6.7 Kontrolle auf Robustheit, Mediation Geschlecht

	Delinquenz: Inzidenz				Delinquenz: Variabilität			
	negativ binomial		ordered probit		negativ binomial		ordered probit	
	Med8		Med8		Med8		Med8	
	ame	P > |z|	ame	P > |z|	ame	P > |z|	ame	P > |z|
X-Variable: Geschlecht	−0.421	0.118	−0.531	0.071	−0.106	0.096	0.025	0.286
Mediator-Variablen	P_Red	P_Diff	P_Red	P_Diff	P_Red	P_Diff	P_Red	P_Diff
z.Offenheit	7.40	10.55	10.85	13.81	9.70	13.43	11.33	14.11
z.delinquente Überzeugungen	23.48	33.49	33.94	43.19	31.54	43.68	35.79	44.58
z.niedrige Selbstkontrolle	34.34	48.98	28.84	36.70	26.63	36.88	27.44	34.18
z.kriminelle Neigungen	.	.						
z.unstrukturierte Freizeitaktivitäten	4.89	6.97	4.95	6.30	4.34	6.01	5.72	7.12
% total Mediation	70.11	100.00	78.58	57.00	72.21	100.00	80.29	99.99

(Fortsetzung)

Tabelle 6.7 (Fortsetzung)

	Delinquenz: Inzidenz				Delinquenz: Variabilität			
	negativ binomial		ordered probit		negativ binomial		ordered probit	
	Med9		Med9		Med9		Med9	
	ame	P > |z|	ame	P > |z|	ame	P > |z|	ame	P > |z|
X-Variable: Geschlecht	−0.350	0.227	0.028	0.263	−0.105	0.101	0.025	0.288
Mediator-Variablen	P_Red	P_Diff	P_Red	P_Diff	P_Red	P_Diff	P_Red	P_Diff
z.Offenheit	6.97	9.35	10.67	13.49	9.54	13.13	11.22	14.01
z.delinquente Überzeugungen								
z.niedrige Selbstkontrolle								
z.kriminelle Neigungen	62.92	84.38	63.60	80.39	58.87	81.03	63.26	78.97
z.unstrukturierte Freizeitaktivitäten	4.68	6.28	4.84	6.12	4.24	5.84	5.63	7.03
% total Mediation	74.57	100.00	79.11	100.00	72.65	100.00	80.11	100.00

Tabelle 6.8 Kontrolle auf Robustheit, Mediation Offenheit

	Delinquenz: Inzidenz				Delinquenz: Variabilität			
	negativ binomial		ordered probit		negativ binomial		ordered probit	
	Med8		Med8		Med8		Med8	
	ame	P > |z|	ame	P > |z|	ame	P > |z|	ame	P > |z|
X-Variable: Offenheit	−0.300	0.027	−0.605	0.001	−0.106	0.001	0.042	0.001
Mediator-Variablen	P_Red	P_Diff	P_Red	P_Diff	P_Red	P_Diff	P_Red	P_Diff
z.delinquente Überzeugungen	17.6	26.68	21.48	37.13	22.02	37.67	22.12	38.44
z.niedrige Selbstkontrolle	34.08	51.66	24.17	41.78	24.62	42.12	21.77	37.83
z.kriminelle Neigungen								
z.unstrukturierte Freizeitaktivitäten	14.28	21.65	12.20	21.09	11.8	20.19	13.65	23.72
z.kon. del. Peers								
z.NW del. Peers								
% total Mediation	65.97	99.98	57.85	100.00	58.45	99.98	57.55	99.98

(Fortsetzung)

Tabelle 6.8 (Fortsetzung)

	Delinquenz: Inzidenz				Delinquenz: Variabilität			
	negativ binomial		ordered probit		negativ binomial		ordered probit	
	Med11		Med11		Med11		Med11	
	ame	P > |z|	ame	P > |z|	ame	P > |z|	ame	P > |z|
X-Variable: Offenheit	−0.267	0.112	−0.275	0.070	−0.099	0.001	0.037	0.004
Mediator-Variablen	P_Red	P_Diff	P_Red	P_Diff	P_Red	P_Diff	P_Red	P_Diff
z.delinquente Überzeugungen								
z.niedrige Selbstkontrolle								
z.kriminelle Neigungen	51.8	73.78	44.54	70.83	45.16	73.34	42.42	68.02
z.unstrukturierte Freizeitaktivitäten	10.97	15.62	9.24	14.69	8.41	13.66	10.56	16.93
z.kon. del. Peers								
z.NW del. Peers	7.44	10.60	9.1	14.47	8.01	13.01	9.38	15.04
% total Mediation	70.21	100.00	62.88	85.53	61.58	100.00	62.36	100.00

auf die Anteile an der gesamten Mediation lässt sich Folgendes festhalten: Rund zwei Drittel des Effekts der Offenheit gegenüber den Eltern wird durch die drei Mediatorvariablen vermittelt. Die Hälfte davon ist auf die geringe Selbstkontrolle zurückzuführen, etwas mehr als ein Viertel wird durch die delinquenten Überzeugungen vermittelt, und etwas weniger als ein Viertel davon wird durch die unstrukturierten Freizeitaktivitäten mediiert. Unter Verwendung der kombinierten kriminellen Neigungen werden 68,1 % des Effekts vermittelt, wobei davon 80 % auf die kriminellen Neigungen und 20 % auf die unstrukturierten Freizeitaktivitäten zurückzuführen sind. Mit Aufnahme der delinquenten Peers über die konventionelle indirekte Messung wird der Effekt der Offenheit total bzw. zu 76,0 % mediiert. Allerdings weisen in diesem Regressionsmodell auch die unstrukturierten Freizeitaktivitäten keinen signifikanten Effekt mehr auf. Dies kann als Folge des oben beschriebenen „Perception Bias" interpretiert werden, worauf im folgenden Kapitel detaillierter eingegangen wird. Die kriminellen Neigungen sind in diesem Modell zu 55,7 % für die Mediation verantwortlich, die konventionell gemessenen delinquenten Peers zu 39,5 % und nur 4,8 % entfallen auf die nicht relevanten unstrukturierten Freizeitaktivitäten. Vergleicht man die Modelle Med10 und Med11, so zeigt sich, dass der Effekt der Offenheit (AME nicht signifikant, *Tabelle 6.6*) ebenfalls total bzw. zu 70,2 % mediiert wird (bzw. der b-Koeffizient nur noch auf dem 10-%-Niveau signifikant ist, *Tabelle 6.4*). Die kriminellen Neigungen haben in diesem Fall jedoch einen Anteil von 73,8 %. Die unstrukturierten Freizeitaktivitäten liegen bei 15,6 % und die direkt gemessenen delinquenten Peers nur bei 10,6 %. *Abbildung 6.3* stellt das Beschriebene nochmals schematisch für einen direkten Vergleich der Modelle Med3 und Med11 dar. Die durchgezogenen Pfeile stehen jeweils für die direkten Effekte, die gestrichelten Pfeile stehen symbolisch für die indirekten Effekte der beiden erklärenden Variablen „Geschlecht" und „Offenheit gegenüber den Eltern", die durch die Variablen „kriminelle Neigungen", „unstrukturierte Freizeitaktivitäten" und „delinquente Peers" jeweils zu einem unterschiedlichen Anteil vermittelt werden. Für Modell Med3 beträgt der direkte Effekt der Offenheit gegenüber den Eltern −0,895 (grüne Ziffer, hier der durchschnittliche marginale Effekt). Mit der Änderung um eine Standardabweichung auf der Skala berichten Jugendliche aus der Teilstichprobe durchschnittlich 0,895 Delikte weniger. Mit Aufnahme der SAT-Variablen verringert sich der AME der „Offenheit" um den Faktor 3,35 auf −0,267 und ist nicht mehr signifikant. Der Effekt wird also zu 70,2 % (siehe oben) vermittelt, wobei links aufgelistet ist, wie viel des Effekts durch die jeweilige SAT-Variable vermittelt wird und welchen Anteil diese an der gesamten Mediation haben. Für das Geschlecht lässt sich die Abbildung identisch lesen.

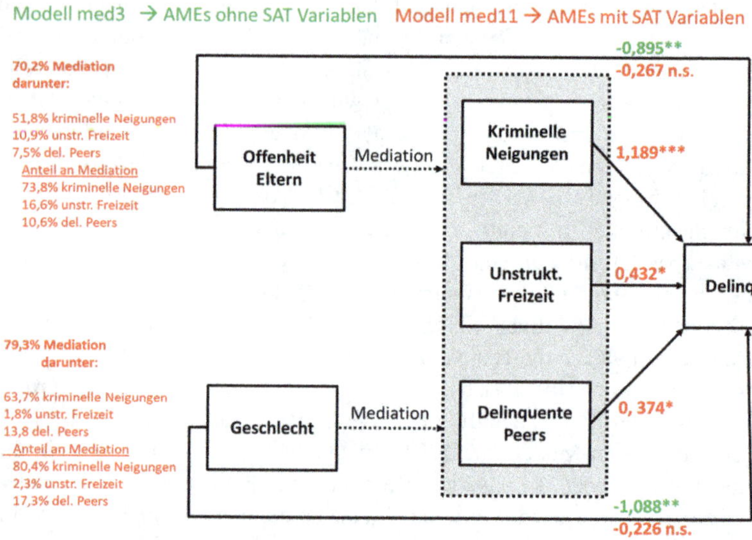

Abbildung 6.3 Schematische Darstellung der direkten Effekte auf Delinquenz (AMEs) und der Mediation von „Geschlecht" und „Offenheit gegenüber Eltern" aus den Regressionsmodellen Med3 und Med11 (n.s. nicht signifikant, † $p < 0.1$, * $p < 0.05$, ** $p < 0.01$, *** $p < 0.001$)

Zusammengefasst lässt sich festhalten, dass die Hypothese H3.1 Bestand hat. Mädchen sind im Mittel weniger delinquent als Jungen, und Jugendliche, deren Beziehung zu den Eltern durch Offenheit geprägt ist, sind ebenso weniger delinquent. Für die Erklärung der individuellen Delinquenz im Kontext von individuellen kriminellen Neigungen und Gelegenheitsstrukturen bzw. der Annahmen der SAT spielen diese jedoch eine untergeordnete Rolle. Der Effekt des Geschlechts wird vor allem durch die individuellen kriminellen Neigungen vermittelt, wobei die niedrige Selbstkontrolle etwas wichtiger ist als die delinquenten Überzeugungen (die selbst zumindest teilweise durch die niedrige Selbstkontrolle bedingt sind – was hier jedoch nicht genauer analysiert wird). Mit der Offenheit gegenüber den Eltern und den unstrukturierten Freizeitaktivitäten wird der Effekt total mediiert. Die Offenheit gegenüber den Eltern wird ebenfalls vor allem durch die individuellen kriminellen Neigungen vermittelt. Die unstrukturierten Freizeitaktivitäten sind weniger relevant für die Mediation. Die Delinquenz der Peers leistet je nach Messung einen stärkeren (indirekte Messung) oder schwächeren (direkte Messung) Beitrag.

6.6.1 Test auf Robustheit der Mediatoranalysen

Die KHB-Methode ist prinzipiell auf alle nicht-linearen Modelle anwendbar, jedoch befindet sich das Stata-ado „khb" für Count-Modelle in einem experimentellen Status. Um die oben beschriebenen Ergebnisse auf Robustheit zu prüfen, wurde die Zählvariable der Anzahl der berichteten Delikte in eine kategoriale Variable mit den vier Ausprägungen „0", „1 bis 2", 3 bis 4" und „5 und mehr" umkodiert. Mit dieser Variablen wurden mit identischen Schritten Ordered-Probit-Modelle gerechnet, auf die die KHB-Methode ohne Einschränkung anwendbar ist. Zusätzlich wurden die identischen Modelle mit der Variabilität über die 13 Delikte gerechnet (ebenfalls mit negativ-binomialen Regressionsmodellen), wobei für einen zusätzlichen Test auf Robustheit auch diese Variable in die Kategorien „0", „1 bis 2", 3 bis 4" und „5 und mehr" verschiedene Delikte umkodiert wurde.

In Tabelle 6.7 werden exemplarisch Modelle zur Mediation des Geschlechts für die vier unterschiedlichen Berechnungsweisen (negativ binomial Inzidenz, ordered probit Inzidenz kategorisiert, negativ binomial Variablität, ordered probit Variabilität kategorisiert) verglichen. Für das Modell Med8 zeigt sich dabei z. B., dass der Effekt des Geschlechts in allen vier Modellen vollständig vermittelt wird, und dies jeweils zu einem Anteil im Bereich von 70 % bis 80 %. Die Anteile der vier Mediatorvariablen an der gesamten Mediation liegen bei allen Modellen recht nah beieinander und es zeigen sich keine für inhaltliche Interpretationen relevanten Unterschiede – wenn auch der Anteil der geringen Selbstkontrolle im Modell zur Inzidenz höher ist als der Anteil der delinquenten Überzeugungen und dies in den drei anderen Modellen umgekehrt ist. Für das Modell Med9 mit der kombinierten kriminellen Neigung scheinen die Effekte ebenfalls sehr robust zu sein.

In Tabelle 6.8 werden für die Modelle Med8 und Med11 die vier unterschiedlichen Berechnungsweisen verglichen. In Med8 wird der Effekt der Offenheit partiell mediiert und es bleibt in allen Modellen ein signifikanter AME. Die Mediation beträgt zwischen 57,6 % und 65,9 %. Im Gegensatz zu den Berechnungen für das Geschlecht hat hier das Count-Modell mit der Inzidenz den höchsten Wert. Der Anteil der einzelnen Mediatoren ist auch in diesen Modellen fast identisch. In allen vier unterschiedlichen Berechnungen beträgt der Anteil der unstrukturierten Freizeitaktivitäten an der Mediation ca. 20 %. Die Anteile von geringer Selbstkontrolle und delinquenten Überzeugungen variieren leicht, verändern aber nicht die Kernaussagen. Für Modell Med9 ist zu beobachten, dass der Effekt der Offenheit nur für das Count-Modell der Inzidenz vollständig mediiert wird. In dem Count-Modell zur Variabilität wird dieser nur partiell, aber ebenfalls zu einem sehr großen Teil (61,6 %), mediiert. Dies geschieht aber in allen vier

Berechnungen grob überschlagen zu + /−70 % über die kriminellen Neigungen, zu ca. + /−15 % über die unstrukturierten Freizeitaktivitäten und zu + /−15 % über die direkt gemessenen delinquenten Freunde.

Insgesamt scheinen die Ergebnisse zu den Mediationsanalysen relativ robust, wobei zu beachten gilt, dass für die Variabilität im vollständigen Modell mit den direkt gemessenen delinquenten Freunden nicht alle „Causes of the Causes" vollständig mediiert werden. Hier bleibt ein kleiner direkter Effekt der Offenheit gegenüber den Eltern – wobei die Frage ungeklärt bleibt, warum dies für die Inzidenz nicht gilt.

6.7 Interaktionen

In den vorangegangenen Analysen konnte gezeigt werden, dass Prädiktoren wie das Geschlecht und Merkmale der Eltern-Kind-Beziehung den für die SAT hauptsächlich relevanten Variablen vorgelagert sind. Im Folgenden sollen die zentralen Annahmen der SAT mit einem besonderen Fokus auf die delinquenten Peers überprüft werden. Hierzu werden wiederum negativ-binomiale Regressionsmodelle geschätzt. Dabei werden die modellinhärenten Interaktionen (siehe oben) zwischen den Kovariaten (anstelle multiplikativer Terme) im Nachgang der Schätzung untersucht. Dies geschieht mittels grafischer Darstellung vorhergesagter Werte sowie der Analyse marginaler Effekte an repräsentativen Werten.

6.7.1 Basismodell

Das Modell IA1 stellt das Basismodell dar und beinhaltet den Effekt der kriminellen Neigung und der unstrukturierten Freizeitaktivitäten, die beide statistisch signifikant sind und deren positives Vorzeichen bedeutet, dass höhere Werte mit mehr Delinquenz einhergehen. Die Zusammenhänge bleiben auch dann bestehen, wenn beide Effekte simultan geschätzt werden (*Tabelle 6.9*, Abbildung 6.4). Dieses Ergebnis steht in Einklang mit den für die SAT grundlegenden Hypothesen H3.2 und H3.3, die jeweils einen positiven Zusammenhang der beiden Prädiktoren mit der selbstberichteten Delinquenz unterstellen.

Um die zentralen Annahmen der SAT zu überprüfen, muss untersucht werden, ob die beiden Prädiktoren in einem interaktiven Verhältnis stehen bzw. ob der Effekt des einen Prädiktors auf die Delinquenz an die Ausprägung des anderen Prädiktors gebunden ist. Hypothese H3.4 muss also dahingehend untersucht werden, ob durch unstrukturierte Freizeitaktivitäten vorhandene Tatgelegenheiten

Tabelle 6.9 Delinquenz (Inzidenz), SAT-Modelle, negativ-binomiales Regressionsmodell, unstandardisierte b-Koeffizienten

	IA1	IA2	IA3
abhängige Variable: selbstberichtete Delinquenz			
z.kriminelle Neigungen	1.082***	0.860***	1.016***
	(0.000)	(0.000)	(0.000)
z.unstrukturierte Freizeitaktivitäten	0.474***	0.143	0.380**
	(0.000)	(0.358)	(0.004)
z.delinquente Peers, konventionell (indirekt)		0.728***	
		(0.000)	
z.Netzwerk delinquente Peers (direkt)			0.317**
			(0.006)
Fälle (n)	992	992	992
Pseudo R^2	0.094	0.123	0.100
BIC	1887.3	1833.1	1881.1

p-Werte in Klammern
Delinquenz (Inzidenz): alle Delikte ohne Raubkopien, Drogenkonsum und Cyberbullying
z. = z-standardisierte Werte
Datenquelle: MPI-Schulbefragung 2011 / vollständige Netzwerke / Freunde hauptsächlich in der Klasse
* $p < 0.05$, ** $p < 0.01$, *** $p < 0.001$

(exposure) immer mit höherer Delinquenz einhergehen, oder ob diese entsprechend dem *perception-choice-process* nur dann von Relevanz sind, wenn auch eine individuelle kriminelle Neigung vorhanden ist. Entgegengesetzt kann aber auch gefragt werden, ob eine hohe kriminelle Neigung immer zu Delinquenz führt, oder ob dies davon abhängt, welchen Situationen man ausgesetzt ist. Diese Interaktion wird mit *Abbildung 6.5* untersucht. Auf der y-Achse sind die aus Modell IA1 vorhergesagten Werte für die eigene Delinquenz abgetragen. Die x-Achse misst die unstrukturierten Freizeitaktivitäten, also das Ausmaß an kriminogenen Situationen. Die durchgezogene Linie stellt den Zusammenhang für die Jugendlichen mit geringer krimineller Neigung (Q5) dar. Hier wird deutlich, dass die Delinquenz mit Zunahme der Tatgelegenheiten nicht zunimmt. Zudem gilt, dass diese Gruppe im Wesentlichen nicht delinquent ist. Für die Gruppe

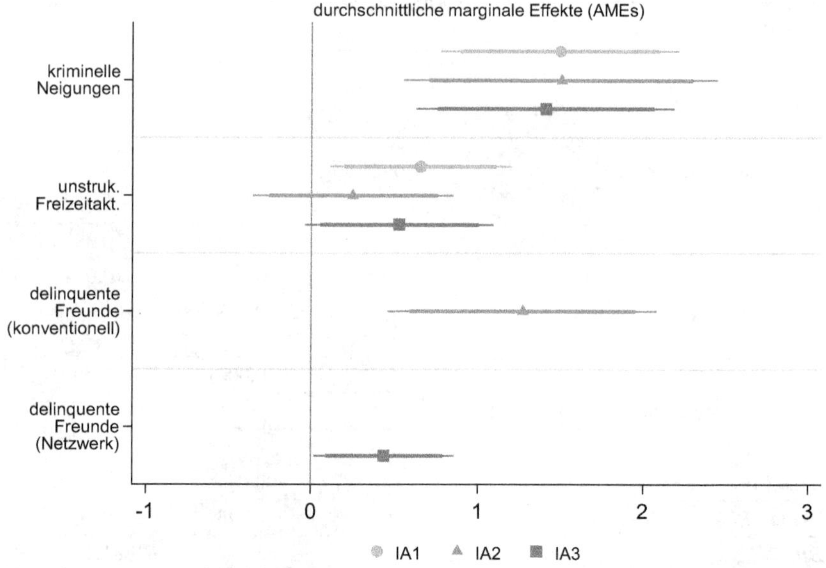

Abbildung 6.4 Effekte auf Delinquenz (Inzidenz), AMEs Modelle IA1 bis IA3

mit mittelhoher delinquenter Neigung (Q75, gestrichelte Linie) ist bei geringer Ausprägung der unstrukturierten Freizeitaktivitäten ebenfalls nur sehr wenig Delinquenz zu erwarten. Mit mehr unstrukturierten Freizeitaktivitäten – und damit steigenden Tatgelegenheiten – ist jedoch eine Zunahme der vorhergesagten Werte zu beobachten. Noch deutlich ausgeprägter ist diese Steigung, wenn die kriminelle Neigung sehr hoch ist (Q95, gepunktete Linie). Für Jugendliche mit sehr hoher krimineller Neigung sind generell mehr Straftaten zu erwarten, besonders hohe Werte auf der Inzidenz-Skala kommen jedoch dann zustande, wenn die kriminelle Neigung sehr hoch ist und durch häufige unstrukturierte Freizeitaktivitäten mit Freunden viele Gelegenheiten zum Begehen von Straftaten vorhanden sind.

Neben der grafischen Analyse lässt sich dieses Ergebnis auch mit einem Vergleich des Effekts der unstrukturierten Freizeitaktivität an ausgewählten Werten der kriminellen Neigung untersuchen (*Tabelle 6.10*). Dabei werden die marginalen Effekte an repräsentativen Werten (*MERs*) jeweils gegen eine andere Wertekombination getestet. Für nur zwei Effekte ist dies überschaubar, da sich für die

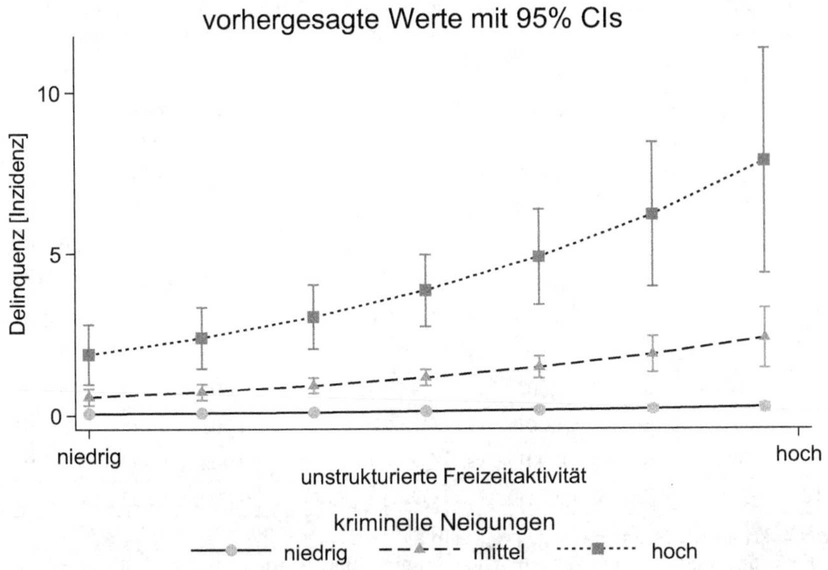

Abbildung 6.5 Modellinhärente-Interaktion über vorhergesagte Werte, Modell IA1

repräsentativen Werte an den Quantilen Q5, Q25, Q50, Q75 und Q95 der kriminellen Neigung nur zehn mögliche Kombinationen ergeben. Für sehr niedrige kriminelle Neigungen beträgt der marginale Effekt der unstrukturierten Freizeitaktivitäten 0,052 (*Tabelle 6.10*, Spalte D, Zeile 2), für mittlere kriminelle Neigungen beträgt der Effekt 0,226 (Spalte H, Zeile 2) und ist damit etwas mehr als viermal so stark wie für geringe kriminelle Neigungen. Beide MERs sind statistisch signifikant und es lässt sich eine Differenz (Kontrast) berechnen, die ihrerseits auf statistische Signifikanz getestet werden kann (Spalten J und K).[10] Aus *Tabelle 6.10* kann nun entnommen werden, dass die Kontrastwerte aller zehn möglichen Kombinationen signifikant von null verschieden sind. Dies bedeutet, dass der Effekt der unstrukturierten Freizeitaktivitäten über die Ausprägungen der kriminellen Neigungen variiert und dabei kontinuierlich stärker wird.

[10] Der paarweise Vergleich der MERs wurde mit der Option pwcompare(effects) für den margins-Befehl in Stata (*StataCorp.* 2017) durchgeführt. Auf eine Korrektur für multiples Testen (z. B. Bonferroni-Korrektur) wurde verzichtet, da gerichtete Hypothesen bezüglich der Ergebnisse vorliegen (mit steigender krimineller Neigung wird ein stärkerer Effekt der unstrukturierten Freizeitaktivitäten erwartet).

Tabelle 6.10 Modellinhärente Interaktion, paarweiser Vergeich, MERs unstrukturierter Freizeitaktivitäten an repräsentativen Werten der individuellen kriminellen Neigung

A	C	D	E		G	H	I	J	K
Zeile	KN	UFA MERi dy/dx	P > |z|		KN	UFA MERj dy/dx	P > |z|	Kontrast dy/dx	P > |z|
1	Q05	0.052	0.007	vs.	Q25	0.110	0.003	0.058	0.001
2	Q05	0.052	0.007	vs.	Q50	0.226	0.001	0.175	0.001
3	Q05	0.052	0.007	vs.	Q75	0.522	0.001	0.471	0.001
4	Q05	0.052	0.007	vs.	Q95	1.725	0.002	1.673	0.002
5	Q25	0.110	0.003	vs.	Q50	0.226	0.001	0.116	0.001
6	Q25	0.110	0.003	vs.	Q75	0.522	0.001	0.412	0.001
7	Q25	0.110	0.003	vs.	Q95	1.725	0.002	1.615	0.002
8	Q50	0.226	0.001	vs.	Q75	0.522	0.001	0.296	0.001
9	Q50	0.226	0.001	vs.	Q95	1.725	0.002	1.499	0.003
10	Q75	0.522	0.001	vs.	Q95	1.725	0.002	1.202	0.003

KN = kriminelle Neigung (crime propensity)
UFA = unstrukturierte Freizeitaktivitäten (criminogenic exposure)
MER dy/dx = durchschnittlicher marginaler Effekt von UFA an repräsentativen Werten für KN (dy/dx = partielle Ableitung)
Kontrast dy/dx = (UFA MERj dy/dx) -(UFA MERi dy/dx)

Dieses Ergebnis steht in Einklang mit Hypothese 3.4 und deckt sich mit Ergebnissen, die bei *Wikström et al.* (2012) und auch in anderen Studien (siehe Abschnitt 2.4) berichtet werden. Im Weiteren soll nun der Frage nachgegangen werden, wie sich diese Wechselwirkung unterscheidet, wenn entweder der Effekt indirekt oder aber direkt gemessener delinquenter Freunde in die Gleichung aufgenommen wird. Das Setting wird dabei dahingehend variiert, dass die Freunde, mit denen man in unstrukturierten Freizeitaktivitäten nachgeht, delinquent sind oder nicht.

6.7.2 Erweiterung um delinquente Peers

Auf die Zusammenhänge zwischen Delinquenz und delinquenten Peers wurde im Vorangegangenen bereits ausführlich eingegangen. Es ist bekannt, dass diese in ihren Wirkmechanismen unterschiedlich untersucht werden können. Wie bereits an früheren Stellen erwähnt ist es dabei schwierig, lerntheoretische Aspekte mit

Querschnittsdaten zu untersuchen. Zwar wird die Anwesenheit delinquenter Peers hier den kriminogenen Situationen zugeschrieben, dies schließt soziales Lernen jedoch nicht aus und kann durchaus als Verstärker kriminogener Situationen betrachtet werden. Die Modelle IA2 und IA3 (*Tabelle 6.9*, Abbildung 6.4) erweitern das Basismodell jeweils um die delinquenten Peers. Im Modell IA2 haben sowohl die individuelle kriminelle Neigung als auch die konventionell gemessenen delinquenten Freunde einen signifikanten Einfluss auf die Delinquenz. Im Gegensatz dazu ist der Effekt der unstrukturierten Freizeitaktivitäten (wie auch in Modell Med10) nicht signifikant (siehe *Tabelle 6.4*). Inhaltlich legt dies den Schluss nahe, dass für die Vorhersage der Delinquenz nicht relevant ist, was man macht, sondern lediglich, welche individuellen Neigungen man mitbringt und welche Freunde man hat. Zwar kann davon ausgegangen werden, dass delinquente Peers in gewisser Weise den Effekt der unstrukturierten Freizeitaktivitäten vermitteln (bivariate Korrelation $r_s = 0{,}359$), jedoch sprechen die bereits angeführten Gründe auch stark dafür, dass der Effekt der unstrukturierten Freizeitaktivitäten durch den *Perception Bias* überlagert wird, wobei letztlich die eigene Delinquenz durch die eigene Delinquenz erklärt wird, da diese auf die Delinquenz der Peers projiziert wird.

In Modell IA3 wird alternativ die direkte Messung der delinquenten Freunde verwendet. Dabei weisen alle drei Prädiktoren einen signifikanten und positiven Effekt auf, auch die unstrukturierten Freizeitaktivitäten. Wie bereits erwähnt, können Koeffizienten in nichtlinearen Regressionsmodellen nicht wie die einer linearen OLS-Regression interpretiert werden. Im OLS-Modell ohne Interaktionsterme sind die Steigerungskoeffizienten für alle Einheiten bzw. Befragten identisch. In den hier verwendeten Count-Modellen betreffen die im Modell berichteten Koeffizienten jedoch nur den „durchschnittlichen" Befragten – bezogen auf alle drei unabhängigen Variablen. Mit Variationen der Ausprägungen der Prädiktoren ändert sich dabei immer auch der Effekt der Prädiktoren, was bereits in Bezug auf die modellinhärenten Interaktionen ausgeführt wurde (siehe z. B. *Tabelle 6.10*). Zur Umgehung dieses Problems können für alle Prädiktoren die durchschnittlichen marginalen Effekte (average marginal effects, AME) berechnet werden, die der Interpretation der OLS-Koeffizienten nahekommen. Mit der Verschiebung des Wertes x_i um eine Einheit ändert sich der Wert der vorhergesagten Variablen $\hat{y}$ durchschnittlich um den Wert des Koeffizienten. Hier wird in diesem Zusammenhang auf die ausführliche Interpretation von Tabellen verzichtet und stattdessen die AMEs grafisch betrachtet. *Abbildung 6.4* zeigt die AMEs aus den Modellen IA1 bis IA3 mit einem 95-%- bzw. 90-%-Konfidenzintervall. Dabei ergibt sich ein ähnliches Bild wie für die Modellkoeffizienten: Die kriminellen Neigungen haben in allen drei Modellen einen ähnlichen und den stärksten Effekt.

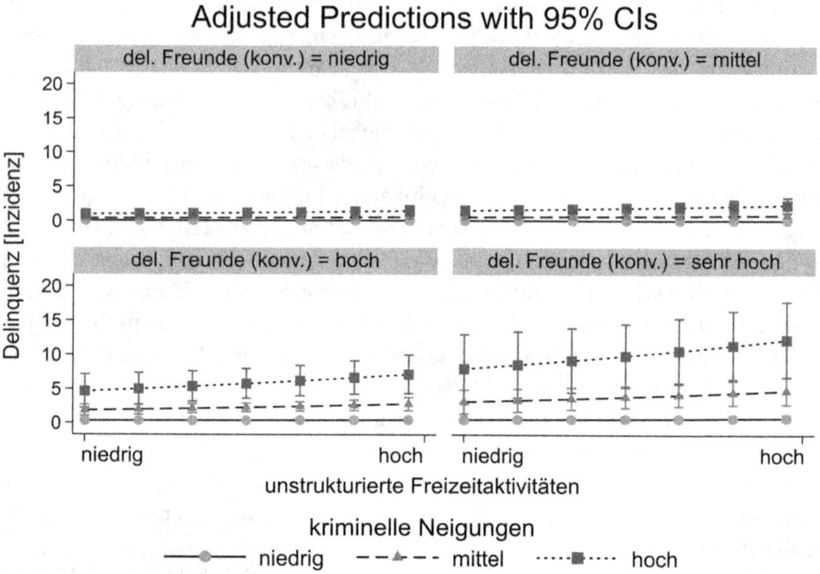

Abbildung 6.6 Modellinhärente Interaktion über vorhergesagte Werte, Modell IA2

Die Prädiktoren sind z-standardisiert, mit einer Standardabweichung dieses Prädiktors ändert sich die Inzidenz durchschnittlich um ca. 1,4 bis 1,5 Delikte. Die indirekte Messung der delinquenten Freunde, die teilweise die eigene Delinquenz reflektiert, hat einen ähnlich starken Effekt wie die kriminelle Neigung, und der AME der unstrukturierten Freizeitaktivitäten ist, wie auch der b-Koeffizient, nicht signifikant. Zieht man zur Analyse die direkte Messung der delinquenten Peers heran, so sind die AMEs aller drei Prädiktoren signifikant, wobei der AME der unstrukturierten Freizeitaktivitäten nur auf dem 10 %-Niveau signifikant ist. Es kann an dieser Stelle festgehalten werden, dass die Hypothese 3.5a – delinquente Freunde gehen mit höherer eigener Delinquenz einher – für beide Messungen delinquenter Freunde ihrer Nullhypothese standhält. Die indirekte Messung überlagert jedoch den Effekt der unstrukturierten Freizeitaktivitäten, wobei diese Beobachtung die Hypothese 3.5b stützt.

Welchen Einfluss diese Ergebnisse auf die Interaktion zwischen individueller krimineller Neigung und den unstrukturierten Freizeitaktivitäten – und damit theoretisch auf den *perception-choice process* – haben, lässt sich wie für Modell IA1 grafisch untersuchen. Allerdings wird die Abbildung um die Dimension der

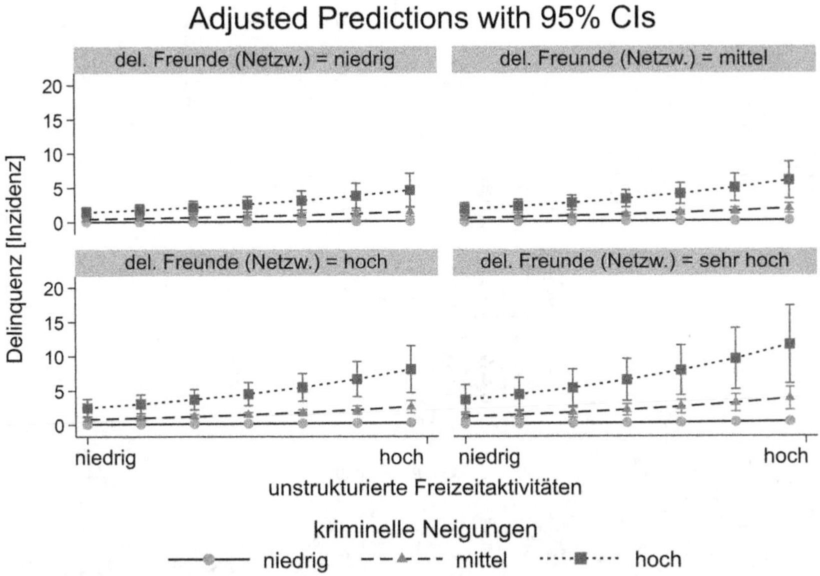

Abbildung 6.7 Modellinhärente Interaktion über vorhergesagte Werte, Modell IA3

delinquenten Freunde erweitert. Im Hinblick auf die modellinhärenten Interaktionen gilt, dass für die Modelle IA2 und IA3 für die Untersuchung der Hypothese 3.6 von einer 3-Wege-Interaktion ausgegangen werden muss. *Abbildung 6.6* bezieht sich auf das Modell IA2. Hier zeigt sich, dass mit mehr delinquenten Freunden eine höhere individuelle Delinquenz einhergeht. Zudem steht diese Zunahme auch mit der individuellen kriminellen Neigung in Zusammenhang. Mit Zunahme der unstrukturierten Freizeitaktivitäten ist jedoch in keiner der vier Teilgrafiken eine bedeutsame Zunahme der Delinquenz zu beobachten. Die Linien für die unterschiedlichen Ausprägungen der delinquenten Neigung verlaufen hierbei immer eher parallel, was in Einklang mit dem nicht-signifikanten durchschnittlichen marginalen Effekt für diesen Prädiktor steht. Unter diesen Bedingungen muss sowohl Hypothese 3.4 als auch Hypothese 3.6 verworfen werden. Im Vergleich hierzu kann man in *Abbildung 6.7* für alle vier Teilgrafiken die Interaktion zwischen delinquenter Neigung und den Gelegenheiten erkennen. Die Linien der unterschiedlichen Ausprägungen der delinquenten Neigung verlaufen nicht parallel, sondern gehen mit Zunahme der unstrukturierten Freizeitaktivitäten in der für Interaktionen typischen Fächerform auseinander. Die Interaktion wird mit

Tabelle 6.11 Modellinhärente Interaktion paarweiser Vergeich, MERs unstrukturierter Freizeitaktivitäten an repräsentativen Werten der individuellen kriminellen Neigung und delinquenter Freunde (indirekt/direkt)

		Marginaler Effekt UFA Kombination i (MERi)					Marginaler Effekt UFA Kombination j (MERj)				Unterschied MER |i-j|	
		A	B	C	D		E	F	G	H	I	J
	Zeile	DP	KN	UFA MERi dy/dx	P > |z|		DP	KN	UFA MERj dy/dx	P > |z|	Kontrast dy/dx	P > |z|
Delinquente Peers indirekte Messung (Modell IA2)	1	○	○	0.010	0.379	vs.	●	○	0.029	0.346	0.019	0.330
	2	○	○	0.010	0.379	vs.	○	●	0.163	0.379	0.153	0.381
	3	○	○	0.010	0.379	vs.	●	●	0.469	0.343	0.459	0.343
	4	●	○	0.029	0.346	vs.	○	●	0.163	0.379	0.135	0.393
	5	●	○	0.029	0.346	vs.	●	●	0.469	0.343	0.440	0.345
	6	○	○	0.163	0.379	vs.	●	●	0.469	0.343	0.305	0.326
Delinquente Peers direkte Messung (Modell IA3)	7	○	○	0.031	0.026	vs.	●	○	0.083	0.036	0.052	0.097
	8	○	○	0.031	0.026	vs.	○	●	0.844	0.018	0.812	0.019
	9	○	○	0.031	0.026	vs.	●	●	2.258	0.024	2.227	0.025
	10	●	○	0.083	0.036	vs.	○	●	0.844	0.018	0.760	0.027

(Fortsetzung)

Tabelle 6.11 (Fortsetzung)

		Marginaler Effekt UFA Kombination i (MERi)					Marginaler Effekt UFA Kombination j (MERj)				Unterschied MER |i-j|	
		A	B	C	D		E	F	G	H	I	J
	11	●	○	0.083	0.036	vs.	●	●	2.258	0.024	2.174	0.025
	12	○	○	0.844	0.018	vs.	●	●	2.258	0.024	1.414	0.080

DP = delinquente Peers
KN = kriminelle Neigung (crime propensity)
UFA = unstrukturierte Freizeitaktivitäten (criminogenic exposure)
MER dy/dx = durchschnittlicher marginaler Effekt von UFA an repräsentativen Werten für DP und KN (dy/dx = partielle Ableitung)
Kontrast dy/dx = (UFA MERj dy/dx) -(UFA MERi dy/dx)
○ = niedrig (Q05), ● = hoch (Q95)

Zunahme des Werts für die delinquenten Freunde ausgeprägter, was auf eine 3-Wege-Interaktion hindeutet – wobei Hypothese 3.4 weiterhin Bestand hat und diese auch auf Hypothese 3.6 zutrifft.

Die Frage nach den Interaktionen lässt sich auch, wie oben, mit drei Prädiktoren über marginale Effekte an repräsentativen Werten (*MERs*) betrachten. In *Tabelle 6.11* wird der durchschnittliche marginale Effekt für die unstrukturierten Freizeitaktivitäten auf Delinquenz für unterschiedliche Ausprägungen individueller Neigung und delinquenter Freunde berichtet. Der obere Teil der Tabelle (Zeile 1 bis 6) bezieht sich dabei das Modell IA2 mit indirekt gemessener Peer-Delinquenz. Der untere Tabellenteil bezieht sich auf Modell IA3 und damit auf die direkt gemessene Peer-Delinquenz. Pro Modell wurden vier Kombinationen für niedrige und hohe Werte der Peer-Delinquenz sowie niedrige und hohe Werte für die individuelle kriminelle Neigung berechnet.

Wie oben in *Tabelle 6.10* gibt jede Kombination an, ob der durchschnittliche marginale Effekt der Exposition an dieser Stelle signifikant ist. Für Modell IA2 trifft das auf keine der Kombinationen zu, was letztlich impliziert, dass auch die Kontraste zwischen den berechneten *MER*s nicht statistisch signifikant sind. Im Gegensatz dazu sind alle vier berechneten *MERs* für Modell IA3 statistisch signifikant. Für die Kombination niedrige individuelle Neigung und wenig delinquente Freunde (Zeile 7, Spalte C [7/C]) ergibt sich ein durchschnittlicher Effekt von 0,031. Mit Verschiebung der unstrukturierten Freizeitaktivitäten um eine Einheit (hier z-transfomiert: sd = 1) an dieser Kombination ändert sich die Inzidenz um durchschnittlich 0,031 Taten, was ein sehr geringer Wert ist. Geht man von einer Kombination mit geringer delinquenter Neigung, aber vielen delinquenten Freunden [7/G] aus, so ändert sich die Delinquenz um durchschnittlich 0.083. Der Effekt der unstrukturierten Freizeitaktivitäten ist an dieser Stelle also im Durchschnitt um das circa Zweieinhalbfache erhöht, aber immer noch schwach. Vergleicht man beide Kombinationen ergibt sich ein Kontrastwert von 0,052 (Differenz der beiden durchschnittlichen marginalen Effekte), der jedoch statistisch nur auf dem 10-%-Niveau signifikant ist ($P > |z| = 0.097$). Für die Kombination (Zeile 8) niedrige kriminelle Neigungen und keine delinquenten Freunde (MER = 0,031) vs. hohe kriminelle Neigungen und keine delinquenten Freunde (MER = 0,844) ergibt sich ein Kontrast von 0,812 ($P > |z| = 0.019$), wobei dieser statistisch signifikant ist, der Effekt der unstrukturierten Freizeitaktivitäten also variiert. Vergleicht man die Extrempole (Zeile 9) niedrige kriminelle Neigungen und keine delinquenten Freunde (MER = 0,031) vs. hohe kriminelle Neigungen und viele delinquente Freunde (MER = 2.258), ist der Effekt um das Siebzigfache erhöht und es ergibt sich ein signifikanter Kontrast von 2.227 ($P > |z| = 0.025$). Insgesamt sind vier der sechs Kontraste signifikant und dies deutet wiederum auf eine 3-Wege-Interaktion hin. Diese Ergebnisse decken sich mit den bereits publizierten Ergebnissen in *Gerstner & Oberwittler* (2015), wobei eine etwas andere Stichprobe und eine geringfügig andere Messung der unstrukturierten Freizeitaktivitäten verwendet wurde. Alternativ kann auch über Kombinationen von delinquenter Neigung und unstrukturierten Freizeitaktivitäten geprüft werden, wie der Effekt der delinquenten Freunde variiert, oder es kann auf ähnliche Weise untersucht werden wie Effekte bei Kombinationen repräsentativer Werte aller drei Prädiktoren (vgl. hierzu z. B. *Abbildung 6.7*) variieren – wobei der MER allerdings kein marginaler Effekt mehr ist, sondern eine Randhäufigkeit (margin), die hier dem vorhergesagten Wert entspricht.

6.7.3 Erweiterung um kriminelle Neigungen der Peers

In den vorangegangenen Modellen (IA2 und IA3) wurde der Einfluss der delinquenten Freunde auf die eigene Delinquenz getestet und untersucht, ob es Unterschiede zwischen den Messungen gibt und ob die delinquenten Freunde einen Hebel im PCP darstellen. Die indirekte Messung überlagert den Effekt der unstrukturierten Freizeitaktivitäten dadurch, dass die eigene Delinquenz auf die Delinquenz der Freunde projiziert wird. Durch die netzwerkbasierte direkte Messung lässt sich dieses Problem lösen. Daran schließt sich die Frage an, ob auch andere Attribute der Freunde zur Erklärung von Delinquenz allgemein und im Rahmen der SAT herangezogen werden können. Unter lerntheoretischen Aspekten wären dies die delinquenten Überzeugungen der Freunde. Die eigenen delinquenten Überzeugungen korrelieren stark mit den delinquenten Überzeugungen der Freunde ($r_S = 0{,}46$ / siehe *Tabelle 6.3*). Unter kontrolltheoretischen Aspekten könnte die Ähnlichkeit bezüglich der Selbstkontrolle relevant sein, der Zusammenhang zwischen eigener Selbstkontrolle und der der Freunde ist jedoch weniger stark ($r_S = 0{,}28$). Unabhängig davon ist davon auszugehen, dass diese Merkmale der Freunde die individuelle Delinquenz begünstigen: Beide Maße korrelieren in etwa gleich stark mit dieser (delinquente Überzeugungen der Freunde: $r_S = 0{,}25$ / niedrige Selbstkontrolle der Freunde: $r_S = 0{,}23$). Im Hinblick auf die SAT kann auch ein kombinierter Index für die kriminellen Neigungen der Freunde herangezogen werden, der etwas stärker mit der individuellen Delinquenz korreliert ($r_S = 0{,}27$). Im Folgenden wird untersucht, wie sich das obige Modell IA3 von einem Modell mit den kriminellen Neigungen von Freunden unterscheidet. Da die Delinquenz der Freunde auf tatsächlichem Handeln basiert, die kriminelle Neigung der Freunde aber auf einem Persönlichkeitsmerkmal und Einstellungen, wird zusätzlich untersucht, wie sich die Effekte bei simultaner Schätzung

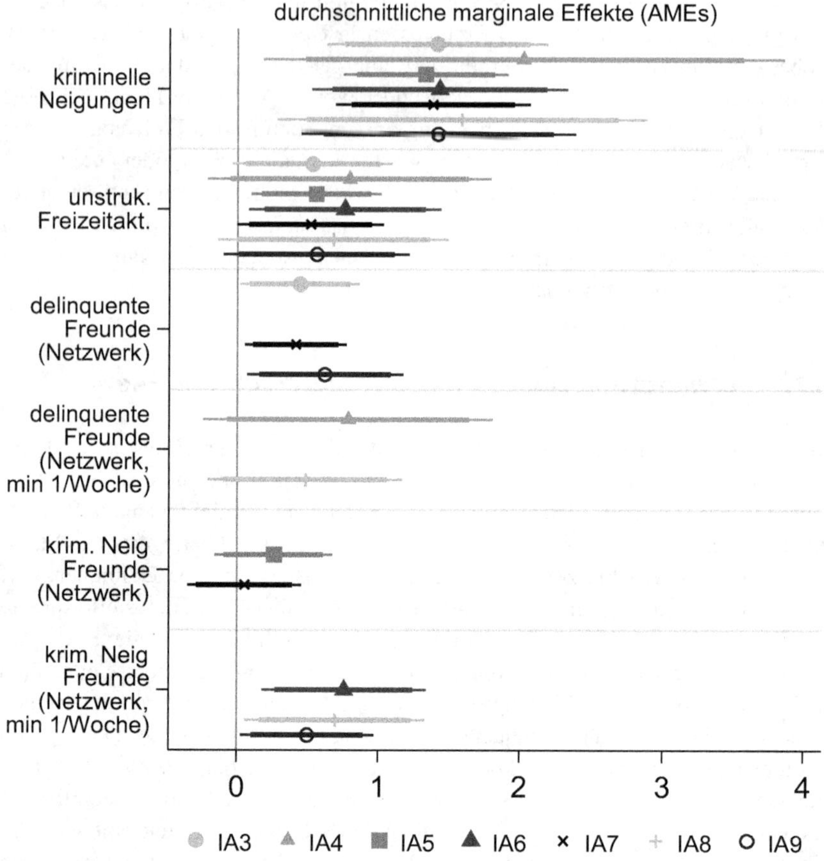

Abbildung 6.8 Durchschnittliche marginale Effekte (AME), Mod. IA3 bis IA9 aus Tabelle 6.13

verhalten. Die Netzwerkdaten bieten zudem die Möglichkeit, die Messung der delinquenten Peers bzw. deren kriminelle Neigungen darauf einzuschränken, ob und wie oft man mit diesen gemeinsame Freizeit verbringt, auch hierauf wird nochmals eingegangen.

Das Modell IA5 (Tabelle 6.13, Abbildung 6.8) verwendet anstatt der direkten Messung der delinquenten Peers eine direkte Messung der kriminellen Neigungen der Netzwerkfreunde. Dieser Effekt ist zwar erwartungsgemäß positiv,

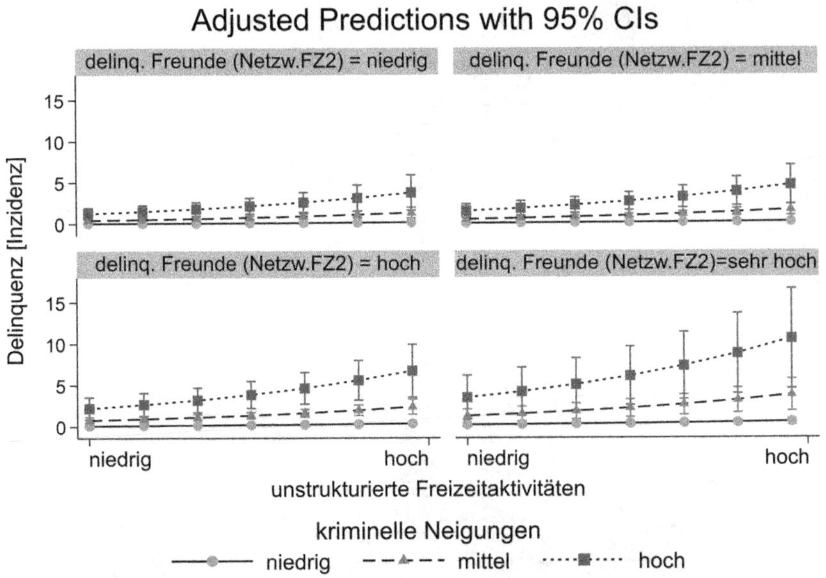

Abbildung 6.9 Modellinhärente Interaktion über vorhergesagte Werte, Modell IA4

im Gegensatz zu den delinquenten Peers aber nicht signifikant (weder der b-Koeffizient noch der AME). Mit der Verwendung dieser alternativen Messung bleibt zwar weiterhin eine Interaktion zwischen krimineller Neigung und unstrukturierten Freizeitaktivitäten bestehen, diese wird jedoch nicht maßgeblich durch die kriminellen Neigungen der Netzwerkfreunde moderiert (*Abbildung 6.10*).

Für die Modelle IA4 und IA6 wurden die Netzwerkfreunde weiter eingeschränkt. In diesen Modellen sind nur die Schüler enthalten, die ihre Freunde hauptsächlich in der Klasse haben, wobei sie sich mit diesen auch mindestens einmal pro Woche außerhalb des schulischen Kontextes treffen – also regelmäßig gemeinsam Freizeit verbringen. Wird hierfür der Zusammenhang mit der Delinquenz berechnet, so liegt dieser mit $r_S = 0{,}32$ für die delinquenten Peers und ebenso $r_S = 0{,}32$ für die kriminellen Neigungen der Peers leicht oberhalb der Werte für die gesamte Stichprobe (Tabelle 6.12). Teilt man die Stichprobe in zwei Gruppen (Tabelle 6.12, oberes vs. unteres Dreieck) und vergleicht die uneingeschränkte Messung der Delinquenz sowie der kriminellen Neigung der Peers zwischen denen, die ihre Freunde mindesten einmal pro Woche in der Freizeit treffen, und denen, bei denen dies seltener der Fall ist, so zeigen sich ebenfalls

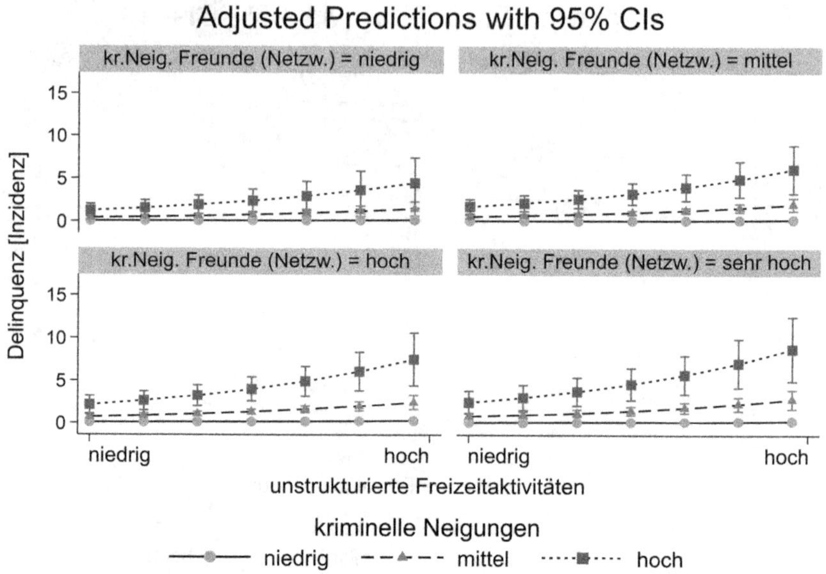

Abbildung 6.10 Modellinhärente Interaktion über vorhergesagte Werte, Modell IA5

stärkere Zusammenhänge mit der Delinquenz bei denen, die sich häufig treffen. In den Regressionsmodellen haben die direkt gemessene Delinquenz der Peers sowohl für die gesamte Stichprobe (Modell IA3, Tabelle 6.13) als auch die Delinquenz der Peers, mit denen man mindestens einmal pro Woche Freizeit verbringt, einen signifikanten positiven Effekt (Modell IA4). Die Effekte der kriminellen Neigung und der unstrukturierten Freizeitaktivitäten ändern sich dabei nicht maßgeblich und sind weiterhin positiv und signifikant – wobei die AMEs der unstrukturierten Freizeitaktivitäten und der delinquenten Freunde (min. 1/Woche) nicht signifikant sind, was letztlich aber auch durch die verringerte Stichprobengröße bedingt ist (Abbildung 6.8). Die modellinhärente 3-Wege-Interaktion zeigt sich dennoch (*Abbildung 6.9*), da der AME einen gemittelten Effekt darstellt und der b-Koeffizient signifikant und nicht unbedeutend ist. In dem Modell IA6, das alternativ die delinquenten Neigungen der Peers, mit denen man sich mindestens einmal pro Woche trifft, beinhaltet, sind der Effekt und auch der zugehörige AME signifikant (Abbildung 6.8). Dies trifft in dem Modell IA6 auch für die individuellen delinquenten Neigungen und die unstrukturierten Freizeitaktivitäten zu. Für

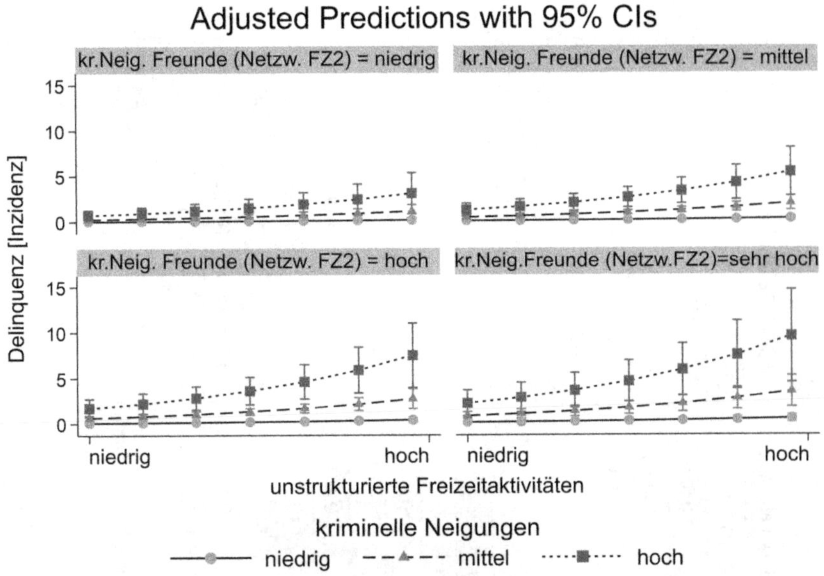

Abbildung 6.11 Modellinhärente Interaktion über vorhergesagte Werte, Modell IA6

Tabelle 6.12 Rangkorrelation individuelle Delinquenz und Peer-Merkmale

Korrelationen*	(1)	(2)	(3)	(4)	(5)
(1) Delinquenz (Inzidenz)		***0.223***	***0.24***	*n/a*	*n/a*
(2) z.NWF del. Peers	**0.34**		***0.52***	*n/a*	*n/a*
(3) z.NWF krim. Neig.	**0.30**	**0.57**		*n/a*	*n/a*
(4) z.NWF del. Peers (min 1/Woche)	0.32	0.62	0.40		*n/a*
(5) z.NWF krim. Neig. (min 1/Woche)	0.32	0.41	0.74	0.46	

* Oberes Dreieck = Freunde hauptsächlich in Klasse, gemeinsame Freizeit weniger als einmal pro Woche, n = 548.
Unteres Dreieck = Freunde hauptsächlich in Klasse, mindestens einmal pro Woche gemeinsame Freizeit, n = 444.
Alle Korrelationen p < 0,001, NWF: Netzwerkfreunde

dieses Modell zeigt sich die modellinhärente 3-Wege-Interaktion ebenfalls sehr deutlich (*Abbildung 6.11*).

In die Modelle IA7 bis IA9 werden Effekte der Delinquenz und der kriminellen Neigungen der Peers simultan aufgenommen und über verschiedene

Tabelle 6.13 Delinquenz (Inzidenz), SAT-Modelle, Alternative Peer-Merkmale, negativ-binomiales Regressionsmodell

	IA3	IA4	IA5	IA6	IA7	IA8	IA9
z.kriminelle Neigungen	1.016^{***}	0.944^{***}	1.011^{***}	0.866^{***}	1.006^{***}	0.845^{***}	0.853^{***}
	(0.000)	(0.000)	(0.000)	(0.000)	(0.000)	(0.000)	(0.000)
z.unstruk. Freiz. Akt.	0.380^{**}	0.370^{**}	0.422^{***}	0.460^{***}	0.375^{**}	0.362^{**}	0.336^{*}
	(0.004)	(0.003)	(0.000)	(0.000)	(0.003)	(0.003)	(0.012)
z.NW del. Peers	0.317^{**}				0.300^{**}		0.373^{**}
	(0.006)				(0.007)		(0.002)
1/W z.NW del. Peers		0.367^{**}				0.257^{*}	
		(0.002)				(0.029)	
z. NWF krim. Neig.			0.198		0.0380		
			(0.182)		(0.796)		
1/W z. NWF krim. Neig.				0.461^{***}		0.372^{**}	0.300^{*}
				(0.000)		(0.005)	(0.012)
Fälle (n)	992	548	992	547	992	547	547
Pseudo R^2	0.100	0.115	0.096	0.119	0.100	0.123	0.126
BIC	1881.1	1140.7	1889.9	1135.9	1887.9	1137.3	1132.6

p-Werte in Klammern
Datenquelle: MPI-Schulbefragung 2011 / vollständige Netzwerke / Freunde hauptsächlich in der Klasse
* $p < 0.05$, ** $p < 0.01$, *** $p < 0.001$
NW: Netzwerk; NWF: Netzwerkfreunde 1/W: Treffen mindestens 1 × pro Woche

Kombinationen variiert. Das Modell IA7 beinhaltet alle Fälle und beide Peer-Effekte. Hierbei sind alle Prädiktoren (auch die AMEs) bis auf die kriminelle Neigung der Peers signifikant. Letztere sind in einem Modell ohne die Delinquenz der Peers jedoch ebenfalls nicht signifikant, und es lässt sich hieraus schließen, dass die durchschnittliche kriminelle Neigung der Freunde nicht relevant ist, wenn alle Freunde einbezogen werden. Modell IA8 ist identisch aufgebaut, es werden jedoch nur die Freunde einbezogen, mit denen mindesten einmal pro Woche Freizeit verbracht wird. In diesem Modell sind alle Effekte signifikant und sowohl die Delinquenz der Freunde als auch deren kriminelle Neigungen tragen neben der individuellen kriminellen Neigung und den unstrukturierten Freizeitaktivitäten zur Erklärung der individuellen Delinquenz bei. Der AME der unstrukturierten Freizeitaktivitäten ist dabei nur auf dem 10-%-Niveau signifikant, der AME der Delinquenz der Freunde ist nicht signifikant. Auf eine Analyse der modellinhärenten Interaktionen wird hier verzichtet, da dies mit vier Prädiktoren zu komplex ist.

Zu der eher explorativen Hypothese 3.7 lässt sich Folgendes zusammenfassen: Die kriminellen Neigungen der Freunde haben einen signifikanten Einfluss auf die individuelle Delinquenz – jedoch nur dann, wenn man die Freunde oft in der Freizeit trifft. In diesem Fall haben sowohl die kriminellen Neigungen der Freunde als auch deren Delinquenz einen Einfluss, und keiner der beiden Effekte wird durch den anderen total vermittelt. Die Analysen sind durch die spezielle mehrfach eingeschränkte Stichprobe wenig robust.

6.7.4 Variabilität - Test auf Robustheit

Die obigen Analysen bezogen sich alle auf eine abhängige Variable, die einzelne Delikte von Schülern gezählt hat. Der Schüler A, der dabei z. B. fünfmal in einem Geschäft einen Schokoriegel gestohlen hat, hat den gleichen Wert auf der Skala wie ein Schüler B, der je einmal ein Auto aufgebrochen hat, eine Bushaltestelle beschädigt hat, jemanden beraubt hat, jemandem die Nase gebrochen hat und ein Graffiti an eine Hauswand gesprüht hat. Dass das delinquente Verhalten von Schüler B weitaus schwerwiegender als das von A ist, steht außer Frage. Folglich ist es auch gerechtfertigt, die Messung der Delinquenz über die Inzidenz einer Gesamtskala zu hinterfragen, was auch seit langem eine andauernde Fragestellung kriminologischer Untersuchungen ist (z. B. *Farrington* 1973; *Hindelang, Hirschi & Weis* 1981; *Gorsuch* 1938; *Osgood, McMorris & Potenza* 2002). Eine mögliche Abhilfe wäre es z. *B.*, die Delinquenz in schwerwiegende und leichtere Taten aufzuteilen und getrennt zu modellieren. Alternativ kann in Deliktfelder

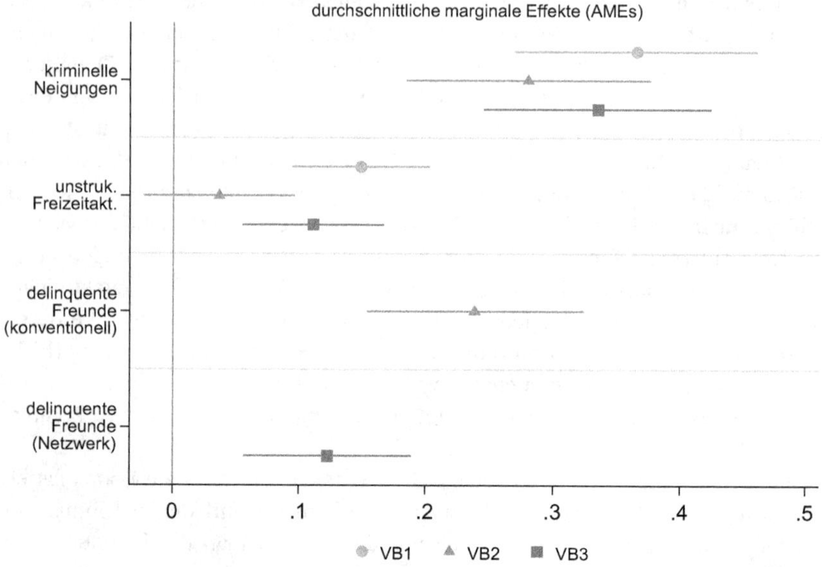

Abbildung 6.12 Durchschnittliche marginale Effekte (AME) Variabilität, Modelle VB1, VB2, VB3 aus Tabelle 6.14

wie Gewalt, schwerer Diebstahl etc. aufgeteilt werden oder der Fokus auf eine deliktbezogene Spezialisierung gelegt werden. Diese Ansätze wurden bereits alle verfolgt und erweisen sich je nach Fragestellung als sehr wichtig (*Osgood & Schreck* 2007), vor allem auch deshalb, da Spezialisierung auch kontextgebunden ist und von den jeweiligen Freunden abhängt (*Hoeben et al.* 2020). Für die vorliegenden Daten ist dies jedoch problematisch, da die Delinquenz von Jugendlichen zwar als ubiquitär beschrieben wird, aber dennoch ein seltenes Ereignis ist. Für die hier untersuchte Teilstichprobe der Jugendlichen, die ihre Freunde hauptsächlich in der Klasse haben, trifft dies noch stärker zu, weshalb auf eine Zerlegung der Gesamtskala verzichtet wird. Eine sinnvolle Ergänzung der obigen Analysen zur Gesamtdelinquenz stellt die von *Sweeten* (2012) vorgeschlagene Messung der Variabilität dar (siehe z. B. auch *Bendixen, Endresen & Olweus* 2003; *Farrington* 1973). Diese Art der Delinquenzmessung weist oft eine höhere Reliabilität auf und ist weniger durch leichtere Delikte oder die Spezialisierung auf ein Delikt dominiert. Im obigen Beispiel hätte der offensichtlich weniger delinquente Schüler A den Wert eins, der stärker delinquente Schüler B jedoch den Wert fünf. Die

Tabelle 6.14 Delinquenz (Variabilität) – SAT-Modelle, mit alternativen Peer-Merkmalen, negativ-binomiales Regressionsmodell

	VB1	VB2	VB3	VB4	VB5	VB6	VB7	VB8
SRD 12M								
z.krim. Neigungen	0.833***	0.621***	0.767***	0.666***	0.763***	0.631***	0.749***	0.603***
	(0.000)	(0.000)	(0.000)	(0.000)	(0.000)	(0.000)	(0.000)	(0.000)
z.unstruk.Freizeitakt.	0.339***	0.0810	0.254***	0.210**	0.295***	0.289***	0.249***	0.205**
	(0.000)	(0.219)	(0.000)	(0.003)	(0.000)	(0.000)	(0.000)	(0.002)
z.kon. del. Peers		0.529***						
		(0.000)						
z.NW del. Peers			0.282***				0.246**	
			(0.000)				(0.004)	
1/W z.NW del. Peers				0.250***				0.192*
				(0.000)				(0.011)
z. NWF krim. Neig.					0.226**		0.0860	
					(0.004)		(0.364)	
1/W z. NWF krim. Neig.						0.313**		0.240*
						(0.002)		(0.037)
Fälle (n)	992	992	992	548	992	547	992	547
Pseudo R^2	0.131	0.171	0.143	0.142	0.137	0.142	0.144	0.148
BIC	1408.1	1351.2	1395.8	866.8	1406.1	866.5	1401.7	866.6

p-Werte in Klammern
Datenquelle: MPI-Schulbefragung 2011 / vollständige Netzwerke / Freunde hauptsächlich in der Klasse
* $p < 0.05$, ** $p < 0.01$, *** $p < 0.001$
NW: Netzwerk; NWF: Netzwerkfreunde 1/W: Treffen mindestens 1 × pro Woche

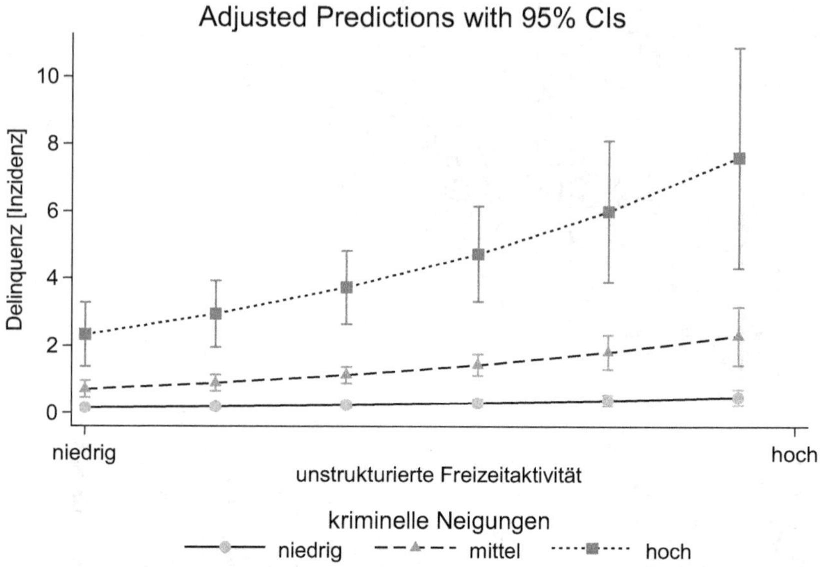

Abbildung 6.13 Modellinhärente Interaktion über vorhergesagte Werte, Modell VB1

Skala korreliert in der Regel stark mit der Inzidenz und auch mit der Schwere von individueller Delinquenz. Zudem ist die Skala oft weniger schief, was als Argument für die Verwendung linearer Modelle herangezogen wird, da diese einfacher zu handhaben sind, wenn Interaktionen getestet werden sollen (z. *B. Barton-Crosby & Hirtenlehner* 2020).

Für die Teilstichprobe korreliert die Variabilität mit der Inzidenz sehr stark (r_S = 0,992, Produkt-Moment-Korrelation: r = 0,795). Für die Gesamtstichprobe trifft dies ebenfalls zu (r_S = 0,993, Produkt-Moment-Korrelation: r = 0,836). Da in der Teilstichprobe die Variabilität ebenfalls stark schief verteilt ist und eine deutliche Überstreuung vorliegt (Mittelwert = 0,40 / Standardabweichung = 0,98), werden die Modelle ebenfalls mit einem negativ-binomialen Regressionsmodell geschätzt.[11]

[11] Der Alpha-Parameter ist auch in diesen Modellen signifikant, weshalb die Modellierung über ein OLS-Modell nicht in Erwägung gezogen wurde. Zudem wurden OLS-Modelle getestet, und auch mit Aufnahme quadratischer Terme (nicht signifikant) konnten vorhergesagte Werte unter Null nicht auf ein vertretbares Maß reduziert werden.

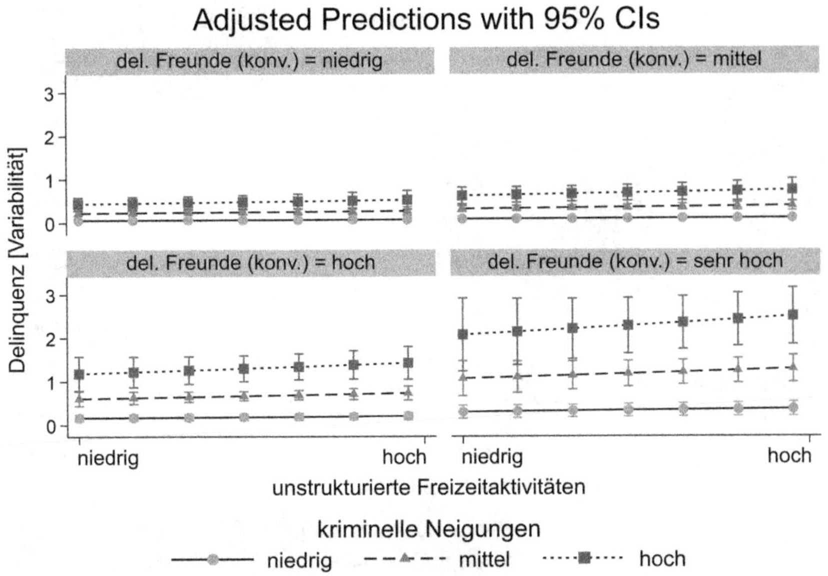

Abbildung 6.14 Modellinhärente Interaktion über vorhergesagte Werte, Modell VB2

Tabelle 6.14 (bzw. Abbilddung 6.12, für die AMEs) beinhaltet die Ergebnisse der schrittweisen Regressionsmodelle, die identisch wie die der Inzidenz aufgebaut sind. Das Basismodell VB1 weist signifikante positive Effekte für die kriminellen Neigungen und die unstrukturierten Freizeitaktivitäten auf. Betrachtet man die modellinhärente Interaktion zwischen den beiden Prädiktoren (Abbildung 6.13), so zeigt sich im Wesentlichen das gleiche Bild wie für die Inzidenz. Jugendliche mit wenigen kriminellen Neigungen werden auch mit vielen unstrukturierten Freizeitaktivitäten bzw. in kriminogenen Situationen nicht delinquent. Mit sehr hohen delinquenten Neigungen nimmt die Delinquenz mit zunehmend unstrukturierten Freizeitaktivitäten jedoch deutlich zu. Der Unterschied zu Modell IA3 besteht nun eben darin, dass nicht die Anzahl der Delikte zunimmt, sondern die Prävalenz verschiedener Delikte. Das heißt dass Jugendliche mit entsprechenden kriminellen Neigungen, folglich mit Zunahme kriminogener Situationen auch mehr unterschiedliche Delikte begehen. Das Modell VB2 entspricht dem Modell IA2 mit der indirekten Messung der Delinquenz der Peers. Auch hier überlagert dieser Effekt den Effekt der unstrukturierten Freizeitaktivitäten, und die Interaktion zwischen Letzteren und der kriminellen Neigung ist dadurch nicht vorhanden

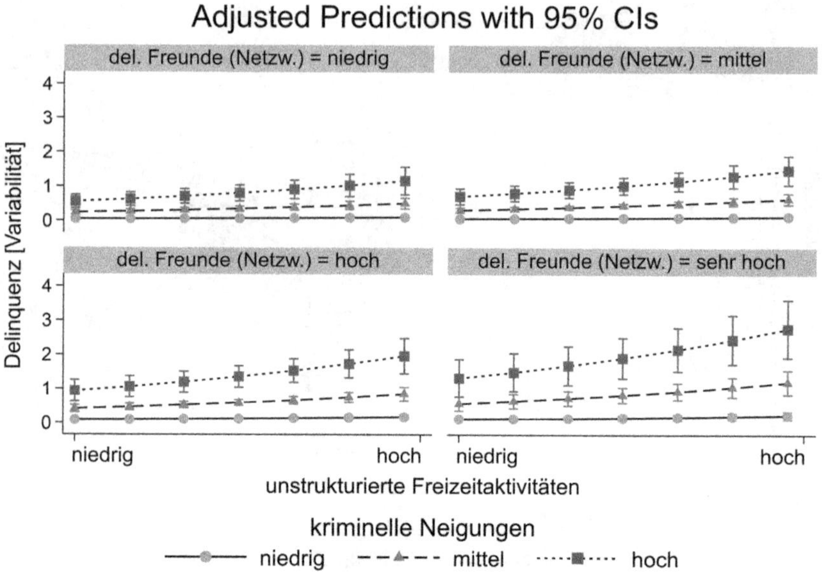

Abbildung 6.15 Modellinhärente Interaktion über vorhergesagte Werte, Modell VB3

(Abbildung 6.14). Dies ist mit der direkten Messung in Modell VB3 (wie Modell IA3) nicht der Fall (Abbildung 6.15). Tabelle 6.15 stellt diesen Unterschied nochmals mit paarweisen Vergleichen von MERs dar. Dabei wird wieder der Effekt der unstrukturierten Freizeitaktivitäten an repräsentativen Werten der individuellen Neigung (Q05 = niedrig, Q50 = mittel, Q95 = hoch) und der delinquenten Freunde (Q05 = niedrig, Q95 = hoch) verglichen. Da der Effekt der unstrukturierten Freizeitaktivitäten im Modell mit der indirekten Messung der delinquenten Peers für alle Kombinationen nicht signifikant ist, ist auch nicht erwartbar, dass es signifikante Kontraste gibt. Für das Modell mit der direkten Messung wird wiederum deutlich, dass der Effekt der unstrukturierten Freizeitaktivitäten über die verschiedenen Wertekombinationen variiert und die meisten der Kontraste signifikant von Null verschieden sind.

Alle übrigen Modelle (VB4 bis VB8) weisen das gleiche Muster wie bei der Inzidenz (IA4 bis IA8) auf. Ein Unterschied besteht für Modell VB4. Der Effekt der kriminellen Neigungen der Freunde (ohne die Einschränkung auf mind. einmal pro Woche gemeinsame Freizeit) ist auch in diesem Modell signifikant. Dementsprechend ist auch hier eine 3-Wege-Interaktion sichtbar

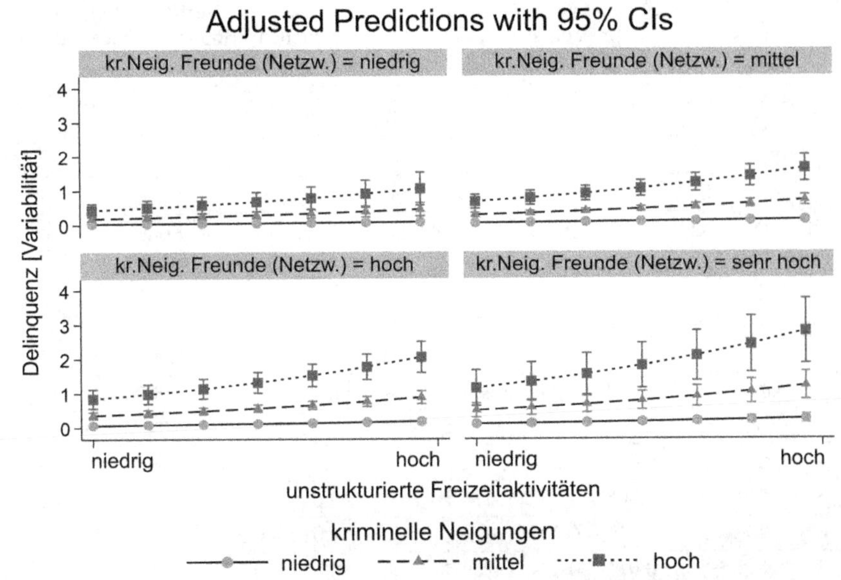

Abbildung 6.16 Modellinhärente Interaktion über vorhergesagte Werte, Modell VB5

(*Abbildung 6.16*). Im Wesentlichen kann festgehalten werden, dass die Ergebnisse beider Delinquenzmessungen sehr ähnlich sind und die Modelle eine hohe Robustheit aufweisen. Für die Entscheidung über die formulierten Hypothesen ist es nicht ausschlaggebend, welche Messung verwendet wird. Der Vorteil einer Modellierung von Interaktionseffekten über ein OLS-Modell in Modellen zur Variabilität ist allerdings aufgrund der Schiefe der Verteilung der Teilstichprobe nicht möglich und es können hier keine tiefergehenden Erkenntnisse berichtet werden.

Tabelle 6.15 Modellinhärente Interaktion, paarweiser Vergleich, MERs unstrukturierter Freizeitaktivitäten an repräsentativen Werten der individuellen kriminellen Neigung und delinquenter Freunde (indirekt/direkt) / Abhängige Variable = Variabilität

	Marginaler Effekt UFA Kombination i (MERi)					Marginaler Effekt UFA Kombination j (MERj)				Unterschied MER |i-j|	
	A	B	C	D		E	F	G	H	I	J
Zeile	DP	KN	UFA MERi dy/dx	P > |z|		DP	KN	UFA MERj dy/dx	P > |z|	Kontrast #dy/dx	P > |z|
Delinquente Peers indirekte Messung (Modell IA2)											
1	○	○	0.005	0.247	vs.	●	○	0.011	0.224	0.006	0.207
2	○	○	0.005	0.247	vs.	○	■	0.012	0.237	0.007	0.235
3	○	○	0.005	0.247	vs.	●	■	0.027	0.210	0.021	0.202
4	○	○	0.005	0.247	vs.	○	●	0.040	0.236	0.034	0.238
5	○	○	0.005	0.247	vs.	●	●	0.085	0.206	0.080	0.205
6	●	○	0.011	0.224	vs.	○	■	0.012	0.237	0.001	0.665
7	●	○	0.011	0.224	vs.	●	■	0.027	0.210	0.015	0.206
8	●	○	0.011	0.224	vs.	○	●	0.040	0.236	0.028	0.257
9	●	○	0.011	0.224	vs.	●	●	0.085	0.206	0.074	0.207
10	○	■	0.012	0.237	vs.	●	■	0.027	0.210	0.014	0.191
11	○	■	0.012	0.237	vs.	○	●	0.040	0.236	0.027	0.240
12	○	■	0.012	0.237	vs.	●	●	0.085	0.206	0.073	0.202
13	●	■	0.027	0.210	vs.	○	●	0.040	0.236	0.013	0.345
14	●	■	0.027	0.210	vs.	●	●	0.085	0.206	0.059	0.209
15	○	●	0.040	0.236	vs.	●	●	0.085	0.206	0.046	0.184
Delinquente Peers direkte Messung (Modell IA3)											
16	○	○	0.016	0.002	vs.	●	○	0.038	0.002	0.022	0.011
17	○	○	0.016	0.002	vs.	○	■	0.045	0.000	0.029	0.000
18	○	○	0.016	0.002	vs.	●	■	0.108	0.000	0.093	0.000
19	○	○	0.016	0.002	vs.	○	●	0.191	0.000	0.175	0.000
20	○	○	0.016	0.002	vs.	●	●	0.458	0.000	0.442	0.000
21	●	○	0.038	0.002	vs.	○	■	0.045	0.000	0.007	0.513

(Fortsetzung)

Tabelle 6.15 (Fortsetzung)

	Marginaler Effekt UFA Kombination i (MERi)					Marginaler Effekt UFA Kombination j (MERj)				Unterschied MER |i-j|	
	A	B	C	D		E	F	G	H	I	J
22	●	○	0.038	0.002	vs.	●	■	0.108	0.000	0.070	0.000
23	●	○	0.038	0.002	vs.	○	●	0.191	0.000	0.153	0.003
24	●	○	0.038	0.002	vs.	●	●	0.458	0.000	0.420	0.000
25	○	■	0.045	0.000	vs.	●	■	0.108	0.000	0.063	0.002
26	○	■	0.045	0.000	vs.	○	●	0.191	0.000	0.146	0.001
27	○	■	0.045	0.000	vs.	●	●	0.458	0.000	0.413	0.000
28	●	■	0.108	0.000	vs.	○	●	0.191	0.000	0.083	0.096
29	●	■	0.108	0.000	vs.	●	●	0.458	0.000	0.350	0.000
30	○	●	0.191	0.000	vs.	●	●	0.458	0.000	0.267	0.000

DP = delinquente Peers
KN = kriminelle Neigung (crime propensity)
UFA = unstrukturierte Freizeitaktivitäten (criminogenic exposure)
MER dy/dx = durchschnittlicher marginaler Effekt von UFA an repräsentativen Werten für DP und KF (dy/dx = partielle Ableitung)
Kontrast dy/dx = (UFA MERj dy/dx) -(UFA MERi dy/dx)
○ = niedrig (Q05), ■ = mittel (Q50), ● = hoch (Q95)

6.8 Schlussfolgerung und Einschränkungen

Mit den Daten der MPI-Schulbefragung 2011 konnte gezeigt werden, dass die Hypothesen 3.1 bis 3.7 im Wesentlichen Bestand haben. Sowohl die Annahmen zur Mediation der Effekte von Geschlecht und Eltern-Kind-Beziehungen als auch die zentralen Annahmen der SAT treffen zu. Zudem konnte gezeigt werden, dass die indirekte Messung der Delinquenz der Peers verzerrt ist und andere Effekte überstrahlt. Die direkte Messung bringt den Vorteil mit sich, dass diese Verzerrung eliminiert wird und dadurch valide Aussagen bezüglich der Delinquenz der Peers möglich werden.

Bezüglich der Analysen und Ergebnisse bestehen jedoch einige Einschränkungen, die hier nochmals zusammengefasst werden. Erstens basieren die Analysen auf einer Teilstichprobe, die durch zwei Einschränkungen gekennzeichnet ist: Die Daten stammen nur aus Schulklassen mit ausreichend vollständigen Netzwerken, und aus diesen Klassen sind nur die Schüler Elemente der Teilstichprobe, die ihre

Schulfreunde hauptsächlich in der Schulklasse haben. Dadurch entsteht eine Verzerrung, da diese Jugendlichen im Vergleich zum Rest der Stichprobe häufiger Gymnasien besuchen, überproportional Mädchen sind, eine günstigere Eltern-Kind-Beziehung aufweisen, weniger Zeit in unstrukturierten Freizeitaktivitäten verbringen und vor allem weniger delinquent sind. Letzteres trifft vor allem auf schwerere Arten der Delinquenz zu, weshalb die obigen Analysen nicht durch entsprechende Analysen ergänzt werden konnten. Es stellt sich also die Frage, wie die Ergebnisse für den Rest der Teilstichprobe ausfallen würden. Eine Verallgemeinerung von dieser Stichprobe, speziell mit Blick auf die delinquenten Freunde, ist zudem problematisch, da aus Studien mit weiteren Netzwerkgrenzen bekannt ist, dass in Bezug auf delinquentes Verhalten besonders die außerschulischen Freunde wichtig sind (*Kiesner et al.* 2004). Dieses Problem wird mit der Teilstichprobe zwar zu einem gewissen Grad abgefangen, es muss jedoch davon ausgegangen werden, dass der genannte Befund damit nicht gänzlich ignoriert werden und die direkte Messung die Delinquenz der Freunde auch unterschätzen kann. Wie auch in anderen Studien (z. B. *Weerman & Smeenk* 2005) sollte davon ausgegangen werden, dass der wahre Wert des Zusammenhangs zwischen der eigenen Delinquenz und der Delinquenz der Freunde zwischen der direkten und indirekten Messung liegt.

Zweitens konnten die unstrukturierten Freizeitaktivitäten nicht über eine derart genau Messung wie das *space-time-budget* gemessen werden (siehe Abschnitt 2.3.1). Diese Messung erlaubt genauere Rückschlüsse auf die Situationen in denen kriminelle Handlungen (z. B. *Wikström, Mann & Hardie* 2018) oder auch der Konsum von Drogen (z. B. *de Jong, Bernasco & Lammers* 2020) stattfinden.

Drittens stellt die Modellierung und Interpretation von Interaktionen in nichtlinearen Modellen eine große Herausforderung dar und weiterer Bedarf an Forschung und Innovation ist nötig – nicht nur nach Meinung des Autors (z. B. *Ai & Norton* 2003; *Greene* 2010; *Karaca-Mandic, Norton & Dowd* 2012; *Leitgöb* 2014; *Tsai & Gill* 2013). Zwar kann mittels einer detaillierten Analyse von vorhergesagten Werten, marginalen Effekten an repräsentativen Werten und durchschnittlichen marginalen Effekten ein Bild der komplexen Zusammenhänge gezeichnet werden, jedoch ist dies in Modellen mit mehr substanziellen Haupteffekten kaum mehr möglich.

7 Zusammenfassung, Schlussfolgerungen und Ausblick

Die Erforschung von abweichendem und kriminellem Verhalten Jugendlicher hat eine lange Tradition in der Kriminologie, und die gegenwärtige Forschung hierzu erscheint bisweilen uferlos. Allein für das Jahr 2019 liefert Google Scholar fast 8.000 Treffer für wissenschaftliche Veröffentlichungen, die den Begriff „*juvenile delinquency*" im Titel haben. Web of Science liefert für ähnliche Suchbegriffe[1] in dem Themenbereich 2.120 Beiträge in gelisteten Fachzeitschriften für die letzten 20 Jahre. Angesichts dieser Entwicklung ist es leicht nachvollziehbar, dass die vorliegende Arbeit nur einen kleinen Ausschnitt aus einem komplexen Themenfeld bearbeiten konnte, nämlich Peerbeziehungen und Freundesnetzwerke von Jugendlichen in der Schule und ihrer Freizeit. Auf theoretischer Ebene wurde auf zwei größere Themenbereiche, nämlich Lerntheorien und Theorien mit Situationsbezug, zurückgegriffen (Kapitel 2). Hieraus abgeleitete Forschungshypothesen wurden mit Daten der MPI-Schulbefragung 2011 (*Oberwittler & Gerstner* 2019) untersucht, in der Freundesnetzwerke in Schulklassen erhoben wurden (Kapitel 3). Die Paper-and-Pencil-Befragung wurde 2011 in den Großstädten Köln und Mannheim durchgeführt. Dabei wurden insgesamt 7.296 Schülerinnen und Schüler der achten bis zehnten Jahrgangsstufe aus 373 Klassen an 63 allgemeinbildenden Schulen[2] befragt. Die Netzwerkdaten wurden in drei

[1] Suche: TOPIC: („juvenile delinquency") *OR* TOPIC: („adolescent delinquency") *OR* TOPIC: („juvenile offending") *OR* TOPIC: („adolescent offending") *OR* TOPIC: (Jugenddelinquenz) *OR* TOPIC: (Jugendkriminalität) *OR* TOPIC: („juvenile deviance") *OR* TOPIC: („juvenile violence").

[2] 348 dieser Schüler stammten aus sechs Mannheimer Berufsschulen, an denen der Realschulabschluss nachgeholt werden kann. Deren Angaben wurden nur in Kapitel 3 analysiert. Alle anderen Schüler wurden an Gymnasien (21), Realschulen (13), Haupt-/Werkrealschulen (19) sowie drei Gesamtschulen und einer Waldorfschule in Köln und Mannheim befragt.

D. Gerstner, *Freundschaftsnetzwerke und Delinquenz von Jugendlichen*, Kriminalität und Gesellschaft, https://doi.org/10.1007/978-3-658-36778-7_7

empirischen Kapiteln mit unterschiedlichen Methoden ausgewertet, um aus der Theorie abgeleitete Hypothesen zu prüfen (Kapitel 4, 5 und 6).

7.1 Zusammenfassung

Peers als Sozialisationsinstanz

Ein Theoriestrang zur Erklärung jugendlicher Delinquenz, der seit langem in der kriminologischen Forschung herangezogen wird, sind Lerntheorien (*Burgess & Akers* 1966; *Akers* 1973; *Sutherland* 1947), die den Peerkontext als normative Einflussgröße betrachten. Innerhalb der Peergruppen bzw. der Freundesnetzwerke von Jugendlichen gibt es Lern-, Interaktions- und Identifikationsprozesse, die mit der Ablösung von den Eltern während der Adoleszenz stark an Relevanz für das individuelle Handeln gewinnen, sowie konforme oder auch als abweichend definierte Verhaltensweisen, die Normen und Werte mitbestimmen. Als zentrale Mechanismen gelten dabei die differenzielle Assoziation, also das Lernen mittels sozialer Interaktion mit verschiedenen Partnern mit unterschiedlichen Verhältnissen zu Delinquenz, die Imitation dieser Interaktionspartner und die materielle oder immaterielle Belohnung oder Bestrafung delinquenten Handelns – auch durch die Interaktionspartner (differenzielle Verstärkung). Dabei werden dann Bewertungsmaßstäbe (Definitionen) erlernt, die sowohl das Überschreiten allgemeingültiger Normen legitimieren als auch bestimmte spezifische Überzeugungen, die nur auf bestimmte Arten abweichenden Verhaltens zielen. Die zentralen Annahmen der klassischen kriminologischen Lerntheorie sind im Wesentlichen empirisch gut gestützt (siehe die Metaanalyse von *Pratt et al.* 2010).

Im Zusammenhang mit sozialem Lernen und der Einbindung von Individuen in Gruppen ist auch der soziale Status innerhalb der Gruppen relevant. Dieser ist für Jugendliche (v. a. in der frühen Adoleszenz) oft von zentraler Bedeutung (*Adler & Adler* 1998; *LaFontana & Cillessen* 2010). Möglichkeiten zur Erhöhung des eigenen Status in der Gleichaltrigengruppe werden dabei in selbiger erlernt. Ein von *Warr* (2002; 2009) beschriebener zentraler Mechanismus ist dabei die Angst von Jugendlichen, lächerlich gemacht (*fear of ridicule*) bzw. nicht akzeptiert zu werden, was je nach Gruppennorm eine Motivation für abweichendes Verhalten sein kann. Ein ähnlicher, aber extremerer Ansatz ist der „*Code of the Street*“ von *Anderson* (1994; 1999), wobei Gewalt zur Verteidigung des sozialen Status eingesetzt wird. Dieser Ansatz, der auf Beobachtungen in US-amerikanischen Armenvierteln fußt, ist jedoch nur bedingt auf einen breiteren Kontext übertragbar.

Status lässt sich unterschiedlich konzeptualisieren (soziometrische Popularität vs. zugeschriebene Popularität), und je nach Konzept können verschiedene Prozesse zur Erhöhung bzw. Verringerung des Status identifiziert werden. Es hat sich gezeigt, dass prosoziales Verhalten im Wesentlichen immer statusfördernd ist (*Cillessen* 2012, 2107). Statusfördernd sind z. B. auch sportlicher Erfolg oder physische Attraktivität. Andere Merkmale wie z. B. der Schulerfolg weisen mehrdeutige Ergebnisse auf. Dies trifft vor allem auf das abweichende Verhalten zu, welches in einem komplexeren Zusammenhang mit sozialem Status steht. Stand der Forschung ist, dass sowohl konformes als auch abweichendes Verhalten zur Erhöhung des Status bzw. der Popularität eingesetzt werden können (vgl. *Cillessen & Rose* 2005). Dies ist zum einen an die Art des abweichenden Verhaltens gebunden, zum anderen aber auch an Kontexte. Relationale Gewalt, z. *B.* Bullying ohne körperliche Gewalt, korreliert tendenziell positiv mit Status und erhöht vor allem die wahrgenommene Popularität. Physisches aggressives Verhalten verringert dagegen den Status. Dies muss jedoch nicht immer der Fall sein: Das „*person-group dissimilarity model*" von *Wright et al.* (1986) besagt hierbei, dass z. B. aggressives Verhalten nur dann zu geringerem Status führt, wenn dieses Verhalten selten vorkommt – also wenn sich Individuen abweichend von der Norm verhalten. Entsprechend gibt es auch Kontexte, in denen aggressives Verhalten toleriert und nicht sanktioniert wird und auch mit höherem Status einhergehen kann, was auch die Ergebnisse empirischer Untersuchungen zeigen (z. B. *Jonkmann et al.* 2009; *Kreager* 2007).

Bezüglich der Frage nach dem kausalen Einfluss des sozialen Lernens auf Jugenddelinquenz gibt es seit langem eine kontroverse Debatte über das Verhältnis von sozialem Einfluss oder Selektionseffekten. Vor dem Hintergrund des starken Zusammenhangs zwischen eigener Delinquenz und der Delinquenz der Peers stehen sich hier Lerntheorien und Kontrolltheorien (*Glueck & Glueck* 1951; *Hirschi* 1969) bzw. die General Theory of Crime (*Gottfredson & Hirschi* 1990) gegenüber. Die Kontrolltheorien lehnen die Vorstellung einer Beeinflussung durch Peers und damit eine kausale Interpretation dieses Zusammenhangs ab. Die General Theory of Crime behauptet, dass sich die Neigung zur Kriminalität in der Sozialisation während der Kindheit entwickelt und dann stabil bleibt. Zusammenhänge zwischen individueller Delinquenz im Jugendalter und der Delinquenz von Freunden werden deshalb darauf zurückgeführt, dass delinquente Jugendliche sich delinquente Freunde suchen bzw. sich Jugendliche mit geringer Selbstkontrolle zusammenfinden, die zentraler Prädiktor für Delinquenz ist. Zudem wird der Zusammenhang auf Messprobleme bzgl. der Delinquenz der Peers zurückgeführt, bei der die eigene Delinquenz auf die der Peers übertragen wird. Diese Sichtweise hatte zur Folge, dass Lerntheorien und Subkulturtheorien nur noch randständig wurden und „die Rolle der delinquenten Freunde im ‚Mainstream' der Forschung über Jahrzehnte stark unterbelichtet blieb" (*Oberwittler* 2021). Frühe Ausnahmen stellen die Studien von *Warr* (2002; 1993; *Warr & Stafford* 1991) und *Thornberry et al.* (1994) dar. Dieser Standpunkt ist jedoch heute nicht mehr haltbar, weil mithilfe netzwerkanalytischer Methoden bedeutende neue Erkenntnisse gewonnen wurden (für eine Zusammenfassung siehe *Gallupe et al.* 2019). Die konventionelle Messung von delinquenten Peers, bei der Befragte über die Delinquenz ihrer Peers Auskunft geben, ist dadurch verzerrt, dass das eigene Verhalten auf das der Freunde projiziert wird (z. *B. Haynie* 2001; *Haynie & Osgood* 2005; *Kandel* 1996; *Rebellon & Modecki* 2014). Dieser sogenannte *„projection bias"* führt dazu, dass der Zusammenhang zwischen eigener Delinquenz und der der Peers überschätzt wird und damit auch andere Effekte überlagert werden. Eine direkte Messung mit Netzwerkdaten, bei der die Delinquenz der Peers aus deren eigenen Angaben errechnet wird, führt zu wesentlich realistischeren Ergebnissen: Die eigene Delinquenz und die der Peers zeigen ebenfalls einen positiven Zusammenhang, der jedoch schwächer ist. Ältere Studien zur Delinquenz von Peers ohne Netzwerkdaten sind demnach stets mit einer Unsicherheit behaftet. Mit Netzwerkdaten aus Panelbefragungen kann zudem untersucht werden, ob Individuen Peers mit ähnlicher Delinquenz als Freunde wählen (Selektion), ob sich Jugendliche in Peerbeziehungen im Lauf der Zeit ähnlicher werden (Einfluss), oder ob beides der Fall ist. Mit der Methode des *„stochastic actor oriented modelling"* (*Snijders et al.* 2010) wurde dies in empirischen Studien untersucht, und als Ergebnis kann berichtet werden, dass sowohl Selektion als auch Einfluss relevante Größen sind und somit die Annahmen beider Theorien zutreffen. Vor allem für die Selektion gilt dabei, dass die Formation von Netzwerken auch von netzwerkstrukturellen Parametern, wie z. B. der Einbettung in Triaden, abhängig ist. Hier kann letztlich an der Schlussfolgerung von *Kirke* (2004, 3) zu den Effekten von Einfluss und Selektion beim Drogenkonsum festgehalten werden: „Whichever occurs first, all adolescents are selected and nearly all are influenced." Dies betrifft auch den Bereich der in *Akers* Lerntheorie erwähnten Bewertungsmaßstäbe, die das Überschreiten allgemeingültiger Normen legitimieren.

Peers und Gelegenheiten

Neben den Lerntheorien ist ein zweiter Theoriebereich für die Argumentation in der vorliegenden Arbeit von Relevanz. Dieser basiert auf der Erkenntnis, dass Jugendliche vor allem dann Straftaten begehen, wenn sie sich außerhalb des Bereichs der Kontrolle durch Erwachsene befinden und unstrukturierten Freizeitaktivitäten mit Gleichaltrigen nachgehen. Der Fokus liegt dabei primär auf den hierdurch gegebenen Tatgelegenheiten, die zu delinquentem Verhalten verleiten und die nach *Osgood et al.* (1996) einen beträchtlichen Teil der seit langem bekannten Zusammenhänge zwischen Geschlecht, Alter sowie sozioökonomischem Status und jugendlicher Delinquenz erklären können. Dieser Ansatz kann als Übertragung des „*routine activity approach*“ von *Cohen & Felson* (1979) auf individuales Handeln betrachtet werden, wobei durch Anwesenheit von möglichen Tätern (*presence of motivated offenders*), Verfügbarkeit von Tatgelegenheiten (*availability of suitable targets*) und die Abwesenheit von Kontrolle durch Erwachsene (*absence of capable guardians*) eine kriminalitätsfördernde Verkettung von Zeit und Ereignissen in sozialräumlichen Strukturen stattfindet. Neuere Forschungen aus dem entwicklungs- und kognitionspsychologischen Bereich stützen diesen Ansatz. In experimentellen Studien konnte nachgewiesen werden, dass schon allein die Anwesenheit von Peers die Risikobereitschaft von Jugendlichen erhöht, was durch die Entwicklung des jugendlichen Gehirns erklärt werden kann (*Gardner & Steinberg* 2005). Situationsbezogene Erklärungen jugendlicher Delinquenz sind auch Gegenstand neuerer empirischer kriminologischer Studien, die mit innovativen Messmethoden belegen, dass Delinquenz bei Jugendlichen z. B. dann besonders häufig vorkommt, wenn diese Zeit in unstrukturierten Freizeitaktivitäten mit mehreren Freunden in den Abendstunden an öffentlichen oder halböffentlichen Orten ohne Kontrolle durch Erwachsene verbringen (z. B. *Bernasco et al.* 2013; *Hoeben & Weerman* 2014).

Dass die situativen Erklärungen von deutlicher Relevanz sind, ist empirisch gut belegt, jedoch sind diese nie vollständig alleinerklärend, worauf bereits *Cohen & Short Jr* (1961, 89 f.) hingewiesen haben:

> *Any act – delinquent or otherwise – depends on "something about the actor," that is, something about his values, his goals, his interests, his temperament or, speaking inclusively, his personality, and it depends also on "something about the situation" in which he finds himself. Change either actor or situation and you get a different act [. . .] delinquent acts always depend on appropriate combinations of actor and situation.*

Delinquente Handlungen sind stets das Ergebnis geeigneter Kombinationen aus Tätern und Situationen. Die Situational Action Theory von *Wikström* (2010a; 2010b; *Wikström et al.* 2012) ist ein aktueller Ansatz in der Kriminologie, der dieser Einsicht folgt und sich um ein integratives Zusammenspiel verschiedener Theorieansätze bemüht. Dieser Ansatz sieht delinquentes Handeln als Ergebnis eines „Wahrnehmungs-Entscheidungs-Prozesses“ (*perception-choice process*), wobei Individuen mit bestimmten Neigungen zur Delinquenz (*crime propensity*) mit ihrer physischen und sozialen Umwelt (*exposure to criminogenic settings*) interagieren. Die kriminelle Neigung wird dabei durch Norminternalisierung bzw. das moralische Bewusstsein (*morality*) und Selbstkontrolle (*self-control*) bestimmt. Kriminogene Situationen ergeben sich dadurch, dass sich Jugendliche in Situationen befinden, in denen Verlockungen zum delinquenten Handeln unterschiedlich ausgeprägt sind. Dies ist, wie bereits oben dargestellt, vor allem während unstrukturierter Freizeitaktivitäten in Begleitung Gleichaltriger der Fall. Potenziell kriminogene Situationen führen dabei für Individuen mit geringen kriminellen Neigungen mit geringerer Wahrscheinlichkeit zu delinquentem Handeln als für Individuen mit stark ausgeprägten delinquenten Neigungen. Für Individuen ohne jegliche delinquente Neigungen wird angenommen, dass sie auch in kriminogenen Situationen überhaupt nicht delinquent werden. Etwaige Effekte wie die Kontrolle durch Eltern oder auch das Geschlecht spielen in der Situational Action Theory eine untergeordnete Rolle. Von ihnen wird angenommen, dass sie den kriminellen Neigungen und der kriminogenen Situation vorgelagert sind und somit komplett oder zu einem großen Teil vermittelt werden. Eine ausführliche Beschreibung und empirische Prüfung dieses Ansatzes wurde unlängst vorgelegt (*Wikström et al.* 2012), und auch zahlreiche empirische Studien aus unterschiedlichen Ländern stützen die Argumentation der Situational Action Theory (z. *B. Eifler* 2015; *Svensson & Pauwels* 2010; *Wikström & Svensson* 2008).

Mit dem situativen Kontext (wer ist in welcher Situation?) wird auch nochmals die Rolle der delinquenten Peers relevant. Unstrukturierte Freizeitaktivitäten mit Peers stellen schon für sich allein einen Risikofaktor dar, und es ist zudem bekannt, dass die Delinquenz der Peers in Zusammenhang mit der individuellen Delinquenz steht. Die Delinquenz der Peers wird in der Situational Action Theory eher den Gelegenheiten zugeordnet, wobei die Anwesenheit von Peers den moralischen Kontext schwächt. Dies trifft im Besonderen zu, wenn die Peers willens sind, moralische Grenzen bei der Reaktion auf Verlockungen und Provokationen zu überschreiten. Zwar wurde in empirischen Studien untersucht, dass die Delinquenz von Peers die kriminogenen Situationen moderieren (*Svensson & Oberwittler* 2010) oder als kriminogene Situation in interaktivem Verhältnis mit Selbstkontrolle stehen (*Hirtenlehner et al.* 2015). In empirischen Studien wurde jedoch bisher kaum untersucht,[3] inwieweit die Delinquenz der Peers neben der individuellen kriminellen Neigung und den unstrukturierten Freizeitaktivitäten mit Gleichaltrigen einen eigenen Beitrag in diesem interaktiven Zusammenspiel liefert – also eine Antwort auf die Frage: Wer ist mit wem in welcher Situation?

[3] Erste Ansätze finden sich bei *Gerstner & Oberwittler* (2018; 2015), die in dieser Arbeit vertieft und erweitert wurden.

Sozialwissenschaftliche Netzwerkanalyse und die Erhebung von Freundesnetzwerken in Schulklassen

Im dritten Kapitel wurde die Methode der sozialwissenschaftlichen Netzwerkanalyse[4] eingeführt. Diese ist „gleichzeitig ein statistisches Instrumentarium zur Analyse [von, DG] Netzwerke[n, DG] und eine Theorieperspektive" (*Jansen* 2006, 11). Netzwerkdaten bringen gegenüber herkömmlichen Befragungsdaten den Vorteil mit sich, dass die Befragten keine isolierten Einheiten sind, sondern ihre Abhängigkeiten analysiert und modelliert werden können. Die Netzwerkstruktur ist dabei eine Umgebung, die Gelegenheiten oder Einschränkungen individuellen Handelns beeinflusst. Netzwerkdaten bringen allerdings die Schwierigkeit mit sich, dass sie aus erhebungstechnischen Gründen immer an eine Grenze gebunden sind. Im Fall der MPI-Schulbefragung 2011 war dies die Schulklasse. Neben der Grenzziehung sind Ausfälle innerhalb der Netzwerke problematisch, da sie zur Unvollständigkeit der Daten führen. In den vorliegenden Analysen konnten daher nicht alle Klassennetzwerke analysiert werden. In Kapitel 3 wurden die Datenerhebung und die vorhandene Datenbasis ausführlich beschrieben, da dies für die Interpretation der Ergebnisse in den Kapiteln 4, 5 und 6 relevant ist. Wichtig sind hier die Erkenntnisse, dass es nicht in allen Klassen gleich viele Freundschaften gibt, und dass einige Schüler häufiger von anderen als Freunde nominiert werden bzw. nicht alle Freundschaftsnominierungen gegenseitig sind. Zudem konnte exemplarisch aufgezeigt werden, dass sich innerhalb der Klassennetzwerke kleinere Teilgruppen identifizieren lassen, die vor allem durch die starke Tendenz zu gleichgeschlechtlichen Freundschaften bestimmt sind. Delinquente Überzeugungen scheinen aber auch relevant zu sein. Mit einem Vergleich der Abfrage zu Freundschaften mit netzwerkunabhängigen Fragen konnte festgestellt werden, dass diese Angaben mit den Netzwerkangaben für die Freunde in der Klasse relativ gut übereinstimmen. Als wichtiges Problem wurde erkannt, dass nur eine Minderheit der Schüler ihre die Freunde hauptsächlich in der Schulklasse haben, und die Netzwerkdaten für Analysen zum Peereinfluss außerhalb der Schulklasse naturgemäß stark eingeschränkt sind. Jahrgangs- oder sogar Schulnetzwerke sind hier im Vorteil (z. B. *Haynie* 2001; *Leszczensky et al.* 2016; *Weerman* 2011), aber ein nicht unerheblicher Anteil der Freundschaften besteht auch außerhalb des Schulkontextes, und nur sehr wenige Studien waren bislang in der Lage, auch diese Freundesbeziehungen in die Netzwerkanalyse einzubeziehen (z. B. *Kiesner et al.* 2004; *Kiesner et al.* 2003; *Kirke* 2006; *Mahoney et al.* 2004).

[4] Hier wird nur von der Gesamtnetzwerkanalyse gesprochen und nicht von Ego-zentrierten Netzwerken.

Popularität und abweichendes Verhalten im Schulkontext

In Kapitel 4 wurden die Zusammenhänge zwischen abweichendem Verhalten und Popularität untersucht. Dazu wurden fünf aus der Theorie und der empirischen Forschung abgeleitete Hypothesen überprüft (*Tabelle 7.1*). Dies erfolgte mittels linearer Mehrebenenmodelle, für jeweils vier unterschiedliche abhängige Variablen, die den sozialen Status von Schülern im Klassengefüge als Popularität (Indegree, Eigenvektor-Zentralität) bzw. Zentralität (Betweenness, Closeness) messen. Diese Maße basieren auf den gerichteten Beziehungen der Netzwerkdaten bzw. den Nominierungen, die einzelne Schüler erhalten haben. Die zentralen Prädiktoren waren leichte Schuldevianz und offene physische Aggression im Schulkontext. Weitere hypothesenrelevante Prädiktoren waren der Schulerfolg und der Erfolg im Fach Sport sowie die Klassenmittelwerte der leichten Devianz, der offenen Aggression, der delinquenten Überzeugungen und des Schamempfindens. Diese Klassenmittelwerte repräsentierten den normativen Kontext. Als Ergebnis konnte festgehalten werden, dass leichte Devianz einen robusten positiven Effekt auf den Status hat. Dies gilt für alle vier Statusmaße. Mit mehr leichter Devianz geht eine höhere Popularität bzw. Zentralität einher (Hypothese H1.1). Der Effekt hat eine hohe Erklärkraft und nimmt mit Aufnahme von Kontrollvariablen kaum ab. Offene Aggression hat nicht den angenommenen negativen Effekt auf den Status (Hypothese H1.2). Der Schulerfolg hat nur bedingt einen statusfördernden Effekt, der je nach Art der abhängigen Variablen unter Kontrolle verschiedener abhängiger Variablen verschwindet.

Der Erfolg im Sportunterricht hat wiederum einen positiven Effekt auf alle Statusmessungen (Hypothese H1.3). Sowohl der Effekt von leichter Devianz als auch von offener Aggression ist vom Klassenkontext abhängig (Hypothese H1.4), was durch Cross-Level-Interaktionen überprüft werden kann. Der Effekt der leichten Devianz wirkt stärker statusfördernd, wenn dieses Verhalten insgesamt ausgeprägter ist. Der Effekt der offenen Aggression ist dann status-senkend, wenn dieses Verhalten in der Klasse schwach ausgeprägt ist oder viele Schüler eine normative Barriere (Scham bei Entdeckung von Gewalt gegenüber Freunden) aufweisen. Für die einzelnen Statusmaße gestalteten sich die Ergebnisse der Cross-Level-Interaktionen zum Teil verschieden, im Großen und Ganzen gilt jedoch die beschriebene Beobachtung.

Neben den hypothesenrelevanten Effekten gab es noch einige weitere Effekte, deren Bedeutung jedoch aufgrund der Querschnittsdaten schwer zu beurteilen sind. So weisen z. B. Schüler mit einem positiven Verhältnis zur Schule und Schüler, die allgemein glücklich sind höhere Statuswerte auf. Als zentrales Ergebnis kann festgehalten werden, dass Status und abweichendes Verhalten nicht unabhängig voneinander sind. Leichte Formen der Devianz sind statusfördernd und

Tabelle 7.1 Hypothesen zu Status und abweichendem Verhalten (Kapitel 4)

Hypothese	Bewertung der Hypothese
H1.1: leichte Formen von abweichendem Verhalten in der Klasse – die der relationalen Aggressivität ähnlich sind – wirken sich positiv auf die soziometrische Popularität/Zentralität aus.	Hat vollumfänglich Bestand.
H1.2: Der Effekt von offen aggressivem Verhalten auf die Popularität/Zentralität im Klassenverband wirkt sich global betrachtet negativ auf den Status aus.	Muss verworfen werden.
H1.3a: Der Schulerfolg, gemessen an guten Noten, ist statusfördernd.	Muss im vollständigen Modell verworfen werden.
H1.3b: Sportliche Schüler sind populärer.	Hat vollumfänglich Bestand.
H1.4: Cross-Level-Interaktion: Der Effekt von leichtem abweichendem Verhalten und offener Aggressivität ist kontextgebunden. Deviantes Verhalten, dass vom Klassenmittelwert abweicht, kann im Kontext hoher Toleranz gegenüber Normabweichungen statusfördernd wirken bzw. im Kontext niedriger Toleranz gegenüber Normabweichungen statussenkend wirken.	Hat Bestand, die Zusammenhänge sind jedoch komplex und die Effekte sind je nach Messung unterschiedlich stark.

aggressives Verhalten wird, wenn auch nicht in allen Klassen, negativ sanktioniert – hierbei kommt es darauf an, wie ausgeprägt die offene Aggression ist bzw. wie Normen in der Klasse geteilt werden.

Delinquente Überzeugungen – Ähnlichkeit innerhalb von Freundschaften

In Kapitel 5 wurde mittels „*exponential random graph modelling*" (ERGM) untersucht, welche Rolle die Ähnlichkeit zwischen Akteuren (Homophilie-Effekte) sowie netzwerkstrukturelle Effekte bei der Formierung von Freundschaftsnetzwerken spielen. Es wurden die Ergebnisse von zwei Beispielnetzwerken und die Ergebnisse einer Metaanalyse über 57 verschiedene ERGMs beschrieben. Die Komplexität der Methode wurde dargelegt, und es wurde mit den Beispielnetzwerken aufgezeigt, welche wichtige Rolle den netzwerkstrukturellen Parametern bei der Anpassungsgüte der Modelle zukommt. Mit den Modellen wurden vier Hypothesen (*Tabelle 7.2*) geprüft, die aus Theorie und Forschungsergebnissen

Tabelle 7.2 Hypothesen zu geteilten delinquenten Überzeugungen (Kapitel 5)

Hypothese	Bewertung der Hypothese
H2.1: Sind Jugendliche befreundet, so steigt die Wahrscheinlichkeit, dass sie Übereinstimmung bezüglich delinquenter Überzeugungen aufweisen (Homophilie).	Hat in der Metaanalyse Bestand, aber nur moderate Homogenität der Effekte über die ERGMs.
H2.2: Gleichgeschlechtliche Freundschaften sind häufiger (Homophilie) und Homophilie bezüglich der delinquenten Überzeugungen wird dadurch überlagert (Mediation).	Hat Bestand, Mediation vorhanden, jedoch nur für ein Set von Kontrollvariablen geprüft.
H2.3: Netzwerkstrukturen überlagern Homophilie-Effekte und verhindern eine Überschätzung von Einfluss- und auch Selektionseffekten.	Hat Bestand, vor allem für die Homophilie-Effekte von Geschlecht und Migrationshintergrund.
H2.4: Die Übereinstimmung von delinquenten Überzeugungen ist dann ausgeprägter, wenn die Beziehung als eng beschrieben wird, Jugendliche auch gemeinsame Freizeit verbringen oder die Nominierungen mutuell sind.	Muss für Ergebnisse der Metaanalyse verworfen werden, nur in vereinzelten Netzwerken zutreffend.

abgeleitet wurden (siehe Abschnitt 2.2.2). Als Ergebnis konnte festgehalten werden, dass sich Jugendliche bezüglich ihrer delinquenten Überzeugungen bzw. der Toleranz gegenüber Normbrüchen und Gewalt überzufällig häufig ähnlich sind (Hypothese H2.1). Allerdings schwankt der Effekt über die einzelnen ERGMs bzw. weisen die Ergebnisse der Metanalyse auf starke Heterogenität hin. Gleichgeschlechtliche Freundschaften kommen, wie erwartet, überzufällig oft vor und diese schwächen den Effekt der Homophilie bzgl. delinquenter Überzeugungen ab (Hypothese H2.2).[5] In Bezug auf netzwerkstrukturelle Effekte konnte Folgendes festgehalten werden: Ohne diese weisen die ERGMs eine nicht optimale Anpassung auf. Zwar werden die Verteilungen von Indegree und Outdegree auch ohne diese Parameter passabel vorhergesagt, jedoch weist die Anpassung bezüglich der geodätischen Distanzen zwischen Akteuren und der Triadenstruktur deutliche Mängel auf. Mit Aufnahme der netzwerkstrukturellen Parameter wurde dies korrigiert, hierdurch wurden aber auch die Homophilie-Effekte schwächer.

[5] Allerdings wurde die Mediation durch ein aus Set mehreren Variablen aufgrund der Komplexität und Rechendauer der Analysen simultan getestet. Die anderen Variablen waren Ähnlichkeit bei den Schulleistungen und Übereinstimmung bzgl. des Vorhandenseins eines Migrationshintergrundes.

Dies gilt vor allem für invariante Attribute wie Geschlecht und Migrationshintergrund (H2.3). Die Metaanalyse ergab keine eindeutigen Hinweise darauf, dass die Übereinstimmung delinquenter Überzeugungen in Netzwerken mit engen Freundschaften, Freundschaften mit gemeinsamer Freizeit und mutuellen Beziehungen ausgeprägter ist (Hypothese 2.4). In einzelnen Netzwerken konnte dies beobachtet werden, was jedoch nicht genauer verfolgt wurde. Hierzu sollten weitere Untersuchung folgen.

Als Hauptergebnis konnte festgehalten werden, dass delinquente Überzeugungen in Freundschaftsbeziehungen geteilt werden und diese zumindest teilweise Netzwerkstrukturen erklären können. Hierbei muss angenommen werden, dass Lerneffekte bzw. die Transmission delinquenter Überzeugungen eine nicht unbedeutende Rolle spielen – auch wenn dies mit Querschnittsdaten nicht vollumfänglich geprüft werden konnte.

Delinquenz und delinquente Peers im situativen Kontext

In Kapitel 6 wurden Hypothesen (*Tabelle 7.3*) untersucht, die sich auf die theoretischen und empirischen Erkenntnisse aus den Abschnitt 2.3 und 2.4 stützen. Dabei ging es um die Effekte von individuellen kriminellen Neigungen, unstrukturierten Freizeitaktivitäten und delinquenten Peers auf die individuelle Delinquenz. In dem Zusammenhang wurde auch untersucht, ob diese situativen Effekte den Effekten von Eltern-Kind-Beziehungen und dem Geschlecht nachgelagert sind und inwieweit anstatt der Delinquenz der Peers auch deren kriminelle Neigungen als erklärende Variablen herangezogen werden können.

In den Analysen zeigte sich, dass der Effekt des Geschlechts vor allem durch individuelle kriminelle Neigungen vermittelt wird und in den Analysen keinen direkten Effekt auf die Delinquenz hat. Die Eltern-Kind-Beziehungen sind ebenfalls anderen Effekten vorgelagert und werden zum größten Teil durch die individuellen kriminellen Neigungen, aber auch durch unstrukturierte Freizeitaktivitäten und die Delinquenz der Peers vermittelt. Diese „causes of the causes" müssen also nicht zwangsläufig modelliert werden (Hypothese H3.1), da hierdurch die situativen Effekte nicht maßgeblich beeinflusst werden. Trotzdem haben die „causes of the causes" eine tragende Rolle bei der Erklärung jugendlicher Delinquenz.

Die individuellen kriminellen Neigungen haben stets einen starken Effekt auf die selbstberichtete Delinquenz der Jugendlichen, und höhere Werte gehen mit mehr Delinquenz einher (Hypothese H3.2). Zudem steigt die Wahrscheinlichkeit von Straftaten, wenn Jugendliche ihre Freizeit mit Gleichaltrigen in unstrukturierten Freizeitaktivitäten ohne elterliche Kontrolle verbringen und damit mehr kriminogenen Situationen ausgesetzt sind (Hypothese H3.3). Den Annahmen der

Tabelle 7.3 Hypothesen zu Peers und Gelegenheitsstrukturen (Kapitel 6)

Hypothese	Bewertung der Hypothese
H3.1: Eltern-Kind-Beziehungen und das Geschlecht spielen bei der Erklärung von delinquentem Handeln eine Rolle, sind aber anderen Gründen vorgelagert und können als „causes of the causes" betrachtet werden (Mediationseffekte). Wenn nötig, kann auf die Kontrolle dieser Effekte verzichtet werden.	Hat vollumfänglich Bestand.
H3.2: Mit höherer individueller Neigung zur Kriminalität gehen mehr begangene Straftaten einher (Haupteffekt).	Hat vollumfänglich Bestand.
H3.3: Die Wahrscheinlichkeit von Straftaten steigt, wenn Jugendliche ihre Freizeit mit Gleichaltrigen in unstrukturierten Freizeitaktivitäten fernab elterlicher Kontrolle verbringen und damit mehr potenziell kriminogenen Situationen ausgesetzt sind (Haupteffekt).	Hat Bestand, allerdings nicht in dem Modell mit der indirekten Messung der delinquenten Peers.
H3.4: Zwischen individueller Neigung und kriminogenen Situationen besteht eine Interaktion. Kriminogene Situationen münden seltener bzw. gar nicht in Straftaten, wenn Jugendliche eine geringe bzw. keine Neigung zu kriminellem Verhalten aufweisen. Im Gegensatz dazu führen kriminogene Situationen bei Jugendlichen mit ausgeprägten kriminellen Neigungen zu deutlich mehr Delinquenz (Zwei-Wege-Interaktion).	Hat Bestand.
H3.5a: Der Umgang mit delinquenten Peers geht mit höherer eigener Delinquenz einher (Haupteffekt).	Hat Bestand.
H3.5b: Die indirekte Messung der Delinquenz von Peers ist verzerrt und führt zu falschen Schlüssen.	Hat Bestand ➔ Überlagerung des Effekts der Gelegenheitsstrukturen.

(Fortsetzung)

Tabelle 7.3 (Fortsetzung)

Hypothese	Bewertung der Hypothese
H3.6: Abhängig von der Delinquenz der Peers fällt die Interaktion zwischen individueller Neigung und kriminogener Situation unterschiedlich aus. Je delinquenter die Peers, desto ausgeprägter die Interaktion zwischen individueller Neigung und kriminogenen Gelegenheiten (Drei-Wege-Interaktion).	Hat Bestand
H3.7: Auch mit höheren kriminellen Neigungen der Peers geht höhere individuelle Delinquenz einher. In Kombination mit der tatsächlichen Delinquenz der Peers wird von beiden ein direkter Effekt erwartet.	Hat Bestand, allerdings nur für die Freunde, mit denen man Freizeit verbringt.

Situational Action Theory entsprechend besteht zwischen diesen beiden Effekten ein interaktives Verhältnis: Kriminogene Situationen münden seltener bzw. gar nicht in Straftaten, wenn Jugendliche eine geringe bzw. keine kriminelle Neigung aufweisen. Im Gegensatz dazu führen kriminogene Situationen bei Jugendlichen mit ausgeprägten kriminellen Neigungen zu deutlich mehr Delinquenz (Hypothese H3.4). Mit Aufnahme der Delinquenz der Peers in die Modelle zeigte sich, dass die individuelle Delinquenz mit mehr delinquenten Freunden signifikant zunimmt. Dies gilt sowohl für die indirekte Messung als auch für die direkte Messung über die Netzwerkdaten (Hypothese H3.5a). Allerdings zeigte sich hier, dass der Effekt der unstrukturierten Freizeitaktivitäten dann überlagert wird und nicht mehr vorhanden ist, wenn die indirekte Messung der delinquenten Peers herangezogen wird, also dann, wenn die eigene Delinquenz auf die der Freunde projiziert wird (Hypothese H3.5b). Entsprechend wirkte sich dies auch auf die Hypothese H3.6 aus, und es gibt keine Drei-Wege-Interaktion, wenn die indirekte Messung verwendet wird. H3.6 hat jedoch Bestand, wenn die direkte Messung verwendet wird. Je nach Delinquenz der Peers fällt die Interaktion zwischen individueller Neigung und kriminogener Situation unterschiedlich aus. Je delinquenter die Peers, desto ausgeprägter ist die Interaktion zwischen individueller Neigung und kriminogenen Gelegenheiten. Durch das Einbinden der kriminellen Neigungen der Freunde, gemessen über die Netzwerkdaten, konnte festgestellt werden, dass auch diese einen signifikanten Einfluss auf die individuelle Delinquenz haben. Dies war jedoch nur der Fall, wenn man die Freunde oft in der Freizeit trifft. In diesem Fall haben sowohl die kriminellen Neigungen der Freunde als auch deren

Delinquenz einen Einfluss, und keiner der beiden Effekte wird durch den anderen total vermittelt (Hypothese H3.7).

Mit den Analysen in Kapitel 6 konnte gezeigt werden, dass situative Kontexte und auch die Delinquenz von Peers neben individuellen kriminellen Neigungen einen maßgeblichen Einfluss auf die Delinquenz von Jugendlichen haben. Das interaktive Verhältnis dieser drei Komponenten weist nochmals auf die Wichtigkeit der Situation und der Einflüsse durch delinquente Peers hin. Ob Jugendliche delinquent werden, hängt nicht nur von ihrer Persönlichkeit ab, sondern auch davon, was sie mit wem in ihrer Freizeit machen. Jugendliche werden besonders dann delinquent, wenn sie eine hohe kriminelle Neigung mitbringen und unstrukturierten Freizeitaktivitäten mit Peers fernab elterlicher Kontrolle nachgehen. Dieser Effekt ist besonders ausgeprägt, wenn die Peers dabei delinquent sind und/oder hohe delinquente Neigungen haben. Dieser Aspekt wurde in der Forschung bisher wenig berücksichtigt, und es liegen uneindeutige Ergebnisse vor. Der Einfluss unstrukturierter Freizeitaktivitäten in Begleitung von Peers ist empirisch vielfach belegt und unbestritten. Dies betrifft sowohl den Bereich der Abwesenheit der Kontrolle durch Erwachsene, der Aktivitäten als auch den Bereich der Örtlichkeit (*Bernasco et al.* 2013; *Maimon & Browning* 2010; *Osgood & Anderson* 2004; *Weerman et al.* 2013; siehe auch den Übersichtsartikel von *Hoeben et al.* 2016). Außerdem konnten experimentelle Studien mit Methoden der Gehirnforschung zeigen, dass bereits die bloße Anwesenheit von Peers zu stärkerem Risikoverhalten führt (*Chein et al.* 2011; *Gardner & Steinberg* 2005; *Steinberg* 2007). Dass ein Zusammenhang zwischen eigener Delinquenz und der Delinquenz der Peers besteht, ist ebenfalls seit langem bekannt (z. *B. Glueck & Glueck* 1951; *Shaw & McKay* 1942) und ist auch zentraler Bestandteil der Lerntheorien (*Sutherland* 1947; *Burgess & Akers* 1966; *Akers* 1973). Dieser starke Zusammenhang wurde empirisch oft belegt (siehe hierzu *Hoeben et al.* 2016, *109 f.*). Der starke Zusammenhang ist jedoch teilweise durch die Verzerrung der indirekten Messung von delinquenten Peers (*projection bias*) bedingt – was in dieser Arbeit an verschiedenen Stellen ausführlich dargelegt wurde. Jugendliche übertragen in Befragungen ihre eigene Delinquenz auf die der Freunde (z. *B. Aseltine* 1995; *Jussim & Osgood* 1989) und der oben genannte Zusammenhang wird überschätzt. Mit Methoden der Netzwerkanalyse kann die Delinquenz der Peers direkt gemessen werden. Der Zusammenhang mit der eigenen Delinquenz ist hierbei weiterhin positiv, jedoch weniger stark (*Haynie* 2001; *Meldrum et al.* 2009; *Weerman & Smeenk* 2005). Diese Überschätzung kann teilweise durch Drittvariablen erklärt werden (z. *B. Young et al.* 2011), sie kann aber auch andere Effekte überlagern (*Haynie & Osgood* 2005; *Meldrum et al.* 2009).

Letzteres konnte auch in dieser Arbeit für Daten aus Deutschland belegt werden, was den Forschungsstand hierzu bereichert. Dass die Delinquenz der Peers den Effekt unstrukturierter Freizeitaktivitäten mit Peers verstärkt bzw. moderiert, wurde bereits mit einer indirekten Messung der Delinquenz der Peers nachgewiesen (*Svensson & Oberwittler* 2010; *Wikström et al.* 2012). Mit einer direkten Messung finden *Sentse et al.* (2010) ebenfalls diesen Effekt. Alle drei Studien untersuchen dies jedoch, ohne die Interaktion zwischen individueller krimineller Neigung und unstrukturierten Freizeitaktivitäten mit Peers einzubeziehen. Dass die direkt gemessene Delinquenz der Peers das Zusammenspiel von individueller Prädisposition und Situation nochmals verstärkt (Drei-Wege-Interaktion) ist insofern ein neues Ergebnis. Die Analysen bereichern den Forschungsstand zudem dadurch, dass gezeigt werden konnte, dass dieses Ergebnis mit der indirekten Messung nicht gefunden werden kann. Allerdings hat sich das Ergebnis der Drei-Wege-Interaktion auch zukünftig noch zu bewähren, nicht zuletzt da *Haynie & Osgood* (2005) mit einer direkten Messung keine Interaktion zwischen unstrukturierten Freizeitaktivitäten und der Delinquenz der Peers finden.

Für alle Analysen in Kapitel 6 wurden zwei Messungen der individuellen Delinquenz verwendet, um zu prüfen, wie robust diese Ergebnisse sind. Wird anstelle der stark rechtsschief verteilten Inzidenz die Variabilität der Prävalenz über verschiedene Deliktarten herangezogen, gelangt man zu identischen Ergebnissen. Dennoch sind die Ergebnisse mit einer Unsicherheit behaftet, da aufgrund der Datenlage nur eine sehr spezielle Teilgruppe von Jugendlichen untersucht wurde (nur vollständige Netzwerke, Freunde hauptsächlich in der Klasse).

7.2 Einschränkungen

Die vorliegende Arbeit konnte durch die Nutzung von Netzwerkdaten neue Erkenntnisse zur wissenschaftlichen Debatte über Jugenddelinquenz beitragen. Generell gilt dabei, dass dies nur für einen Ausschnitt einer komplexen und weitläufigen Thematik möglich war, und bezüglich der Ergebnisse einige Einschränkungen zu beachten sind. Zum ersten konnten, wie mehrfach erwähnt, nicht alle Klassennetzwerke analysiert werden, da die Ausschöpfungsquoten innerhalb der Klassen oft zu gering waren. Dies ist auch vom Schultyp abhängig, und vollständige Klassen stammen vorwiegend aus Gymnasien, die sich bei Schlüsselvariablen rund um das Thema Delinquenz deutlich von Haupt- und Realschulen unterscheiden. Diese Problematik wurde in den Analysen in Kapitel 6 nochmals zusätzlich verstärkt, da hier nur die Schüler Teil der Analysen waren, die ihre Freunde hauptsächlich in der Schulklasse hatten. *Kiesner et al.* (2004) weisen jedoch darauf hin, dass in Bezug auf delinquentes Verhalten besonders die außerschulischen Freunde wichtig sind. Dies ist ein Problem, das die empirische Forschung mit Netzwerkdaten vor sehr große Herausforderungen stellt. Neben der Studie bei *Kiesner et al.* (2004) wurden nur in wenigen anderen Studien zum abweichenden Verhalten Jugendlicher Netzwerkdaten erhoben, die über die Schulgrenze hinausgehen (diese sind *z. B. Kiesner et al.* 2003; *Kirke* 2006). In der Erforschung von Peereffekten mit Netzwerkdaten in außerschulischen Bereichen liegt sicherlich großes Potential. Auch wenn diese Analysen immer an künstliche Grenzen gebunden sind, bieten sich doch Anschlussstellen wie z. B. Jugendzentren, die halböffentliche Orte und auch Räume der Sozialisation sind. Zudem können dort Jugendliche erreicht werden, die bei einer Schulbefragung möglicherweise aus dem Raster fallen. Ein Studie aus Schweden kam z. B. zu dem Ergebnis, dass Jugendzentren mit einem hohen Anteil an Jugendlichen, die antisoziales Verhalten zeigen, dieses auch bei neuen Besuchern fördern (*Mahoney et al.* 2004).

Zum zweiten stellen moderne Verfahren der Netzwerkanalyse ein komplexes methodisches Instrumentarium zur Verfügung, welches in dieser Arbeit bei weitem nicht ausgeschöpft wurde. So ließen sich z. B. die ERGMs (Kapitel 5) weiter ausdifferenzieren. Neben anderen netzwerkstrukturellen Parametern kann auch die Stärke der Beziehung (z. B. mit der Enge der Freundschaft) gewichtet werden (*Krivitsky* 2012). Zudem wurde in diesen Modellen auf Interaktionseffekte verzichtet. Dabei könnte z. B. geprüft werden, ob Ähnlichkeit bezüglich der delinquenten Überzeugungen nur in nicht-gleichgeschlechtlichen Beziehung verschieden gelagert ist. Letztlich wurde auch darauf verzichtet, die nur moderate Homogenität der Effekte innerhalb der Metaanalyse weiter zu untersuchen. Mit einer Metaregression wäre es möglich zu prüfen, welche Merkmale von Schulklassen (wie z. B. der Schultyp, der Jahrgang, das Klassenlevel bezüglich Delinquenz etc.) diese Unterschiede erklären können.

Drittens basieren alle empirischen Analysen in dieser Arbeit auf Querschnittsdaten, und die berichteten Zusammenhänge sind kein Beleg für Kausalität. Zwar kann diese theoretisch angenommen werden, und für ähnlich gelagerte Fragestellungen gibt es ausreichend Forschungsergebnisse. Dennoch wären speziell für die Fragestellungen der Weitergabe delinquenter Überzeugungen innerhalb von Netzwerken Längsschnittdaten wünschenswert. Dieser Aspekt blieb in der Forschung zu Einfluss und Selektion bisher unterbelichtet.

Viertens stehen statistische Modelle zur Modellierung von Delinquenz vor der Problematik schiefverteilter abhängiger Variablen, für die lineare Regressionsmodelle oft keine adäquate Lösung darstellen. Die Modellierung von

Interaktionstermen in den besser geeigneten nichtlinearen Regressionsmodellen ist jedoch besonders komplex und erfordert ein vorsichtiges Vorgehen (*Oberwittler & Gerstner* 2014). Dies hat zur Folge, dass Modelle oft eingeschränkt sind und die Interpretation aufgrund modellinhärenter Interaktionseffekte sehr mühselig ist. Speziell für die empirische Überprüfung interaktiver Ansätze wären hier praktikablere Lösungen, an denen auch gearbeitet wird (*Leitgöb* 2014), wünschenswert.

7.3 Schlussfolgerungen und Diskussion

Die wohl wichtigste Schlussfolgerung dieser Untersuchung ist, dass Peers bzw. Freundschaftsnetzwerke einen maßgeblichen Einfluss auf das delinquente Verhalten oder auch leichtere Formen der Devianz von Jugendlichen haben. Diese Erkenntnis ist zwar nicht neu, jedoch wurde die Bedeutung der Gleichaltrigen in Teilen der Jugenddelinquenzforschung unter dem Einfluss der Kontrolltheorien lange Zeit angezweifelt (vgl. *Warr* 2002, 119). Anhand der empirischen Analysen konnte in drei Kapiteln aus jeweils sehr unterschiedlichen Perspektiven detailliert beleuchtet werden, wie jugendliche Delinquenz und Freundschaftsnetzwerke zusammenhängen. Diese unterschiedlichen Perspektiven waren möglich, da in der MPI-Schulbefragung 2011 Netzwerkdaten erhoben wurden, aus denen Klassennetzwerke generiert werden konnten.

Eine erste Perspektive konnte Zusammenhänge zwischen dem sozialen Status und deviantem Verhalten untersuchen. Der soziale Status im Gesamtnetzwerk basiert auf Freundschaftsnominierung, und durch die Verknüpfung aller Akteure wird hier die gesamte Netzwerkstruktur berücksichtigt. Mit stochastisch unabhängigen Daten wäre eine derartige Analyse nicht möglich. In den Klassennetzwerken führen leichte Formen der Devianz zu einem höheren Status in der Schulklasse. Offene Aggression führt dann zu einem geringeren Status im Klassennetzwerk, wenn dieses Verhalten vom Großteil der Schüler abgelehnt und nicht praktiziert wird. Dieses Ergebnis deckt sich mit früheren Forschungen und hat vor allem deshalb Relevanz, da der Status in der Peergroup für fast alle Jugendlichen eine große Bedeutung hat. Wird abweichendes Verhalten mit höherem Status belohnt, so liegt die Annahme nahe, dass dieses Verhalten auch verstärkt (*differentiell reinforcement*) oder imitiert (*imitation*) wird. Dies sind zwei zentrale Bereiche in *Akers* Lerntheorie *Akers* (1973). Vor allem vor dem Hintergrund von relationaler Aggression und Mobbing in Schulklassen einschließlich des Cyberbullyings ist das Wissen um die Prozesse, die hinter dieser Form von Gewalt stehen, wichtig, um geeignete Maßnahmen zur Prävention zu ergreifen.

Eine zweite Perspektive lag auf der Frage, wie sich Klassennetzwerke formen und ob Freundschaften durch normative Ähnlichkeit in Hinblick auf die Toleranz gegenüber Normbrüchen und Gewalt gekennzeichnet sind. Dies betrifft den Bereich der Bewertungsmaßstäbe (*definitions*) in *Akers* Lerntheorie, die Normbrüche legitimieren. Hierbei gilt, dass soziale Netzwerke komplexe Strukturen sind, und Freundschaften auch durch netzwerkstrukturelle Effekte bedingt sind. Unter Kontrolle dieser und weiterer Parameter konnte festgestellt werden, dass die Wahrscheinlichkeit einer Beziehung steigt, wenn sich die Schüler bzgl. der delinquenten Überzeugungen ähnlich sind. Da die meisten Freundschaften in Schulklassen schon länger bestehen, ist davon auszugehen, dass auch hier Lernprozesse relevant sind – wenngleich eine adäquate Analyse nur mit Längsschnittdaten möglich ist. Solche empirischen Untersuchungen gibt es bereits, wobei diese tatsächliches delinquentes Verhalten analysieren und delinquente Einstellungen außen vor bleiben (*z. B. Baerveldt et al.* 2008; *Haynie, Doogan & Soller* 2014; *Jose et al.* 2015; *Knecht et al.* 2010; *Svensson et al.* 2012; *Weerman* 2011). Diese Studien untersuchen, ob sich Freunde bezüglich der Delinquenz schon vorher ähnlich waren und deshalb eine Beziehung aufweisen (Selektion), oder ob sich die Freunde bezüglich der Delinquenz mit bestehender Freundschaft ähnlicher werden (Einfluss). Hierbei zeigt sich, dass es sowohl Einfluss-Effekte als auch Selektionseffekte gibt, wobei Einfluss-Effekte im Vergleich über verschiedene Studien etwas wichtiger erscheinen (siehe hierzu *Gallupe et al.* 2019), dies aber je nach Datenlage und Art des abweichenden Verhaltens variieren kann (siehe hierzu *Beier* 2016, *5 ff.*). Zudem sollte bei der Selektion von Freunden davon ausgegangen werden, dass Selektion nicht nur über ein Merkmal läuft, sondern dass Jugendliche ihre Freunde auch nach unterschiedlichen Merkmalen wählen, was *Kiesner et al.* (2004) als *„additive homophily"* bezeichnen. Diese Erkenntnisse sind in der Kriminologie von zentraler Bedeutung, da lange die kontrolltheoretischen Ansätze der Schule um *Hirschi* (*Hirschi* 1969; *Gottfredson & Hirschi* 1990; *Kornhauser* 1978) dominierten, die dem Einfluss durch Peergruppen eine kausale Bedeutung abgesprochen haben. Mit den neueren Erkenntnissen aus Netzwerkstudien ist die Vernachlässigung von Einfluss-Effekten – auch wegen der Kontrolle des *projection bias* – in der aktuellen Debatte nicht mehr tragbar, was sich an zahlreichen empirischen Studien belegen lässt. Von daher ist das Wissen darum, wie delinquente Normen unter Jugendlichen Verbreitung finden und konforme Einstellungen verdrängen, von großer Bedeutung.

Eine dritte Perspektive galt der Erklärung individuellen delinquenten Verhaltens in und auch außerhalb der Schule. Der Fokus lag hier auf dem Einfluss situativer Kontexte und dem Einfluss delinquenter Peers. Seit längerem gilt es als problematisch, dass die Delinquenz der Peers nur schwer messbar ist. Fragt man

Jugendliche nach dem delinquenten Verhalten ihrer Peers, so projizieren diese ihr eigenes Verhalten auf das der Peers. Diese Verzerrung kann andere Effekte überlagern. Das Problem konnte mit den Netzwerkdaten umgangen werden, welche eine direkte Messung basierend auf den Aussagen der Peers erlauben. In den Analysen konnte letztlich festgestellt werden, dass Jugendliche vor allem dann kriminell werden, wenn sie individuelle kriminelle Neigungen aufweisen und ihre Zeit in unstrukturierten Freizeitaktivitäten mit Peers verbringen. Dies wird nochmals durch hohe Delinquenz der Peers signifikant verstärkt. Für Jugendliche ohne kriminelle Neigung spielen der situative Kontext und auch die Delinquenz der Peers keine Rolle, sie sind sozusagen immun gegenüber verlockenden Tatgelegenheiten. Dies bedeutet, dass Situationen und Gelegenheiten zwar als eigenständiger Einfluss relevant sind, aber monokausale Theorieansätze mit Anspruch auf Allgemeingültigkeit obsolet sind. Integrative Theorieansätze, wie z. B. die Situational Action Theory (*Wikström* 2010a; 2010b; *Wikström et al.* 2012), tragen dieser Erkenntnis Rechnung und bieten dadurch realistischere Erklärungsmodelle jugendlichen Verhaltens an.

Exkurs zum Rückgang der Jugenddelinquenz
Beim Thema Jugenddelinquenz wird häufig die Frage von Zu- oder Abnahme diskutiert. Einleitend wurde bereits erwähnt, dass die Jugendkriminalität in Deutschland und auch international längerfristig deutlich abgenommen hat (z. B. *Albrecht* 2014; 2016; *Berghuis & De Waard* 2017). Dabei gibt es laut *Heinz* (2016) „weder eine vollständige Erklärung für den Anstieg der Jugendkriminalität ab 1990 noch für die aktuellen Rückgänge". *Heinz* (2016) nimmt an, dass verschiedene Faktoren wie Schulprojekte zur Gewaltvermeidung, weniger elterliche Gewaltausübung, vermehrte Ächtung von Gewalt und ein Rückgang der Gewaltbereitschaft insgesamt eine Rolle spielen dürften. Dies sind Bereiche, in denen die Lerntheorie von Bedeutung ist. Auch *Albrecht* (2014) hält die Gründe für diesen Rückgang für ungeklärt und äußert Zweifel an einfachen Erklärungen. Dies liege vor allem an unvollständigen Daten. So sei zwar der Zusammenhang zwischen jugendlicher Delinquenz und informeller Sozialkontrolle hinreichend belegt. Zeitreihen, die über die langfristige Entwicklung dieser Art von Kontrolle Aufschluss bringen, gebe es jedoch nicht – ein Rückgang durch informelle Sozialkontrolle würde eher dem situativen Ansatz entsprechen. Zudem ist nur wenig untersucht, „ob sich Jugendkulturen in einer Weise und in eine Richtung verändert haben, die das Kriminalitätsaufkommen dämpfen" (*Albrecht* 2014, 380) – diese Erklärung liegt wiederum eher im Bereich der Lerntheorien.

Für Deutschland kann im Wesentlichen nur mit Daten aus den regelmäßigen Schülerbefragungen des Kriminologischen Forschungsinstituts Niedersachsen[6] untersucht werden, wie sich derartige Prädiktoren entwickelt haben. *Pfeiffer, Baier & Kliem* (2018) identifizieren dabei eine Reihe von Faktoren, von denen einige auch mit den in dieser Arbeit thematisierten theoretischen und empirischen Betrachtungen in Verbindung stehen. Auf der Ebene der lerntheoretischen Aspekte wird angeführt, dass mit einer abnehmenden Toleranz gegenüber delinquenten Überzeugungen der Jugendlichen und ihrer Freunde auch der Kontakt zu delinquenten Freunden abnimmt, wobei beiden ein starker Zusammenhang mit individueller Delinquenz attestiert wird, was letztlich in Zusammenhang mit geringeren Werten bei der selbstberichteten Delinquenz steht. Welche Kausalketten oder Wechselwirkungen hier genau vorliegen kann jedoch auch mit diesen Daten nicht beantwortet werden, da die Einheiten der unterschiedlichen Messzeitpunkte unabhängig sind. Aussagen zur zeitlichen Entwicklung sind damit nur aus der Makro-Perspektive möglich. Ähnlich gelagerte Erkenntnisse gibt es bezüglich der Zunahme traditioneller Werthaltungen unter Jugendlichen. Auch in der aktuellen Shell-Jugendstudie (*Albert, Hurrelmann & Quenzel* 2019) wird darüber berichtet, dass sich die Werte von Jugendlichen von Selbstverwirklichung und Lebensgenuss wieder zu eher traditionellen Vorstellungen wie Wohlstand, Fleiß, Ordnung und Sicherheit hin entwickelt haben. Geht man davon aus, dass diese Orientierungen an langfristigen Zielen und Erfolgen unter Jugendlichen gelernt und geteilt werden und als Bewertungsmaßstäbe gelten, ist hierbei ebenfalls eine Reduktion jugendlicher Delinquenz durch Lernprozesse erklärbar.

Bezüglich der situativen Kontexte führen *Pfeiffer et al.* (2018) an, dass Alkoholkonsum, Schulschwänzen und unstrukturierte Freizeitaktivitäten in einem Zusammenhang mit selbstberichteter Delinquenz stehen und ebenfalls mehr oder weniger stark zurückgegangen sind. Auch dies kann den Rückgang von Jugendkriminalität erklären. Hierbei sollte jedoch bedacht werden, dass Schulschwänzen (als weitere Gelegenheit, sich an Orten mit geringer sozialer Kontrolle aufzuhalten) einen Regelbruch für sich darstellt und der Effekt der Situation hierbei zwangsläufig mit individuellen Prädispositionen oder Gruppendruck etc. konfundiert ist, was wiederum für interaktive Ansätze zur Erklärung, wie z. B. die Situational Action Theory, spricht. *Svensson & Oberwittler* (2021) untersuchten den Rückgang der Jugendkriminalität in Schweden zwischen 1999 und 2017. Sie fanden deutliche Zusammenhänge mit veränderten Freizeitaktivitäten und Gelegenheitsstrukturen, die unter Kontrolle anderer einflussreicher Indikatoren, wie

[6] https://kfn.de/forschungsprojekte/schuelerbefragungen/ [20.08.20].

z. B. elterliche Kontrolle und Einstellungen gegenüber Delinquenz, die stärksten Effekte aufweisen.[7] Auch diese Ergebnisse betonen nochmals die Wichtigkeit der kriminogenen Situationen, in denen sich Jugendliche vorranging in Gesellschaft ihrer Peers befinden. Dies spiegelt sich auch in der aktuellen Situation um die Corona-Beschränkungen wider. So ging die Jugendkriminalität in Oslo mit dem Corona-bedingten Lockdown und Social Distancing bis Juli 2020 um 34 % zurück[8]. Orte unstrukturierter Freizeitaktivitäten mit Peers (wie z. B. Einkaufszentren) wurden hierbei vor allem im März, April und Mai weniger aufgesucht, und die Menschen haben sich in dieser Zeit zwangsläufig zu Hause aufgehalten (*Abbildung 7.1*).

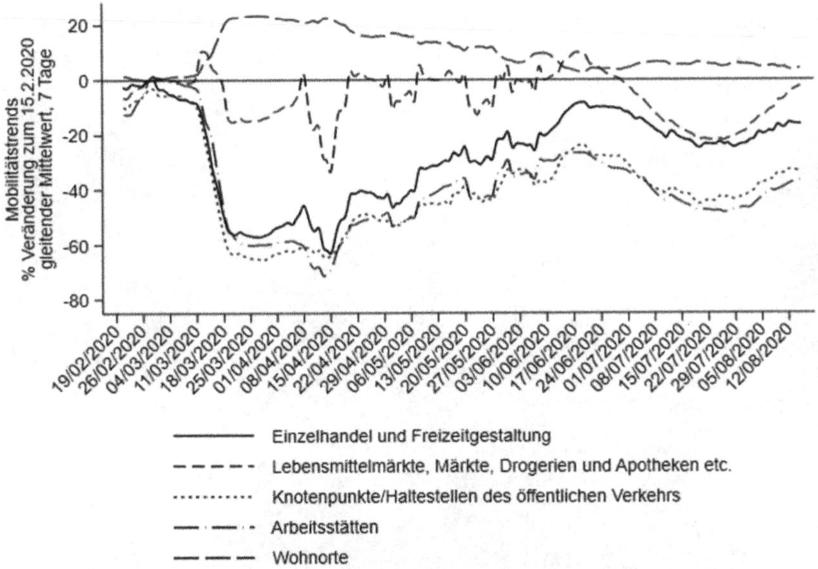

Abbildung 7.1 Covid-19 Google Global Mobility Report für Norwegen (15.2.2020–14.08.2020), eigene Aufbereitung und Darstellung, Datenquelle: https://www.google.com/covid19/mobility/ [Stand 06.08.2021])

7 Dabei konnten durch alle Prädiktoren gemeinsam 95 % des Rückgangs der Kriminalitätsraten zwischen den Erhebungswellen erklärt werden.

8 https://norwaytoday.info/news/significant-decline-in-juvenile-delinquency-in-oslo/ [25.08.20].

Der kurzfristige Rückgang der Jugendkriminalität während der Corona-Pandemie basiert eher auf einer sehr unerfreulichen „Präventionsmaßnahme“, die hoffentlich Ausnahme statt Regel bleibt. Was aus dem Beispiel aber klar wird, ist, dass wirksame Sozialpolitik bzw. Ansätze zur Prävention von Jugendkriminalität sich nicht nur auf einige wenige Erklärungen zur individuellen Persönlichkeit verlassen können. Ein wichtiger Teil in diesem Puzzle ist das Verständnis dafür, welche Rolle die Peergruppe (bei Lernprozessen) spielt, in welchen Situationen dies besonders wichtig ist und inwieweit individuelle Prädispositionen mit dem Gruppenkontext und anderen Kontexten interagieren. Dies ist auch für die Erklärung der Entwicklung von Jugendkriminalität relevant. Zwar wird jugendliche Delinquenz auch in der Zukunft ubiquitär und transitorisch bleiben, jedoch wandeln sich die Formen, und auf eine Abnahme kann auch durchaus wieder eine Zunahme folgen. Für eine erfolgreiche Präventionsarbeit ist es notwendig, möglichst viel über die Prozesse dahinter zu wissen – einige von ihnen wurden in dieser Arbeit thematisiert.

Literatur

Adler, P. A. & Adler, P. (1998). Peer power: Preadolescent culture and identity. New Brunswick: Rutgers University Press.

Agnew, R. (1992). Foundation For a General Strain Theory of Crime and Delinquency. Criminology 30(1), 47–88.

Aguinis, H., Gottfredson, R. K. & Culpepper, S. A. (2013). Best-Practice Recommendations for Estimating Cross-Level Interaction Effects Using Multilevel Modeling. Journal of Management 39(6), 1490–1528.

Ai, C. & Norton, E. C. (2003). Interaction terms in logit and probit models. Economics Letters 80(1), 123–129.

Akers, R. L. (1973). Deviant Behavior: A Social Learning Approach. Belmont, California: Wadsworth.

Akers, R. L. (1994). Criminological Theories: Introduction and Evaluation. Los Angeles, California: Roxbury Publ. Co.

Akers, R. L. (1998). Social Learning and Social Structure. A General Theory of Crime and Deviance. Boston: Northeastern Univ. Pr.

Akers, R. L. & Jensen, G. F. (2003). Social Learning Theory and the Explanation of Crime: A Guide for the New Century. New Brunswick, N.J.: Transaction Publishers.

Akers, R. L. & Jensen, G. F. (2006). The Empirical Status of Social Learning Theory of Crime and Deviance: The Past, Present, and Future, in: F. T. Cullen, J. P. Wright & K. R. Blevins (Hrsg.), Taking Stock. The Status of Criminological Theory. New Brunswick, NJ: transaction, 37–76.

Albert, M., Hurrelmann, K. & Quenzel, G. (2019) (Hrsg.), Jugend 2019 –18. Shell Jugendstudie: Eine Generation meldet sich zu Wort, Weinheim, Basel: Beltz.

Albrecht, H.-J. (2014). „Die Kriminalität sinkt!" – Warum geht die Jugendkriminalität zurück? RdJB Recht der Jugend und des Bildungswesens 62(3), 363–380.

Albrecht, H.-J. (2016). Der Rückgang der Jugendkriminalität setzt sich fort. RdJB Recht der Jugend und des Bildungswesens 64(4), 395–413.

Allen, J. P., Porter, M. R., McFarland, F. C., Marsh, P. & McElhaney, K. B. (2005). The two faces of adolescents' success with peers: adolescent popularity, social adaptation, and deviant behavior. Child Development 76(3), 747–760.

Almack, J. C. (1922). The influence of intelligence on the selection of associates. School and Society 16(410), 529–530.

D. Gerstner, *Freundschaftsnetzwerke und Delinquenz von Jugendlichen*, Kriminalität und Gesellschaft, https://doi.org/10.1007/978-3-658-36778-7

An, W. (2015). Multilevel meta network analysis with application to studying network dynamics of network interventions. Social networks 43, 48–56.

Anderson, C. J., Wasserman, S. & Crouch, B. (1999). A p* primer: logit models for social networks. Social networks 21(1), 37–66.

Anderson, E. (1994). The code of the streets. Atlantic monthly 273(5), 81–94.

Anderson, E. (1999). Code of the Street. Decency, Violence, and the Moral Life of the Inner City. New York, NY: Norton.

Aseltine, R. H., Jr. (1995). A Reconsideration of Parental and Peer Influences on Adolescent Deviance. Journal of Health and Social Behavior 36(2), 103–121.

Baerveldt, C., Van Rossem, R., Vermande, M. & Weerman, F. M. (2003). Students delinquency and correlates with strong and weaker ties: A study of students networks in Dutch high schools. Connections 25(3), 31–48.

Baerveldt, C., Völker, B. & Van Rossem, R. (2008). Revisiting Selection and Influence: An Inquiry into the Friendship Networks of High School Students and Their Association with Delinquency. Canadian Journal of Criminology and Criminal Justice/La Revue canadienne de criminologie et de justice pénale 50(5), 559–587.

Baier, D. (2014). Der Einfluss der Freundesgruppe auf Schulerfolg und Delinquenz – ein Geschlechtervergleich, in: D. Baier, T. Mößle & C. Pfeiffer (Hrsg.), Die Krise der Jungen. Baden-Baden: Nomos Verlagsgesellschaft mbH, 169–192.

Baier, D. & Bergmann, M. C. (2014). Erhöht aggressives Verhalten in der Schule den eigenen Status? Eine Analyse auf Basis einer Gesamtnetzwerkanalyse. Schulpädagogik heute 5(9), 1–14.

Bandura, A. (1977). Social Learning Theory. Englewood Cliffs, N.J.: Prentice Hall.

Bandura, A., Ross, D. & Ross, S. A. (1961). Transmission of aggression through imitation of aggressive models. Journal of Abnormal Psychology and Social Psychology 63(3), 575–582.

Barkow, J. H. (1989). The elastic between genes and culture. Ethology and Sociobiology 10(1–3), 111–129.

Baron, R. M. & Kenny, D. A. (1986). The moderator–mediator variable distinction in social psychological research: Conceptual, strategic, and statistical considerations. Journal of Personality and Social Psychology 51(6), 1173–1182.

Barton-Crosby, J. & Hirtenlehner, H. (2020). The Role of Morality and Self-Control in Conditioning the Criminogenic Effect of Provocation. A Partial Test of Situational Action Theory. Deviant Behavior 42(10), 1273–1294.

Bearman, P., Jones, J. & Udry, J. (2004). The National Longitudinal Study of Adolescent Health: research design, 1997. University of North Carolina, Carolina Population Center, http://www.cpc.unc.edu/projects/addhealth/design, [08.04.2020].

Beier, H. (2014). Peer effects in offending behaviour across contexts: Disentangling selection, opportunity and learning processes. European Journal of Criminology 11(1), 73–90.

Beier, H. (2016). Einflüsse der Peergruppe auf delinquentes und kriminelles Handeln Jugendlicher. Mannheim: Universität Mannheim.

Bendixen, M., Endresen, I. M. & Olweus, D. (2003). Variety and frequency scales of antisocial involvement: Which one is better? Legal and Criminological Psychology 8(2), 135–150.

Benson, M. L. (2014). Social Control and Self-control Through the Life Course, in: G. Bruinsma & D. Weisburd (Hrsg.), Encyclopedia of Criminology and Criminal Justice. New York, NY: Springer New York, 4908–4915.

Bentrup, C. (2019). Die Bedeutung delinquenter Freunde, in: K. Boers & J. Reinecke (Hrsg.), Delinquenz im Altersverlauf. Erkenntnisse der Längsschnittstudie „Kriminalität in der modernen Stadt". Münster, New York: 243–274.

Berghuis, B. & De Waard, J. (2017). Verdampende jeugdcriminaliteit. Verklaringen van de internationale daling. Justitiële verkenningen 43(1), 10–27.

Bernasco, W., Ruiter, S., Bruinsma, G. J. N., Pauwels, L. J. R. & Weerman, F. M. (2013). Situational Causes of Offending: A Fixed-Effects Analysis of Space–Time Budget Data. Criminology 51(4), 895–926.

Best, H. & Wolf, C. (2010). Logistische Regression, in: C. Wolf & H. Best (Hrsg.), Handbuch der sozialwissenschaftlichen Datenanalyse. Wiesbaden: VS Verlag für Sozialwissenschaften, 827–854.

Block, P. & Grund, T. (2014). Multidimensional Homophily in Friendship Networks. Network science (Cambridge University Press) 2(2), 189–212.

Boers, K. & Reinecke, J. (2019) (Hrsg.), Delinquenz im Altersverlauf. Erkenntnisse der Langzeitstudie Kriminalität in der modernen Stadt Bd. 20, Münster, New York: Waxmann.

Boman, J. H. & Gibson, C. L. (2011). Does the measurement of peer deviance change the relationship between self-control and deviant behavior? An analysis of friendship pairs. Journal of Criminal Justice 39(6), 521–530.

Boman, J. H., Stogner, J. M., Miller, B. L., Griffin, O. H. & Krohn, M. D. (2012). On the Operational Validity of Perceptual Peer Delinquency: Exploring Projection and Elements Contained in Perceptions. Journal of Research in Crime and Delinquency 49(4), 601–621.

Boman, J. H. & Ward, J. T. (2014). Beyond Projection: Specifying the Types of Peer Delinquency Misperception at the Item and Scale Levels. Deviant Behavior 35(7), 555–580.

Boman, J. H., Young, J. T. N., Baldwin, J. M. & Meldrum, R. C. (2014). Specifying the Sources of Misperceptions of Peer Deviance: A Tale of Two Levels. Criminal Justice and Behavior 41(1), 91–113.

Borgatti, S. P., Carley, K. M. & Krackhardt, D. (2006). On the robustness of centrality measures under conditions of imperfect data. Social networks 28(2), 124–136.

Borgatti, S. P., Everett, M. G. & Johnson, J. C. (2018). Analyzing social networks. Los Angeles, London: Sage.

Borgatti, S. P., Mehra, A., Brass, D. J. & Labianca, G. (2009). Network Analysis in the Social Sciences. science 323(5916), 892–895.

Bott, H. (1928). Observation of play activities in a nursery school. Genetic Psychology Monographs 4(1), 44–88.

Brandes, U. (2008). On variants of shortest-path betweenness centrality and their generic computation. Social networks 30(2), 136–145.

Brandes, U., Freeman, L. C. & Wagner, D. (2013). Social Networks, in: R. Tamassia (Hrsg.), Handbook of graph drawing and visualization. Boca Raton, London, New York: Chapman and Hall/CRC, 805–839.

Brauer, J. R. & Tittle, C. R. (2012). Social Learning Theory and Human Reinforcement. Sociological Spectrum 32(2), 157–177.

Breen, R., Karlson, K. B. & Holm, A. (2013). Total, Direct, and Indirect Effects in Logit and Probit Models. Sociological Methods & Research 42(2), 164–191.

Breen, R., Karlson, K. B. & Holm, A. (2018). A Note on a Reformulation of the KHB Method. Sociological Methods & Research 50(2), 901–912.

Brezina, T., Agnew, R., Cullen, F. T. & Wright, J. P. (2004). The Code of the Street: A Quantitative Assessment of Elijah Anderson's Subculture of Violence Thesis and Its Contribution to Youth Violence Research. Youth Violence and Juvenile Justice 2(4), 303–328.

Britt, C. L. & Costello, B. J. (2015). Strength of Control Theory, in: F. T. Cullen, P. Wilcox, R. J. Sampson & B. D. Dooley (Hrsg.), Challenging Criminological Theory. New Brunswick, London: Transaction Publishers, 167–191.

Bukowski, W. M., Motzoi, C. & Meyer, F. (2009). Friendships as Process, Funktion and Outcome, in: K. H. Rubin, W. M. Bukowski & B. Laursen (Hrsg.), Handbook of peer relationships. Peer interactions and groups. New York: Guildford Press, 217–231.

Burgess, R. L. & Akers, R. L. (1966). A Differential Association-Reinforcement Theory of Criminal Behavior. Social Problems 14(2), 128–147.

Burk, F. L. (1897). Teasing and bullying. The Pedagogical Seminary 4(3), 336–371.

Burk, W. J., Kerr, M. & Stattin, H. (2008). The co-evolution of early adolescent friendship networks, school involvement, and delinquent behaviors. Revue française de sociologie 49(3), 499–522.

Burt, R. S. (1987). A note on missing network data in the general social survey. Social networks 9(1), 63–73.

Butts, C. T. (2008). Social network analysis with sna. Journal of Statistical Software 24(6), 1–51.

Butts, C. T. (2019a). Package 'sna' (R Package Documentation). CRAN.

Butts, C. T. (2019b). sna: Tools for Social Network Analysis (R Package).

Cameron, A. C. & Trivedi, P. K. (2010). Microeconometrics using stata. College Station, Texas: Stata Press.

Carson, D. C. (2013). Perceptions of prosocial and delinquent peer behavior and the effect on delinquent attitudes: A longitudinal study. Journal of Criminal Justice 41(3), 151–161.

Chein, J., Albert, D., O'Brien, L., Uckert, K. & Steinberg, L. (2011). Peers increase adolescent risk taking by enhancing activity in the brain's reward circuitry. Developmental science 14(2), F1–F10.

Cillessen, A. (2012). Popularity, in: R. J. Levesque (Hrsg.), Encyclopedia of adolescence. Springer, 2104–2111.

Cillessen, A. & Mayeux, L. (2004). From Censure to Reinforcement: Developmental Changes in the Association Between Aggression and Social Status. Child Development 75(1), 147–163.

Cillessen, A. H. N. (2009). Sociometric Methods, in: K. H. Rubin, W. M. Bukowski & B. Laursen (Hrsg.), Handbook of peer relationships. Peer interactions and groups. New York: Guildford Press, 82–99.

Cillessen, A. H. N. & Rose, A. J. (2005). Understanding Popularity in the Peer System. Current Directions in Psychological Science 14(2), 102–105.

Closson, L. M. (2009). Status and Gender Differences in Early Adolescents' Descriptions of Popularity. Social Development 18(2), 412–426.

Cochran, W. G. (1954). The Combination of Estimates From Different Experiments. Biometrics 10(1), 101–129.

Cohen, A. K. (1955). Delinquent boys: The culture of the gang. Glencoe, Illinois: Free Press.

Cohen, A. K. (1967). Middle-Class Delinquency and the Social Structure, in: E. W. Vaz (Hrsg.), Middle-Class Juvenile Delinquency. New York: Harper & Row, 203–207.

Cohen, A. K. & Short Jr, J. F. (1961). Juvenile delinquency, in: R. K. Merton & R. A. Nisbet (Hrsg.), Contemporary social problems. New York, Harcourt: Brace & World, 84–135.

Cohen, J. M. (1977). Sources of Peer Group Homogeneity. Sociology of Education 50(4), 227–241.

Cohen, L. E. & Felson, M. (1979). Social Change and Crime Rate Trends: A Routine Activity Approach. American Sociological Review 44(4), 588–608.

Coie, J. D., Dodge, K. A. & Coppotelli, H. (1982). Dimensions and types of social status: A cross-age perspective. Developmental Psychology 18(4), 557–570.

Coie, J. D. & Kupersmidt, J. B. (1983). A Behavioral Analysis of Emerging Social Status in Boys' Groups. Child Development 54(6), 1400–1416.

Coleman, J. S. (1961). The Adolescent Society: The Social Life of the Teenager and its Impact on Education. New York: Free Press of Glencoe.

Crick, N. R. (1995). Relational Aggression: The role of intent attributions, feelings of distress, and provocation type. Development and Psychopathology 7(2), 313–322.

Crick, N. R. (1996). The Role of Overt Aggression, Relational Aggression, and Prosocial Behavior in the Prediction of Children's Future Social Adjustment. Child Development 67(5), 2317–2327.

Crick, N. R. & Ladd, G. W. (1989). Nominator Attrition: Does It Affect the Accuracy of Children's Sociometric Classifications? Merrill-Palmer Quarterly 35(2), 197–207.

Crick, N. R., Werner, N. E., Casas, J. F., O'Brien, K. M., Nelson, D. A., Grotpeter, J. K. & Markon, K. (1999). Childhood aggression and gender: A new look at an old problem. University of Nebraska Press, Nebraska symposium on motivation.

Csárdi, G. & Nepusz, T. (2006). The igraph software package for complex network research. InterJournal Complex Systems 1695 (https://zenodo.org/record/3774399), [30.11.2021].

de Jong, E., Bernasco, W. & Lammers, M. (2020). Situational Correlates of Adolescent Substance Use: An Improved Test of the Routine Activity Theory of Deviant Behavior. Journal of Quantitative Criminology 36(4), 823–850.

Deeks, J. J., Higgins, J. P. T. & Altman, D. G. (2019). Analysing data and undertaking meta-analyses., in: J. P. T. Higgins, J. Thomas, J. Chandler, M. Cumpston, T. Li, M. J. Page & V. A. Welch (Hrsg.), Cochrane Handbook for Systematic Reviews of Interventions. Version 6. Wiley Blackwell, 241–284.

DeLisi, M. & Piquero, A. R. (2011). New frontiers in criminal careers research, 2000–2011: A state-of-the-art review. Journal of Criminal Justice 39(4), 289–301.

Delitsch, J. (1900). Über Schülerfreundschaften in einer Volksschulklasse. Zeitschrift für Kinderforschung 5(4), 150–162.

Den Exter Blokland, E. A. W., Engels, R. C. M. E. & Finkenauer, C. (2001). Parenting-styles, self-control and male juvenile delinquency, in: M. Martinez (Hrsg.), Prevention and Control of Aggression and the Impact on its Victims. Boston, MA: Springer US, 201–207.

Diesner, J., Frantz, T. & Carley, K. (2005). Communication Networks from the Enron Email Corpus "It's Always About the People. Enron is no Different". Computational & Mathematical Organization Theory 11(3), 201–228.

Dijkstra, J. K., Cillessen, A. H. N., Lindenberg, S. & Veenstra, R. (2010). Same-Gender and Cross-Gender Likeability: Associations With Popularity and Status Enhancement: The TRAILS study. The Journal of Early Adolescence 30(6), 773–802.

Dijkstra, J. K., Lindenberg, S. & Veenstra, R. (2008). Beyond the Class Norm: Bullying Behavior of Popular Adolescents and its Relation to Peer Acceptance and Rejection. Journal of Abnormal Child Psychology 36(8), 1289.

Dishion, T. J. & Patterson, G. R. (2006). The development and ecology of antisocial behavior in children and adolescents, in: D. Cicchetti & D. J. Cohen (Hrsg.), Developmental psychopathology: Risk, disorder, and adaptation, Vol. 3, 2nd ed. Hoboken, NJ, US: John Wiley & Sons Inc, 503–541.

Dollinger, B. & Schmidt-Semisch, H. (2011). Sozialpädagogik und Kriminologie im Dialog. Einführende Perspektiven zum Ereignis „Jugendkriminalität", in: B. Dollinger & H. Schmidt-Semisch (Hrsg.), Handbuch Jugendkriminalität: Kriminologie und Sozialpädagogik im Dialog. Wiesbaden: VS Verlag für Sozialwissenschaften, 11–21.

Dunbar, R. I. M. (1993). Coevolution of neocortical size, group size and language in humans. Behavioral and Brain Sciences 16(04), 681–694.

Durkheim, E. (1962 [1925]). Moral education: A study in the theory and application of the sociology of education. New York, London: The Free Press and Collier-Macmillan.

Eifler, S. (2015). Situation und Kontrolle: Eine Anwendung der Situational Action Theory auf Gelegenheiten zur Fundunterschlagung. Monatsschrift für Kriminologie und Strafrechtsreform 98(3), 227.

Elliott, D. S., Ageton, S., Huizinga, D., Knowles, B. & Canter, R. (1983). The Prevalence and Incidence of Delinquent Behavior, 1976–1980: National Estimates of Delinquent Behavior by Sex, Race, Social Class and Other Selected Variables. Boulder, Colorado: Behavioral Research Institute.

Elliott, D. S., Huizinga, D. & Ageton, S. S. (1985). Explaining delinquency and drug use. Beverly Hills [u.a.]: Sage.

Enders, C. K. (2010). Applied missing data analysis. New York, NY, US: Guilford Press.

Engel, C. (2012). Low self-control as a source of crime: A meta-study. MPI Collective Goods Preprint, No. 2012/4.

Engel, U. & Hurrelmann, K. (1993). Was Jugendliche wagen. Eine Längsschnittstudie über Drogenkonsum, Streßreaktionen und Delinquenz im Jugendalter. Weinheim [u. a.]: Juventa.

Erlhofer, S. (2008). Missing Data in der Netzwerkanalyse, in: C. Stegbauer (Hrsg.), Netzwerkanalyse und Netzwerktheorie. Wiesbaden: VS Verlag für Sozialwissenschaften, 251–260.

Ernst, A. & Lenkewitz, S. (2020). Violence, Street Code Internalization and the Moderating Effect of the Status-Violence Norm in German Schools. Kriminologie – Das Online-Journal | Criminology – The Online Journal 2(1), 39–63.

Esser, H. (2010). Das Modell der Frame-Selektion. Eine allgemeine Handlungstheorie für die Sozialwissenschaften?, in: Soziologische Theorie kontrovers. Wiesbaden: VS, Verlag für Sozialwissenschaften, 45–62.

Faris, R. & Felmlee, D. (2011). Status Struggles: Network Centrality and Gender Segregation in Same- and Cross-Gender Aggression. American Sociological Review 76(1), 48–73.

Faris, R. & Felmlee, D. (2014). Casualties of Social Combat: School Networks of Peer Victimization and Their Consequences. American Sociological Review 79(2), 228–257.

Farrington, D. P. (1973). Self-Reports of Deviant Behavior: Predictive and Stable? The Journal of Criminal Law and Criminology 64(1), 99–110.

Flache, A. & Snijders, T. A. B. (2008). Die Modellierung komplexer Netzwerke: zum Nutzen agentenbasierter Modelle in der neuen Netzwerkforschung, in: K.-S. Rehberg (Hrsg.). Frankfurt am Main, Deutschland: Campus Verlag GmbH, 781–797.

Frank, O. & Strauss, D. (1986). Markov graphs. Journal of the American Statistical Association 81(395), 832–842.

Freeman, L. C. (1984). Turning a profit from mathematics: The case of social networks. The Journal of Mathematical Sociology 10(3–4), 343–360.

Friemel, T. N. & Knecht, A. (2009). Praktikable vs. tatsächliche Grenzen von sozialen Netzwerken. Eine Diskussion zur Validität von Schulklassen als komplette Netzwerke, in: R. Häußling (Hrsg.), Grenzen von Netzwerken. Wiesbaden: VS Verlag für Sozialwissenschaften, 15–32.

Gallupe, O., McLevey, J. & Brown, S. (2019). Selection and Influence: A Meta-Analysis of the Association Between Peer and Personal Offending. Journal of Quantitative Criminology 35(2), 313–335.

Gamper, M. (2019). Delitsch (1900): Über Schülerfreundschaften in einer Volksschulklasse, in: B. Holzer & C. Stegbauer (Hrsg.), Schlüsselwerke der Netzwerkforschung. Wiesbaden: Springer Fachmedien Wiesbaden, 151–155.

Gardner, M. & Steinberg, L. (2005). Peer Influence on Risk Taking, Risk Preference, and Risky Decision Making in Adolescence and Adulthood: An Experimental Study. Developmental Psychology 41(4), 625–635.

Gerstner, D. (2017). Die „Coolen" von der Schule : Ein netzwerkanalytischer Blick auf die Delinquenz von Jugendlichen im Schulkontext, in: T. Bartsch, M. Brandenstein, V. Grundies, D. Hermann, J. Puschke & M. Rau (Hrsg.), 50 Jahre Südwestdeutsche und Schweizerische Kriminologische Kolloquien. Berlin: Duncker & Humblot, 279–295.

Gerstner, D. & Oberwittler, D. (2015). Wer kennt wen und was geht ab? Ein netzwerkanalytischer Blick auf die Rolle delinquenter Peers im Rahmen der Situational Action Theory. Monatsschrift für Kriminologie und Strafrechtsreform 97(3), 204–226.

Gerstner, D. & Oberwittler, D. (2018). Who's hanging out and what's happening? A look at the interplay between unstructured socializing, crime propensity and delinquent peers using social network data. European Journal of Criminology 15(1), 111–129.

Giese, H., Juhász, R., Schupp, H. & Renner, B. (2013). Kann man Popularität und Freundschaft essen? Zeitschrift für Gesundheitspsychologie 21(2), 71–81.

Gifford-Smith, M. E. & Brownell, C. A. (2003). Childhood peer relationships: social acceptance, friendships, and peer networks. Journal of School Psychology 41(4), 235–284.

Gil, J. & Schmidt, S. (1996). The origin of the Mexican network of power. Proceedings of the International Social Network Conference, Charlston, 22–25.

Giordano, P. C. (2003). Relationships in Adolescence. Annual Review of Sociology 29, 257–281.

Girvan, M. & Newman, M. E. (2002). Community structure in social and biological networks. Proc Natl Acad Sci USA 99(12), 7821–7826.

Glueck, S. & Glueck, E. T. (1951). Unraveling juvenile delinquency. Cambridge, Mass.: Harvard Univ. Pr.

Goodreau, S., Kitts, J. & Morris, M. (2009). Birds of a feather, or friend of a friend? using exponential random graph models to investigate adolescent social networks*. Demography 46(1), 103–125.

Goodreau, S. M. (2007). Advances in Exponential Random Graph (p*) Models Applied to a Large Social Network. Social networks 29(2), 231–248.

Gorsuch, J. H. (1938). A scale of seriousness of crimes. Journal of Criminal Law and Criminology (1931–1951) 29(2), 245–252.

Gottfredson, M. R. & Hirschi, T. (1990). A general theory of crime. Stanford, Calif: Stanford Univ. Press.

Granovetter, M. S. (1973). The Strength of Weak Ties. American Journal of Sociology 78(6), 1360–1380.

Grasmick, H. G., Tittle, C. R., Bursik, R. J. & Arneklev, B. J. (1993). Testing the Core Empirical Implications of Gottfredson and Hirschi's General Theory of Crime. Journal of Research in Crime and Delinquency 30(1), 5–29.

Greene, W. (2010). Testing hypotheses about interaction terms in nonlinear models. Economics Letters 107(2), 291–296.

Hall, G. S. (1904). Adolescence: Its Psychology and its Relations to Physiology, Anthropology, Sociology, Sex, Crime, Religion, and Education. New York: D. Appleton and Co.

Handcock, M. S. & Gile, K. (2007). Modeling Social Networks with Sampled or Missing Data. Working Paper no. 75. Washington: Center for Statistics and the Social Sciences University of Washington.

Handcock, M. S., Hunter, D. R., Butts, C. T., Goodreau, S. M., Krivitsky, P. N. & Morris, M. (2018). ergm: Fit, Simulate and Diagnose Exponential-Family Models for Networks. The Statnet Project. R package version 3.9.4 [Computer Program].

Harary, F. (1953). On the notion of balance of a signed graph. Michigan Math. J. 2(2), 143–146.

Harring, M., Böhm-Kasper, O., Rohlfs, C. & Palentien, C. (2010). Peers als Bildungs- und Sozialisationsinstanzen – eine Einführung in die Thematik, in: M. Harring, O. Böhm-Kasper, C. Rohlfs & C. Palentien (Hrsg.), Freundschaften, Cliquen und Jugendkulturen: Peers als Bildungs- und Sozialisationsinstanzen. Wiesbaden: VS Verlag für Sozialwissenschaften, 9–19.

Harris, K. M., Halpern, C. T., Whitsel, E., Hussey, J., Tabor, J., Entzel, P. & Udry, J. R. (2009). The National Longitudinal Study of Adolescent to Adult Health: Research Design. http://www.cpc.unc.edu/projects/addhealth/design [03.04.2020].

Hartup, W. W. & Stevens, N. (1997). Friendships and adaptation in the life course. Psychological Bulletin 121(3), 355–370.

Häußling, R. (2009). Grenzen von Netzwerken. Wiesbaden: VS Verlag für Sozialwissenschaften.

Hawley, A. H. (1950). Human ecology: a theory of community structure. New York: Ronald.

Hay, C. & Meldrum, R. C. (2016). Self-Control and Crime Over the Life Course. Thousand Oaks, California: SAGE Publications.

Haynie, D. L. (2001). Delinquent Peers Revisited: Does Network Structure Matter? American Journal of Sociology 106(4), 1013–1057.

Haynie, D. L., Doogan, N. J. & Soller, B. (2014). Gender, Friendship Networks, and Delinquency: A Dynamic Network Approach. Criminology 52(4), 688–722.

Haynie, D. L. & Osgood, D. W. (2005). Reconsidering peers and delinquency: How do peers matter? Social Forces 84(2), 1109–1130.

Heider, F. (1958). The psychology of interpersonal relations. New York: Wiley.

Heidler, R., Gamper, M., Herz, A. & Eßer, F. (2014). Relationship patterns in the 19th century: The friendship network in a German boys' school class from 1880 to 1881 revisited. Social networks 37(0), 1–13.

Heinz, W. (2003). Jugendkriminalität in Deutschland. Kriminalstatistische und kriminologische Befunde. Konstanzer Inventar Kriminalitätsentwicklung (https://www.unikonstanz.de/rtf/kik/): [30.11.2021].

Heinz, W. (2016). Jugendkriminalität – Zahlen und Fakten. Bundeszentrale für politische Bildung https://www.bpb.de/politik/innenpolitik/gangsterlaeufer/203562/zahlen-und-fakten%3Fp%3Dall [23.07.2020].

Heitmeyer, W., Kurtenbach, S. & Zdun, S. (2019). Conclusion: The Need to Develop the Code of the Street into a General Approach, in: The Codes of the Street in Risky Neighborhoods: A Cross-Cultural Comparison of Youth Violence in Germany, Pakistan, and South Africa. Cham: Springer International Publishing, 179–189.

Hennig, M., Brandes, U., Pfeffer, J. & Mergel, I. (2012). Studying Social Networks. A Guide To Empirical Research. Frankfurt/New York: Campus Verlag.

Hestermann, T. (2018). Jugendkriminalität in den Medien: Opfer, Dämonen und die Mediatisierung der Gewalt, in: B. Dollinger & H. Schmidt-Semisch (Hrsg.), Handbuch Jugendkriminalität: Interdisziplinäre Perspektiven. Wiesbaden: Springer Fachmedien Wiesbaden, 67–85.

Higgins, J. P. T., Thompson, S. G., Deeks, J. J. & Altman, D. G. (2003). Measuring inconsistency in meta-analyses. BMJ (Clinical research ed.) 327(7414), 557–560.

Hilbe, J. M. (2011). Negative binomial regression. Cambridge [u. a.]: Cambridge University, Press.

Hill, R. A. & Dunbar, R. I. M. (2003). Social network size in humans. Human Nature 14(1), 53–72.

Hindelang, M. J., Hirschi, T. & Weis, J. G. (1981). Measuring delinquency. Sage Publications Beverly Hills, CA.

Hinduja, S. & Patchin, J. W. (2008). Cyberbullying: An Exploratory Analysis of Factors Related to Offending and Victimization. Deviant Behavior 29(2), 129–156.

Hirschi, T. (1969). Causes of delinquency. Berkley [u. a.]: Univ. of California Press.

Hirschi, T. & Gottfredson, M. (1983). Age and the Explanation of Crime. American Journal of Sociology 89(3), 552–584.

Hirtenlehner, H., Pauwels, L. & Mesko, G. (2013). Is the Effect of Perceived Deterrence on Juvenile Offending Contingent on the Level of Self-control?: Results from Three Countries. British Journal of Criminology 54(1), 128–150.

Hirtenlehner, H., Pauwels, L. & Mesko, G. (2015). Is the criminogenic effect of exposure to peer delinquency dependent on the ability to exercise self-control? Results from three countries. Journal of Criminal Justice 43(6), 532–543.

Hirtenlehner, H. & Treiber, K. (2017). Can Situational Action Theory Explain the Gender Gap in Adolescent Shoplifting? Results From Austria. International Criminal Justice Review 27(3), 165–187.

Hoeben, E. & Weerman, F. (2014). Situational conditions and adolescent offending: Does the impact of unstructured socializing depend on its location? European Journal of Criminology 11(4), 481–499.

Hoeben, E. M., Meldrum, R. C., Walker, D. A. & Young, J. T. N. (2016). The role of peer delinquency and unstructured socializing in explaining delinquency and substance use: A state-of-the-art review. Journal of Criminal Justice 47(1), 108–122.

Hoeben, E. M., Osgood, D. W., Siennick, S. E. & Weerman, F. M. (2020). Hanging Out with the Wrong Crowd? The Role of Unstructured Socializing in Adolescents' Specialization in Delinquency and Substance Use. Journal of Quantitative Criminology 37(1), 141–177.

Hoeben, E. M. & Weerman, F. M. (2016). Why is Involvement in Unstructured Socializing Related to Adolescent Delinquency? Criminology 54(2), 242–281.

Hoeve, M., Stams, G. J. J. M., van der Put, C. E., Dubas, J. S., van der Laan, P. H. & Gerris, J. R. M. (2012). A Meta-analysis of Attachment to Parents and Delinquency. Journal of Abnormal Child Psychology 40(5), 771–785.

Holgado–Tello, F., Chacón–Moscoso, S., Barbero–García, I. & Vila–Abad, E. (2010). Polychoric versus Pearson correlations in exploratory and confirmatory factor analysis of ordinal variables. Quality & Quantity 44(1), 153–166.

Holland, P. W. & Leinhardt, S. (1981). An exponential family of probability distributions for directed graphs. Journal of the American Statistical Association 76(373), 33–50.

Holzer, B. (2015). Netzwerke. Bielefeld: transcript Verlag.

Hopmeyer Gorman, A., Kim, J. & Schimmelbusch, A. (2002). The Attributes Adolescents Associate with Peer Popularity and Teacher Preference. Journal of School Psychology 40(2), 143–165.

Hörmann, C. & Stoiber, M. (2015). Mobbing – Cybermobbing, in: W. Melzer, D. Herrmann, U. Sandfuchs, M. Schäfer, W. Schubarth & P. Daschner (Hrsg.), Handbuch Aggression, Gewalt und Kriminalität bei Kindern und Jugendlichen. Bad Heilbrunn: Verlag Julius Klinkhardt, 179–182.

Hox, J. J. (2010). Multilevel analysis techniques and applications. New York, NY: Routledge.

Hunter, D. R. (2007). Curved Exponential Family Models for Social Networks. Social networks 29(2), 216–230.

Hunter, D. R. & Handcock, M. S. (2006). Inference in Curved Exponential Family Models for Networks. Journal of Computational and Graphical Statistics 15(3), 565–583.

Hunter, D. R., Handcock, M. S., Butts, C. T., Goodreau, S. M. & Morris, M. (2008). ergm: A package to fit, simulate and diagnose exponential-family models for networks. Journal of Statistical Software 24(3), 1–29.

Hurrelmann, K., Bauer, U., Grundmann, M. & Walper, S. (2015) (Hrsg.), Handbuch Sozialisationsforschung, 8., vollst. überarb. Aufl., Weinheim Basel: Beltz.

Ingram, J. R., Patchin, J. W., Huebner, B. M., McCluskey, J. D. & Bynum, T. S. (2007). Parents, Friends, and Serious Delinquency: An Examination of Direct and Indirect Effects Among At-Risk Early Adolescents. Criminal Justice Review 32(4), 380–400.

Jansen, D. (2006). Einführung in die Netzwerkanalyse Grundlagen, Methoden, Forschungsbeispiele. Wiesbaden: VS Verl. für Sozialwiss.

Janssen, H. J., Eichelsheim, V. I., Deković, M. & Bruinsma, G. J. N. (2015). How is parenting related to adolescent delinquency? A between- and within-person analysis of the mediating role of self-control, delinquent attitudes, peer delinquency, and time spent in criminogenic settings. European Journal of Criminology 13(2), 169–194.

Jensen, G. F. (1972). Parents, Peers, and Delinquent Action: A Test of the Differential Association Perspective. American Journal of Sociology 78(3), 562–575.

Jonkmann, K., Trautwein, U. & Lüdtke, O. (2009). Social Dominance in Adolescence: The Moderating Role of the Classroom Context and Behavioral Heterogeneity. Child Development 80(2), 338–355.

Jose, R., Hipp, J. R., Butts, C. T., Wang, C. & Lakon, C. M. (2015). Network Structure, Influence, Selection, and Adolescent Delinquent Behavior: Unpacking a Dynamic Process. Criminal Justice and Behavior 43(2), 264–284.

Jugendstiftung Baden-Württemberg (2015). Jugendstudie Baden Württemberg 2015. Sersheim: Jugendstiftung Baden-Württemberg.

Junger-Tas, J., Ribeaud, D. & Cruyff, M. J. L. F. (2004). Juvenile Delinquency and Gender. European Journal of Criminology 1(3), 333–375.

Jussim, L. & Osgood, D. W. (1989). Influence and Similarity Among Friends: An Integrative Model Applied to Incarcerated Adolescents. Social Psychology Quarterly 52(2), 98–112.

Juvonen, J. & Graham, S. (2014). Bullying in Schools: The Power of Bullies and the Plight of Victims. Annual Review of Psychology 65(1), 159–185.

Kamada, T. & Kawai, S. (1988). A simple method for computing general position in displaying three-dimensional objects. Computer Vision, Graphics, and Image Processing 41(1), 43–56.

Kandel, D. B. (1978). Homophily, Selection, and Socialization in Adolescent Friendships. American Journal of Sociology 84(2), 427–436.

Kandel, D. B. (1996). The Parental and Peer Contexts of Adolescent Deviance: An Algebra of Interpersonal Influences. Journal of Drug Issues 26(2), 289–315.

Karaca-Mandic, P., Norton, E. C. & Dowd, B. (2012). Interaction Terms in Nonlinear Models. Health Services Research 47(1pt1), 255–274.

Karlson, K. B. & Holm, A. (2011). Decomposing primary and secondary effects: A new decomposition method. Research in Social Stratification and Mobility 29(2), 221–237.

Kerr, M. & Stattin, H. (2000). What parents know, how they know it, and several forms of adolescent adjustment: further support for a reinterpretation of monitoring. Developmental Psychology 36(3), 366–380.

Kerr, M., Stattin, H. & Burk, W. J. (2010). A Reinterpretation of Parental Monitoring in Longitudinal Perspective. Journal of Research on Adolescence 20(1), 39–64.

Kerr, M., Stattin, H. & Kiesner, J. (2007). Peers and problem behavior: Have we missed something, in: R. C. M. E. Engels, M. Kerr & H. Stattin (Hrsg.), Friends, lovers and groups: Key relationships in adolescence. Hot topics in developmental research. 125–153.

Kiesner, J., Kerr, M. & Stattin, H. (2004). "Very Important Persons" in adolescence: going beyond in-school, single friendships in the study of peer homophily. Journal of Adolescence 27(5), 545–560.

Kiesner, J., Poulin, F. & Nicotra, E. (2003). Peer Relations Across Contexts: Individual-Network Homophily and Network Inclusion In and After School. Child Development 74(5), 1328–1343.

Kirke, D. M. (1996). Collecting peer data and delineating peer networks in a complete network. Social networks 18(4), 333–346.

Kirke, D. M. (2004). Chain reactions in adolescents' cigarette, alcohol and drug use: similarity through peer influence or the patterning of ties in peer networks? Social networks 26(1), 3–28.

Kirke, D. M. (2006). Teenagers and substance use: Social networks and peer influence. Basingstoke, New York: Palgrave Macmillan

Knecht, A., Snijders, T. A. B., Baerveldt, C., Steglich, C. E. G. & Raub, W. (2010). Friendship and Delinquency: Selection and Influence Processes in Early Adolescence. Social Development 19(3), 494–514.

Knoke, D. & Yang, S. (2008). Social network analysis. Thousand Oaks, CA: Sage.

Kohler, U. & Karlson, K. (2019). KHB: Stata module to decompose total effects into direct and indirect via KHB-method [Computer Program].

Kohler, U., Karlson, K. B. & Holm, A. (2011). Comparing Coefficients of Nested Nonlinear Probability Models. The Stata Journal 11(3), 420–438.

Kornhauser, R. R. (1978). Social sources of delinquency: An appraisal of analytic models. Chicago: University of Chicago Press.

Kossinets, G. (2006). Effects of missing data in social networks. Social networks 28(3), 247–268.

Krackhardt, D. (1987). Cognitive social structures. Social networks 9(2), 109–134.

Kreager, D. A. (2007). When it's good to be "bad": violence and adolescent peer acceptance. Criminology 45(4), 893–923.

Krivitsky, P. N. (2012). Exponential-family random graph models for valued networks. Electronic journal of statistics 6, 1100–1128.

Kroneberg, C. (2010). Das Modell der Frame-Selektion – Grundlagen und soziologische Anwendung einer integrativen Handlungstheorie. Mannheim: Universität Mannheim.

Kroneberg, C. (2011). Das Modell der Frame-Selektion (MFS), in: Die Erklärung sozialen Handelns: Grundlagen und Anwendung einer integrativen Theorie. Wiesbaden: VS Verlag für Sozialwissenschaften, 119–164.

Kroneberg, C., Ernst, A. & Gerth, M. (2016). „Das Projekt „Freundschaft und Gewalt im Jugendalter "", in: F. Neubacher & N. Bögelein (Hrsg.), Krise–Kriminalität–Kriminologie. Mönchengladbach: Forum Verlag Godesberg, 353–364.

Kruse, H., Smith, S., van Tubergen, F. & Maas, I. (2016). From neighbors to school friends? How adolescents' place of residence relates to same-ethnic school friendships. Social networks 44, 130–142.

LaFontana, K. M. & Cillessen, A. H. N. (2010). Developmental Changes in the Priority of Perceived Status in Childhood and Adolescence. Social Development 19(1), 130–147.

Lamnek, S. (2001). Theorien abweichenden Verhaltens. München: UTB.

Langer, W. (2009). Mehrebenenanalyse. Wiesbaden: VS Verlag für Sozialwissenschaften.

Lazarsfeld, P. F. & Merton, R. K. (1954). Friendship as a social process: A substantive and methodological analysis. Freedom and control in modern society 18(1), 18–66.

Leifeld, P. & Malang, T. (2009). Anhang A: Glossar der Politiknetzwerkanalyse, in: V. Schneider, F. Janning, P. Leifeld & T. Malang (Hrsg.), Politiknetzwerke: Modelle, Anwendungen und Visualisierungen. Wiesbaden: VS Verlag für Sozialwissenschaften, 371–389.

Leitgöb, H. (2014). Modeling interactions in count-data regression: Principles and implementation in Stata. 2014 German Stata Users Group meeting Hamburg [Conference Paper].

Lemert, E. M. (1951). Social Pathology. New York: MacGraw-Hill Book Co.

Leszczensky, L., Beier, H., Kruse, H. & Pink, S. (2016). Collecting Network Panel Data in Schools: Practical Guidance Based on the Experiences of Three German Research Projects. Mannheim: MZES Working Paper.

Leszczensky, L. & Pink, S. (2015). Ethnic segregation of friendship networks in school: Testing a rational-choice argument of differences in ethnic homophily between classroom- and grade-level networks. Social networks 42, 18–26.

Leszczensky, L., Pink, S. & Kalter, F. (2015). Friendship and identity in school: field report on Wave 1, Wave 2, and Wave 3 (Technical Report). Mannheim: Arbeitspapiere / Mannheimer Zentrum für Europäische Sozialforschung 161.

Linden, A. & Karlson, K. B. (2013). Using mediation analysis to identify causal mechanisms in disease management interventions. Health Services and Outcomes Research Methodology 13(2), 86–108.

Loeber, R., Farrington, D. P., Stouthamer-Loeber, M. & Van Kammen, W. B. (1998). Antisocial behavior and mental health problems: Explanatory factors in childhood and adolescence. Psychology Press.

Loeber, R., Stouthamer-Loeber, M., Farrington, D. P. & Pardini, D., Pittsburgh Youth Study Youngest Sample (1987–2001) [Pittsburgh, Pennsylvania], 2017.

Lüdtke, O., Marsh, H. W., Robitzsch, A., Trautwein, U., Asparouhov, T. & Muthén, B. (2008). The multilevel latent covariate model: A new, more reliable approach to group-level effects in contextual studies. Psychological Methods 13(3), 203–229.

Lusher, D., Koskinen, J. & Robins, G. (2012). Exponential Random Graph Models for Social Networks: Theory, Methods, and Applications. Cambridge: Cambridge University Press.

Mahoney, J. L., Stattin, H. & Lord, H. (2004). Unstructured youth recreation centre participation and antisocial behaviour development: Selection influences and the moderating role of antisocial peers. International Journal of Behavioral Development 28(6), 553–560.

Maimon, D. & Browning, C. R. (2010). Unstructured Socializing, Collective Efficacy, and Violent Behavior Among Urban Youth. Criminology 48(2), 443–474.

Malthus, T. R. (1872). An Essay on the Principle of Population. London: Murray.

Matsueda, R. L. & Anderson, K. (1998). The Dynamics of Delinquent Peers and Delinquent Behavior. Criminology 36(2), 269–308.

Mayeux, L., Underwood, M. K. & Risser, S. D. (2007). Perspectives on the Ethics of Sociometric Research with Children: how children, peers, and teachers help to inform the debate. Merrill-Palmer Quarterly 53(1), 53–78.

McGloin, J. M. & Thomas, K. J. (2016). Considering the Elements that Inform Perceived Peer Deviance. Journal of Research in Crime and Delinquency 53(5), 597–627.

McPherson, M., Smith-Lovin, L. & Cook, J. M. (2001). Birds of a Feather: Homophily in Social Networks. Annual Review of Sociology 27, 415–444.

Mears, D. P., Ploeger, M. & Warr, M. (1998). Explaining the Gender Gap in Delinquency: Peer Influence and Moral Evaluations of Behavior. Journal of Research in Crime and Delinquency 35(3), 251–266.

Megens, K. C. I. M. & Weerman, F. M. (2010). Attitudes, delinquency and peers: The role of social norms in attitude-behaviour inconsistency. European Journal of Criminology 7(4), 299–316.

Megens, K. C. I. M. & Weerman, F. M. (2012). The Social Transmission of Delinquency: Effects of Peer Attitudes and Behavior Revisited. Journal of Research in Crime and Delinquency 49(3), 420–443.

Meijs, N., Cillessen, A. H., Scholte, R. H., Segers, E. & Spijkerman, R. (2010). Social intelligence and academic achievement as predictors of adolescent popularity. Journal of youth and adolescence 39(1), 62–72.

Meldrum, R. C., Young, J. T. N. & Weerman, F. M. (2009). Reconsidering the Effect of Self-Control and Delinquent Peers Implications of Measurement for Theoretical Significance. Journal of Research in Crime and Delinquency 46(3), 353–376.

Menard, S. & Huizinga, D. (1994). Changes in Conventional Attitudes and Delinquent Behavior in Adolescence. Youth & Society 26(1), 23–53.

Merton, R. K. (1938). Social Structure and Anomie. American Sociological Review 3(5), 672–682.

Milgram, S. (1967). The small world problem. Psychology today 2(1), 60–67.

Moffitt, T. E., Caspi, A., Rutter, M. & Silva, P. A. (2001). Sex differences in antisocial behaviour: Conduct disorder, delinquency, and violence in the Dunedin Longitudinal Study. New York, NY, US: Cambridge University Press.

Monahan, K., Steinberg, L. & Piquero, A. R. (2015). Juvenile Justice Policy and Practice: A Developmental Perspective. Crime and Justice 44(1), 577–619.

Montada, L. (1998). Fragen, Konzepte, Perspektiven, in: R. Oerter & L. Montada (Hrsg.), Entwicklungspsychologie. Weinheim: Beltz, Psychologie-Verl.-Union, 1–83.

Mood, C. (2010). Logistic Regression: Why We Cannot Do What We Think We Can Do, and What We Can Do About It. European Sociological Review 26(1), 67–82.

Moreno, J. L. (1934). Who shall survive? A New Approach to the Problem of Human Interrelations. Washington, D.C.: Nervous and Mental Disease Publishing Co.

Moreno, J. L. & Stagg Whitin, E. (1945). The Application of the Group Method to the Classification of Prisoners. Sociometry 8(3/4), 15–39.

Morris, M., Handcock, M. S. & Hunter, D. R. (2008). Specification of exponential-family random graph models: terms and computational aspects. Journal of Statistical Software 24(4), 1548.

Morselli, C. (2009). Inside Criminal Networks. New York, NY: Springer Science+Business Media.

Morselli, C. (2010). Assessing Vulnerable and Strategic Positions in a Criminal Network. Journal of Contemporary Criminal Justice 26(4), 382–392.

Nagel, M. & Satoh, K. (2019). Protesting iconic megaprojects. A discourse network analysis of the evolution of the conflict over Stuttgart 21. Urban Studies 56(8), 1681–1700.

Newman, M. E. & Girvan, M. (2004). Finding and evaluating community structure in networks. Phys Rev E Stat Nonlin Soft Matter Phys 69(2), 026113.

Newman, M. E. J., Watts, D. J. & Strogatz, S. H. (2002). Random graph models of social networks. Proceedings of the National Academy of Sciences 99(suppl 1), 2566–2572.

Oberwittler, D. (2000). Von der Strafe zur Erziehung? Jugendkriminalpolitik in England und Deutschland (1850–1920). Frankfurt/Main, New York: Campus.

Oberwittler, D. (2021). Jugend und Kriminalität, in: H.-H. Krüger, C. Grunert & K. Ludwig (Hrsg.), Handbuch Kindheits- und Jugendforschung. Springer, https://doi.org/10.1007/1978-1003-1658-24801-24807_24852-24801.

Oberwittler, D. & Gerstner, D. (2014). Die Modellierung von Interaktionseffekten in Erklärungsmodellen selbstberichteter Delinquenz – Ein empirischer Vergleich von linearer OLS-Regression und negativer Binomialregression anhand der Wechselwirkungen von Risikoorientierung und Scham, in: S. Eifler & D. Pollich (Hrsg.), Empirische Forschung über Kriminalität. Wiesbaden: Springer Fachmedien 275–301.

Oberwittler, D. & Gerstner, D. (2019). MPI-Schulbefragung 2011 „Lebenslagen und Risiken von Jugendlichen“ – Methodenbericht. Freiburg: Max-Planck-Institut für ausländisches und internationales Strafrecht.

Oldenburg, B., Van Duijn, M. & Veenstra, R. (2018). Defending one's friends, not one's enemies: A social network analysis of children's defending, friendship, and dislike relationships using XPNet. PLoS One 13, 1–14.

Olweus, D. (1978). Aggression in the schools.Bullies and Whipping Boys. Washington, D.C.: Hemisphere Publ.

Osgood, D. W. & Anderson, A. L. (2004). Unstructured Socializing and Rates of Delinquency. Criminology 42(3), 519–550.

Osgood, D. W., McMorris, B. J. & Potenza, M. T. (2002). Analyzing Multiple-Item Measures of Crime and Deviance I: Item Response Theory Scaling. Journal of Quantitative Criminology 18(3), 267–296.

Osgood, D. W. & Schreck, C. J. (2007). A new method for studying the extent, stability, and predictors of individual specialization in violence. Criminology 45(2), 273–312.

Osgood, D. W., Wilson, J. K., O'Malley, P. M., Bachman, J. G. & Johnston, L. D. (1996). Routine Activities and Individual Deviant Behavior. American Sociological Review 61(4), 635–655.

Padgett, J. F. & Ansell, C. K. (1989). From faction to party in Renaissance Florence [unpublished manusript]. University of Chicago: Department of Political Science.

Padgett, J. F. & Ansell, C. K. (1993). Robust Action and the Rise of the Medici, 1400–1434. American Journal of Sociology 98(6), 1259–1319.

Papachristos, A. V. (2009). Murder by Structure: Dominance Relations and the Social Structure of Gang Homicide1. American Journal of Sociology 115(1), 74–128.

Papachristos, A. V. (2011). The coming of a networked criminology. Advances in criminological theory 17, 101–140.

Pardini, D. A., Loeber, R. & Stouthamer-Loeber, M. (2005). Developmental Shifts in Parent and Peer Influences on Boys' Beliefs About Delinquent Behavior. Journal of Research on Adolescence 15(3), 299–323.

Parkhurst, J. T. & Hopmeyer, A. (1998). Sociometric Popularity and Peer-Perceived Popularity: Two Distinct Dimensions of Peer Status. The Journal of Early Adolescence 18(2), 125–144.

Pauwels, L. (2015). Über die Haltbarkeit der in der Situational Action Theory beschriebenen Interaktionseffekte in verschiedenen Bevölkerungsgruppen. Monatsschrift für Kriminologie und Strafrechtsreform 98(3), 280–296.

Pfeiffer, C., Baier, D. & Kliem, S. (2018). Zur Entwicklung der Gewalt in Deutschland: Schwerpunkte: Jugendliche und Flüchtlinge als Täter und Opfer.

Postigo, S., González, R., Mateu, C. & Montoya, I. (2012). Predicting bullying: maladjustment, social skills and popularity. Educational Psychology 32(5), 627–639.

Pratt, T. C. & Cullen, F. T. (2000). The Empirical Status of Gottfredson and Hirschi's General Theory of Crime: A Meta-Analysis. Criminology 38(3), 931–964.

Pratt, T. C., Cullen, F. T., Sellers, C. S., Thomas Winfree, L., Madensen, T. D., Daigle, L. E., Fearn, N. E. & Gau, J. M. (2010). The Empirical Status of Social Learning Theory: A Meta-Analysis. Justice Quarterly 27(6), 765–802.

Putnam, R. D. (2000). Bowling alone. The collapse and revival of American community. New York, NY: Simon & Schuster.

Quetelet, A. (1921[1835]). Soziale Physik oder Abhandlung über die Entwicklung der Fähigkeiten der Menschen. Jena: Gustav Fischer.

Quételet, A. & Sylvester, S. F. (1984[1833]). Adolphe Quetelet's research on the propensity for drime at different ages. Cincinnati, Ohio: Anderson publishing Co.

Rapoport, A. (1957). Contribution to the theory of random and biased nets. The bulletin of mathematical biophysics 19(4), 257–277.

Rebellon, C. J. (2006). Do Adolescents Engage in Delinquency to Attract the Social Attention of Peers? An Extension and Longitudinal Test of the Social Reinforcement Hypothesis. Journal of Research in Crime and Delinquency 43(4), 387–411.

Rebellon, C. J. & Modecki, K. L. (2014). Accounting for Projection Bias in Models of Delinquent Peer Influence: The Utility and Limits of Latent Variable Approaches. Journal of Quantitative Criminology 30(2), 163–186.

Reinders, H. (2015). Sozialisation in der Gleichaltrigengruppe, in: K. Hurrelmann, U. Bauer, M. Grundmann & S. Walper (Hrsg.), Handbuch Sozialisationsforschung. Weinheim Basel: Beltz, 393–413.

Robins, G. & Lusher, D. (2012). Illustrations: Simulation, Estimation and Goodness of Fit, in: D. Lusher, J. Koskinen & G. Robins (Hrsg.), Exponential Random Graph Models for Social Networks: Theory, Methods, and Applications. Cambridge: Cambridge University Press, 167–185.

Robins, G., Pattison, P. & Woolcock, J. (2004). Missing data in networks: exponential random graph (p∗) models for networks with non-respondents. Social networks 26(3), 257–283.

Robins, G., Snijders, T., Wang, P., Handcock, M. & Pattison, P. (2007). Recent developments in exponential random graph (p*) models for social networks. Social networks 29(2), 192–215.

Rodkin, P. C., Farmer, T. W., Pearl, R. & Van Acker, R. (2000). Heterogeneity of popular boys: Antisocial and prosocial configurations. Developmental Psychology 36(1), 14–24.

Royston, P. & White, I. R. (2011). Multiple Imputation by Chained Equations (MICE): Implementation in Stata. Journal of Statistical Software 45(4), 1–20.

Rubin, D. B. (1987). Multiple Imputation for Nonresponse in Surveys. New York: John Wiley.

Sabidussi, G. (1966). The centrality index of a graph. Psychometrika 31(4), 581–603.

Salmivalli, C. (2010). Bullying and the peer group: A review. Aggression and Violent Behavior 15(2), 112–120.

Salmivalli, C., Lagerspetz, K., Björkqvist, K., Österman, K. & Kaukiainen, A. (1996). Bullying as a group process: Participant roles and their relations to social status within the group. Aggressive Behavior 22(1), 1–15.

Sampson, R. J. & Bartusch, D. J. (1998). Legal Cynicism and (Subcultural?) Tolerance of Deviance: The Neighborhood Context of Racial Differences. Law & Society Review 32(4), 777–804.

Sampson, R. J. & Laub, J. H. (1993). Crime in the Making: Pathways and Turning Points Through Life. Cambridge: Harvard University Press.

Schaefer, D. R. & Kreager, D. A. (2020). New on the Block: Analyzing Network Selection Trajectories in a Prison Treatment Program. American Sociological Review 85(4), 709–737.

Schafer, J. L. (1999). Multiple imputation: a primer. Statistical Methods in Medical Research 8(1), 3–15.

Schäfer, M. (2015). Aggression, in: W. Melzer, D. Herrmann, U. Sandfuchs, M. Schäfer, W. Schubarth & P. Daschner (Hrsg.), Handbuch Aggression, Gewalt und Kriminalität bei Kindern und Jugendlichen. Bad Heilbrunn: Verlag Julius Klinkhardt, 16–22.

Schnegg, M. (2010). Die Wurzeln der Netzwerkforschung, in: C. Stegbauer & R. Häußling (Hrsg.), Handbuch Netzwerkforschung. Wiesbaden: VS Verlag für Sozialwissenschaften, 21–28.

Schoepfer, A. & Piquero, A. R. (2006). Self-control, moral beliefs, and criminal activity. Deviant Behavior 27(1), 51–71.

Schreck, C. J., Fisher, B. S. & Miller, J. M. (2004). The social context of violent victimization: A study of the delinquent peer effect. Justice Quarterly 21(1), 23–47.

Schulz, S. & Beier, H. (2012). Die Vernachlässigung langfristiger Folgen in der Entscheidung zu abweichendem Verhalten. Entwicklung und Gütekriterien einer neuen Messung von Selbstkontrolle. Soziale Probleme 2(23), 251–281.

Seddig, D. (2013). Peer group association, the acceptance of norms and violent behaviour: A longitudinal analysis of reciprocal effects. European Journal of Criminology 11(3), 319–339.

Seddig, D. (2014). Soziale Wertorientierungen, Bindungen, Normakzeptanz und Jugenddelinquenz. Ein soziologisch-integratives Erklärungsmodell. Münster, New York: Waxmann.

Seipel, C. & Eifler, S. (2010). Opportunities, Rational Choice, and Self-Control:On the Interaction of Person and Situation in a General Theory of Crime. Crime & Delinquency 56(2), 167–197.

Sentse, M., Dijkstra, J. K., Lindenberg, S., Ormel, J. & Veenstra, R. (2010). The delicate balance between parental protection, unsupervised wandering, and adolescents' autonomy and its relation with antisocial behavior: The TRAILS study. International Journal of Behavioral Development 34(2), 159–167.

Sentse, M., Scholte, R., Salmivalli, C. & Voeten, M. (2007). Person–Group Dissimilarity in Involvement in Bullying and Its Relation with Social Status. Journal of Abnormal Child Psychology 35(6), 1009–1019.

Shaw, C. R. & McKay, H. D. (1931). Report on the Causes of Crime. Washington, DC: US Government Printing Office.

Shaw, C. R. & McKay, H. D. (1932). Are Broken Homes a Causative Factor in Juvenile Delinquency? Social Forces 10(4), 514–524.

Shaw, C. R. & McKay, H. D. (1938). Brothers in crime. Chicago: University of Chicago Press.

Shaw, C. R. & McKay, H. D. (1942). Juvenile delinquency and urban areas: A study of rates of delinquents in relation to differential characteristics of local communities in American cities. Chicago: University of Chicago Press.

Sherif, M., Harvey, O. J., White, B. J., Hood, W. R. & Sherif, C. W. (1961). Intergroup conflict and cooperation: The Robbers Cave experiment. Norman: University of Oklahoma Book Exchange.

Sherif, M. & Sherif, C. W. (1964). Reference groups; exploration into conformity and deviation of adolescents. New York: Harper and Row.

Short, J. F. & Nye, F. I. (1957). Reported Behavior as a Criterion of Deviant Behavior. Social Problems 5(3), 207–213.

Siciliano, M. D. (2016). Ignoring the Experts: Networks and Organizational Learning in the Public Sector. Journal of Public Administration Research and Theory 27(1), 104–119.

Sijtsema, J. J., Veenstra, R., Lindenberg, S. & Salmivalli, C. (2009). Empirical test of bullies' status goals: assessing direct goals, aggression, and prestige. Aggressive Behavior 35(1), 57–67.

Silbereisen, R. K. & Weichold, K. (2012). Jugend (12–19 Jahre), in: W. Schneider, U. Lindenberger, R. Oerter & L. Montada (Hrsg.), Entwicklungspsychologie. Weinheim, Basel: Beltz, 235–258.

Skinner, B. F. (1965). Science and human behavior. New York: Simon and Schuster.

Small, M. L. & Adler, L. (2019). The Role of Space in the Formation of Social Ties. Annual Review of Sociology 45(1), 111–132.

Smirnov, I. & Thurner, S. (2017). Formation of homophily in academic performance: Students change their friends rather than performance. PLoS One 12(8), 1–16.

Smith, P. K. (2014). Understanding School Bullying. Its Nature & Prevention Strategies. Los Angeles: Sage.

Snijders, T. & Baerveldt, C. (2003). A Multilevel Network Study of the Effects of Delinquent Behavior on Friendship Evolution. Journal of Mathematical Sociology 27, 132–151.

Snijders, T., Steglich, C. & Schweinberger, M. (2007). Modeling the Coevolution of Networks and Behavior, in: K. van Montfort, J. Oud & A. Satorra (Hrsg.), Longitudinal models in the behavioral and related sciences. Mahwah, NJ, US: Lawrence Erlbaum Associates Publishers, 41–71.

Snijders, T. A. B. (1996). Stochastic actor-oriented models for network change. The Journal of Mathematical Sociology 21(1–2), 149–172.

Snijders, T. A. B. & Bosker, R. J. (2012). Multilevel analysis. An introduction to basic and advanced multilevel modeling. Los Angeles, Calif.: SAGE.

Snijders, T. A. B., van de Bunt, G. G. & Steglich, C. E. G. (2010). Introduction to stochastic actor-based models for network dynamics. Social networks 32(1), 44–60.

StataCorp. (2017). Stata Statistical Software: Release 15 [Computer Program]. College Station, TX: StataCorp LP.

Stattin, H. & Kerr, M. (2000). Parental Monitoring: A Reinterpretation. Child Development 71(4), 1072–1085.

Stegbauer, C. & Häußling, R. (2010). Handbuch Netzwerkforschung. Wiesbaden: Springer.

Stegbauer, C. & Rausch, A. (2013). Einführung in NetDraw: Erste Schritte mit dem Netzwerkvisualisierungsprogramm. Wiesbaden: Springer Fachmedien Wiesbaden.

Steglich, C., Snijders, T. A. B. & Pearson, M. (2010). Dynamic Networks and Behavior: Separating Selection from Influence. Sociological Methodology 40(1), 329–393.

Steglich, C., Snijders, T. A. B. & West, P. (2006). Applying SIENA: An Illustrative Analysis of the Coevolution of Adolescents' Friendship Networks, Taste in Music, and Alcohol Consumption. Methodology: European Journal of Research Methods for the Behavioral and Social Sciences 2(1), 48–56.

Steinberg, L. (2007). Risk Taking in Adolescence: New Perspectives From Brain and Behavioral Science. Current Directions in Psychological Science 16(2), 55–59.

Steinberg, L., Dahl, R., Keating, D., Kupfer, D. J., Masten, A. S. & Pine, D. S. (2006). The Study of Developmental Psychopathology in Adolescence: Integrating Affective Neuroscience with the Study of Context, in: D. Cicchetti & D. J. Cohen (Hrsg.), Developmental Psychopathology. New Jersey: Wiley, 710–741.

Strauss, D. & Ikeda, M. (1990). Pseudolikelihood estimation for social networks. Journal of the American Statistical Association 85(409), 204–212.

Sutherland, E. H. (1947). Principles of criminology. Chicago [u. a.]: Lippincott.

Sutherland, E. H. & Cressey, D. R. (1966[1947]). Principles of criminology. Philadelphia, Pa. [u. a.]: Lippincott.

Svensson, R. (2004). Shame as a Consequence of the Parent-Child Relationship: A Study of Gender Differences in Juvenile Delinquency. European Journal of Criminology 1(4), 477–504.

Svensson, R. & Oberwittler, D. (2010). It's not the time they spend, it's what they do: The interaction between delinquent friends and unstructured routine activity on delinquency: Findings from two countries. Journal of Criminal Justice 38, 1006–1014.

Svensson, R. & Oberwittler, D. (2021). Changing routine activities and the decline of youth crime: A repeated cross-sectional analysis of self-reported delinquency in Sweden, 1999–2017. Criminology 59(2), 351–386.

Svensson, R. & Pauwels, L. (2010). Is a Risky Lifestyle Always "Risky"? The Interaction Between Individual Propensity and Lifestyle Risk in Adolescent Offending: A Test in Two Urban Samples. Crime & Delinquency 56(4), 608–626.

Svensson, R., Pauwels, L. & Weerman, F. M. (2010). Does the Effect of Self-Control On Adolescent Offending Vary By Level of Morality?:A Test in Three Countries. Criminal Justice and Behavior 37(6), 732–743.

Svensson, R., Pauwels, L. J. R., Weerman, F. M. & Bruinsma, G. J. N. (2017). Explaining individual changes in moral values and moral emotions among adolescent boys and girls: A fixed-effects analysis. European Journal of Criminology 14(3), 290–308.

Svensson, Y., Burk, W. J., Stattin, H. & Kerr, M. (2012). Peer selection and influence of delinquent behavior of immigrant and nonimmigrant youths: Does context matter? International Journal of Behavioral Development 36(3), 178–185.

Sweeten, G. (2012). Scaling Criminal Offending. Journal of Quantitative Criminology 28(3), 533–557.

Thomas, K. J. & McGloin, J. M. (2013). A Dual-Systems Approach for Understanding Differential Susceptibility to Processes of Peer Influence. Criminology 51(2), 435–474.

Thornberry, T. P. (1987). Toward an Interactional Theory of Delinquency. Criminology 25(4), 863–892.

Thornberry, T. P., Lizotte, A. J., Krohn, M. D., Farnworth, M. & Jang, S. J. (1994). Delinquent Peers, Beliefs, and Delinquent Behavior: A Longitudinal Test of Interactional Theory. Criminology 32(1), 47–83.

Titkova, V., Ivaniushina, V. & Alexandrov, D. (2013). Sociometric popularity in a school context. Higher School of Economics Research Paper No: WBPR 10/EDU/2013.

Tittle, C. R., Antonaccio, O. & Botchkovar, E. (2012). Social Learning, Reinforcement and Crime: Evidence from Three European Cities. Social Forces 90(3), 863–890.

Tittle, C. R., Burke, M. J. & Jackson, E. F. (1986). Modeling Sutherland's Theory of Differential Association: Toward an Empirical Clarification. Social Forces 65(2), 405–432.

Trappmann, M., Hummell, H. & Sodeur, W. (2011). Strukturanalyse sozialer Netzwerke. Wiesbaden: VS Verlag für Sozialwissenschaften.

Travers, J. & Milgram, S. (1969). An Experimental Study of the Small World Problem. Sociometry 32(4), 425–443.

Tsai, T.-H. & Gill, J. (2013). Interactions in Generalized Linear Models: Theoretical Issues and an Application to Personal Vote-Earning Attributes. Social Sciences 2(2), 91–113.

Tutz, G. (2010). Regression für Zählvariablen, in: C. Wolf & H. Best (Hrsg.), Handbuch der sozialwissenschaftlichen Datenanalyse. Wiesbaden: Vs, Verl für Sozialwissenschaften, 887–904.

Ueno, K. (2005). The effects of friendship networks on adolescent depressive symptoms. Soc Sci Res 34(3), 484–510.

Urhahne, D., Dresel, M. & Fischer, F. (2019) (Hrsg.), Psychologie für den Lehrberuf, Berlin, Heidelberg: Springer Berlin Heidelberg.

van den Bos, W. & Hertwig, R. (2017). Adolescents display distinctive tolerance to ambiguity and to uncertainty during risky decision making. Sci Rep 7, 1–11.

van den Bos, W., Rodriguez, C. A., Schweitzer, J. B. & McClure, S. M. (2015). Adolescent impatience decreases with increased frontostriatal connectivity. Proceedings of the National Academy of Sciences 112(29), E3765–E3774.

Vazsonyi, A. T. & Belliston, L. M. (2007). THE FAMILY → LOW SELF-CONTROL → DEVIANCE. Criminal Justice and Behavior 34(4), 505–530.

Vazsonyi, A. T., Mikuška, J. & Kelley, E. L. (2017). It's time: A meta-analysis on the self-control-deviance link. Journal of Criminal Justice 48, 48–63.

Veenstra, R., Lindenberg, S., Oldehinkel, A. J., De Winter, A. F., Verhulst, F. C. & Ormel, J. (2005). Bullying and Victimization in Elementary Schools: A Comparison of Bullies, Victims, Bully/Victims, and Uninvolved Preadolescents. Developmental Psychology 41(4), 672–682.

Vermeij, L., van Duijn, M. A. J. & Baerveldt, C. (2009). Ethnic segregation in context: Social discrimination among native Dutch pupils and their ethnic minority classmates. Social networks 31(4), 230–239.

Waldstrøm, C. (2003). Understanding intra-organizational relations through social network analysis. Aarhus School of Business, Department of Organization and Management.

Warr, M. (1993). Age, Peers, and Delinquency. Criminology 31(1), 17–40.

Warr, M. (1996). Organization and Instigation in Delinquent Groups. Criminology 34(1), 11–37.

Warr, M. (2002). Companions in crime: The social aspects of criminal conduct. Cambridge: Cambridge University Press.

Warr, M. (2005). Making Delinquent Friends: Adult Supervision and Children's Affiliations. Criminology 43(1), 77–106.

Warr, M. (2009). Peers and Delinquency, in: M. D. Krohn, A. J. Lizotte & G. P. Hall (Hrsg.), Handbook on Crime and Deviance. New York, NY: Springer New York, 383–404.

Warr, M. & Stafford, M. (1991). The Influence of Delinquent Peers: What They Think or What They Do? Criminology 29(4), 851–866.

Wasserman, S. & Faust, K. (1994). Social network analysis: Methods and applications. Cambridge: Cambridge University Press.

Weerman, F. M. (2011). Delinquent peers in context: A longitudinal network analysis of selection and influence effects. Criminology 49(1), 253–286.

Weerman, F. M., Bernasco, W., Bruinsma, G. J. N. & Pauwels, L. J. R. (2013). When Is Spending Time With Peers Related to Delinquency? The Importance of Where, What, and With Whom. Crime & Delinquency 61(10), 1386–1413.

Weerman, F. M., Bernasco, W., Bruinsma, G. J. N. & Pauwels, L. J. R. (2016). Gender Differences in Delinquency and Situational Action Theory: A Partial Test. Justice Quarterly 33(7), 1182–1209.

Weerman, F. M. & Smeenk, W. H. (2005). Peer Similarity in Delinquency for Different Types of Friends: A Comparison Using Two Measurement Methods. Criminology 43(2), 499–524.

Wellman, B. (1926). The school child's choice of companions. The Journal of Educational Research 14(2), 126–132.

White, I. R. (2009). Multivariate random-effects meta-analysis. Stata Journal 9(1), 40–56.

White, I. R. (2011). Multivariate random-effects meta-regression: Updates to mvmeta. Stata Journal 11(2), 255–270.

Wikström, P.-O. H. (2004). Crime as alternative: Towards a cross-level situational action theory of crime causation, in: J. Mc Cord (Hrsg.), Beyond empiricism. New Brunswick, London: Transaction Publishers, 1–38.

Wikström, P.-O. H. (2010a). Explaining Crime as Moral Actions, in: S. Hitlin & S. Vaisey (Hrsg.), Handbook of the Sociology of Morality. New York: Springer, 211–239.

Wikström, P.-O. H. (2010b). Situational Action Theory, in: F. T. Cullen & P. Wilcox (Hrsg.), Encyclopedia of criminological theory. Los Angeles [u. a.]: SAGE, 1000–1008.

Wikström, P.-O. H., Mann, R. & Hardie, B. (2018). Young People's Differential Vulnerability to Criminogenic Exposure: Bridging The Gap Between People and Place Oriented Approaches in the Study of Crime Causation. European Journal of Criminology 15(1), 10–31.

Wikström, P.-O. H., Oberwittler, D., Treiber, K. & Hardie, B. (2012). Breaking rules. The social and situational dynamics of young people's urban crime. Oxford: Oxford University Press.

Wikström, P.-O. H. & Svensson, R. (2008). Why are English Youths More Violent Than Swedish Youths?: A Comparative Study of the Role of Crime Propensity, Lifestyles and Their Interactions in Two Cities. European Journal of Criminology 5(3), 309–330.

Wikström, P.-O. H. & Svensson, R. (2010). When does self-control matter? The interaction between morality and self-control in crime causation. European Journal of Criminology 7(5), 395–410.

Wikström, P.-O. H. & Treiber, K. (2007). The Role of Self-Control in Crime Causation: Beyond Gottfredson and Hirschi's General Theory of Crime. European Journal of Criminology 4(2), 237–264.

Windzio, M. (2013). Regressionsmodelle für Zustände und Ereignisse: Eine Einführung. Wiesbaden: Springer Fachmedien Wiesbaden.

Windzio, M. & Bicer, E. (2013). Are we just friends? Immigrant integration into high- and low-cost social networks. Rationality and Society 25(2), 123–145.

Winstead, B. A. (1986). Sex Differences in Same-Sex Friendships, in: V. J. Derlega & B. A. Winstead (Hrsg.), Friendship and Social Interaction. New York: Springer 81–99.

Wittek, M., Kroneberg, C. & Lämmermann, K. (2020). Who is fighting with whom? How ethnic origin shapes friendship, dislike, and physical violence relations in German secondary schools. Social networks 60, 34–47.

Wolf, C. (2010). Egozentrierte Netzwerke: Datenerhebung und Datenanalyse, in: C. Stegbauer & R. Häußling (Hrsg.), Handbuch Netzwerkforschung. VS Verlag für Sozialwissenschaften, 471–483.

Wolff, H.-G. & Bacher, J. (2010). Hauptkomponentenanalyse und explorative Faktorenanalyse, in: C. Wolf & H. Best (Hrsg.), Handbuch der sozialwissenschaftlichen Datenanalyse. Wiesbaden: VS Verlag für Sozialwissenschaften, 333–365.

Wright, J. C., Giammarino, M. & Parad, H. W. (1986). Social status in small groups: Individual–group similarity and the social "misfit.". Journal of Personality and Social Psychology 50(3), 523–536.

Wright, P. H. (1982). Men's friendships, women's friendships and the alleged inferiority of the latter. Sex Roles 8(1), 1–20.

Young, E., Nelson, D. A., Hottle, A. B., Warburton, B. & Young, B. K. (2010). Relational aggression in schools: Information for Educators. National Association of School Psychologists. Communique 38(4), 1–4.

Young, J. N. & Rees, C. (2013). Social Networks and Delinquency in Adolescence: Implications for Life-Course Criminology, in: C. L. Gibson & M. D. Krohn (Hrsg.), Handbook of Life-Course Criminology. New York: Springer 159–180.

Young, J. T. N. (2011). How Do They 'End Up Together'? A Social Network Analysis of Self-Control, Homophily, and Adolescent Relationships. Journal of Quantitative Criminology 27(3), 251–273.

Young, J. T. N., Barnes, J. C., Meldrum, R. C. & Weerman, F. M. (2011). Assessing and explaining misperceptions of peer delinquency. Criminology 49(2), 599–630.

Zijlstra, B. J. H., Veenstra, R. & van Duijn, M. A. J. (2008). A multilevel p2 model with covariates for the analysis of binary bully–victim network data in multiple classrooms, in: N. A. Card, J. P. Selig & T. D. Little (Hrsg.), Modeling dyadic and interdependent data in the developmental and behavioral sciences. Routledge, 369–389.

Zimmerman, G. M., Botchkovar, E. V., Antonaccio, O. & Hughes, L. A. (2015). Low Self-Control in "Bad" Neighborhoods: Assessing the Role of Context on the Relationship Between Self-Control and Crime. Justice Quarterly 32(1), 56–84.

CPSIA information can be obtained
at www.ICGtesting.com
Printed in the USA
LVHW081121210322
713985LV00003B/97

9 783658 367770